KB272772

인적자원
관리

인적자원 관리

서상원 지음

이담 Books

출간에 즈음하여

    과거 저자의 학창 시절을 돌이켜 보면, 젊은이들 중 대학생 수는 불과 7% 정도로 기억하고 있다. 그러나 지금은 엄청난 비율로 대학생이 급증하였다. 그 이유는 과거에는 많은 젊은이들이 경제적 여건으로 대학에의 진학을 포기하고 직업전선에 나가야만 했던 절박한 시절이었다. 지금은 대학의 수나 다양한 기능대학 등의 증가, 학자금 대부제도의 확대 등으로 많은 학생들이 그 혜택을 보고 있다. 반면에 아직도 대학 진학의 꿈을 펴지 못하는 젊은이들이 적잖이 있을 것으로 생각한다. 이에 독학사 제도는 평생교육이라는 이념과 복지 측면의 이념이 함께한 매우 의미 있는 제도라 할 수 있다.

    공부란 반드시 대학만이 가능한 것은 아니며, 독학이나 정부의 제도를 통해 학문과 진학의 꿈을 실현할 수 있다. 따라서 공부하려는 자세가 매우 중요하며, 나이는 의미가 없다. 그리고 대학만이 모든 인생의 키는 아니라고 생각한다. 교양과 학문, 그리고 사회가 요구하는 일정한 대학 자격의 능력을 갖추는 것이 중요하다.

    오늘도 공부에 전념하는 젊은이들의 미래를 열어 주는 독학사 강의를 맡게 되어 저자는 남다른 의미를 갖게 되었다. 그동안 대학에서 강의해 온 저자로서는 학문과 강의경험을 통해 독학사를 준비하는 여러분들께 조금이나마 보탬이 되어 미래를 계획하는 데 도움이 되고자 이 교재를 집필하였고, 또 동영상 강의의 메카인 <학점넷>에서 열강으로 학생들에게 희망이 되고자 한다. 학생들의 건투를 기원합니다.

2009년 저자

때론 승리할 수도 있기에...

"시작도 하기 전에 패배한 것을 깨닫고 있으면서도,

어쨌든 새로 시작하고 그것이 무엇이든 끝까지 해낼 때

바로 용기가 있는거다. 승리란 드문 일이지만

때론 승리할 때도 있지"

- 하퍼 리의 《앵무새 죽이기》 중에서 -

* 삶을 살아가면서 수많은 계획을 세우고 다짐하지만, 그 뜻을 이루기는 쉽지 않습니다. 그렇더라도 또 뜻을 세우고 실행을 하는 것은 어제보다 나은 내일을 살겠다는 열정과 꿈이 있기 때문입니다.

독학사라는 제도를 통해 학위를 취득하시고자 하는 수험생 분들 또한 그런 열정과 꿈을 가지고 도전 하는 삶을 살고 있다고 믿으며,

(주)여기스터디(www.yeogistudy.co.kr)는 여러분들의 그런 뜻을 소중히 생각하고, 꿈을 잇는 디딤돌이 될 수 있도록 최상의 컨텐츠를 제공해 드리고자 합니다.

학업을 정진하시고자 하는 동기나 목적은 다르겠지만 그 뜻이 꺾이지 않고 이루어지는 그날까지 함께 하겠습니다.

모든 수험생 여러분들의 합격을 진심으로 기원합니다.

(주)여기스터디 임직원 일동

 차 례

독학사 Guide / 9

제1장 인적자원관리의 기초 이론 / 21

제1절 인적자원관리의 의의 및 중요성 / 23
제2절 인적지원관리 이론의 소개 / 33
제3절 인적자원관리의 이론적 접근방법 / 58
제4절 인적자원관리 패러다임의 변화추세 / 79

제2장 인적자원관리의 모형 / 87

제1절 인적자원관리 모형의 설계 / 89
제2절 인적자원관리의 목표와 이념 / 94
제3절 인적자원관리의 환경변화와 대응방안 / 98

제3장 직무분석과 직무평가 / 109

제1절 직무분석 / 111
제2절 직무평가 / 123
제3절 직무설계 / 129

제4장 인사고과 / 145

제1절 인사고과의 의의 / 147

제5장 인적자원의 확보관리 / 185

제1절 인력계획 / 187
제2절 모집관리 / 192
제3절 선발관리 / 195
제4절 배치관리 / 202

제6장 인적자원관리의 방법론 / 215

제1절 경력관리 / 217
제2절 경력개발 / 222
제3절 이동 및 승진관리 / 234
제4절 교육훈련관리 / 239

제7장 인적자원의 활용과 조직개발 / 265

제1절 인적자원의 활용관리 일반 / 267
제2절 인적자원 활용 방안 / 273
제3절 조직개발 / 283
제4절 조직설계 / 288
제5절 직무설계 / 299
제6절 조직문화 / 302

제8장 **보상 관리 / 321**

제1절 임금관리 / 323
제2절 복지후생관리 / 332
제3절 사기관리 / 335
제4절 이직관리 / 339

제9장 **의사소통과 동기부여 / 361**

제1절 의사소통의 의의 / 363
제2절 의사소통 제도 / 367

제10장 **인적자원의 유지관리 / 375**

제1절 인간관계관리 / 377
제2절 노사관계관리 / 391
제3절 노동조합 / 397
제4절 노사협력제도 / 405

제11장 **인사정보시스템과 인사감사 / 431**

제1절 인사정보시스템 / 433
제2절 인사감사 / 437

독학사 Guide

1. 독학학위제도란?

독학학위제도는 '독학에 의한 학위취득에 관한 법률(법률 제4227호)'에 따라, 국가가 주관하는 시험을 통해 4년제 대학 졸업에 해당하는 학사학위를 부여하는 제도이다.

독학학위취득시험은 고등학교 졸업 이상의 학력이면 누구나 응시할 수 있으며, 평생교육진흥원 독학학위검정센터(www.bdes.nile.or.kr)에서 주관하는 총 4단계 시험에 합격하면 교육과학기술부 장관 명의의 학사학위를 받을 수 있다.

2. 전공분야(총 9개 전공)

- 국어국문학
- 영어영문학
- 경 영 학
- 법 학
- 행 정 학
- 유아교육학
- 가 정 학
- 컴퓨터과학
- 간 호 학

* 유아교육학(3단계, 전공심화과정인정시험부터 설치) – 대학 및 전문대학 유아교육(학)과 2년 이상 수료(졸업) 또는 70학점 이상을 취득한 자

* 간호학(4단계, 학위종합시험만 설치) – 3년제 전문대학 간호학과를 졸업한 자나, 대학(간호학과)에서 3년 이상 수료 또는 105학점 이상을 취득한 자

3. 단계별 시험 안내

과정별 시험	접수	시험일	평가수준	시험과목 수		
				필수	선택	합계
1단계 (교양과정)	매년2월경	매년3월경	대학의 교양 과정을 이수한 사람이 일반적으로 갖춰야 할 학력수준	국어, 국사, 외국어	전공에 관계 없이 15과목 중 택 2	5
2단계 (전공기초)	매년4월경	매년6월경	각 전공 영역의 학문 연구를 위해 각 학문계열에서 공통적으로 필요한 지식과 기술	없음	각 전공별로 지정된 8과목 중 택 6	6
3단계 (전공심화)	매년7월경	매년8월경	각 전공 영역에 관해 보다 심화된 전문적 지식과 기술	없음	각 전공별로 지정된 8과목 중 택 6	6
4단계 (학위취득종합)	매년10월경	매년11월경	시험의 최종단계로, 학위를 취득한 사람이 일반적으로 갖추어야 할 소양과 전문지식 및 기술을 종합적으로 평가	각 전공별로 지정된 4과목	국어, 국사, 외국어 중 2과목	6

4. 단계별 응시자격

(1) 1단계 – 교양과정인정시험

1) 고등학교 졸업자
2) 초·중등교육법시행령 제98조 제1항의 규정에 따라 상급학교의 입학에 있어서 고등학교를 졸업한 자와 동등 이상의 학력이 있다고 인정되는 자
3) 기타 고등학교 졸업학력 및 자격인정자

(2) 2단계 – 전공기초과정인정시험

1) 교양과정인정시험 과목 중 3할(2과목) 이상의 과목에 합격한 자
2) 교양과정인정시험 과목 중 시험 면제를 받은 과목이 6할(3과목) 이상에 해당하는 자 또는 교양과정인정시험 합격과목과 시험면제를 받은 과목을 합하여 6할(3과목) 이상에 해당하는 자

3) 대학(「고등교육법」에 따라 설립된 산업대학, 교육대학, 방송·통신대학, 사이버대학 및 다른 법령에 따라 설립된 대학을 포함한다. 이하 전공심화과정인정시험, 학위취득종합시험에서 같다.) 및 이에 준하는 각종 학교(학력인정학교로 지정된 학교에 한한다. 이하 전공심화과정인정시험, 학위취득종합시험에서 같다.)에서 1년 이상의 교육과정을 수료하였거나 35학점 이상을 취득한 자와 이와 동등한 학력이 있다고 인정되는 자

4) 전문대학 및 이에 준하는 각종 학교에서 1년 이상의 교육과정을 수료하였거나 35학점 이상을 취득한 자

5) 「학점인정 등에 관한 법률」 제7조에 따라 35학점 이상을 인정받은 자

6) 외국 또는 군사분계선 이북지역에서 13년 이상의 학교교육의 과정을 수료한 자

(3) 3단계 – 전공심화과정인정시험

1) 전공기초과정인정시험 과목 중 3할(2과목) 이상의 과목에 합격한 자

2) 전공기초과정인정시험 과목 중 시험면제를 받은 과목이 6할(4과목) 이상에 해당하는 자 또는 전공기초과정인정시험 합격과목과 시험면제를 받은 과목을 합하여 6할(4과목) 이상에 해당하는 자

3) 대학 및 이에 준하는 각종 학교에서 2년 이상의 교육과정을 수료하였거나 70학점 이상을 취득한 자와 이와 동등 이상의 학력이 있다고 인정되는 자

4) 전문대학 및 이에 준하는 각종 학교에서 2년 이상의 교육과정을 수료하였거나 70학점 이상을 취득한 자 또는 전문대학을 졸업한 자 및 이와 동등 이상의 학력이 있다고 인정되는 자

5) 「학점인정 등에 관한 법률」 제7조에 따라 70학점 이상을 인정받은 자

6) 외국 또는 군사분계선 이북지역에서 14년 이상의 학교교육의 과정을 수료한 자

☞ 유아교육학: 대학 및 전문대학 유아교육(학)과 또는 동일전공 인정(학)과에서 2년 이상 수료 또는 70학점 이상을 취득한 자

(4) 4단계 – 학위취득종합시험

1) 교양과정인정시험, 전공기초과정인정시험 및 전공심화과정인정시험에 합격(면제)한 자
2) 대학 및 이에 준하는 각종 학교에서 3년 이상의 교육과정을 수료하였거나 105학점 이상을 취득한 자
3) 수업연한이 3년인 전문대학을 졸업한 자 또는 이와 동등한 자격이 있다고 인정되는 자(졸업예정자는 응시자격 없음)
4) 「학점인정 등에 관한 법률」 제7조에 따라 105학점(전공 16학점 이상 포함) 이상을 인정받은 자
5) 외국 또는 군사분계선 이북지역에서 15년 이상의 학교교육의 과정을 수료한 자

5. 단계별 시험과목

(1) 1단계 교양과정인정시험 – 필수: 3과목, 선택: 15과목 중 2과목

구분	과목명
필수과목	국어, 국사, 외국어(영어, 독일어, 프랑스어, 중국어, 일본어 중 선택)
선택과목	국민윤리, 문학개론, 한문, 철학개론, 문화사, 경영학개론, 법학개론, 심리학개론, 교육학개론, 일반수학, 사회학개론, 초급통계학, 자연과학개론, 경제학개론, 전산개론

(2) 2단계 전공기초과정 인정시험 - 각 학과별 8과목 중 6과목 선택

학과	과목명
국어국문학과	국어학개론, 국문학개론, 국어문법론, 국어사, 한국현대시론, 한국현대소설론, 고전소설론, 한국현대희곡론
영어영문학과	영국문학개관, 영어학개론, 중급영어, 19세기영미소설, 19세기영미시, 영문법, 영미희곡1, 영어음성학
경영학과	회계원리, 인적자원관리, 마케팅원론, 경영조직론, 마케팅조사, 관리회계론, 경영정보론, 계량경영학
법학과	민법1, 헌법1, 형법1, 상법1, 행정법1, 형사소송법, 법철학, 국제법
컴퓨터과학과	C프로그래밍, 논리회로설계, 자료구조, 시스템프로그래밍, 파일처리론, 프로그래밍언어론, 웹프로그래밍, 이산수학
가정학과	복식디자인, 영양학, 인간발달, 의복재료, 주거학, 가정학원론, 가정자원관리, 식품 및 조리원리
행정학과	행정조직론, 인사행정론, 지방행정론, 정치학개론, 기획론, 비교행정론, 헌법, 재정학

(3) 3단계 전공심화과정인정시험 - 각 학과별 8과목 중 6과목 선택

학과	과목명
국어국문학과	국어음운론, 한국문학사, 문학비평론, 국어정서법, 구비문학론, 국어의미론, 고전시가론, 한국한문학
영어영문학과	고급영문법, 미국문학개관, 고급영어, 20세기영미소설, 영어발달사, 영미희곡2, 20세기영미시, 영어통사론
경영학과	재무관리론, 생산관리론, 경영전략, 투자론, 재무회계, 노사관계론, 경영분석, 소비자행동론
법학과	민법2, 헌법2, 형법2, 상법2, 행정법2, 민사소송법, 노동법, 경제법
컴퓨터과학과	컴퓨터시스템구조, 운영체제, 컴퓨터네트워크, 소프트웨어공학, 컴파일러, 데이터베이스, 알고리즘, 시스템분석 및 설계
가정학과	가족관계, 가정관리론, 식생활과 건강, 의복구성, 육아, 복식문화, 식품저장 및 가공, 주거공간디자인
행정학과	재무행정론, 정책학원론, 조사방법론, 행정법1, 지역사회개발론, 행정계량분석, 도시행정론, 공기업론
유아교육학과	부모교육론, 유아교육기관운영관리, 유아교육연구 및 평가, 아동복지, 유아언어교육, 유아수학·과학교육, 놀이이론과 실제, 유아사회교육

(4) 4단계 학위취득종합시험 - 전공: 4과목, 교양: 국어, 국사, 외국어 중 2 과목 선택

학과	과목명
교양과목	국어, 국사, 외국어(영어, 일본어, 독일어, 프랑스어, 중국어 중 선택) 중 택 2
국어국문 학과	국어학개론, 국문학개론, 한국문학사, 문학비평론
영어영문 학과	영미문학개관, 영어학개론, 영미소설, 고급영어
경영학과	재무관리, 마케팅원론, 회계학, 인사조직론
법학과	민법, 형법, 상법, 헌법
컴퓨터과 학과	컴퓨터시스템구조, 컴퓨터네트워크, 자료구조, 운영체제
가정학과	소비자보호론, 주거관리, 의생활관리, 식이요법
행정학과	조직행태론, 인사행정론, 재무행정론, 정책분석평가론
유아교육 학과	유아교육론, 유아발달, 유아교육과정, 유아교육교수법
간호학과	간호연구방법론, 간호과정론, 간호지도자론, 간호윤리와 법

6. 문항 수 및 배점

단 계	문항 수 및 배점			예외 과목		
	객관식	주관식	합계	객관식	주관식	합계
1 · 2단계	26문항×2.5점 =65점	7문항×5점 =35점	33문항 100점	16문항×4점 =64점	6문항×6점 =36점	22문항 100점
3 · 4단계	24문항×2.5점 =60점	4문항×10점 =40점	28문항 100점	15문항×4점 =60점	5문항×8점 =40점	20문항 100점

※ '문항 수 및 배점'은 '예외 과목'을 제외한 모든 과목에 적용됨.
※ '예외 과목'은 아래의 과목이 해당됨.
1) 1단계 '일반수학', '초급통계학'
2) 2단계 '계량경영학(경영학 분야)', '이산수학(컴퓨터과학 분야)'
3) 2 · 3 · 4단계 수학 전공 분야의 모든 과목

7. 합격 사정

(1) 1~3단계 시험: 매 과목 100점 만점에 60점 이상 득점을 합격으로 하고 과목합격을 인정한다(합격 여부만 결정).

(2) 4단계 시험

1) 총점 합격제에 지원한 자: 6과목 총점(600점)의 6할(360점) 이상 득점을 합격으로 한다(과목낙제 없음).
2) 과목별 합격제에 지원한 자: 매 과목 100점 만점의 6할(60점) 이상 득점을 합격으로 한다(과목합격 인정).

8. 시험면제

응시자가 일정한 자격을 갖추었을 때 과정면제 또는 과목면제를 받을 수 있습니다.

(1) 과정면제 – 독학학위 수료 과정인 1단계, 2단계, 3단계 중 해당 단계를 면제

(2) 과목면제 – 독학학위 수료 과정인 1단계, 2단계, 3단계 중 특정 과목을 면제

[예시 1] 전문대 또는 대학교에서 1학년 과정을 수료한 경우→1단계 면제

[예시 2] 전문대 2년 수료(졸업)한 경우, 4년제 대학교에서 2년을 수료한 경우→전공분야와 지원하는 학위 분야가 같을 경우에 한해 1, 2단계 면제

[예시 3] 3년제 전문대학을 졸업한 경우, 4년제 대학교에서 3년을 수료한 경우→전공분야와 지원하는 학위 분야가 같을 경우 1, 2, 3단계 면제

이 밖에도 국가기술자격취득자, 공무원시험합격자, 자격·면허취득자, 지정교육과정이수자 등에 대해서는 과정면제 또는 과목면제를 인정하는 경우가 있다. 본 사항은 실제 시험응시와 수험기간 등에 큰 영향을 미치는 중요한 사항이므로 해당 사항이 있을 경우 평생교육진흥원 독학학위검정센터(02－3780－9862～5, http://bdes.nile.or.kr)를 통해 확인하시기 바랍니다.

9. 평생교육진흥원 주관 인적자원관리 시험 주요 영역

단 계	분 야	과 목 명
전공기초과정	경 영 학	인적자원관리

대 영 역	중 영 역	소 영 역	비고
1. 인사관리의 기초개념	가. 인사관리의 의의와 성격		
	나. 인사관리자의 역할		
	다. 인사관리의 전개과정		
	라. 인사관리의 연구접근법		
2. 인사관리의 개념모형	가. 인사관리 개념모형의 설계		
	나. 인사관리의 목표와 방침		
	다. 인사관리의 환경		
3. 직무분석과 직무평가	가. 직무분석		
	나. 직무평가		
	다. 직무분류		
4. 인사고과	가. 인사고과의 의의와 목적		
	나. 인사고과의 방법		
	다. 고과양식의 설계		
	라. 고과자의 선정		
	마. 고과결과의 분석 및 조정		
	바. 고과실시상의 유의점		
5. 인적자원의 확보관리	가. 인력계획		
	나. 모집관리		
	다. 선발관리		
	라. 배치관리		
6. 인적자원의 개발관리	가. 경력관리		
	나. 이동승진 관리		
	다. 교육훈련관리		
7. 인적자원의 활용관리	가. 활용관리의 기본방향과 배경이론		
	나. 조직설계와 직무설계		
	다. 조직분위기와 조직문화		
8. 인적자원의 보상관리	가. 임금관리		
	나. 복지후생관리		
9. 인적자원의 유지관리	가. 인간관계관리		
	나. 노사관계관리		
10. 인사정보시스템과 인사감사	가. 인사정보시스템		
	나. 인사감사		

10. 인적자원관리 시험 문제 예시

1. 조직의 각 직무의 중요성·곤란도·위험도 등을 평가하여 다른 직무와 비교한 직무의 상대적 가치를 정하는 체계적 방법에 해당하는 것은?
   ① 직무분석　② 직무설계　　③ 직무분류　　④ 직무평가
   [정답] ④

2. 인사고과의 목적으로 적당하지 않은 것은?
   ① 종업원 선발
   ② 종업원 개발 및 피드백
   ③ 인사정책 및 프로그램 평가
   ④ 승진, 보상 등의 관리적 의사결정
   [정답] ①

3. 관리직 인력을 선발할 때 주로 도입하는 선발도구로서, 다수의 지원자를 특정 장소에 며칠간 합숙시키면서 여러 종류의 선발도구를 동시에 적용하여 지원자를 평가하는 방법은?
   ① 델파이법　② 평가센터법　③ 다면평가법　④ 브레인 스토밍법
   [정답] ②

4. 직무내용의 실질적인 변동 없이 직급의 명칭 혹은 자격의 명칭만 변경되는 형식적 승진은?
   ① 직능승진　② 자격승진　　③ 직급승진　　④ 대용승진
   [정답] ④

5. 교육훈련과정에서 피훈련자가 조직에서의 어떠한 역할에 배정되어 실제로 행동하며, 통상 훈련자나 집단에 의해 피드백이 이루어지는 방법은?

① 역할연기(role playing)　　　② 실물모형(mock up)

③ 경영게임(business game)　　④ 인배스켓(in basket)

[정답] ①

6. 주간 혹은 월간 총근무시간은 고정되어 있으나 하루의 근무시간은 임의로 선택할 수 있는 근무시간 설계제도는?

① 작업분담제　　　　　　　② 집중근무일제

③ 고정자유근무시간제　　　④ 고정자유출퇴근시간제

[정답] ③

7. 임금체계의 종류들 중에서 동일한 직무에 대하여는 동일한 임금을 지급한다는 원칙(equal pay for equal work)에 근거하여 적정한 임금수준을 책정하는 임금체계는?

① 연공급체계　② 기본급체계　　③ 직능급체계　　④ 직무급체계

[정답] ④

8. 조직구조를 설계할 때 환경, 기술, 규모 등을 고려하여 설계되어야 한다는 입장에서 조직구조의 유일한 최선의 방법(one best way)은 없다는 입장의 이론은?

① 상황이론　　② 일반이론　　　③ 시스템이론　　④ 카오스이론

[정답] ①

9. 인사감사에 활용되는 방법에 ABC 감사가 있다. 이 중에서 A에 해당하는 감사의 내용은?

① 성과감사　　② 경영감사　　　③ 비용감사　　　④ 채용감사

[정답] ②

10. 연공급과 직무급의 차이를 임금 결정 기준에 따라 설명하시오.

[정답] 연공급은 연령이나 근속연수와 같은 연공적 요소가 임금 결정의 기준이고 직무급은 수행하는 직무의 상대적 가치가 임금결정의 기준임.

11. 특정 기업에 취업하고자 지원하고 채용될 때는 노동조합의 조합원일 필요가 없으나 일단 고용된 경우 일정 기간 내에 노동조합 가입이 의무화되는 반강제적 노동조합 가입제도가 무엇인지 쓰시오.

[정답] 유니온숍(union shop)

12. 임금수준의 결정에 영향을 주는 기본적 요소 3가지를 설명하시오.

[정답] 기본적으로 임금수준은 생계비, 기업의 지불능력, 사회일반의 임금수준의 세 가지 요소를 고려하여 결정하는 것이 일반적이다. 기업의 지불능력을 상한선으로 삼고 종업원의 생계비 수준을 하한선으로 하여 동일지역 기업들이나 산업의 평균임금수준을 고려하여 사회적 균형을 취하여야 한다.

제1장

인적자원관리의 기초 이론

제1절 인적자원관리의 의의 및 중요성

1. 인적자원관리의 개념 및 의의

(1) 연구 및 관리 영역

인적자원관리(HR, Human Resource Management)는 인사관리와 함께 보편적으로 동일한 용어로 사용되고 있는데, 조직의 시스템이 전략 및 기획, 운영, 관리의 세 부분으로 나누어질 때 관리 부분에 해당된다. 일반적으로 인력관리, 종업원 관계, 노사관계를 모두 포함한 의미이다. 이 분야는 재무 분야와 마찬가지로 전문 인사책임자나 전문적인 인사부서에 할당된 특정 기능이나 활동을 가리키는 데 사용되기도 한다. 즉 신규 인원의 모집, 배치, 리더십, 인력의 운영 및 감독 등과 같은 경영 정책 및 프로그램의 전체 범주를 가리키기 위해 쓰이기도 한다.

(2) 내용

인사자원관리 활동은 특정 직무가 요구하는 개별인력의 능력을 객관적으로 파악하여 이것을 바탕으로 인재 모집·채용·선발·교육훈련 및 재훈련·협상·자문·지휘·감독·위탁·보상·이동·승진·해고나 퇴직 등의 관리활동을 전개한다. 그러나 현실적으로 작업장에서는 노동조합이 종업원들을 대표하고 관리자들은 이 노동조합과 협상하는 형태를 띠고 있어 현실적인 인사관리가 이루어지기도 하지만 경영관리자 입장에서는 제한적이 될 수밖에 없다. 이러한 노사 간의 단체 협약관계를 노사관계라고 말한다.

(3) 인적자원관리 부서(인사부서)의 주요 활동 분야

① 조직운영 체제 구축 및 커뮤니케이션의 교량적 역할: 상하 권한과 직

능 책임제의 조직화된 구조를 고안하고 개선하는 것과 조직 활동에서 커뮤니케이션의 활성화의 부분을 담당한다.

② 인력계획 수립: 소요 인원수와 조직에서 필요로 하는 특정 전문 인력에 대한 인사 수요를 예측하고, 인력공급 프로그램을 수립, 수요를 예상한다.

③ 인원 선발 및 배치: 직무를 분석하고 전체 종업원들의 인력풀을 관리하고, 전문지식을 갖춘 인재 등을 평가하고 유지하며, 인사관리 영역에 해당하는 신규 모집, 선발, 배치, 이동, 강등, 승진, 이직 등으로 인해 발생되는 인력운영 및 관리를 한다.

④ 교육훈련과 프로그램 개발: 개인의 능력개발을 도모하기 위해 입사 직후부터 직무 투입을 위한 교육훈련, 재직자 교육훈련, 관리직 개발 프로그램을 개발하고 운영한다. 이러한 활동을 통해 조직의 활동 및 목표달성에 문제가 발생하지 않도록 한다.

⑤ 단체협약내용 수행: 협약을 교섭하고 일상적인 관리를 통해 단체협약의 내용을 지키는 업무를 수행한다.

⑥ 보상 및 평가관리: 개인의 근로공적에 금전 또는 비금전적 유인(사기관리, 인센티브제도)을 제공하는 역할을 수행한다. 또한 상벌제도와 함께 인사고과의 업무를 담당한다.

⑦ 최고 경영자의 보좌: 최고 경영자의 합리적 의사결정을 위해 각종 정보제공 및 전문적인 정책보좌 임무와 조직 간 갈등해소 역할을 수행한다.

2. 인적자원관리의 중요성

(1) 중요성 인식배경

과거 자본, 토지, 노동력을 3대 자산으로 여겼던 기업의 관점에서 최근 인적자원의 자원화가 대두되면서 인사관리의 중요성이 대두되고 있는데, 특히 1980년대 이후 인적자원관리이론이 활발히 연구되면서 효율적인 대응방안 마련이 시급해지고 있는데, 무엇보다 종래의 획일적인 인사관리 및 처우제도를 신축적이고 유연성을 갖춘 인사관리제도와 다차원적인 인사처우제도 구축과 실행을 위한 고용관리체계의 개선이 시급하다.

(2) 노동시장의 변화현상

우리나라의 경우에도 경제활동인구의 고령화·고학력화 가속화, 여성의 경제활동 참가율 증가 및 여성 전문 인력 증가, 직업의 전문화 추세, 비정규직 근로자의 지속적 증가와 함께 정규직과의 차별로 인한 불만 등 기업경영에 대한 고용관리체계의 전략적인 개선의 필요성이 대두되고 있다. 이에 대한 분석결과에 의하면 능력에 따른 평등대우·업적의 강화 및 인사평가제도의 개선이 가장 시급하였으며, 인재육성, 비정규직 인력 활용, 합리적 배치전환, 전문직제의 도입과 활성화, 노동조건의 개선, 복리후생시설, 중·고령층 근로자의 전문능력을 갖춘 고령자의 재취업, 정년제 폐지를 통한 노하우 활용 등이 거론되었다.

(3) 인적자원관리의 새로운 연구방향 모색

전통적 인적자원관리의 연구방법과 새로운 접근방법의 통합적 접근방법을 통한 총체적·전략적 관점에서 인적자원관리 및 전략적 인적자원관리의 접근방법이 활발히 연구되고 있다. 기업은 경영전략과 인사전략의 통합을 통해 기업의 목표달성과 구성원 개인의 욕구충족을 동시에 달성시킬 수 있는 전략적이고 미래지향적인 인적자원관리가 필요하다. 또한 전문경영인 육성과 도입으로 기업의 효율성을 제고하고 합리적인 인사관리제도 정착을 위한 노력들이 진행되고 있다. 특히 1980년대 문화리더십이 대두되면서 기업의 조직문화를 통한 시너지 효과를 추구하고 있다.

3. 인사관리자의 역할

(1) 조직 내부관계에서의 역할

① 최고경영층에 대한 역할: 최고경영자에 대한 의사결정 정보제공 및 인사 관련 정책적 조언, 유능한 인재 추천, 인사관리제도 적용상 공정한 평가기준 적용, 경영자의 업무 부담을 경감시키도록 문제해결자로서의 역할을 수행한다. 인적자원관리자는 경영자의 정보원천이 되어야 한다.

② 부문 간 조정역할: 대인 간, 집단 간 중재 조정자 및 교량역할을 통해 조직운영을 원활하게 만드는 역할, 직장 내 의사소통을 원활히 하고 각 집단의 요구사항과 입장을 이해하고 존중해야 한다.

③ 라인에 대한 서비스 역할: 종업원 및 구성원들에 대한 관리차원의 서비스 제공과 각 부문에 인사관리에 관한 전문성과 공정성에 입각한 조언을 하게 된다.

(2) 외부관계에서의 역할

조직과 외부환경과의 유기적 관계를 유지하는 역할과 사회의 환경변화에 따른 변화현상과 가치관을 조직에 도입하는 역할을 하게 된다(경계연결자).

(3) 변화 수용 및 적용담당자로서의 역할

사회적·기술적 변화에 따른 제도 및 신기술을 인사관리 분야에 도입, 적용하도록 하는 역할을 수행한다.

1. 현대적 의미에 있어서의 인적자원관리는 조직에서의 사람을 다루는 철학과 그것을 실현하는 제도 및 기법의 (　　)이라고 말할 수 있다.
① 시스템　　　　　　　　　　② 구조
③ 과정　　　　　　　　　　　④ 행위

답) ①
해설) 현대적 의미에 있어서의 인적자원관리는 조직의 구성원들이 자발적으로 조직의 목적 달성에 적극적으로 기여하게끔 함으로써 조직의 발전과 함께 개인의 안정과 발전을 도모하도록 조직에서의 사람을 다루는 철학과 그것을 실현하는 제도 및 기법의 체계라고 말할 수 있다.

2. 현대적 의미에 있어서의 인적자원관리는 조직의 구성원들이 (　　)적으로 조직의 목적달성에 적극적으로 기여하게끔 함으로써 조직의 발전과 함께 개인의 안정과 발전도 아울러 달성케 한다.
① 보수　　　　　　　　　　　② 자발
③ 타율　　　　　　　　　　　④ 강제

답) ②
해설) 현대적 의미에 있어서의 인적자원관리는 조직의 구성원들이 자발적으로 조직의 목적 달성에 적극적으로 기여하게끔 함으로써 조직의 발전과 함께 개인의 안정과 발전도 아울러 달성케 한다.

3. 기업의 인적자원관리는 기업 자체의 목적달성뿐만 아니라 (　　)와 사회의 목적달성에도 중요하다.
① 지역사회　　　　　　　　　② 이해관계자
③ 구성원　　　　　　　　　　④ 고객

답) ③
해설) 인적자원관리의 중요성은 다음과 같다.

(1) 기업의 인적자원관리는 기업활동의 성과를 좌우하는 활동이다.

(2) 경영은 물건이 아닌 바로 사람을 관리하는 일이다.

(3) 기업의 인적자원관리는 기업 자체의 목적달성뿐만 아니라 구성원과 사회의 목적달성에도 중요하다.

4. (   )관리는 관리의 대상이 사람이므로 사람의 본성에 대한 인식의 정확성이 요구된다.

① 자금   ② 물류

③ 생산   ④ 인적자원

답) ④

5. 성과를 도출하기 위해서는 직무와 사람의 특성분석을 통해 능력개발과 (   )이(가) 이루어지도록 인적자원관리가 이루어져야 한다.

① 지각   ② 학습

③ 성격   ④ 동기부여

답) ④

해설) 성과를 도출하기 위해서는 직무와 사람의 특성분석을 통해 능력개발과 동기부여가 이루어지도록 인적자원관리가 이루어져야 한다.

6. 다음 중 인적자원관리의 성격과 거리가 먼 것은?

① 인적자원관리의 대상은 인간이다.

② 인적자원관리의 주체는 인간이다.

③ 인적자원관리는 관리자의 일방적인 의사결정이다.

④ 인적자원관리는 상태조작에 의해 합리적인 제도를 만든다.

답) ③

해설) 인적자원관리는 인간의 상호작용의 관계이며 사회·문화적 환경과 전통의 영향을 받는다.

7. 어떤 학자는 인적자원관리를 (   )관리와 의욕관리로 나누어서 연구해야 한다고 주장하기도 한다.

① 태도   ② 성격

③ 능력   ④ 업적

답) ③

해설) 어떤 학자는 인적자원관리를 능력관리 또는 노동력관리와 의사관리 또는 의욕관리로 나누어서 연구해야 한다고 주장하기도 한다.

8. 인적자원관리자는 최고경영자의 (   )원천이 되어야 한다.
① 권력   ② 정보
③ 갈등   ④ 자금

답) ②

해설) 인적자원관리자의 대내적 역할 - 내부관계에서의 역할
① 최고경영층에 대한 역할: 최고경영자에 대한 의사결정 정보제공 및 인사 관련 정책적 조언, 유능한 인재 추천, 인사관리제도 적용상 공정한 평가기준 적용, 경영자의 업무 부담을 경감시키도록 문제해결자로서의 역할을 수행한다. 인적자원관리자는 경영자의 정보원천이 되어야 한다.
② 부문 간 조정역할: 대인 간, 집단 간 중재 조정자 및 교량역할을 통해 조직 운영을 원활하게 만드는 역할, 직장 내 의사소통을 원활히 하고 각 집단의 요구사항과 입장을 이해하고 존중해야 한다.
③ 라인에 대한 서비스 역할: 종업원 및 구성원들에 대한 관리차원의 서비스 제공과 각 부문에 인사관리에 관한 전문성과 공정성에 입각한 조언을 하게 된다.

9. (   )(으)로서 인적자원관리자는 그가 접촉하는 각 집단의 요구사항과 입장을 이해하고 존중하여야 하며, 그들의 입장이 되어 보도록 노력하여야 한다.
① 경계연결자   ② 변화주도자
③ 정보제공자   ④ 조정자

답) ④

해설) 조정자로서의 인적자원관리자는 그가 접촉하는 각 집단의 요구사항과 입장을 이해하고 존중하여야 하며, 그들의 입장이 되어 보도록 노력하여야 한다. 그리고 각 집단의 처지를 민감하게 이해하여 한 집단의 의사가 다른 집단에 잘 전달되도록 하여야 하며, 양 집단이 직접 접촉할 때의 마찰을 피하기 위하여 교량역할을 할 수 있어야 한다.

10. 인적자원관리자는 조지과 외부환경과의 (   )의 역힐을 한다. 조직에 공꽁관계의 문제가 생길 때에는 종종 외부에 대하여 조직을 대표하는 역할을 맡게 된다.

① 경계연결자 ② 보조유지자
③ 정보제공자 ④ 조정자

답) ①
해설) 인적자원관리자의 대외적 역할 - 외부관계에서의 역할
1. 경계연결 역할: 인적자원관리자는 조직과 외부환경과의 경계연결의 역할을 한다. 조직에 공공관계의 문제가 생길 때에는 종종 외부에 대하여 조직을 대표하는 역할을 맡게 된다. 이것은 인적자원관리자가 조직의 전반적인 활동을 파악하고 있기 때문이다.
2. 변화담당자: 인적자원관리자는 사회의 가치관을 조직에 도입하는 역할도 한다. 즉 조직구성원으로서의 인간만이 아닌 사회적 존재로서의 인간의 입장을 대변하는 역할도 하게 되는 것이다. 즉 사회적, 기술적 변화에 대응하는 인간에 관련된 제도를 변경하는 변화담당자로서의 역할도 수행하여야 한다.

11. 인사·노무관리자의 대외적 역할에 속하는 것은?
① 경계연결 역할
② 최고경영자에 대한 정보제공과 문제해결자의 역할
③ 부문 간 조정 역할
④ 종업원에 대한 서비스 역할

답) ①
해설) 인적자원관리자의 대외적 역할 - 외부관계에서의 역할
경계연결 역할: 인적자원관리자는 조직과 외부환경과의 경계연결의 역할을 한다. 조직에 공공관계의 문제가 생길 때에는 종종 외부에 대하여 조직을 대표하는 역할을 맡게 된다. 이것은 인적자원관리자가 조직의 전반적인 활동을 파악하고 있기 때문이다.

12. 인적자원관리자는 사회적·기술적 변화에 대응하는 인간에 관련된 제도를 변경하는 (   )로서의 역할도 수행하여야 한다.
① 경계연결자 ② 변화주도자
③ 정보제공자 ④ 조정자

답) ②
해설) 인적자원관리자는 사회의 가치관을 조직에 도입하는 역할도 한다. 즉 조직

구성원으로서의 인간만이 아닌 사회적 존재로서의 인간의 입장을 대변하는 역할도 하게 되는 것이다. 즉 사회, 기술적 변화에 대응하는 인간에 관련된 제도를 변경하는 변화담당자로서의 역할도 수행하여야 한다.

제1장 제1절 주관식 문제

1. (   )는 조직의 구성원들이 자발적으로 조직의 목적달성에 적극적으로 기여하게끔 함으로써 조직의 발전과 함께 안정과 발전도 달성케 하는 조직적인 관리활동의 체계이다.

답) 인적자원관리

2. 인적자원관리의 기본목표는 무엇인가?

답) 인적자원관리의 목표는 생산성 향상과 근로생활의 질 두 가지를 동시에 충족시키는 것이다.

3. 다음은 인적자원관리의 성격에 대한 설명이다. 괄호 안에 공통으로 들어갈 말은?
+ 인적자원관리의 대상은 (   )이다.
+ 인적자원관리의 주체는 (   )이다.
+ 인적자원관리는 주체와 객체가 (   )이란 점에서 기본적으로 (   )의 상호작용의 관계로 볼 수 있다.

답) 인간

4. 인적자원관리의 중요성을 설명하라.

답) 1) 인적자원관리는 기업 활동의 성과를 좌우하는 활동이다.
　2) 경영은 물건을 관리하는 것이 아니라 사람을 관리하는 것이다.
　3) 기업의 인적자원관리는 기업 자체의 목적달성뿐만 아니라 구성원과 사회

의 목적달성에도 중요하다.

5. 인적자원관리자는 (   )의 정보원천이 되어야 한다.

답) 최고경영자

6. (   )로서의 인적자원관리자는 그가 접촉하는 각 집단의 요구사항과 입장을 이해하고 존중하여야 하며, 그들의 입장이 되어 보도록 노력하여야 한다.

답) 조정자

7. 인적자원관리자는 (   )로서 사회의 가치관을 조직에 도입하는 역할도 한다.

답) 경계연결자

8. 인적자원관리자는 사회적·기술적 변화에 대응하는 인간에 관련된 제도를 변경하는 (   )로서의 역할도 수행하여야 한다.

답) 변화담당자

제2절 인적자원관리 이론의 소개

•

1. Taylor의 과학적 관리법

(1) 대두배경 및 의의

① 과학적 관리법은 직무 및 종업원에 대한 관리를 강조한 것으로서 20세기 초 능률적으로 물적·인적자원의 활용을 통해 생산성을 증진해 보려는 노력에서 비롯된 최초의 조직관리 이론이다. 합리적이고 체계적인 생산과 관리방식에 대한 경험이 부족했던 산업혁명 초반의 많은 제조공장들은 표준화된 작업절차의 설정의 부재, 직무 간의 경계 모호 및 원자재의 흐름상의 문제점 등에서 비롯된 생산성의 저하를 극복하고자 대두되었다.

② 대표적인 과학적 관리법의 중심적인 인물로서 미국 경영학의 시조라고 일컫는 사람이 F. W. Taylor이며, 그의 경영이념을 일반적으로 테일러 시스템이라고 한다. 테일러의 경영이념은 고임금과 저생산비를 실현하는 데 있다.[1]. 이 이념을 실현하기 위해 그가 제시한 것이 과업관리(task management)이다. 여기서 과업이란 작업자가 달성해야 할 하루의 생산량을 의미한다.

③ 과학적 관리법의 기본 아이디어는 관찰, 측정 및 분석을 통하여 신체적 과업들을 재설계함으로써 이들의 효율을 훨씬 더 증대할 수 있다는 데서 출발하며, 인간은 생산직무의 단위로 인식한다.

④ 테일러의 과학적 관리법은 그 후 칸트, 길브레스와 같은 학자들에 의

---

1) 미드베일제강회사에 입사한 테일러는 기계공장 노동자로 출발하여 공장사무원·기계공·조장·십장·정비공장장·제도실장 등을 거쳐 주임기사 자리에 올라 미드베일 공장에 시간 동작 연구를 도입했다. 테일러의 이론은 본질적으로 개별 작업자를 주의 깊게 감독함과 동시에 조업 중 발생하는 시간과 동작의 낭비를 줄임으로써, 작업장이나 공장에서 생산의 효율성을 급격히 높일 수 있다고 본 것이다. 이러한 테일러의 경영체계는 노동자들의 항의와 분노를 일으켰지만, 생산성 향상 측면에서 테일러의 과학적 관리 이론이 유용한 것으로 인정받아 그는 1906년 미국기계공학학회 회장으로 선출되었고 펜실베이니아대학교로부터 명예 과학박사학위를 받았다.

하여 계승되고, 포드 자동차 회사의 포드가 이를 계승·발전시켜 포드
의 동시관리(Fordism)를 개발시켰다.

(2) Taylor의 과업관리 내용

① 동작연구 및 시간연구: 생산 공정과정에서 요소단위를 과학적으로 연
  구·분석하여 생산성 향상에 기여하지 못하는 작업자의 불필요한 동
  작을 방지하기 위함이다.
② 생산과정의 표준화: 생산성과 능률성을 증진시키기 위해 모든 공정과
  정 및 작업여건을 표준화한다.
③ 적정한 일일 과업량 부여: 표준화된 생산 공정에 따라 개개인에게 적
  정한 일일 작업량을 부여하되 최대의 달성을 강조한다.
④ 높은 경제적 유인제도: 성공적인 과업수행과 과업실패의 경우는 다른
  대우를 하게 된다. 성과에 따라 임금을 지불하는 차별적 성과급제와
  미완수 경우에는 상응하는 손해를 감수하도록 하고 있다. 이러한 개념
  은 오늘날의 노사관계에서의 무노동 무임금제도에 영향을 주었다.
⑤ 최대 작업량 달성: 과업량은 전문기술자가 해낼 수 있는 양으로 부여한다.

(3) Taylor의 4대 기본 관리원칙

① 공정한 작업량 결정: 시간과 동작 연구를 통해 표준 작업량을 정해야
  한다.
② 표준화된 기계·공구 사용: 동일한 기계 및 공구 등을 똑같이 사용하
  게 함으로써 모든 사람이 똑같은 작업을 하도록 표준화된 작업 조건
  을 설정한다.
③ 차별적 성과급제: 표준 작업량 이상인 사람에게는 높은 임률을 적용하
  고, 표준 작업량 이하인 사람에게는 낮은 임률을 적용한다.
④ 조직 구조의 개선: 직계식 조직, 분배식 조직에서 직능, 기능식 조직으
  로 개편 설계(직계식 조직은 조직에서 계층이 존재하고 업무는 분담하

지 않으며, 직능 조직은 기획부와 생산부로 분리)

〈보충설명〉 과학적 관리의 주요 내용

① 생산과정에서 시간연구·동작연구 등 생산자의 합리적 관리를 위한 과학의 발전을 추구한다.
② 상세히 분류한 업무요건과 특성에 따라 과학성에 기초하여 생산자를 선발한다.
③ 양질의 생산자 선발과 훈련은 비례하므로 생산자의 교육과 발전에 주력한다.
④ 관리자와 생산자의 책임분담과 상호협동은 관리대상이며, 노사관계 정립에 영향을 주는 내용으로써 능률성을 전제로 노사가 발전할 수 있다는 능률지상주의를 낳았다고 해석할 수 있다.

(4) 과학적 관리론의 특징

① 기계적 능률관: 능률성을 제일의 가치로 조직과 인간을 기계부품시한다.
② 합리적 경제인관: 생산자는 물질적 유인만을 동기부여의 요인으로 열심히 일을 하며, 그렇지 않으면 게으름을 피우는 존재로 인식하고 있다.
③ 능률지상주의: 조직운영의 합리적 가치기준을 능률성에 두고 있다.
④ 조직관: 공식적 조직만을 인정하며, 비공식 조직은 능률성과 생산성 증대에 별로 도움이 되지 않는 것으로 보고 인정하지 않는다.
⑤ X론적 인간관리: 인간을 바라보는 관점은 본래 인간은 수동적(피동적)으로 인식하고 자신의 개인적 이익추구를 먼저 생각하기 때문에 민주적 관리방식과 인간적인 관리방식은 조직을 관리하는 데 효과가 없으므로 인간적인 면은 도외시한다는 관점이다(몰인간화).
⑥ 폐쇄적 관점: 조직내부에 초점을 맞춘 이론으로서 조직은 환경과의 상호작용이나 환경의 영향 등은 무시된 관점을 말한다.
⑦ 생산자를 관리하는 측면만 연구하였으며, 관리자에 대한 관심은 전혀

없었다.

⑧ 과학적 생산향상 기법 중시: 과학적인 방법을 통한 작업과정과 업무수행실적을 표준화할 수 있으며 전문화·분업화를 중시한다.

(5) 과학적 관리론의 공헌

① 과학적 관리론은 미국의 공공부문에 적용되어 능률성 제고의 측면에서 정부조직운영에 지대한 영향을 주었으며, 그 당시 행정조사방법의 개념도입과 행정개혁운동의 원동력이 되었다.

② 고전이론을 과학적 관리로 전환, 기획과 작업의 조직 구조 설계에서 기능식, 직능식 조직으로 혁신적인 개편(조직관리의 이론적 틀 제시), 차별적 성과급제 실시로 임금관리 개선(임금관리 분야의 이론적 틀 제시), 전문화, 표준화의 원리를 적용해 전문가에 의해 업무가 관리(생산관리의 이론적 틀 제시)되었다.

(6) 과학적 관리론의 한계

① 능률지상주의: 지나치게 능률성만을 강조함으로써 종업원의 인간적 가치 및 존엄성 저해와 기업의 윤리성 등이 도외시되었다.

② 기계적 능률관: 생산성과 능률성을 높이기 위해 인간을 생산 공정 과정에서 하나의 기계화·부속품화하려는 인식은 인간의 가치와 존엄성의 문제를 심각하게 하고 있다. 즉, 인간은 조직의 종속변수에 불과한 것으로 인식하고 있다.

③ 합리적 경제인관: 능률성에 영향을 미치는 요인으로 인간의 사회적·심리적인 요소는 인정하지 않는 합리적 경제인관으로 인식했다. 여기서 합리적 경제인관이란 인간은 평소 일하기를 싫어하고 조직의 목표보다는 개인적 이익을 우선시하는 보수에 많은 집착을 가진 존재라고 생각했다. 따라서 월급과 보수와 같은 외재적인 요인만을 만족시켜 주면 능률성은 향상될 것으로 보았다.

④ X론적 유형 관리: 과학적 관리론에서는 인간은 피동적·합리적·이기적 인간으로 인식했기 때문에 사회심리적 측면을 고려하지 않고 인간을 통해 능률성을 확보하기 위하여 기계론 능률관을 바탕으로 관리해야 한다는 비민주적 관리기법을 중시하였다.

⑤ 폐쇄형 조직관: 사회현상에서 존재하는 조직은 환경과의 상호작용을 하는 개방체제로서 완전한 폐쇄체제는 존재하지 않는다. 고전적 이론인 과학적 관리론은 조직내부 요인에만 관심을 가진 이론으로 외부환경요소와의 상호작용은 전혀 고려하지 않은 폐쇄형 조직이론이라고 비판받고 있다.

⑥ 테일러는 생산자수준에서의 연구는 현실적으로 유효했으나, 이들을 관리하는 관리자에 대한 연구가 부족했다.

⑦ 공식조직만을 인정했으며, 비공식조직은 능률성과 생산성에는 저해요인으로 인식하여 X형 인간으로 관리하면 된다는 것이다.

2. 포드시스템(Fordism, 동시관리)

(1) 개념 및 의의

① 미국의 자동차 왕 핸리 포드가 1903년 자동차 회사를 창설하고 실행한 경영관리방식으로써 관리시스템(생산요소)의 표준화를 추구하였는데, 제품의 단순화, 부품의 표준화, 작업의 전문화(단순화)의 3S운동을 전개하고 컨베이어시스템에 의한 이동조립방법을 채택하여 작업의 동시관리를 통해 생산능률의 극대화를 추구하였다.

② 테일러 시스템의 단점을 보완한 것으로 진보된 과학적 관리법이라 할 수 있으며, 디트로이트공장에서 완성되었다고 하여 디트로이트 오토메이션(Detroit automation), 대량생산의 획기적 계기가 되었다고 하여 대량생산 시스템(mass production system)이라고도 한다.

③ 생산의 표준화와 이동조립법(moving assembly line, 컨베이어 방식인 유동조립식 생산공정체제)을 내용으로 하는 대량생산 시스템으로 제품의 표준화, 부품의 규격화(호환성), 작업의 전문화를 달성하기 위해 전용기계의 발명과 이용으로 원가절감에 성공하여 기록적인 매출의 성장률을 달성하였다. 즉 부품의 규격화 내지 호환성을 확보하기 위해서는 부품의 정도(精度)를 높여야 하는데, 특정의 작업을 가장 효율적으로 수행할 수 있도록 전문화한 기계를 뜻하는 전용기계의 개발과 이용이 양산 시스템에 있어서 대량생산이 가능해져 규모의 경제를 달성할 수 있었다.

④ 포드는 이윤을 추구하면서도 일반 대중의 생활수준의 향상을 추구(사회봉사적 측면 강조)를 경영이념으로 가지고 있다는 점이 테일러리즘과는 차이가 있다(백색사회주의자로 비판받음). 이러한 포드의 경영철학과 이념은 고객뿐만 아니라 직원들의 복지를 위한 노력들을 강조하고 있다. 오늘날의 작업의 능률성을 보장하는 컨베이어시스템의 원리적용과 기업이윤의 사회환원의 경영이념은 중요한 의의가 있는 것이다.

(2) 비판

① 인간의 기계적 종속화: 컨베이어 시스템 등 생산기계가 문제가 생기면 생산이 중단되고 인간은 아무 일도 못 하게 된다.

② 동시작업 시스템의 문제: 한 라인에서 작업이 중지되면 전 라인의 작업이 중지되어 생산에 큰 차질을 초래하게 된다.

③ 제품의 단순화, 표준화는 공급의 효율성은 있지만 곧 소비자의 다양한 욕구를 충족시킬 수 없게 된다.

④ 노동 착취의 원인 제공: 생산라인에서 인간은 쉬지도 못하고 떠날 수도 없는 생산과정에서 인간은 노동의 과부하를 가져올 수 있다.

※ 과학적 관리에 영향을 준 학자
① 칸트: 상여급제

② 길브레스 부처: 작업 시의 동작 및 시간 연구
③ 에머슨: 능률개념을 도입하고 능률의 12개 원칙 발표

(3) 테일러 시스템과 포드시스템의 비교

구 분	Taylor System	Ford System
주창자	F. W. Taylor	H. Ford
명칭	과업관리(Task management)	동시관리(management by Synchronization)
경영이념	고임금, 저노무비	고임금, 저가격
원리 및 이념	[4대 원리] ① 1일 최고의 작업량 결정 ② 제 조건의 표준화 ③ 성공에 대한 우대(물질로 통제) ④ 작업량 미달성 작업자의 책임(손해)	[4대 이념] ① 이윤동기의 영리주의 거부 ② 기업의 사회적 책임 ③ 경영의 자주성 강조 ④ 경영을 공동체로 간주
수단 및 조건	[과업관리 합리화를 위한 수단] ① 기획부제도[2] ② 직능별 제도 ③ 차별적 성과급제 ④ 작업지도표제도	[동시관리 합리화를 위한 수단] ① 생산의 표준화(3S원칙) ② 이동식 조립법(컨베이어 시스템) ③ 일급제 급여 ④ 대량 소비 시장이 존재
중점관리	개별공장의 관리기술의 합리화 작업자 중심 (작업자 개인의 능률을 중시)	연속생산의 능률 및 생산향상, 관리의 합리화 기계설비 중심 (전체작업의 능률을 중시)

3. Fayol의 고전적 관리론

(1) 개념

① 패욜의 경영관리이론은 기업 전체 관리에 초점을 두고 기업의 조직 내부 활동을 분류하고, 각 활동에 대하여 계획, 조직화, 지휘, 통제라는 경영기법을 적용한 관리이론이다.
② 1916년 「산업 및 일반관리」라는 저서에서 관리 개념을 언급하고 경영과 관리의 구분을 명확히 하였다.

---

2) 기업이나 공장은 경영자, 공장장 또는 직장이라는 사람이나 직위에 의해 관리되는 것이 아니라 하나의 부서에서 체계적으로 관리되어야 한다는 생각에서 설치된 것이 바로 기획부제도이다. 이 부서에서는 작업의 변경과 조건을 표준화하고 시간연구에 의하여 과업을 설정함과 동시에 과업을 수단으로 하는 생산의 모든 계획을 수립하게 된다.

(2) 경영활동의 분류

① 기술적 활동: 제품 생산에 관련해 생산·제조·가공에 필요한 활동
② 영(상)업적 활동: 영업활동, 즉 구매·판매·교환에 관련된 활동
③ 재무적 활동: 자원의 조달과 운영 방법에 관한 활동
④ 보존 활동: 인적·물적 자원을 보존하는 활동
⑤ 회계적 활동: 금전 거래 기록 활동이다. 재산목록·대차대조표·손익
   계산서를 작성하는 활동
⑥ 관리적 활동: 조직의 인적·물적 자원을 어떻게 투입통제 시스템화할
   것인지를 결정하는 과정의 활동

(3) 14개 경영관리원칙(능률, 질서, 안정성과 공정성 등을 강조)

분업의 원칙, 권한과 책임, 규율, 명령통일(명령일원화), 지휘통일, 공동목표의 원칙, 합당한 보상의 원칙, 중앙집권화의 원직(최종 책임경영자에 대한 권한 위임), 계층연쇄의 원칙, 질서의 원칙, 공정성의 원칙, 고용안정성의 원칙(직원의 신분보장), 이니셔티브의 원칙, 사기의 원칙

(4) 경영활동의 과정

계→조직화(산출의 능률화)→지휘(명령) 시스템 구축→조정(인적·물적 자원의 갈등 조정)→통제(계획상의 통제)→계획으로 순환

(5) 관리원칙에 대한 평가

페욜의 관리원칙은 테일러와는 달리 보편타당한 원리 탐색에 중점을 둠으로써 현대경영이론 발전에 기여하였다. 반면에 과학적 이론을 강조한 사이먼은 페욜의 원칙 중에 이율배반적이고 실제 효과를 보기 어려운 애매모호한 것들이 있다고 지적하였다. 또 모든 것은 과학적으로 규명되어야 과학이

라고 보는 사이먼의 입장에서의 비판적 견해는 경영학이 하나의 과학으로 인정받으려면 통일된 개념을 전제로 해야 하는데 이 원칙들은 과학적 개념 설정이 미흡하며, 특히 이 원칙들이 실제 효과가 있다는 검증된 사실이 없다는 것이었다.

4. 인간관계론

(1) 개념

인간관계론은 테일러의 과학적 관리론의 한계를 지적하면서 과학적 관리론을 전면 부정하지는 않았으며, 관점을 달리하여 인간의 내면적 심리 측면을 강조한 인간에 대한 관리이론이다. 하버드 Mayo 교수는 호손 공장실험을 통해 조직구성원을 사회적 동물이라고 인식하고 인간과의 관계나 심리적 요인을 중점으로 관리하면 능률성과 생산성을 향상시킬 수 있다고 주장했다.

(2) 인간관계론의 내용 및 특징

① 사회적 능률관: 과학적 관리론에서는 기계적 능률관을 강조했지만 인간관계론에서는 인간은 합리적이고 경제적인 보상과 같은 측면을 우선시하기보다는 인간관계의 개선이나 인간의 사회심리학적, 감정적인 측면에 더욱 치중하여 관리해야 한다는 인식이다. 다시 말해서 능률성은 생산자의 사회심리적 요인의 충족 여하에 따라 좌우된다고 본다. 인간은 사회적 동물로서 작업환경개선과 같은 직장에 대한 만족감보다는 인간과의 원만한 관계로 인해 열심히 생산 활동을 한다고 인식하는 관리기법의 이론이다. 예를 들어 공장의 작업자는 물질적인 측면보다는 관리자의 인간적인 대우나 요구를 잘 수용해서 관리해 주었을 때 작업자는 만족을 느끼고 더욱 열심히 일을 한다는 것이다.

② 비공식 집단의 중시: 사회적 능률관을 실현하기 위한 수단으로 비공식

조직(각종 사적 모임)을 통해 구성원들이 더욱 사회심리학적 측면의 욕구를 충족하도록 인정한다. 그러나 비공식 조직만을 강조한 것이 아니라 공식 조직과 비공식 조직과의 조화도 필요하다.

③ 민주적 조직관리: 작업자의 능률성 향상을 위해서는 조직 내 상하 또는 횡적인 의사전달의 원활과 민주적 관리를 강조하고 있다.

④ 인간의 피동성과 능률성 강조: 인간관계론에서도 과학적 관리론과 마찬가지로 인간을 수동적으로 인식하며, 능률성을 강조하지만 인간을 보는 관점과 관리기법은 과학적 관리론과는 다르다. 인간관계론에서의 궁극적 목표는 경영과 행정에서의 능률성 향상이다.

⑤ 호손 공장실험: 호손 공장에서 메이요 교수는 조명실험, 계전기조립실험, 면접실험, 뱅크선 작업실험에서 작업환경, 근무조건, 휴식, 임금 등보다 관리자의 인간적인 대우나 구성원 간의 친밀한 관계와 분위기 등과 같은 사회심리적 요인이 생산성 증진에 더욱 중요한 작용을 하였다는 것을 발견하였다.

⑥ 협동주의와 집단주의를 통해 생산성 향상을 추구하기 때문에 팀워크를 중시한다.

(3) 인간관계론의 공헌

① 조직론적 측면의 발전: 과학적 관리론(고전적 관리이론)에서는 기계적 능률관을 강조하며, 조직을 목표달성을 위한 수단과 도구로 인식하는 조직관에서 인간관계론(신고전적 관리이론)에서는 인간중심적 문화를 중시하고 조직에서의 구성원에 대한 관심과 합리적인 관리를 강조하는 조직관리의 개선을 가져왔다. 따라서 공식조직 중심에서 비공식 조직을 인정하는 조직의 합리화를 추구하였다.

② 인간에 대한 인식 변화: 과학적 관리론의 합리적 경제인관(인간의 경제적인 욕구를 강조)에서 인간관계와 같은 사회적 심리를 강조하는 사회적 능률관으로의 인간에 대한 인식의 변화를 가져와 민주적 요소가

조직과 인간에 가미되기 시작한 점은 높이 평가된다.

③ 관리방식의 변화(X에서 Y로의 변화): 인간은 본래 피동적이고 게으름을 피우는 미성숙(아지리스의 미성숙 이론)하며, 조직의 이익보다는 개인적 이익을 먼저 추구하고, 생리적 욕구나 안정의 욕구 추구(메슬로우의 5단계 욕구이론의 1, 2단계)수준이므로 이에 맞는 관리를 해 주면 된다는 X론적 인간관리 관점에서 사회심리적 측면이 만족되면 더욱더 조직의 목표에 기여한다는 인식에서의 관리방식인 Y로의 변화다. 즉 민주적 조직운영방식과 인간관리의 인식기초를 마련하였는데, 오늘날의 공무원의 인간적 요소를 중시하며, 사기를 높이는 제도로서 인사상담제도, 고충처리, 제안제도 등으로 발전되었다. 이는 조직에서의 원활한 의사전달의 강조와 민주적 리더십 등 인간중심적 조직관리와 맥을 같이하고 있다.

④ 행태과학에 영향: 인간관계론은 인간의 심리적 측면을 강조한다. 심리학적 측면이란 겉으로 나타나는 인간의 행태를 말하는 것으로서, 이를 객관화하고 연구하려는 후기 인간관계론(동기부여이론, 조직행태학)에 영향을 주었다. 또한 면접기법에 영향을 주었다.

(4) 인간관계론의 한계

① 물질지향적·합리적·경제적 요인 경시: 인간은 물질지향적이며 경제적인 요인에 관심이 많은 것이 당연한 것임을 무시하고, 비경제적·인간적 요인을 너무 지나치게 강조했다. 실제 인간관계론에서는 작업조건 및 작업환경의 개선 등도 직무수행의 동기부여를 가져올 수 있다고 보았으나 보수와 같은 경제적인 면보다 더욱 우선시했다는 점이 비판대상이 된다. 이러한 점을 과학적 관리론자들은 포드즘(고임금, 저가격)과 인간관계론자들을 백색사회주의라고 비판하였다.

② 합리적·공식적·제도적 측면 무시: 인간적 요소에 너무 집착하여 합리적(객관성 강조)이고 공식적인 조직활동을 제한하였으며, 공식과 비

공식 간의 개념 차이를 모호하게 만들었다.

③ 폐쇄적 조직관: 과학적 관리론과 마찬가지로 조직 내부에서 발생하는 현상(개인과 공식조직 간의 관계, 비공식 조직 중심)을 중심으로 한 관리기법을 고안해 낸 것이므로 외부환경과의 상호작용을 고려하지 않았다.

④ 직무중심의 동기부여 무시: 사회심리적 욕구의 충족을 지나치게 강조한 나머지 직무 자체를 통한 만족감 등은 간과하고 있다.

⑤ 생산자 중심의 연구: 관리자보다는 생산자 중심의 연구에 국한되어 효율적 조직운영을 위한 합리적 대안을 제시하는 데는 한계가 있다. 과학적 관리론과 마찬가지로 관리자에 대한 연구와 분석은 없었다.

⑥ 자아실현추구 욕구의 과소평가: 사회적 동물이라는 점을 강조하여 인간관계 개선 등과 같은 면에서는 공헌을 하였으나 인간은 조직을 통해 자아실현을 추구한다는 욕구를 과소평가하였다.

⑦ 조직에 대한 이분법적 시각: 인간을 합리적인 측면과 비합리적 측면으로, 조직을 공식조직과 비공시조직으로 이분법적 시각에서 파악함으로써 이들 양자가 상호 조화된다는 현실적인 면을 인식하지 못했다.

(5) 과학적 관리론과 인간관계론의 유사점

① 능률성 및 생산성 강조: 능률성과 생산성 향상을 위한 관리노력의 측면에서는 두 이론이 동일하다. 단지 인간을 바라보는 관점과 인식을 달리함으로써 인간과 조직관리 방식이 다르다.

② 관리방법: 양자 모두 과학성을 바탕으로 한 관리방식을 취하고 있다.

③ 인간에 대한 공통된 인식: 두 이론 모두 인간에 대해 피동적·수동적인 면을 동시에 인정하고 있다.

④ 조직목표와 개인목표의 불일치성 수용: 조직목표와 개인의 목표는 일치하지 않는다고 인정하고 있다. 즉, 인간은 조직의 목표보다는 개인의 목표달성과 이익을 우선으로 한다는 것이다. 단지 조직과 개인의 목표를 균형화하려면 과학적 관리론은 저해요인을 제거해 주면 가능하며,

인간관계론은 관리자가 의식적 노력으로 조화시켜야 한다고 보고 있다.
⑤ 보수적 및 정태적 사고·폐쇄관점: 두 이론 모두가 환경의 영향을 고려하지 않은 보수적이고 정태적인 사고와 더불어 조직관은 폐쇄적이다.
⑥ 생산자 중심의 연구: 양자 모두 생산자를 대상으로 연구하였으며, 관리자에 대한 연구는 이루어지지 않았다.
⑦ 외재적 요인에 의한 욕구충족: 조직구성원의 욕구충족과 동기부여의 요인을 내면적·주관적 가치기준에 두지 않고 모두 획일적으로 동일한 것으로 인식하고 경제적 측면과 집단성에 의한 유인과 같은 외재적 요인에 두고 있다.

(6) 차이점

기 준	과학적 관리론	인간관계론
대표학자	F. W. Taylor	E. Mayo 교수
실험근거	시간 및 동시동작 연구	호손 공장의 실험
인간관	합리적 경제인관	사회심리적 인간관
능률관	기계적 능률관	사회적 능률관
조직관	합리적, 기계적, 공식적	비합리적, 비공식적, 집단중심 강조
추구이념	능률성	민주성
인간유형과 인간관리방식	권위적(X론적 인간관리)	민주적(Y론적 인간관리)
의사전달체계	하향적, 강제적	상향적, 하향적, 자발적
동기부여요인	경제적 요인(보수)	사회심리적 요인(안정감, 소속감)
연구방법	원리적 접근방법	경험적 접근방법
조직이론과정	고전적 조직이론	신고전적 조직이론
공통점(요약)	① 인간을 피동적이고 수동적으로 인식 ② 폐쇄적 조직관, 보수적, 정태적 관점 ③ 생산성과 능률성 강조 ④ 외재적 요인이 동기부여 발생 ⑤ 관리자 중심이 아닌 생산자(하급자) 중심 연구 ⑥ 인간을 조작 가능한 대상으로 인식 ⑦ 조직과 개인의 목표가 일치하지 않음을 지적하고 조화의 필요성 인식	

〈보충학습〉 인간관계론의 호손 공장 실험 내용

(1) 호손 실험(Hawthorne Experiments)

1924~1932년까지 서부 전기 회사의 호손 공장의 근로자를 대상으로 한 실험으로 4차례의 실험이 5년에 걸쳐 실시되었다. L. Mayo 교수는 「산업 문명에 있어서 인간문제」(1933)라는 저서에서 조직에 있어서 인간의 심리적 특성에 대해 저술했다. F. Roethlisberger는 「경영과 근로자」(1939)라는 저서에서 기업경영에서의 인간문제를 저술했다.

(2) 가설

① 물리적 작업 조건(작업 방법)을 개선하면 생산성이 증가할 것이다.
② 휴식 시간을 증가하고 노동시간을 단축하면 피로가 감소하고 작업에 대한 단조로움이 감소할 것이다.
③ 개인별 인센티브 시스템을 도입하면 산출이 증가할 것이다.

(3) 실험

① 조명실험
  ㉠ 가설: 조명이 밝으면 생산성이 높아질 것이다.
  ㉡ 대상: 여공 집단
  ㉢ 실험: 조명도와 생산성과의 상관관계를 실험하였으며, 통제집단(조명도 일정 유지)과 실험집단(조명 점차 밝게 해 줌) 간의 생산성 비교
  ㉣ 결론: 상관관계 없다.
② 계전기 조립실험
  ㉠ 가설: 작업조건이 좋아지면 생산성이 높아질 것이다.
  ㉡ 대상: 6명의 여공

ⓒ 실험기간: 1927~1928년까지 2년간 실시

② 실험: 6명의 여공에게 직무수행의 중요성을 인식시켜 줌(직무에 대한 긍지감 부여함). 비공식 조직의 리더를 자신들이 결정함(협조관계를 이룸).

⑪ 결론: 상관관계 있다. 인간관계와 작업의 성과에 영향을 준다. 자신의 업무에 대한 긍지, 성취, 인정감을 주고 심리적 욕구를 충족시켜 준다면 생산성은 향상된다.

③ 면접실험

㉠ 기간: 1928~1930년

㉡ 실험: 현장에서 일하는 공장 근로자와 사무직원에게 직무 환경, 감독자의 리더십, 경영, 정책 등에 대한 인식을 조사했다.

ⓒ 결론: 작업자의 태도, 감정 등의 심리적 요인들이 생산성에 영향을 준다. 물리적 환경보다 인간관계의 심리적·사회적 환경이 생산성 향상에 더 중요하다는 것을 말해 준다.

④ 배전기권선 실험

㉠ 기간: 1930~1932년

㉡ 대상: 배전기권선공 14명

ⓒ 결론: 비공식 조직의 인간관계, 즉 직무수행의 심리적 요인은 생산성에 영향을 주며 비공식 조직의 특성이 나타난다. 직무를 수행하면서 자신들이 비공식적으로 만든 규칙에 따라 작업을 수행하는 것을 알 수 있었다

5. 협동이론

(1) 개념

생산성과 인간성의 동시추구 시대에 대두된 행동과학으로 인간문제의

이해와 해결, 조직목표와 개인목표의 조화를 추구하는 이론으로 고전적 경영이론인 생산성을 강조하는 과학적 관리법과 인간을 중시하는 인간관계론 모두 종업원들의 불만을 유발시켰으며, 생산성 향상에 크게 기여하지 못했다는 비판에서 대두된 이론으로 생산성과 인간의 중심에서 양자의 이론을 통합한 이론이다.

(2) 의의

① 분업화와 같은 생산성 향상 원리의 한계를 해소하기 위해 고안된 직무확대·충실화·목표 관리제(MBO) 등에 적용되기 시작하였고, 급변하는 환경에의 적응을 위한 동태적 조직구조의 도입이나 조직개발·조직변화 모형도 공헌을 하였다.

② 인간에 대한 관심은 인간관계론에서 발전된 행동과학과 조직에서 구성원들의 행위에 영향을 주는 동기요인 등을 다룬 동기부여이론, 이는 다시 갈등 및 리더십이론으로 발전하면서 인간에 대한 문제를 조직발전의 중요한 요소로 인식하면서 발전하였다.

③ 따라서 현대에 있어서 인적자원의 중요성이 인식되기 시작하였고, 1980년대에는 인적자원관리론이 활발히 연구되기 시작하였고 조직목표와 개인목표의 조화 문제가 중요하게 부각되기 시작하였다.

	생산성 강조 시대 (과학적 관리법)	인간성 중시 시대 (인간관계론)	생산성과 인간성의 동시추구 시대(협동이론)
중점	생산성 향상을 목표	개인의 목표 고려	조직의 목표와 개인의 목표 조화, 추구
인간관	경제인 내지 기계인관 합리적 인간관 X형의 인간관 (피동성, 게으름)	사회심리적 인간관 Y형 인간관 (피동적이나 인간적인 대우 선호)	복잡인, 복합인 Z형 인간관(심리적으로 복잡, 다양)
관리전략	감독의 강화, 권위적	민주적인 관리방식 인간적인 대우	상황에 따른 관리 자유방임식 관리

〈보충학습〉 관료제

1. 관료제의 개념

관료제는 지극히 다의적·불확실한 개념이지만 일반적으로 관료제의 개념은 조직의 이론적·이상적 모델인 M. Weber의 관료제를 중심으로 논의하는 것이 바람직하다. 즉, 동태적 개념을 강조하는 현대조직이론에서 유기적 조직과는 반대되는 계층성과 대규모성의 기계적 조직을 의미한다고 볼 수 있다.

2. 관료제의 특성

① 계층성의 대규모 구조, 전문화·분업화된 조직, 합법적 권위의 지배 원리, 법규 강조 등의 특성을 지닌다.
② 관료제의 보편성과 순기능: 관료제의 보편성과 순기능으로 정부조직 및 기업 등 대규모의 모든 사회조직에서도 관료제가 적용되고 있다.

3. 베버(Weber)의 관료제

(1) 이론적 특성

① 이념형: 현존하는 관료제의 속성을 모두 설명할 수 있는 이론은 아니며, 가장 특징적인 것만을 뽑아서 정립한 이론적·이념적 모형이다.
② 보편성: 공조직과 사조직을 막론하고 계층구조를 지닌 모든 대규모조직에서는 관료제의 특징과 형태를 가지고 있다.
③ 합법성·합리성: 관료제조직은 법 앞의 평등의 합법성을 추구하며, 조

직의 목표달성을 위해 계층성을 통해 효율적·능률적으로 조직을 운영할 수 있는 이상적 조직으로 인식한다.

(2) 지배유형

① 전통적 지배와 권위(가산적 관료제): 권위의 정당성은 과거로부터 내려오는 전통·관습 등에 있다고 보고 지배자의 권력의 신성함에 대한 신념을 기초로 세습되는 지배 유형과 권위이다. 안정적 조직에 유용하지만 환경에 대한 대응력은 부족한 지배유형이다.
② 카리스마적 지배와 권위: 지도자의 비범한 자질과 능력에 의한 지배가 정당화되는 지배유형과 권위로서 위기 시에 주로 나타나며, 지배양식은 비합리성보다는 기회적 합리성에 속한다.
③ 합법(리)적 지배와 권위: 권위의 정당성을 합법적인 법규나 질서에 기초하며 오늘날 대부분의 민주주의 국가의 지배유형에 해당된다.

(3) 근대관료제의 성립 및 발달요인

① 화폐경제의 발달: 관료제의 특징 중의 하나는 급여를 받고 종사하는 것에 두고 있기 때문에 화폐경제의 발달은 관료제 성립과 발달에 기여하였다.
② 행정업무의 양적 확대·질적 변화: 행정업무의 양적 증대와 질적 변화는 이를 해결하기 위한 조직유형을 필요로 하게 되었다.
③ 관료제 조직의 기술적 우위성: 관료제 조직은 합의제·명예직제·겸직제에 비하여 정확성·신속성·통일성·지속성·신중성·복종의 강요·능률성 등이 우수하며 물적·인적 비용의 절감과 같은 기술적 이점을 가지고 있다(특히 기술관료제).
④ 물적 관리수단의 집중화: 물적 수단을 집중 관리하여야 하는 행정업무는 예산제도의 성립으로 관료제에 의해 관리통제가 필요하게 되었다.
⑤ 법 앞의 평등성: 행정기능과 관료 간의 경제적·사회적 차별의 평균화

가 전제되어야 관료제는 발전할 수 있다.

(4) Weber 관료제의 특징

① 법규의 지배: 관료의 직무, 권한의 배분 및 자격요건이 명확하게 법규에 규정되어 있으며 모든 직무수행은 법규에 따라 수행된다.
② 고도의 계층성: 수직적 계급의 층이 높으며, 상하 간 지배 복종관계가 엄격한 조직이다.
③ 문서주의와 공사의 분리: 직무수행은 철저하게 문서에 의해 공식화되어 있으며, 공사를 엄격히 구분한다.
④ 전문지식의 강조: 관료의 전문적 자격과 지식이 요구되는데, 전문성은 관료의 합법성을 인정하는 기초가 된다.
⑤ 능률성: 관료제는 조직의 능률성을 추구하기 위한 이상적 모형으로서 고안되었다.
⑥ 전임직에 기초: 관료라는 직업은 부업이 아닌 생활수단으로서의 전업이며, 전체적 노동력을 요구함으로써 겸직도 금지한다.
⑦ 고용관계의 자유계약성: 고용관계가 쌍방의 자유의사에 따른 자유로운 계약을 형성한다.
⑧ 관료의 특성: 몰인간화, 비정의성(비개인주의, impersonalism), 객관성, 합리성, 법제화, 표준화, 형식주의 등을 가지고 있다.

(5) 관료제의 장점

① 전문화: 전문 영역에서 지속적으로 일함으로써 능력을 향상시킬 수 있다.
② 구조화: 직무의 범위·책임과 권한의 범위 등이 구체적으로 서술되어 있다.
③ 안정성과 미래예측 가능성: 직업성 보장과 앞으로의 승진과 보수에 대해 예상을 가능케 한다.
④ 합리성 추구: 개인적 의사결정보다는 집단적 의사결정을 해야 하기 때

문에 합리성이 보장된다(그러나 잘못된 관행이나 결정을 개인이 번복하여 수정할 수 없다는 문제점이 있다.).
⑤ 제한된 민주성 보장: 개인의 평가는 한 개인의 자의적·임의적 평가보다는 객관적 자료에 의해 검증되며, 능력·근속연수·근무태도 등에 의해 개인의 평가가 이루어지므로 민주성이 가미되었다.

(6) 관료제의 단점

① 책임의 전가: 업무의 구분이 명확하지 않은 직무에 대해서는 기피하거나 타 부서에 넘기려는 경향이 많다. 또한 상하 간의 책임전가가 많이 발생할 수 있다.
② 개인의 창의성과 발전 저해: 관행에 의해 어쩔 수 없이 해야 하는 업무가 발생하는 경우 개인의 창의성과 개성을 저해시켜 개인적 발전이 저해된다.
③ 의사전달의 하향성: 계층적 관계로 하향적 커뮤니케이션이 이루어지며 상부 층에 권한이 많이 집중되어 있다. 의사결정과정에서의 참여와 같은 민주적 요소가 미흡하다.
④ 지나친 인간의 합리성 중시: 인간의 개인적 특성을 고려하지 않기 때문에 개인의 경직성을 조장한다(X론적 인간관리, 몰인간화 등).

1. (   )(이)란, 한 종업원에게 명확히 부여된 하루의 공정한 일의 양을 뜻한다.
① 직무   ② 직위
③ 직종   ④ 과업

답) ④

해설) Taylor의 과학적 관리법은 임률 설정의 합리화를 위해서 노동자의 1일 작업량 즉 과업의 결정에 대하여 객관적인 과학적 방법을 사용할 필요성을 인식하였다.

2. 생산성 강조 시대에 있어서는 노동자는 (   )(으)로서 경제적 동기에 의해서만 자극·반응하며, (   )이론적인 인간관에 입각한 상벌제도가 노동의 유효성을 높인다는 사고가 지배적이었다.
① 경제인 - Y   ② 사회인 - Y
③ 경제인 - X   ④ 사회인 - X

답) ③

해설) 생산성 강조시기에 있어서는 생산성 향상을 목표로 하는 관리가 테일러의 과학적 관리론을 배경으로 이루어지게 되었다. 이때 노동자는 경제인으로서 경제적 동기에 의해서만 자극/반응하며, X이론적인 인간관에 입각한 상벌제도가 노동의 유효성을 높인다는 사고가 지배적이었다.

3. (   )이란 인적자원관리의 전개과정상 생산성 강조 시대의 배경이론이다.
① 인간관계론   ② 과학적 관리론
③ 행동과학   ④ 현대관리론

답) ②

해설) 생산성 강조 시대에 있어서는 생산성 향상을 목표로 관리행위가 이루어지고 관리체계가 설정되었다. 여기에 커다란 영향을 미친 사람들로서는 특히 F. W. Taylor와 H. Ford를 들 수 있다. 테일러는 과학적 관리방법을 내세움으로써

당시에 지배적이었던 주먹구구식 관리 또는 표류관리를 대체하는 새로운 과업관리를 주장하였다.

4. (   )은 인적자원관리의 전개과정상 인간성 중시 시대의 인간관이다.
① 사회인   ② 경제인
③ 복잡인   ④ 자아실현인

답) ①
해설) 인간성 중시 시대의 인간관은 감정의 논리의 수립에 기초한 사회인인데, 이는 종래의 관리개념을 완전히 바꿔 놓은 것이다.

5. E. Mayo를 중심으로 한 Hawthornerhd장에서의 일련의 실험은 인간성의 중요성을 부각시킨 (   )을(를) 성립시켰다.
① 과학적 관리론   ② 인간관계론
③ 근대관리론   ④ 행동과학론

답) ②
해설) 생산성의 측면만을 중시하고 인간성을 무시했던 제1기의 관리방식에 따른 역기능이 증가되는 가운데 E. Mayo를 중심으로 한 Hawthorne 공장에서의 일련의 실험은 인간성의 중요성을 부각시킨 인간관계론을 성립시켰다. 이 시기에는 단순한 경제적/합리적인 인간관에 대신하여 비합리적 인간으로서의 측면이 인식되게 되었다. 즉 감정의 논리에 기초한 '사회인 가설'이 그것으로 이것은 종래의 관리개념을 완전히 바꿔 놓은 것이었다.

6. (   )은 인간관계론의 인간관으로서 인간의 비합리적이고 감적정인 측면에 중점을 두어서 인간행동을 이해하려는 인간관이다.
① 경제인 가설   ② 사회인 가설
③ 복잡인 가설   ④ 완전인 가설

답) ②
해설) 사회인 가설은 인간관계론의 인간관으로서 인간의 비합리적이고 감정적인 측면에 중점을 두어서 인간행동을 이해하려는 인간관이고, 이것은 경제인 가설과 대조적이다. 경제인 가설이란 인간의 합리적인 측면에 중점을 두어서 인간행동을 이해하려는 과학적 관리론의 인간관이다.

7. 인적자원관리의 전개과정 중 현대인적자원관리의 단계는 (   )이다.
① 생산성 강조 시대　　　　　　　　　② 인간성 강조 시대
③ 생산성과 인간성의 조화 시대　　　　④ 개인목표와 강조 시대

답) ③
해설) 인적자원관리의 전개과정은 제1기 생산성 강조 시대에서 제2기 인간성 중시 시대를 거쳐 오늘날은 제3기인 생산성과 인간성을 동시 추구하는 단계이다.

8. 다음 중 근대적 조직관의 특성에 속하는 것은?
① 극도의 과업분화　　　　　　　　　② 다계층조직
③ 조직목적만 존중　　　　　　　　　④ 참여방식

답) ④
해설) 근대적 조직관은 생산성과 인간성을 동시에 추구하는 시대의 조직관을 말한다.
이 시기에 이르러 인적자원의 중요성이 부각되기 시작하였고 조직목표와 개인목표 간의 조화문제가 인식되기 시작하였다.

9. 인간관계론의 등장 이후 급격한 발전을 본 (   )은(는) 현대 조직에서의 인간문제를 이해하고 해결하는 데 큰 도움이 되었다. 이에 따라 인적자원의 중요성이 인식되기 시작하였다.
① 과학적 관리론　　　　　　　　　② 고전적 관리론
③ 관료제론　　　　　　　　　　　　④ 행동과학이론

답) ④
해설) 제1기의 생산성·능률·합리성만을 강조하였던 인적자원관리나 제2기의 인간성 중시의 인적자원관리는 결과적으로 조직구성원들의 불만을 심화시키고 생산성은 향상시키지 못하는 결과를 가져왔다. 그러나 이 시기 이후 급격한 발전을 본 행동과학론은 조직에서의 인간문제를 이해하고 해결하는 데 큰 도움이 되었다.

10. (   )은 현대 인적자원관리의 인적자원이념으로 가장 적당하다.
① Y이론적 인간관　　　　　　　　　② 기계론적 인간관
③ 경제인적 인간관　　　　　　　　　④ 사회인적 인간관

답) ①

해설) 현대 인적자원관리의 인적자원이념으로 적합한 것은 Y이론적 인간관이다.
보기 중 기계론, 경제인은 과학적 관리법의 인간관이며, 사회인은 인간관계론 시
대의 인간관이다.

11. (   ) 관점은 인간이 화폐나 애정 또는 성취동기, 의미 있는 일에 대한 욕
구 등과 같은 상호 관련된 복합적 요인에 의해 동기 부여된다고 간주한다.
① 과학적 관리론적   ② 인간관계론적
③ 인적자원론적   ④ 고전적 관리론적

답) ③

해설) 인적자원론적 관점은 인간이 화폐나 애정 또는 성취동기, 의미 있는 일에
대한 욕구 등과 같은 상호 관련된 복합적 요인에 의해 동기 부여된다고 간주한다.

12. 다음 중 인적자원 관점에서 인간관으로 가장 적당한 것은?
① Y이론적 인간관   ② 기계론적 인간관
③ 경제적인 인간관   ④ 사회인적 인간관

답) ①

해설) 인적자원 관점에서는 맥그리거의 Y이론적 인간관이 존중되고 인간의 무한
한 잠재력이 인정되어 지속적인 능력개발과 동기부여가 중시된다.

13. 조직과 개인을 통합하는 기본배경이 되는 인적자원관리 이념은 인간중심의
경영이론으로서 맥그리거의 (   )이론과 기타의 행동과학이론이다.
① X   ② Y   ③ Z   ④ W

답) ②

해설) (1) 조직과 개인을 통합하는 기본배경이 되는 인적자원관리 이념은 인간중
심의 경영이론으로서 맥그리거의 Y이론과 기타의 행동과학이론이다.
(2) 현대적인 인적자원관리 이념은 민주적인 유형이어야 하며 맥그리거의 Y이론
과 리커트의 관리시스템4를 지향하는 것이어야 한다. 조직과 개인을 통합하는
기본배경이 되는 인적자원관리 철학은 인간중심의 경영이론으로서 맥그리거의
Y이론과 기타의 행동과학이론에 의해 뒷받침된다.

14. 인간은 적절히 동기가 부여되면 기본적으로 자기 통제적일 수 있으며 작업
에 있어서도 창조적일 수 있다는 입장을 잘 대변해 주는 것은 (   )이다.
① X이론   ② Y이론   ③ Z이론   ④ A이론

답) ②
해설) X이론은 인간은 선천적으로 게으르고 책임지지 않고 무능하므로 채찍을
가해서 열심히 일하도록 해야 한다는 인간관이며, Y이론은 인간은 원래 창조적
이며 올바른 동기부여를 하면 자율적인 행동을 취한다는 인간관이다.

주관식 문제

1. 인적자원관리의 전개과정을 설명하시오.

  (1) 생산성 강조 시대
   ① Taylor의 과학적 관리법 – 과업관리, 경제적 인간, 이기적인 개인, 시간동
   작 연구, 차별적 성과급제, 전문화, 기술적 효율의 극대화
   ② Ford의 동시관리 – 전체 작업조직의 효율성 추구, 컨베이어시스템, 대량생산

  (2) 인간성 중시 시대
   Mayo를 중심으로 한 호손공장의 실험: 사회인 가설, 직장환경이 생산성에 영
   향을 미치는 것을 중시한다.

  (3) 생산성과 인간성의 동시 추구 시대
   ① 행동과학과 조직행위론의 발달과 더불어 인적자원에 대한 중요성이 인식
   되면서 성과와 만족을 동시에 추구하기 위한 조직목표와 개인목표의 조화를
   시도하는 시기이다.
   ② 인적자원적 인간관, Y이론적 인간관

제3절 인적자원관리의 이론적 접근방법

인적자원관리는 조직구성원에 관한 관리전략을 총칭한 말인데, 전통적 인적자원관리는 단기적 시각에서 인력활용에 중점을 두는 것이라고 한다면 현대적 인적자원관리는 장기적 관점에서 인력 육성에 의한 기능과 전략, 그들의 지식활용과 지식을 통한 경영, 기술축적에 관심을 두고 있다.

1. 기계적 접근방법

테일러의 과학적 관리를 말하는 것으로 합리적 인적자원관리의 최초의 이론으로 볼 수 있다. 근로자를 대상으로 작업능률 향상뿐만 아니라 경영관리의 의식 확립과 체계에 대한 합리화로 인식하고 있다. 여기서 기계라 함은 조직과 인간도 기계로 인식하고 능률성을 최대로 하기 위한 조직의 관리방식을 고안해 낸 것이다.

(1) 의의

① 최초 조직이론은 미국 F. W. Taylor가 1900년대 초에 연구개발한 과학적 관리법으로 테일러의 이론은 본질적으로 개별 작업자를 주의 깊게 감독함과 동시에 조업 중 발생하는 시간과 동작의 낭비를 줄임으로써, 작업장이나 공장에서 생산의 효율성을 급격히 높일 수 있다고 본 것이다.

② 능률성과 생산성을 높이기 위해 기계적 능률관, 공식성·합리적 조직관리에 중점을 두고 과학적 관리의 4대 원칙을 통해 실현시켰다.

③ 이 시대에 인간(종업원)에 대한 관점은 인간의 유형 중 X형으로 보고, 그들에 대한 관리방식을 강조하였다. 여기서 X형은 피동성과 게으름, 일하기 싫어함의 특성을 말하며, 이들에 대한 통제 중심의 관리전략이

주요하였다.

④ 과학적 관리론이 미국의 행정에 영향을 주어 미국행정부는 급격한 행정개혁, 실적의 강조, 행정관리화 운동을 통한 능률과 절약을 추구하였다.

(2) 과학적 관리론의 등장배경

① 미국에의 청교도의 이민과 풍부한 자원으로 기업에 적용 가능
② 산업혁명은 기계화, 공업화를 촉진
③ 미국의 남북전쟁은 노동력의 부족을 발생시켰고 노사분쟁이 빈번하여 경영체계정립의 필요성 대두
④ 1880년 미국 기계기사협회를 주축으로 '능률 증진 운동'이 시작되었고 그 목표는 다음과 같다.

   ㉠ 기업의 생산성 강조

   ㉡ 임금 체계의 합리화(임금 지불 방법의 합리화)

   ㉢ 생산 방식의 과학화

     ㉮ 과학적 관리법의 등장원인

      ⓐ 조직의 태업 방지

      ⓑ 노동과 작업능률의 증대 추구

     ㉯ 과학적 관리의 기본이념

      ⓐ 능률의 증진과 생산 비용의 절약은 대량생산체제로 해결

      ⓑ 고임금과 저노무비, 무노동 무임금제

     ㉰ 과학적 관리의 4대 원칙

      ⓐ 공정한 작업장 결정: 시간과 동작 연구를 통해 표준 작업량을 정해야 한다.

      ⓑ 작업 시 사용하는 기계·공구를 똑같이 사용하게 함으로써 모든 사람이 똑같은 작업을 하도록 표준화된 작업 조건 설정

      ⓒ 차별적 성과급제: 표준 작업량 이상의 성과를 낸 사람에게는 높

은 임금을 적용하고, 이하인 경우에는 낮은 임금을 적용한다.

ⓓ 조직구조의 개선: 직계식 조직, 분배식 조직에서 직능, 기능식 조직으로 개편 설계(직계식 조직은 조직에서 계층이 존재하고 업무는 분담하지 않으며, 직능 조직은 기획부와 생산부로 분리)

2. 인간관계적 접근방법

인간관계적 접근은 테일러의 기계적 조직관리 방식에 대한 수정을 요구하였다. 이는 하버드의 메이요 교수가 호손 공장에서 근로자들을 대상으로 4~5차례의 실험을 통해 인간은 기계가 아니며, 경제적 보상(보수, 물질) 등에 의해서만 생산성의 증가를 가져올 수 없는 인식하에 근로자들의 사회적, 심리적 동기를 중요시한 이론이다.

(1) 의의

① 고전적 이론의 과학적 관리법에 대한 비판과 수정을 제기하며 1930년대 하버드대학의 Mayo 교수의 호손공장실험을 통해 인간관계론에 이론적 근거를 두고 성립·발전된 이론이다.
② 과학적 관리법과는 달리 행정조직 내의 비공식성과 인간의 사회적 심리요인을 중시하는 이론이다.
③ 따라서 공식조직과 비공식조직과의 조화의 필요성을 주장하며 협동주의 및 집단주의를 강조하고, 생산성 향상을 위한 조직의 팀워크를 중시했다(오늘날의 인사상담제도, 제안제도 등을 성립시킴).

(2) 인간관계론의 특징

① 사회적 능률관: 사회적 모형으로서의 조직관을 가지고 있는데, 능률성의 향상은 인간의 사회적 상호작용관계에서 이루어진다고 인식하고

조직 내의 비합리적·비공식적·정서적·사회적·심리적 측면의 중
요성을 중요시한다.

② Y론적 인간관리: 인간은 사회적 동물이며, 인간 사이의 관계에서 능력
을 발휘하므로 생산성과 능률성의 향상요인은 인간적 대우에서 비롯
된다고 보는 관리기법이다. 따라서 통제와 감독, 억압의 관리보다는
사회심리적 측면을 잘 활용한 작업자 관리에 있다고 보는 관점이다(오
늘날의 의사결정에의 참여, 의사소통, 위원회방식 등 민주적 조직운영
에 영향을 줌).

③ 비공식적 조직의 인정: 조직 내의 사회심리학적 측면과 인간관계를 중
요시하므로 비공식조직을 중요시한다.

④ 행동과학 발전에 기여: 행동과학이란 인간의 내면적 심리상태에 따라
행동이 결정된다고 보는 입장이다. 즉 근로자들의 내적 불만, 욕구 등
에 따라 동기부여가 나타나며, 생산성에 이어지는 결과를 가져온다고
보기 때문에 생산성 증가에 기여하도록 하기 위해서는 이들의 욕구에
대한 연구와 관리전략 모색을 필요로 한다.

3. 인적자원적 접근방법

산업화의 과정에서 자산 또는 자원을 노동, 자본, 토지로만 국한했던 시각
에서 인간을 중요한 자원으로 인식하게 되었다. 협동이론에서의 인간중시의
개념에서 강조되었다가 1980년대에는 인적자원관리 이론이 대두되었고, 더
욱 발전하여 이들의 지식을 어떻게 관리하여 기업발전에 활용하느냐 하는
관점이 2000년대에 들어서 지식경영론이 태동하였다.

(1) 개념

① 근로자를 잠재적인 조직의 자원으로 파악하고 지속적인 능력개발과

동기부여가 중요하다고 보는 입장이다. 따라서 조직구성원을 잠재적
인 자원으로 파악, 구성원의 능력을 개발하고 발휘시키는 것은 경영
자의 책임이며 관리전략의 대상이 된다.
② 경영이 단순한 사람관리가 아닌, 인간을 인격적, 감정적 존재로 이해
하고 존중한다는 배경에서 출발한다. 이러한 관리전략은 경영의 효율
성과 조직구성원의 사기증진을 도모할 수 있다는 인식이다.

(2) 관리 전략

조직 내의 근로자들의 생산성 증가를 위한 동기요인 분석을 통해 관리가
가능하며, 인간유형에 따라 다른 관리전략을 설명한 맥그리거의 X, Y형 중
Y형 관리전략을 따른다.

4. 관리과정 접근법

경영관리의 제 기능과 조직 내 인력의 통제를 기초로 하여 연구 과제를
설정하고 분석하는 접근법으로서 인사관리의 여러 기능 인력의 흐름을 기초
연구 과제로 설정·분석하는 것이다. 인력의 확보, 개발, 보상, 이직에 이르
는 일련의 과정에 대해 효과적으로 통제할 수 있다. 그러나 단점으로는 중
복되는 요소가 많고 과학적 근거 제시가 미약하다. E. B. Flippo는 인사관리
를 관리기능과 업무기능으로 설명하는 기능적 접근법을 제시했다.

5. 시스템접근법

(1) 의의

① 조직에서 발전한 시스템이론을 경영관리에 적용한 접근방법으로 전체

경영관리 시스템하에서 하부시스템을 효과적으로 구성하여 전체적인 유기적 연결을 시도한다.

② 전체 시스템은 여러 개의 하부시스템의 구성체로서 조직구성 및 상호연계가 수월하다는 인식하에 외부로 부터의 투입→전환→산출→환류가 유기적으로 연결되는 과정에서 산출에 주요한 기능을 수행하는 전환에 중요한 의미를 부여하고 있다.

③ 시스템 이론을 기초로 경영성과를 종속변수로 하여 조직과 환경과의 인과관계를 실증적으로 해석하게 된다.

④ 하부시스템의 효율적 역할은 조직 전체 시스템의 효과적 작동을 추구할 수 있으므로 시스템 체계를 잘 활용하는 접근방법이다.

⑤ 대표적 학자로는 피고스·마이어스·데슬러·깁슨·버렐 등이 있다.

(2) 시스템의 속성

① 개방성: 체제는 환경과 투입, 전환 산출, 환류의 과정을 끊임없이 반복하는 과정에서 생존해 나간다.

② 전체성과 경계성: 하나의 체제는 각 하위체제로 구성되고, 그 하위체제는 환경과 관계도 하며, 각기 구별되는 고유의 경계를 가지고 있으면서도 통일된 전체로서의 집합체이다.

③ 계층성(hierarchy): 체제(system)는 상위체제와 하위체제를 가지고 있으며, 그 하위체제는 또 다른 하위체제를 가지는 계층성을 띠고 있다. 예를 들어 서울시청은 하나의 전체체제로서 각 구청, 각 구청은 각 동 사무소의 하위체제로 구성되어 있으면서도 각각의 업무적·공간적 영역을 가진 하위체제로서 목표를 달성하면서 환경과 상호작용을 한다. 그리고 대한민국은 서울시의 상위시스템이다.

④ 등종국성(equifinality): 하위체제들은 경계성을 가지고 있지만 전체성에 의한 체제의 목표달성을 위한 전체적 기능에 합치되는 현상과 기능을 말한다.

⑤ 상호관련성 및 의존성: 전체 체제적 관점에서 각 하위체제들은 서로 기능적으로 연결되어 있으며 상호의존적 관계를 맺고 있다.

⑥ 균형유지성(항상성, 恒常性, homeostasis): 체제는 환경과의 상호작용을 하면서 체제가 존속하기 위한 항상성·균형성을 견지한다. 즉, 체제는 자기 유지에 혼란을 주는 요소가 투입되면 이것을 균형화시킴으로써 본래의 자기 상태로 돌아가려는 성향을 강하게 띠는 특징이다(자기조절과 기능). 또한 우리의 논의대상은 개방체제로서 체제의 생존성 확보를 위해 환경과의 끊임없는 상호작용을 한다. 그러므로 환경과의 동태적 균형을 말하며, 폐쇄체제는 정태적 균형에 해당된다.

〈심화학습〉 Parsons의 체제의 기능

1. 적응기능(adaptation)

환경변화에 적응하는 기능을 말하는데, 체제는 환경에 적응하기 위해 환경으로부터 인적·물적 자원을 동원한다. 적응기능은 경제적 기능의 의미를 갖는데, 자원의 합리적 배분과 경제성을 중시하는 기능을 말한다.

2. 목표달성기능(goal attainment)

환경으로부터 동원된 인적·물적 자원을 체제 내에서 전환과정을 거쳐 조직의 목표를 달성하게 하는 기능을 말한다. 여기서 정치행정적 기능의 의미가 있는데, 조직목표의 달성까지는 정치적 과정(투쟁 및 갈등과 협상)과 정치적 영향을 받으며, 또한 조직 또는 기업의 개별적 고유의 특수성을 포함하기 때문이다.

3. 통합기능(integration)

체제의 각 구성요소를 체제에 맞게 효율적으로 조직화하고 조정·통제하는 기능을 말한다. 경영조직의 입장에서는 이윤추구를 목표로 조직 내의 각 요소와 부문, 기능 등을 조직화하고 조정, 통제하는 기능을 수행한다.

4. 체제유지기능(latent - pattern maintenance)

체제가 소멸하지 않고 존속해 나가는 유지기능을 말한다. 체제는 체제별 나름대로의 문화가 존재하며, 체제를 유지시켜 나가기 위해서는 조직이 지니고 있는 문화를 전승해 나가는 기능이 있어야 한다. 문화는 공동체 의식을 고취시켜 조직목표 달성에 기여한다.

5. 과제중심 접근 방법

노동지향적 접근으로 이론체계나 모형 없이 주어진 과제해결에 필요한 내용을 집중적으로 설명하는 방법론이다. 이 접근방법은 테일러의 과학적 관리론에 입각하여 능률과 생산성 증가를 최대 관심으로 보고 있다. 당면한 문제점에 대해 기업의 자원을 총집중하고 관리할 수 있다는 것이 장점이다.

6. 기업기능적 접근방법

기업기능적 접근은 기업인사의 기능적 업무를 중심으로 경영을 관리하는 전략이다. 스키너, 이반세비치 등에 의해 주창되었으며, 지식경영, 경험축적, 비정형적 기업전략 등에 대한 해석이 부족하다고 지적받고 있다.

7. 성과주의 및 신경영관리 접근방법 : HR제도 혁신

1980년대 이후 적용된 조직관리방식으로서 기업을 중심으로 경쟁과 성과 위주의 관리방식이 확산되었다. 이는 다시 90년대 들어와 신경영기법으로 발전하였다. 신경영관리기법은 90년대 중반부터 우리나라에서 유행하기 시작한 기업문화, TQM, 리엔지니어링, 또는 연봉제 등과 같은 신인사제도에서부터 최근의 지식경영, 6시그마에 이르기까지 여러 가지 경영혁신기법들을 통칭하여 신경영관리기법이라고 할 수 있을 것이다. 이러한 신경영관리기법의 지향점은 기업의 체질개선을 통한 경쟁력 강화이며, 이를 위해 동원되는 수단이 각종 경영혁신기법들이다. 경영혁신의 많은 부분들이 구성원들과 관계가 있으며, 특히 인사제도 및 조직관리 또는 리더십과 관계되는 것이 많다. 유연적 생산체제 구축을 위한 다기능화, 직무통합과 직무순환, 능력주의 혹은 성과주의 인사제도, 고성과 작업조직, 임파워먼트, 참여형 경영관리 등이다.

8. 21세기형 인적자원관리 – 지식경영

(1) 지식경영의 개념 및 의의

2000년대 대두된 21세기의 새로운 경영기법인 지식경영이 기업이 생존할 수 있는 길은 지식의 활용에 달려 있다고 보고 연구가 활발히 이루어지고 있다. 여기서 지식은 조직이 경험한 지식뿐만 아니라 특히 조직구성원들의 지식이라 할 수 있다.

(2) 지식관리의 의의

지식관리(Knowledge Management)는 조직에 내재되어 있는 지식을 공유·확산시키고 새로운 지식을 창조함으로써 행정조직의 역량과 부가가치를 제고하는 활동이다.

① 지식에는 암묵지(tacit knowledge)와 형식지(explicit knowledge)가 있는데 전자는 조직구성원 개인에게 내재되어 있는 지식을 말하고, 형식지는 외부로 표현되고 공식화되어 있는 지식을 말한다.

② 지식관리는 숨어 있는 암묵지를 형식지로 표출화시켜 조직이 활용할 수 있는 지식으로 만들어 주고, 형식지와 형식지는 상호교환·연결하여 지식의 시너지효과를 만들어 내며, 새로운 암묵지를 끊임없이 만들어 내는 지식창조 활동에 있다.

③ 이러한 지식활동을 지원해 주기 위한 컴퓨터에 기반을 둔 시스템을 지식관리시스템(KMS: Knowledge Management System)이라고 하며, KMS는 조직의 지식을 입력, 저장, 축적, 활용할 수 있게 도와주는 시스템이다.

(3) 지식관리의 중요성

지식의 한계는 조직의 지속가능성(sustainability)을 불가능하게 하는 요인이 되는데, 지식의 끊임없는 창출과 조직학습을 통하여 새로운 부가가치를 창출하지 못하면 생존성에 위협을 받게 된다. 정부의 경우에도 복잡한 정책문제의 해결, 새로운 행정서비스의 창출, 국가의 경쟁력 제고를 위해서는 새로운 지식의 창출이 필수적이다. 특히 행정혁신을 위한 정부조직의 재창조를 위하여서는 조직에 내재화된 지식의 표출, 공유, 확산 및 활용과 새로운 지식으로의 변형·진화 및 창출이 효과적인 혁신조건이라고 할 것이다. 지식관리는 지능적 행정, 지능적 정부의 구현을 위한 수단으로 정부의 문제해결 능력, 미래예측 능력, 성과역량을 높이는 중요한 조건이 될 수 있다.

(4) 지식경영의 프로세스: 지식획득→지식창출→지식전파 및 공유(지식저장)→지식활용(제품생산 및 서비스 제공)→새로운 기업문화 구축

(5) 지식경영도입의 전제조건(송영렬, 2006)

① 지식공유문화의 창조
② 제도 및 조직의 정비
③ 정보기술의 체제 구축
④ 기업의 변화 노력
⑤ 조직구성원들의 의식변화 노력
⑥ 자율적이고 창의적인 조직문화
⑦ 공정한 성과평가와 인력관리

〈요약〉 인적자원관리의 3가지 대표적 접근방법

1. 인적자원적 접근법(human resources approach)

인적자원 접근법은 종업원을 조직목표달성에 잠재적인 자원으로 파악하고 있다. 이러한 가정하에서 조직과 개인양자를 위하는 방식으로 종업원의 능력을 개발하고 동기를 부여하는 것이 경영자의 책임이라고 생각하고 있다. 따라서 인적자원의 확보와 개발 및 활용을 기업의 중요한 관리적 요소로 인식하는 접근방법이다.

2. 과정적 접근법(process approach)

과정적 접근법은 인적자원관리를 인력의 확보, 교육훈련, 배치, 이동 및 이직에까지 일련의 과정에 대해서 관리, 즉 계획(planning), 조직(organizing), 통제(controlling)하는 절차를 통해 설명하고 있다.

3. 시스템적 접근법(system approach)

　시스템적 접근법은 시스템의 특성을 통해 설명하는 방법론으로 인적자원 시스템 전체는 몇 개의 하위시스템으로 구성되기 때문에 전체 시스템의 분화로서 그 내용을 쉽게 설명할 수 있다는 장점이 있다. 전체 시스템은 여러 개의 하부시스템의 구성체로서 조직구성 및 상호연계가 수월하다는 인식하에 외부로부터의 투입→전환→산출→환류가 유기적으로 연결되는 과정에서 산출에 주요한 기능을 수행하는 전환에 중요한 의미를 부여하고 있다. 시스템 이론을 기초로 경영성과를 종속변수로 하여 조직과 환경과의 인과관계를 실증적으로 해석하게 된다.

1. (　　)(이)란, 한 종업원에게 명확히 부여된 하루의 공정한 일의 양을 뜻한다.
① 직무　　　　　　　　　　　　　② 직위
③ 직종　　　　　　　　　　　　　④ 과업

답) ④
해설) Taylor의 과학적 관리법은 임률 설정의 합리화를 위해서 노동자의 1일 작업량 즉 과업의 결정에 대하여 객관적인 과학적 방법을 사용할 필요성을 인식하였다.

해설) 인적자원관리의 전개과정
(1) 생산성 강조 시대
① Taylor의 과학적 관리법 – 과업관리, 경제적 인간, 이기적인 개인, 시간동작 연구, 차별적 성과급제, 전문화, 기술적 효율의 극대화
② Ford의 동시관리 – 전체 작업조직의 효율성 추구, 컨베이어시스템, 대량생산
(2) 인간성 중시 시대 – Mayo를 중심으로 한 호손공장의 실험: 사회인 가설, 직장환경이 생산성에 영향을 미침.
(3) 생산성과 인간성의 동시 추구 시대
① 행동과학과 조직행위론의 발달과 더불어 인적자원에 대한 중요성을 인식하고 성과와 만족을 동시에 추구하기 위한 조직목표와 개인목표의 조화를 시도
② 인적자원적 인간관, Y이론적 인간관

2. 생산성 강조 시대에 있어서는 노동자는 (　　)(으)로서 경제적 동기에 의해서만 자극·반응하며, (　　)이론적인 인간관에 입각한 상벌제도가 노동의 유효성을 높인다는 사고가 지배적이었다.
① 경제인 – Y　　　　　　　　　　② 사회인 – Y
③ 경제인 – X　　　　　　　　　　④ 사회인 – X

답) ③
해설) 생산성 강조시기에 있어서는 생산성 향상을 목표로 하는 관리가 테일러의 과학적 관리론을 배경으로 이루어지게 되었다. 이때 노동자는 경제인으로서 경

제적 동기에 의해서만 자극/반응하며, X이론적인 인간관에 입각한 상벌제도가 노동의 유효성을 높인다는 사고가 지배적이었다.

3. (   )이란 인적자원관리의 전개과정상 생산성 강조 시대의 배경이론이다.
① 인간관계론
② 과학적 관리론
③ 행동과학
④ 현대관리론

답) ②
해설) 생산성 강조 시대에 있어서는 생산성 향상을 목표로 관리행위가 이루어지고 관리체계가 설정되었다. 여기에 커다란 영향을 미친 사람들로서는 특히 F. W. Taylor와 H. Ford를 들 수 있다. 테일러는 과학적 관리방법을 내세움으로써 당시에 지배적이었던 주먹구구식 관리 또는 표류관리를 대체하는 새로운 과업관리를 주장하였다.

4. (   )은 인적자원관리의 전개과정상 인간성 중시 시대의 인간관이다.
① 사회인
② 경제인
③ 복잡인
④ 자아실현인

답) ①
해설) 인간성 중시 시대의 인간관은 감정의 논리의 수립에 기초한 사회인인데, 이는 종래의 관리개념을 완전히 바꿔 놓은 것이다.

5. E. Mayo를 중심으로 한 Hawthorne 공장에서의 일련의 실험은 인간성의 중요성을 부각시킨 (   )을(를) 성립시켰다.
① 과학적 관리론
② 인간관계론
③ 근대관리론
④ 행동과학론

답) ②
해설) 생산성의 측면만을 중시하고 인간성을 무시했던 제1기의 관리방식에 따른 역기능이 증가되는 가운데 E. Mayo를 중심으로 한 Hawthorne 공장에서의 일련의 실험은 인간성의 중요성을 부각시킨 인간관계론을 성립시켰다. 이 시기에는 단순한 경제적/합리적인 인간관에 대신하여 비합리적 인간으로서의 측면이 인식되게 되었다. 즉 감정의 논리에 기초한 '사회인 가설'이 그것으로 이것은 종래의 관리개념을 완전히 바꿔 놓은 것이었다.

6. (   )은 인간관계론의 인간관으로서 인간의 비합리적이고 감정적인 측면에 중점을 두고 인간행동을 이해하려는 인간관이다.
① 경제인 가설
② 사회인 가설
③ 복잡인 가설
④ 완전인 가설

답) ②

해설) 사회인 가설은 인간관계론의 인간관으로서 인간의 비합리적이고 감정적인 측면에 중점을 두어서 인간행동을 이해하려는 인간관이고, 이것은 경제인 가설과 대조적이다. 경제인 가설이란 인간의 합리적인 측면에 중점을 두어서 인간행동을 이해하려는 과학적 관리론의 인간관이다.

7. 인적자원관리의 전개과정 중 현대인적자원관리의 단계는 (   )이다.
① 생산성 강조 시대
② 인간성 강조 시대
③ 생산성과 인간성의 조화 시대
④ 개인목표와 강조 시대

답) ③

해설) 인적자원관리의 진개과성은 제1기 생산성 강조 시대에서 제2기 인간성 중시 시대를 거쳐 오늘날은 제3기인 생산성과 인간성을 동시에 추구하는 단계이다.

8. 다음 중 근대적 조직관의 특성에 속하는 것은?
① 극도의 과업분화
② 다계층조직
③ 조직목적만 존중
④ 참여방식

답) ④

해설) 근대적 조직관은 생산성과 인간성을 동시에 추구하는 시대의 조직관을 말한다.
이 시기에 이르러 인적자원의 중요성이 부각되기 시작하였고 조직목표와 개인의 목표 간의 조화문제가 인식되기 시작하였다.

9. 인간관계론의 등장 이후 급격한 발전을 본 (   )은(는) 현대 조직에서의 인간문제를 이해하고 해결하는 데 큰 도움이 되었다. 이에 따라 인적자원의 중요성이 인식되기 시작하였다.
① 과학적 관리론
② 고전적 관리론
③ 관료제론
④ 행동과학이론

답) ④

해설) 제1기의 생산성·능률·합리성만을 강조하였던 인적자원관리나 제2기의 인간성 중시의 인적자원관리는 결과적으로 조직구성원들의 불만을 심화시키고 생산성은 향상시키지 못하는 결과를 가져왔다. 그러나 이 시기 이후 급격한 발전을 본 행동과학론은 조직에서의 인간문제를 이해하고 해결하는 데 큰 도움이 되었다.

10. (   )은 현대 인적자원관리의 인적자원이념으로 가장 적당하다.
① Y이론적 인간관
② 기계론적 인간관
③ 경제인적 인간관
④ 사회인적 인간관

답) ①

해설) 현대 인적자원관리의 인적자원이념으로 적합한 것은 Y이론적 인간관이다. 보기 중 기계론, 경제인은 과학적 관리법의 인간관이며, 사회인은 인간관계론 시대의 인간관이다.

11. (   ) 관점은 인간이 화폐나 애정 또는 성취동기, 의미 있는 일에 대한 욕구 등과 같은 상호 관련된 복합적 요인에 의해 동기가 부여된다고 간주한다.
① 과학적 관리론적
② 인간관계론적
③ 인적자원론적
④ 고전적 관리론적

답) ③

해설) 인적자원론적 관점은 인간이 화폐나 애정 또는 성취동기, 의미 있는 일에 대한 욕구 등과 같은 상호 관련된 복합적 요인에 의해 동기가 부여된다고 간주한다.

12. 다음 중 인적자원 관점에서 인간관으로 가장 적당한 것은?
① Y이론적 인간관
② 기계론적 인간관
③ 경제적인 인간관
④ 사회인적 인간관

답) ①

해설) 인적자원 관점에서는 맥그리거의 Y이론적 인간관이 존중되고 인간의 무한한 잠재력이 인정되어 지속적인 능력개발과 동기부여가 중시된다.

13. (   ) 접근법은 종업원을 잠재적인 자원으로 파악하고 있다. 이러한 가정하에서 조직과 개인 양자를 위하는 방식으로 종업원의 능력을 개발하고 동기를 부여하는 것이 경영자의 책임이라고 생각하고 있다.

① 과정적　　　　　　　　　　　　　② 기능적
③ 시스템적　　　　　　　　　　　　④ 인적자원적

답) ④

해설) 인적자원관리의 세 가지 연구접근법으로는 다음과 같은 것들이 있다.

1. 인적자원적 접근법(human resources approach)

　인적자원 접근법은 종업원을 조직목표달성에 잠재적인 자원으로 파악하고 있다. 이러한 가정하에서 조직과 개인 양자를 위하는 방식으로 종업원의 능력을 개발하고 동기를 부여하는 것이 경영자의 책임이라고 생각하고 있다. 따라서 인적자원의 확보와 개발 및 활용을 기업의 중요한 관리적 요소로 인식하는 접근방법이다.

2. 과정적 접근법(process approach)

　과정적 접근법은 인적자원관리를 인력의 확보, 교육훈련, 배치, 이동 및 이직에까지 일련의 과정에 대해서 관리, 즉 계획(planning), 조직(organizing), 통제(controlling)하는 절차를 통해 설명하고 있다.

3. 시스템적 접근법(system approach)

　시스템적 접근법은 시스템의 특성을 통해 설명하는 방법론으로 인적자원시스템 전체는 몇 개의 하위시스템으로 구성되기 때문에 전체 시스템의 분화로서 그 내용을 쉽게 설명할 수 있다는 장점이 있다. 전체 시스템은 여러 개의 하부시스템의 구성체로서 조직구성 및 상호연계가 수월하다는 인식하에 외부로부터의 투입→전환→산출→환류가 유기적으로 연결되는 과정에서 산출에 주요한 기능을 수행하는 전환에 중요한 의미를 부여하고 있다. 시스템 이론을 기초로 경영성과를 종속변수로 하여 조직과 환경과의 인과관계를 실증적으로 해석하게 된다.

14. 조직과 개인을 통합하는 기본배경이 되는 인적자원관리 이념은 인간중심의 경영이론으로서 맥그리거의 (   )이론과 기타의 행동과학이론이다.

① X　　　　　② Y　　　　　③ Z　　　　　④ W

답) ②

해설) (1) 조직과 개인을 통합하는 기본배경이 되는 인적자원관리 이념은 인간중심의 경영이론으로서 맥그리거의 Y이론과 기타의 행동과학이론이다.

(2) 현대적인 인적자원관리 이념은 민주적인 유형이어야 하며 맥그리거의 Y이론과 리커트의 관리시스템4를 지향하는 것이어야 한다. 조직과 개인을 통합하는 기본배경이 되는 인적자원관리 철학은 인간중심의 경영이론으로서 맥그리거의 Y이론과 기타의 행동과학이론에 의해 뒷받침된다.

15. (   ) 접근법은 인적자원관리를 처음 시작에서부터 끝까지 물이 흐르는 것처럼 자연적인 순서에 의해서 구성하는 방법이다.

① 과정적   ② 기능적

③ 시스템적   ④ 인적자원적

답) ①

해설) 과정적 접근법은 인적자원관리를 처음 시작에서부터 끝까지 물이 흐르는 것처럼 자연적인 순서에 의해서 구성하는 방법이다. 즉 인력의 확보에서부터 이직에 이른 일련의 과정에 대해서 관리, 즉 계획(planning), 조직(organi - zing), 통제(controlling)하는 절차를 포함하고 있다.

16. (   )는 인적자원관리의 과정적 접근법을 주장한 대표적 학자이다.

① 피고스   ② 마이어스   ③ 플리포   ④ 데슬러

답) ③

해설) 과정적 접근법은 인력의 확보에서부터 이직에 이르는 일련의 각 과정에 대해 관련절차를 포함하고 있다. 이 접근법의 대표적 학자가 Flippo이다.

17. 인간은 적절히 동기가 부여되면 기본적으로 자기 통제적일 수 있으며 작업에 있어서도 창조적일 수 있다는 입장을 잘 대변해 주는 것은 (   )이다.

① X이론   ② Y이론   ③ Z이론   ④ A이론

답) ②

해설) X이론은 인간은 선천적으로 게으르고 책임지지 않고 무능하므로 채찍을 가해서 열심히 일히도록 해야 한다는 인간관이며, Y이론은 인간은 원래 창조적이며 올바른 동기부여를 하면 자율적인 행동을 취한다는 인간관이다.

18. 과정적 인적자원관리 연구접근법에 대한 설명 중 잘못된 것은?
① 인적자원관리의 제 기능과 조직 내에서의 인력의 흐름을 기초로 하여 주요 연구 과제를 설정·분석한다.
② 대표적 학자로는 E. R. Flippo가 있다.
③ Flippo에 따르면 관리기능에는 계획·조직·보상·유지가 있다고 하였다.
④ 기능을 중심으로 하기 때문에 기능적 접근법이라고도 한다.

답) ③
해설) Flippo의 관리기능에는 계획·조직·지휘·통제기능이 있고, 업무기능으로 확보·개발·보상·통합·유지·이직기능이 있다.

19. 현실적인 어려움에도 불구하고 근본적으로 통합의 개념과 전체를 강조하고 있는 것은 (   )접근법의 우위성과 특색을 나타내는 것이라고 할 수 있다.
① 과정적   ② 기능적
③ 시스템적   ④ 인적자원적
답) ③

20. (   )이란 특정 목표를 달성하기 위해서 여러 구성요소들이 서로 유기적인 관련성을 맺고 있는 실체를 뜻하는 개념이다.
① 직군   ② 파업   ③ 직무   ④ 시스템

답) ④
해설) 시스템이란 상호 작용하는 요소들의 집합체이다.

21. 회사와 구성원 간의 관계는 회사주도형·종속적인 관계로부터 (   )주도형 및 평등한 고용관계가 되어야 한다.
① 이해관계자   ② 지역사회
③ 주주   ④ 시장

답) ④
해설) 회사와 구성원 간의 관계는 회사주도형·종속적인 관계로부터 시장주도형 및 평등한 고용관계가 되어야 한다.

1. 메이요를 중심으로 한 호손공장에서의 실험으로 인간성의 중요성을 부각시킨 이론은 무엇인가?

답) 인간관계론

2. 인적자원관리를 시작에서부터 끝까지 물이 흐르는 것처럼 자연적인 순서에 의해서 구성하는 방법은 무엇인가?

답) 과정접근법

3. 인적자원관리를 시스템의 관점에서 보아 하나의 전체적인 모형으로서 인적자원관리 시스템을 설계하려는 노력을 무엇이라고 하는가?
답) 시스템접근법

4. 인간관계론의 인간관으로서 인간의 비합리적이고 감정적인 측면에 중점을 두어서 인간행동을 이해하려는 인간관이며, 경제인 가설과 대조적인 가설은 무엇인가?

답) 사회인 가설

5. 인사관리의 3가지 연구접근법을 기술하시오.

 (1) 인적자원접근법(human resources approach)
    인적자원접근법은 종업원을 조직활동에 활용될 잠재적이고 무한한 자원으로 파악하고 있다. 따라서 조직과 개인 양자를 위하는 방식으로 종업원의 능력을 개발하고 동기를 부여하는 것이 경영자의 책임이라고 생각하고 있다. 인간과 노동을 기업경영 의사 결정과 통합하고자 하는 접근이다. 인적자원 접근법은 종업원을 조직목표달성에 잠재적인 자원으로 파악하고 있다. 이러한 가정하에서 조직과 개인 양자를 위하는 방식으로 종업원의 능력을 개발하고 동기를 부여하는 것이 경영자의 책임이라고 생각하고 있다. 따라서 인적자원의 확보와 개발 및 활용을 기업의 중요한 관리적 요소로 인식하는 접근방법이다. 이 관점에서는 인본주의적 성향이 강한 맥그리거의 Y이론적 인간관이 존중되고 행동과학이론을 배경으로 하는 경향이 강하다.

(2) 과정접근법(process approach)

과정적 접근법은 인적자원관리를 인력의 확보, 교육훈련, 배치, 이동 및 이직에까지 일련의 과정에 대한 관리의 측면을 강조한 접근법으로 즉 계획(planning), 조직(organizing), 통제(controlling)하는 절차를 통해 설명하고 있다.

(3) 시스템접근법(system approach)

인적자원관리를 시스템의 관점에서 보고 하나의 전체적인 시각에서 인적자원관리 시스템을 설계하는 것이다. 즉 상위시스템과 하위시스템을 구성해 전체적인 연결을 갖도록 하려는 것이다. 시스템적 접근법은 시스템의 특성을 통해 설명하는 방법론으로 인적자원시스템 전체는 몇 개의 하위시스템으로 구성되기 때문에 전체 시스템의 분화로 그 내용을 설명하는 데 용이하다는 장점이 있다. 전체 시스템은 여러 개의 하부시스템의 구성체로서 조직구성 및 상호연계가 수월하다는 인식하에 외부루부터의 투입→전환→산출→한류가 유기적으로 연결되는 과정에서 산출에 주요한 기능을 수행하는 전환에 중요한 의미를 부여하고 있다. 시스템 이론을 기초로 경영성과를 종속변수로 하여 조직과 환경과의 인과관계를 실증적으로 해석하게 된다.

6. 다음 (   ) 속에 적합한 단어를 써 넣으시오.

> (   )은 종업원을 잠재적인 자원으로 파악하고 있다. 이러한 가정하에서 조직과 개인 양자를 위하는 방식으로 종업원의 능력을 개발하고 동기를 부여하는 것이 경영자의 책임이라고 생각하고 있다.

답) 인적자원접근법

7. 다음 (   ) 속에 적합한 단어를 써 넣으시오.

> 생산성 강조 시대에 있어서는 노동자는 (   )(으)로서 경제적 동기에 의해서만 자극·반응하며, (   ) 이론적인 인간관에 입각한 상벌제도가 노동의 유효성을 높인다는 사고가 지배적이다.

답) 경제인, X

제4절 인적자원관리 패러다임의 변화추세

1. 인적자원관리의 전략화

(1) 기업의 비전 및 이념과 조화 및 일치

인간존중 이념의 실천(정리해고 등), 개인목표와 조직목표와의 조화 및 일치, 고비용 저효율구조의 배척, 사업계획과 연계된 전략적 인적자원관리, 상황적합적 인적자원관리, 비전과 이념을 중시한 정합성(alignment)의 제고가 존중되고 있다.

(2) 공정성, 합리성, 일관성 추구

종업원들이 참여한 경력경로개발과 계획을 바탕으로 신뢰성과 공정성을 확보함으로써 종업원들의 동기가 부여되고 갈등을 약화시킬 수 있다.

(3) 인적자원관리 시스템의 복선화

인적자원관리 시스템의 복선화는 고용형태의 복선화와 근무형태의 복선화로 구분할 수 있는데, 고용형태의 복선화에는 정사원, 파트타이머, 아르바이트 사원, 인재회사 파견사원, 전문직에 종사하는 특별계약사원 등이 있다. 근무형태의 복선화는 하루 8시간 근무하는 사원, 쇼타임 사원, 폭넓은 업무에 종사하는 사원과 특정, 한정적인 업무에 종사하는 사원 등으로 구분하는 복선화가 있다.

(4) 연공주의에서 벗어나 능력과 업적 중시의 인적자원관리로의 전환

명예퇴직제, 선택정년제, 조기퇴직제 등이 보편화되고 있는 추세에 따라 성과에 따른 차별대우를 철저히 적용하고 있다. 일본의 경우 연봉제(41%),

직능자격제(41%), 전문직제(38%)가 능력과 업적중심의 인적자원관리로 전환하고 있다.

(5) 경쟁과 창조의 지식창출형 인적자원관리

노동, 자본 등 20세기 전통적 생산요소와 차원이 다른 지식은 21세기의 자원으로 주목받고 있다. 노동과 자본은 한정되어 있지만 인간과 지식은 개발과 활용에 따라 시너지 효과가 있을 수 있기 때문이다. 특히 지식은 일하는 방법을 개선, 개발, 혁신함으로써, 부가가치를 높이는 것이다.

2. 인적자원의 라인(line)화

(1) 유기적

평면의 조직구조(팀제)와 연계하여 인적자원관리의 라인화가 추구되고 있다. 즉 수직적 배열에서 벗어나 수평적으로 조직과 인간을 편성하는 것이다. 이러한 조직을 미래형 조직으로 동태화 조직이라고 한다. 팀조직, 가상조직, 네트워크조직, 학습조직 등에서의 구조이다.

(2) 관리자의 OJT리더화 추구

비전과 이념의 전파와 이념에 입각한 업무수행을 유도하고 일과 인간의 조화를 추구하는 리더가 이루어져야 한다. 종업원들에게 직무요건을 충족시키기 위한 능력개발을 유도하고 총체적 보상을 통한 다양한 욕구충족으로 동기부여를 유발시켜 성과를 증진시킴은 물론 동시에 디자이너와 멘터로서의 관리자가 필요하다.

(3) 무경계 경력의 중시

조직경력과 대조적인 개념으로 팀조직과 같은 수평조직, 가상조직의 경계가 약화되고 있는 추세에서 고정된 회사의 경계를 초월하여 조직 내의 상사에 의해서가 아니라 경력시장에서 평가받을 수 있어야 한다. 이 무경계 경력은 외부의 네트워크와 정보에 의해서 유지되는데, 공통적인 특성은 기존의 조직에 의한 경력에 관한 통제와 제약으로부터 개인들이 보다 독립적으로 변화할 것이라는 점이다. 개인은 경력구축과 관리를 조직에 의존하기보다는 자신의 책임하에 발전시켜야 한다(이병철, 1997).

3. 인적자원관리의 정보화

(1) 아웃소싱의 확산화 추세

정보화의 진전으로 아웃소싱이 보편화되어 가는 추세에서 아웃소싱의 대상이 생산 위주에서 영업, 관리 등 다양한 기능부문으로 확대되고, 인사부서의 자회사가 추진되고 있다. 예를 들면 일본 IBM의 인사부문의 독립화라든가, 미쓰비시의 휴먼링크 등 인사의 기본 기능뿐만 아니라 SONY CDI DISCO사 등과 같은 채용관련 회사가 출현하고 있다. 고부가가치 업무를 중심으로 정규인력을 집중배치하고 부가가치가 낮고 정형화된 업무는 자동화, 외주화를 통해 효율화를 추구함과 동시에 파트타임직, 계약직 등과 같은 비정규인력을 배치하여 담당하게 하고 있다.

(2) 인적자원관리 정보시스템의 구축

시스템을 통해 종업원들의 다양한 욕구 충족이 가능하고 정보공유와 의사결정 참여로 신뢰가 형성되고 있다. 또한 첨단 매체를 활용한 원격교육으로 자학자습과 열린 교육의 활성화가 촉진되고 있다(황상민, 최정임).

4. 인적자원관리의 세계화

(1) 인적자원관리의 국제화 전략 4가지

현지인보다 본국인을 선호하는 본국중심주의, 해외지사의 운영을 현지인에게 맡기는 국가중심주의, 세계를 지역별로 구분하여 한 지역을 관리하기 위한 경영자를 그 지역 내에서 선발, 교육훈련, 배치하는 지역중심주의, 전 세계적 차원에서 자원의 활용을 최적화하려는 전략으로서 전 세계를 하나의 시스템으로 통합하는 세계주의의 4가지 전략 중에서 지역중심주의와 세계주의 전략으로의 이행을 준비하고 있다(이원덕, 1997).

(2) 국제적 시야에서 인적자원관리의 보편성 추구

세계화 차원에서 국내외에 통용되는 보편적인 인사관리시스템이 개발되어야 하고 국내에서 일하는 외국인 사원에게도 통용되는 인사관리시스템의 개발, 해외에 진출할 때 통용되는 인사관리시스템의 개발이 주요과제가 되고 있다.

5. 인적자원관리의 문화화

(1) 제도적 인적자원관리에서 조직문화의 인적자원관리로의 변화

고객만족을 위한 종업원 만족이 우선되고 대립적 노사관계에서 협력적 노사관계로 전환되고 있다. 나아가 감량경영에서 로열티 경영으로의 변화도 시도되고 있다(정길연, 1996).

(2) 가족친화적 인적자원관리

종업원의 의식변화에 따라 플렉스타임, 재택근무, 잡쉐어링 등을 도입하고 있다(자료참고: 가우리블로그정보센타).

1. (　　)적 인적자원관리란 기업의 인적자원관리가 조직전략과 통합하여 수행되는 경영전략의 한 부분으로서의 인적자원관리를 의미한다.

① 전략 ② 과정
③ 기능 ④ 구조

답) ①

해설) 전략적 인적자원관리는 조직의 전략목표를 바탕으로 전략경영과정과 연계되고 인적자원관리 기능 간에도 조화를 이루어 조직의 전략목표를 효율적으로 달성시키는 과정을 의미한다.

2. (　　)적 인적자원관리란 기업의 인적자원관리가 경영의 한 부분 또는 조직전략과 통합하여 수행되는 인적자원관리를 의미한다.

① 전술 ② 전략
③ 기술 ④ 기능

답) ②

해설) 전략적 인적자원관리란 기업의 인적자원관리가 경영의 한 부분 또는 조직전략과 통합·수행되는 경영전략의 한 부분으로서의 관리를 의미한다. 또한, 조직의 전략목표를 반영하여 전략경영과정과 연계되고 인적자원관리기능 간에도 조화를 이루어 조직의 전략목표를 효율적으로 달성시키는 과정을 의미한다.

3. (　　)은(는) 비용, 품질, 서비스, 업무처리 속도와 같은 업무성과 향상 요소들에 대해 기업 역량을 향상시킴으로써 업무성과를 획기적으로 높이기 위한 경영절차 재설계 과정을 의미한다.

① MBO ② TQM
③ BPR ④ BSC

답) ③

해설) BPR(Business Process Reengineering)은 비용, 품질, 서비스, 업무처리 속도

와 같은 업무성과 향상 요소들에 대해 기업 역량을 향상시킴으로써 업무성과를 획기적으로 높이기 위한 경영절차 재설계 과정을 의미한다. 즉 불필요한 업무절차 및 반복적 업무절차의 단계를 합리적으로 재설계하는 것을 말한다.

주관식 문제

1. 기업의 인적자원관리가 경영의 한 부분 또는 조직전략과 통합·수행되는 경영전략의 한 부분이라는 개념의 관리를 무엇이라고 하는가?

답) 전략적 인적자원관리

2. 기업전략의 변화 또는 기업문화, 구조 및 기술의 변화 그리고 종업원의 태도와 능력의 변화를 의미하는 것은 무엇인가?

답) 조직변화

3. HR스텝의 역할 중 (   )은 조직구성원들의 욕구를 이해하고 그들의 개인적인 문제에 귀를 기울여 욕구충족과 문제해결에 노력함으로써 조직구성원의 사기를 높이고 적극적인 업무태도를 조성한다는 것이다.

답) 구성원 옹호자의 역할

4. 인간관계기법 중 (   )은 문제분석과 행동계획의 기초를 제공하기 위해서 작업집단에 직원들의 태도에 대한 설문조사결과를 피드백하는 방법이다.

답) 조사연구 피드백

5. 인간관계기법 중 그룹 간의 오해 및 문제점을 명확히 하고 개방하여 해결책을 찾을 수 있도록 하는 방법을 무엇이라고 하는가?

답) 대면 미팅

6. 인간관계기법 중 관리자 및 임원들과의 팀 빌딩 미팅 및 인터뷰 또는 컨설턴트의 개입을 통해 팀의 효과성을 증진시키는 방법을 무엇이라고 하는가?

답) 팀 빌딩

7. (   )프로그램은 끊임없는 개선을 통해 최고의 품질유지와 고객만족을 실현하는 전사적 품질관리를 목적으로 하고 있다.

답) TQM

8. 잘 훈련되지 않은 20%의 인적자원들이 불량률의 80%를 차지한다는 이론은 무엇인가?

답) 파레토법칙

9. 비용, 품질, 서비스 업무처리속도와 같은 업무성과 향상요소들에 대해 기업역량을 향상시킴으로써 업무성과를 획기적으로 높이기 위한 경영절차 재설계과정을 의미하는 것은 무엇인가?

답) BPR

10. e - 비즈니스 기술을 활용하여 인력자원관리를 효율적으로 하기 위해 종업원, 인적자원관리전문가, 경영자 등을 가상조직으로 연결하여 운영하는 인적자원관리시스템을 무엇이라고 하는가?

답) e - HRM

제2장

인적자원관리의 모형

제1절 인적자원관리 모형의 설계

1. 인적자원관리 모형의 의의

인적자원관리 개념모형이란 조직의 목표달성을 위한 인적자원의 확보·개발·활용·보상·유지를 계획·조직 통제하는 관리체계를 말한다.

2. 인적자원관리 모형의 내용

(1) 인사관리 활동: 인적자원의 확보⇒개발⇒활용⇒보상 및 유지

① 인적자원의 확보: 첫 단계로 수행되는 기능이며, 인력계획에 따라 적절한 인력수요를 예측하고 확보하는 과정이다.

② 인적자원의 개발: 확보된 인력이 최대한 능력을 발휘하도록 교육·훈련시키고 동기부여를 통해 조직목표달성의 효과성을 높이는 과정이다.

③ 인적자원의 활용: 개인의 능력과 특성에 맞는 적절한 직무설계와 적절한 배치를 하는 과정이다.

④ 인적자원의 보상: 직무성과에 따라 공정하게 보상을 제공하는 과정으로서 화폐를 기초로 정신적 보상도 포함된다.

⑤ 인적자원의 유지: 조직에서 사람들이 직무를 수행하는 과정에서 나타나는 문제들을 해결해 주고 최대한의 능력을 발휘하도록 인적자원을 유지하는 과정이다(직장생활의 질 추구, 이직방지 프로그램 등).

⑥ 개인특성과 직무의 결합: 개인의 능력과 욕구는 직무의 요건 및 보상과 각각 상호작용을 하기 때문에 직무특성을 분석하고 개발하여 직무만족·직무성과 등을 증진시킨다.

⑦ 인사관리의 성과 지표: 직무성과(생산성), 직무만족도 조사, 근속기간과 이직률, 사고율, 근태율 등이 있다.

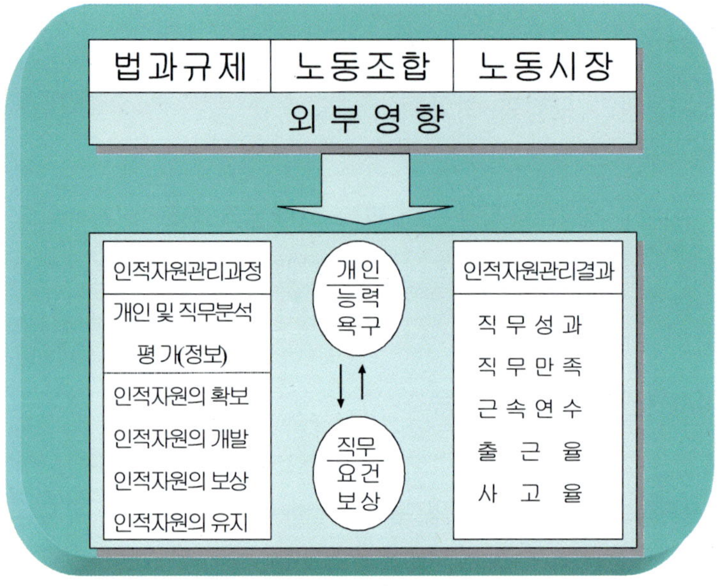

3. 인적자원관리 모델

(1) Maslow의 욕구 5단계 모델

매슬로우의 욕구 5단계는 생리적, 안정적, 사회적, 자기존중, 자아실현의 욕구로 구성되어 있으며, 이것은 한 욕구가 충족되면 다음 단계의 욕구를 충족하고 싶어 하는 인간의 심리적 특성을 고려하여 조직에서 human capital을 잘 활용하기 위한 방안이다.

각 단계별 동기를 자극시켜 줌으로써 열심히 일을 하게 되고 그 욕구를 충족하게 되면 다음 단계의 욕구를 충족하고 싶어 한다. 즉 동기를 부여해 줌으로써 지속적으로 종업원들이 열심히 일을 할 수 있도록 한다. 이러한 방식으로 조직이 동기를 부여해 준다면 종업원들은 바쁘고, 열심히 일하며, 자기 자신의 잠재적 능력을 최대한 발휘하여 다음의 욕구를 충족시키고자 하기 때문에 효율성과 능률성을 달성할 수 있을 것이다.

(2) Alderfer의 ERG 모델

알더퍼는 동기에 관한 체계적인 연구원 구성원의 근무태도에 관한 요인분석 연구를 통해 하위욕구와 상위욕구 간의 기본적인 구별이 필요하다고 보고 세 단계로 구분하였다. ㉠은 하위 욕구, ㉡과 ㉢의 욕구는 상위욕구로 보았고 좌절–퇴행의 속성이 있어 고차원의 욕구가 좌절될 때마다 저차원의 욕구의 중요성이 커진다는 것을 인식하였다.

- ㉠ 존재 욕구(E, existence): 배고픔, 목마름, 주거, 안전 등의 기본적인 생리적, 물리적 욕구, 임금, 작업환경 및 조건 등
- ㉡ 관계 욕구(R, relatedness): 대인과의 관계 만족, 소속 및 인정감, 존경의 욕구 등
- ㉢ 성장 욕구(G, growth): 인격적 자아실현을 위한 바람, 창조성에 대한 만족, 새로운 능력개발과 그에 따른 성취욕구 등

(3) Mcgregor의 X, Y이론

맥그리거는 인간의 유형을 X와 Y형으로 분류하고 각각의 특성을 설명하고 있다.

- ① X형: 저차원적 욕구 지향
  - ㉠ 특성
    - ㉮ 생리적 욕구와 안정욕구를 우선 추구
    - ㉯ 인간은 물질적 보상에 집착하는 수준으로서 합리적·경제적·이기적·자기중심적 존재
    - ㉰ 피동적·타성적 인간의 특성: 천성적으로 일을 싫어함
    - ㉱ 타인에 대한 의존성과 책임회피의 성향
    - ㉲ 현재 상태유지, 보수적, 변화에 대한 저항과 부적응 능력
  - ㉡ 관리전략
    - ㉮ 생리적 욕구 및 안전욕구의 우선 충족
    - ㉯ 물질적 보상체계의 마련 및 강화

　　　㉰ 조직의 강제적 규범과 엄격한 통제 및 감독체제, 권위적 리더십

　　　㉱ 보상과 제재의 조화

　　　㉲ 공식조직과 계층제 중심으로 행동범위 제한

　② Y형: 고차원적 욕구 지향

　　㉠ 특성

　　　㉮ 하위욕구보다 상위욕구를 우선 추구: 사회·심리적 욕구 및 자기실현 욕구

　　　㉯ 조직목표와 개인적 목표의 조화 추구

　　　㉰ 창조적·진취적·미래지향적

　　　㉱ 조직의 목표달성을 중시하고 조직규범을 준수

　　　㉲ 자율성과 자기규제 능력 소유

　　㉡ 관리전략

　　　㉮ 조직 내에서 추구하는 자아실현 욕구 등과 조직의 목표와의 조화·통합으로 유도

　　　㉯ 민주적 리더십으로 관리

　　　㉰ 분권화와 권한위임체제

　　　㉱ 비공식조직의 인정과 활용

(4) Argyris의 모형

　아지리스는 맥그리거의 인간형 X형과 Y형 중 인간의 유형을 X형으로만 인식하고, 대다수 사람들이 미성숙한 인간으로 취급당하고 있고, 모든 기업들이 X이론적 가설에 입각한 관리방식이 널리 채택되고 있다고 보았다. 이러한 상황을 설명하기 위해 조직의 관점을 관료적 피라미드형 가치체계와 인간중심주의적 민주적 가치체계로 분류, 비교하였다. 관료조직에서는 X이론적 인간성에 대한 가설에 입각한 조직의 가치체계이고 후자는 민주적 특성의 조직에서는 Y이론적 인간성에 대한 가설에 입각한 가치체계를 말한다.

(5) Herzberg의 욕구이원론 모델

허즈버그는 인간에게는 전혀 이질적인 두 가지 차원의 욕구가 동시에 존
재한다고 보았다.

① 직무에 불만족스러운 사람의 요인(위생요인, 아담적 욕구): 불쾌한 것
을 회피하려는 욕구로서 회사의 정책 및 방침, 보수, 대인관계, 작업조
건 및 환경 등이다. 이러한 요인은 만족이 되더라도 동기부여가 발생
하지 않으며 발생하더라도 단기적인 효과밖에 없다는 것이다. 기업에
서는 경영진에서 종업원의 동기를 부여하기 위해 급여인상, 상여금 지
급, 직무환경의 개선 등의 위생요인을 단기적으로 충족시키려는 시도
를 하고 있다. 이는 단순히 직무불만요인을 제거했을 뿐이지 동기부여
로 이어지지는 못한다는 것을 인식해야 한다.

② 직무에 만족스러워하는 사람의 요인(만족요인, 동기요인): 자신의 성장
과 발전, 성취감, 승진기회 등으로 이러한 요인은 직무만족을 가져오
는 동기부여 요인으로 만족하게 되면 생산성 증가로 이어진다고 본다.
또한 이러한 요인이 만족되지 않았을 때 직무만족의 반대인 직무불만
족이 아니라 직무만족이 되지 않은 상태이다.

(6) Likert의 관리체제론

① 체제 Ⅰ(착취적 권위형): 관리자는 부하를 신뢰하지 않으며, 의사결정과
정 등에서 참여를 배제한다.

② 체제 Ⅱ(온정적 권위형): 관리자는 부하에 대하여 배려하는 유형이지만
하향적 의사전달을 선호한다.

③ 체제 Ⅲ(협의적 민주형): 관리자는 부하에 대한 어느 정도 신뢰를 바탕
으로 의사전달은 쌍방향으로 이루어지고 참여를 권장한다.

④ 체제 Ⅳ(참여적 민주형): 관리자와 부하의 관계는 신뢰를 구축하고 있
는 상향적 의사전달의 폭이 더 넓으며, 참여는 공식화되어 있다.

제2절 인적자원관리의 목표와 이념

1. 현대적 인적자원관리의 목표

현대적 인적자원관리의 개념은 전통적인 인적자원관리의 대표적 조직관리 방식인 테일러의 과학적 관리법에 의한 인적자원관리가 아니라 비민주적, 비인간적, 인간의 기계부품화의 인식에서 민주적, 인간의 감정 중시 등을 바탕으로 인간의 동기부여를 중시한다. 이러한 것을 강조한 이론은 후기 인간관계론(동기부여이론, 행동과학이론)에서 잘 나타나는데, 그중 맥그리거의 Y론, 리커트의 체제4 등이며, 20세기 후반에는 인본주의 입장에서 인간존중의 경영이 주목받고 있다.

(1) 생산성 목표와 유지 목표

① 생산성 목표: 과업을 달성하기 위한 조직의 목표로서 과업목표라고도 하며, 종업원의 사기나 동기부여의 측면을 강조하기보다는 과업달성 그 자체를 목표로 한다. 이러한 목표는 양적인 목표로서 결과에 중심을 두고 있다.

② 유지 목표: 조직의 과업과는 별도로 조직 자체의 유지 또는 인간적 측면에 관계된 목표를 강조하며, 조직가치를 추구하는 질적인 목표라고 할 수 있으며, 과정을 중시한다. 이러한 유지 목표를 중시하는 조직은 영리보다는 비영리 조직이나, 규범과 윤리 등을 조직통제의 수단으로 하는 조직에서 나타날 것이다. 에치오니가 분류한 종교집단, 학교 등과 같이 규범적 조직에서의 목표라고 볼 수 있다.

(2) 근로생활의 질 충족

① 개념 및 대두배경: 근로생활의 질(QWL, Quality of Working Life)이란

노동의 질을 높이고 근로의욕을 고취시키려는 운동이 일어나게 됐는데 이것을 QWL이라 한다. 근로자들이 현장에서 발생한 여러 가지 애로사항을 해소하고 직장에서의 만족감을 높여 생산성 증가를 추구하는 것을 말한다. 이는 산업화가 고도화되면서 직장에서의 인간성의 소외감, 생산성 증가를 위해 고안된 분업화로 인한 단조롭고 반복적인 노동에 따른 노동의욕의 저하, 결근·이직률의 증가, 알코올 중독의 급증, 산업안전의 취약 발생, 결함작업의 증가 등이 문제로 제기되고 있다.

② 근로생활의 질 향상과 기업의 목표와 개인의 목표의 조화 추구: 1973년에 국제 QWL 위원회가 구성되어 국제적으로도 QWL에 관한 여러 가지 사업을 벌이고 있다. 서구의 기업에서는 구체적인 대안으로 타임레코더의 폐지 등 직장에서의 관리·감독의 완화, 직무의 다양화(직무확대), 직무의 고도화(직무충실), 소집단 팀제에 의한 자기관리 도입, 플렉스 타임의 채용 등으로 근로조건 개선을 추구하고 있다.

③ QWL의 프로그램

   ㉠ 적절하고 공정한 보상체계 수립 및 시행

   ㉡ 작업환경의 안정성과 건전성 확보 및 유지

   ㉢ 인적자원의 개발 계획과 활용

   ㉣ 안정된 직장과 성장을 위한 비전 제공

   ㉤ 직장 내에서의 사회적 통합

   ㉥ 작업조직의 제도화

   ㉦ 직장생활과 사생활의 조화 및 회사의 배려

   ㉧ 직장생활의 사회적 적합성의 제고

2. 인적자원관리 이념 및 방침, 계획

인사이념 또는 인적자원이념은 경영자가 조직을 경영하는 과정에서 종업원을 관리하는 기본적인 사고방식이며, 즉 경영활동에서 경영자의 일관된 성향과 신조로서 기업의 경영활동을 기업의 경영활동 과정에서 경영자의 인사결정의 정당성을 평가받는 궁극적 가치관이자 기준이다. 이에 종업원들이 동의하고 협력하게 하는 경영자의 이념이지만 지나친 독단성이 지양된 사회의 일반적 기준으로서의 객관성과 타당성이 전제되어야 한다. 여기서 인사방침이란 인사 철학을 기초로 인사관리의 목적을 달성하기 위한 행동방향으로서 개별적인 인사관리결정의 판단기준이 된다. 또한 인사계획이란 경영자의 경영이념을 토대로 기업의 효율적 목표달성을 위해 현재 및 미래의 각 시점에서 기업이 필요로 하는 인력의 수요를 사전에 예측하고 결정하여 수요를 충족시키기 위한 행동지침이다.

(1) 현대적 인적자원관리 이념

전통적 인적자원관리 이념은 테일러의 과학적 관리법을 배경으로 한 인사관리의 기계론적 인식을 바탕으로 기계원리에 입각한 인간의 노동력 유효활용을 인사관리의 주요 이념으로 삼았다. 즉 미국의 철강회사에 근무했던 테일러는 종업원의 노동력 유효이용을 통한 작업의 능률증진을 위한 인사관리의 접근방법으로서 종래의 단순한 인습적 경험적인 관리방법을 탈피한 과학적 관리의 도입을 주장하면서 직무중심의 차별적 성과급의 도입, 인사관리 전담 부서의 필요성을 제기하는 등 긍정적인 기여를 하게 되었다[3]. 그러나 현대적 인적자원관리는 종업원의 감정적인 면을 중시하는 동기부여 이론을 바탕으로 민주적인 방식을 택하는 관리방식, 인사이념을 갖고 있다. 현대적 인적자원관리는 노동분배율이 전통적 인적자원관리보다 높다고 할 수 있다.

---

3) 인사관리 연구의 시초라 할 수 있는 O. Tead & H. C. Metcalf와 G. Watkins는 노동력 유효이용을 인사
　관리의 주요 목적으로 삼는 과학적, 기계론적 접근방법에서 '노동력 유효 이용설'을 주장하였다.

노동분배율이란 부가가치 중에서 노동성과에 대한 분배율로서 일종의 상대임금으로 노동분배율이 낮을수록 자본의 착취가 심하다고 할 수 있다.[4]

(2) 현대기업의 인사관리철학의 특성

① 납득성: 인사관리정책 배경이 모든 관리자와 사원에게 잘 이해되어야 하며, 동의를 필요로 한다.

② 현실성: 인사관리정책 시행과정에서 발생하는 예기치 않은 사항에 대처할 합리적인 대응책을 마련하는 데 도움이 될 만큼 현실성을 갖추어야 한다.

③ 공정성: 기업 내외의 이익집단의 관점에서 정책들이 공정하다는 평가를 받을 수 있어야 한다.

④ 안정성·지속성: 인사정책은 정확한 상황 예측력을 갖추어야 하며, 제도의 안정성과 지속성이 유지되어야 한다. 특히 경력개발 및 승진제도 등은 미래의 계획의 기초시스템으로 구축되어야 종업원에게 동기부여가 가능해진다.

---

4) 노동소득분배율은 국민소득 중에서 노동을 제공한 대가로 분배되는 보수의 정도를 말하는데, 노동소득이 차지하는 정도를 나타내는 지표로 다른 요소 소득에 비해 노동소득의 상대적 크기를 측정하는 데 주로 사용된다. 노동소득분배율은 노동의 가격이 자본의 가격보다 높을수록, 그리고 한 나라의 산업이 노동집약적일수록 그 값이 커지게 된다. 그리고 국민소득의 증가에 따라 노동자의 절대적 배분 정도가 증가하더라도 상대적인 분배분인 노동소득분배율은 낮아질 수가 있다. 실질임금률이 노동생산성의 상승에 따라 증가하지 않으면 노동소득분배율은 저하한다. 노동소득분배율이 하락하는 것은 상용근로자 수가 줄면서 기업의 노동비용이 감소한 데다 컴퓨터 등 정보기술의 발전으로 기업활동에 있어서의 노동의존도가 낮아졌기 때문이다.

제3절 인적자원관리의 환경변화와 대응방안

현대조직을 개방체계(open system)로서 규정하고 있는 것은 조직이 그를 둘러싼 여러 환경요인으로부터 많은 영향을 받고 있으며, 이에 대처할 것이 요구된다는 것을 의미한다. 이러한 관점에서 인사관리문제에 영향을 미치는 환경요인을 분석하는 것은 매우 의미가 있는 일이다. 인적자원관리문제에 영향을 미치는 환경요인을 크게 내부환경과 외부환경으로 나누어 볼 수 있는데, 내부환경으로는 조직의 전략과 조직의 라이프 사이클, 노동력 구성의 변화, 가치관의 변화, 조직내부 구조의 변화, 기업지배 구조 등을 들 수 있으며, 외부환경으로는 정치·경제적 환경, 경제여건의 변화, 노동조합의 확대발전, 정보기술의 발달 등으로 구분해 볼 수 있다.

1. 인적자원관리의 내부환경

① 조직의 전략과 조직의 라이프 사이클

② 노동력 구성의 변화: 종업원의 연령이 점차 중·고령화되고, 구성원의 능력개발, 관리직과 전문직의 인력이 증가, 인력교육수준의 증가, 여성의 사회참여가 높아지고 있다.

③ 가치관의 변화: 개인주의적인 성향의 증가, 가치관의 변화 및 정치적 민주주의가 산업에도 적용되기를 바라는 태도의 출현

④ 조직내부 구조의 변화: 조직규모의 확대, 직무구조 등 조직구조의 변화에 수반하여 인사관리의 기능분화가 생긴다.

⑤ 기업지배 구조: 기업지배(Corporate governance)는 일반적으로 기업의 경영 방침과 전략에 대한 방향을 결정하고, 경영진의 의사 결정을 견제, 감독하는 법적, 제도적인 방법을 모두 의미한다. 기업의 지배구조란 기업내부의 의사결정시스템, 이사회와 감사의 역할과 기능, 경영자

와 주주와의 관계 등을 총칭하는데, 기업의 이해당사자들 중 financier 라고 불리는 자금제공자는 주주그룹과 채권자그룹으로 구성되며, 이 러한 자금을 바탕으로 CEO는 기업의 가치 극대화를 위한 의사결정을 하게 된다.

2. 인적자원관리의 외부환경

① 정치・경제적 환경: 정부개입의 증대와 함께 법과 규정준수 등으로 인해 인사관리운영상의 제약이 따른다.
② 경제여건의 변화: 시장환경 등의 경제여건 변화는 조직의 인사관리에 많은 영향을 미친다.
③ 노동조합의 확대발전: 대집단관계의 차원에서 포착하여 대표권한을 가진 노동조합과 교섭을 하는 사태에 종종 당면하게 된다.
④ 정보기술의 발전: 정보기술이 급격히 발전되어 이에 대응한 인사관리의 정보화와 인력의 효율화가 절실히 요망되고 있다.

조 직 의 구 성 요 소

1. 다음 중 인적자원관리 활동의 전개과정이 맞는 것은?
① 확보→개발→활용→보상→유지
② 개발→확보→보상→활용→유지
③ 확보→활용→개발→유지→보상
④ 활용→확보→개발→보상→유지

답) ①
해설) 인적자원관리의 활동: 확보→개발→활용→보상→유지

2. 다음 중 인간성 상실이나 작업환경의 불건전성에 대한 반응으로 나타난 현대적 개념은?
① 근로생활의 질 충족　　　　　　② 비즈니스엔지니어링
③ 리스트라　　　　　　　　　　　④ 품질관리

답) ①
해설) 기술의 등장으로 인한 작업환경의 불건전성에 대한 반응으로서 나타난 것이 근로생활의 질 충족이다.

3. 산업화에 따른 작업의 단순화와 전문화에서 파생되는 소외감, 단조로움, 인간성의 상실에 대한 반응으로서 나타난 것이 (　　)개념이며, 이것은 근로자의 작업환경과의 관계를 광범위하게 포괄하는 것을 뜻하기도 한다.
① 가치경영　　　　　　　　　　　② 문화경영
③ 인적자원관리　　　　　　　　　④ 근로생활의 질

답) ④
해설) 산업화에 따른 단순화 작업화와 전문화에서 파생되는 소외감, 단조로움, 인간성의 상실에 대한 반응으로서 나타난 것이 근로생활의 질 개념이며, 이것은 근로자의 작업환경과의 관계를 광범위하게 포괄하는 것을 뜻하기도 한다.

4. 인적자원관리의 (   )목표는 조직의 과업과는 별도로 조직 자체의 유지 또는 인간적 측면에 관계된 목표이다.
① 과업   ② 생산성   ③ 유지   ④ 관리

답) ③
해설) 인적자원관리의 유지 목표는 조직의 과업과는 별도로 조직 자체의 유지 또는 인간적 측면에 관계된 목표이다.

5. 근로생활의 질(QWL)이란 인간성 회복의 관점에서 직무의 (   ), 조직 내의 성장, 발전 기회의 제공, 직장생활과 사생활의 조화 등을 통해 직장을 보람 있는 일터로 느끼도록 하는 제반 인적자원 프로그램을 뜻한다.
① 동시화   ② 기계화   ③ 단순화   ④ 재설계

답) ④
해설) 교육수준의 향상과 욕구구조의 증진노력은 노동력의 새로운 태도를 형성시키고 있다. 즉 개인의 선택의 여지가 적은 반복, 단순작업은 쇠퇴되어 가고 있으며, 높은 결근율과 이직률과 같은 역기능을 유발하고 있다. 따라서 현대기업의 인적자원관리자는 이에 대한 반응으로서 근로생활의 질(QWL: Quality of Work Life)을 충족시킴으로써 기업의 목표와 개인의 목표를 동시에 추구할 수 있어야 한다. 근로생활의 질이란 인간성 회복의 관점에서 직무의 재설계, 조직 내의 성장, 발전기회의 제공, 직장생활과 사생활의 조화 등을 통해 직장에서의 생활이 보람 있도록 하는 제반 인적자원 프로그램을 뜻한다.

6. 교육수준의 향상과 욕구구조의 고차원화에 따라 개인의 선택의 여지가 적은 (   )작업은 점차로 받아들여지지 않고 있다.
① 전략적   ② 예외적   ③ 복잡한   ④ 단순한

답) ④
해설) 교육수준의 향상과 욕구구조의 고차원화는 노동력의 새로운 태도를 형성시키고 있다. 즉 개인의 선택의 여지가 적은 반복/단순작업은 점차로 받아들여지지 않고 있으며, 높은 결근율과 이직률 같은 역기능을 유발하고 있다.

7. (   )이란, 경영자의 인간을 다루는 사고방식(way of thinking)이다.
① 인적자원관리 방침   ② 인적자원관리 목표

③ 인적자원관리 규칙   ④ 인적자원관리 이념

답) ④
해설) 인적자원관리 이념은 경영자가 인간을 다루는 기본적인 사고방식이며, 인
적자원관리 방침은 인적자원관리 활동의 기본원칙 또는 방향을 말한다.

8. 조직과 개인을 통합하는 기본배경이 되는 인적자원관리 철학은 (   )중심의
경영이론으로서 맥그리거의 Y이론과 기타의 행동과학이론에 의해 뒷받침된다.
① 인간   ② 과업   ③ 과정   ④ 구조

답) ①
해설) 조직과 개인을 통합하는 기본배경이 되는 인적자원관리 철학은 인간중심
의 경영이론으로서 맥그리거의 Y이론과 기타의 행동과학이론이 중심이 된다.

9. 인적자원관리 이념은 X이론과 Y이론으로 구별할 수 있으며, 오늘날 기업에서
일반적으로 요구되는 인적자원관리 이념은 (   )이론이다.
① X   ② Y   ③ Z   ④ W

답) ②
해설) 전통적으로 조직 속의 인간은 하나의 부속품으로 그리고 생산성 향상을
위한 수단으로 간주되었고 맥그리거의 X이론의 입장에 있다. 현대적인 인적자원
관리 이념은 민주적인 유형이어야 하며, 그에 대한 이론으로는 맥그리거의 Y이
론과 리커트의 관리시스템4를 지향하는 것이어야 한다. 조직과 개인을 통합하는
기본배경이 되는 인적자원관리 철학은 인간중심의 경영이론으로서 맥그리거의
Y이론과 기타의 행동과학이론에 의해 뒷받침된다.

10. 조직과 개인을 통합하는 기본배경이 되는 인적자원관리 철학은 인간중심의
경영이론으로서 맥그리거의 (   )이론과 기타의 행동과학이론에 의해 뒷받침된
다.
① X   ② Y   ③ Z   ④ W

답) ②

11. (   )(이)란, 경영자가 종업원을 경영목적에 결합시키기 위한 경영활동에서 나타나는 일관된 성향과 신조이다.
① 인적자원관리 목표　　　　　　　② 인적자원관리 철학
③ 인적자원관리　　　　　　　　　④ 인적자원관리 규칙

답) ②

해설) 인적자원관리의 성향과 신조는 인적자원관리 철학 또는 인적자원관리 이념이라고 한다.
(1) 인적자원관리 철학: 경영자가 종업원을 경영목적에 조화 및 결합시키기 위한 경영활동에서 나타나는 일관된 성향과 신조로서 인적자원관리 이념이라고도 한다.
(2) 인적자원관리 방침: 방침은 인적자원관리 철학이 구체화된 것으로서 인적자원관리 활동의 기본원칙 또는 방향을 의미한다. 기본요건으로는 경영철학의 반영, 사원의 이해가능성, 현실성, 공정성 등이 있다.

12. 인적자원관리 이념은 X이론과 Y이론으로 구별할 수 있으며 오늘날 기업에서 일반적으로 요구되는 인적자원관리 이념은 (   )이론이다.

① X　　　　　② Y　　　　　③ Z　　　　　④ K

답) ②

13. (   )은(는) 인적자원관리 활동의 기본원칙 또는 방향을 말한다. 이는 인적자원관리 이념에 근거하여 설정된다.
① 인적자원관리 목표　　　　　　　② 인적자원관리 이념
③ 인적자원관리 철학　　　　　　　④ 인적자원관리 방침

답) ④

해설) 인적자원관리의 성향과 신조는 인적자원관리 철학 또는 인적자원관리 이념이라고 한다.

14. (   )(이)란, 인적자원관리 활동의 기본원칙 또는 방향을 말하며, 개별적인 인적자원관리 활용에 관한 의사결정이 합리적이고 일관성을 가질 수 있게 해 주는 것이다.
① 인적자원관리 감사　　　　　　　② 인적자원관리 방침

③ 인적자원관리 철학   ④ 인적자원관리 목표

답) ②

15. 인적자원관리 방침의 주요한 기능이 되는 것은?
① 보수수준 제고   ② 인적자원의 일관성 유지
③ 소비자 보호   ④ 거래처 관리

답) ②
해설) 합리적인 인적자원관리 방침이 되기 위해서는 조직 전체의 관점에서 합리성과 종업원의 동의라는 두 가지 요구가 충족되어야 한다. 이는 인적자원관리의 일관성을 확보하기 위함이다.

16. 인적자원관리 방침은 사내외의 (　　　)의 관점에서 공정하다는 평가를 받을 수 있어야 한다.
① 지역사회   ② 고객
③ 주주   ④ 이익집단

답) ④
해설) 터너가 제안하고 있는 유효한 인적자원관리 방침의 평가기준
(1) 인적자원관리 방침은 경영철학을 정확히 반영해야 하며,
(2) 방침의 배경 및 경영자의 의도가 모든 관리자와 종업원에게 잘 전달 및 이해되어야 하고,
(3) 방침은 위기극복 대응책을 발견하는 데 도움이 될 만큼 현실적이어야 하고,
(4) 사내외 타 집단에게 공정하다는 평가를 받을 수 있어야 하며,
(5) 방침은 안정적이며 지속적, 일관성이 있어야 한다.

17. 인적자원관리란 사람을 다루는 (　　　), 그리고 그것을 실현하는 제도 및 기법의 시스템이다.
① 사명   ② 철학
③ 비전   ④ 욕구

답) ②
해설) 현대적 의미에 있어서의 인적자원관리는 조직의 구성원들이 자발적으로

조직의 목표달성에 적극적으로 기여하게끔 함으로써 조직의 발전과 함께 개인의 안정과 발전도 아울러 달성케 하는 조직에서의 사람을 다루는 철학과 그것을 실현하는 제도 및 기법의 체계라고 말할 수 있다.

18. 개방시스템은 조직 또는 기업시스템과 (   )(와)과의 상호작용을 인정하는 사고방식이다.
① 문화　　　　　　　　　　② 경계
③ 환경　　　　　　　　　　④ 풍토

답) ③

해설) 개방시스템: 폐쇄시스템과는 대조적인 것으로, 시스템의 경계 밖에 있는 환경의 영향을 인정 내지는 상호작용 여부에 따라 구별되고 있다. 여기에서 개방시스템은 조직 또는 기업시스템과 환경과의 상호작용을 인정하는 사고방식이며, 폐쇄시스템은 이것을 부정하는 입장을 취한다.

2장　주관식 문제

1. 확보되고 개발되어 활용된 인적자원에 대해서 그들의 공헌도에 따라 공정하게 화폐적 보상을 제공하는 과정은 무엇인가?
답) 인적자원의 보상

2. 구성원의 만족과 같은 인간적인 측면보다 과업 그 자체를 달성하기 위한 조직의 목표를 말하는 것은?
답) 생산성 목표

3. 조직의 과업과는 별도로 조직 자체의 유지 또는 인간적 측면에 관계된 목표는 무엇인가?
답) 유지 목표

4. 경영자가 인간을 다루는 기본적인 사고방식이며, 종업원을 경영목적에 결합시

키기 위한 경영활동에서 나타나는 일관된 성향을 무엇이라 하는가?

답) 인적자원관리 이념

5. 합리적인 인적자원관리 방침은 일반적으로 조직 전체의 관점에서 합리적일 뿐만 아니라 (   )형성이라는 두 가지 요구를 동시에 충족시켜야 한다.

답) 종업원의 동의

6. 인적자원관리 방침은 개별적인 인적자원관리에 관한 의사결정이 (   )이고 (   )을 가질 수 있게 된다. 괄호 안에 들어갈 말은 각각 무엇인가?

답) 합리적, 일관성

7. 인적자원관리 철학은 인간중심의 경영이론으로서 맥그리거의 (   )과 기타의 행동과학이론이 중심이 된다.

답) Y이론

8. 인적자원관리에 관한 의사결정을 내릴 때 요청되는 제반정보를 신속 정확하게 제공해 주기 위한 것으로 직무·인간·환경 등에 관한 제반 정보를 수집·분석하여 보관하고 있는 것은 무엇인가?

답) 인적자원정보시스템

9. 인사관리의 핵심적 활동 다섯 가지는?

답) 인적자원의 확보, 개발, 활용, 보상, 유지

10. 인사관리의 기본 목표 두 가지는 무엇인가?

답) 생산성 제고와 근로생활의 질 향상

11. 근로 생활의 질(QWL: Quality of Working Life)에 대하여 설명하시오.

답) 근로생활의 질은 인간중심의 경영으로서 직무의 내용과 방법의 재설계, 직장 생활과 사생활의 조화 등을 통하여 직장을 보람 있는 일터로 느끼도록 하는 제반 인사프로그램을 의미한다. 근로생활의 질이 달성하고자 하는 원칙은 안정성, 공정성, 개인화, 민주화이다. 첫째, 안정성은 근로자들은 건강과 안전, 소득과 미래의 고용에 대한 공포나 걱정으로부터 해방되어야 한다는 특성이다. 둘째, 공정성은 근로자들이 조직에 기여한 만큼 적절하고 공정하게 보상되어야 함을 의미한다. 셋째, 개인화는 작업방식을 결정하는 데에는 최대한 자율성을 지녀야 한다는 것이다. 마지막으로 민주화는 작업에 관한 의사결정에 구성원들이 참여하고 또 그에 따른 책임을 져야 한다는 것이다.

12. ___________는 현장중시경영, 즉 현장경험을 통한 관리를 말한다. 경영자가 사업장에서 구성원들이나 고객 등과 의사소통을 함으로써 필요한 정보나 의사를 주고받는 것이다.

답) MBWA(Management by Working Around)

13. 리커트의 '관리시스템4'에 대하여 설명하시오.

답) 시스템 1: 착취적 권위형
시스템 2: 온정적 권위형
시스템 3: 협의형
시스템 4: 참여집단형을 의미한다, 현대적인 경영이념 및 인적자원관리의 개념은 민주적이어야 하며, 리커트의 '관리시스템4'를 지향하는 것이어야 한다.

제3장

직무분석과 직무평가

제1절 직무분석

1. 직무 및 직무관리

(1) 직무의 개념

직무란 조직에서 일하는 사람들은 각자 맡은 직무를 가지고 있다. 일반적으로 직무는 개인이 수행하는 과제(task)들의 집합으로 정의된다. 개인이 수행하는 과제들은 개별 활동들의 집합으로서 직무에서 수행해야 할 목표를 달성하기 위한 가장 기본적인 작업 단위들이다.

(2) 직무관리

직무관리란 직무를 체계적으로 정비, 연결, 설계해 놓고 그에 적합한 인원을 선발하여 충원하고 각각의 직무에 대응되는 보상을 받게 하며, 그들이 만족하게 직무를 수행할 수 있도록 직무와 관련된 모든 과정을 조정하고 통제하는 것을 말한다. 그리고 직무관리의 범위는 직무분석, 직무설계, 직무평가, 직무시간 관리이다.

2. 직무분석의 개념

어떤 일을 어떤 목적으로 어떤 방법에 의해 어떤 장소에서 수행하는지를 알아내고, 직무를 수행하는 데 요구되는 지식, 능력, 기술, 경험, 책임 등이 무엇인지를 과학적이고 합리적으로 알아내는 것이 직무분석이다. 조직에서 직무에 새로운 종업원들을 모집하고, 선발하고, 배치하고, 교육시키고, 수행 평가를 통하여 적정임금을 지급하고, 유사한 직무들을 함께 묶어서 직무를 분류하기 위한 가장 기초적인 정보는 직무분석(job analysis)을 통해 얻어진다. 직무분석을 통하여 직무에서 어떤 활동들이 이루어지며, 직무수행에서 사용되는 도구나 장비가 무엇이고, 어떠한 환경에서 작업이 수행되고, 직무수행에 요구되는 인간적 능력들이 어떤 것인지를 알 수 있다. 인적자원관리 영역에서의 직무분석은 인적자원관리의 목표를 가장 효율적으로 달성하기 위한 활동에 해당된다.

3. 직무분석의 목적

직무분석의 일차적인 목적은 직무기술서(job description)와 직무명세서(job specification)를 만들어 내는 것이다. 직무기술서는 어떤 직무가 어떤 일을 하는가의 내용을 기술해 놓은 것이며, 직무명세서는 직무수행에 필요한 자격요건을 밝히는 것이다. 직무분석의 궁극적인 목적은 직무기술서와 직무명세서를 토대로 하여 인력확보, 인력개발, 인력보상, 인력유지, 인력방출, 직부설계에 활용하는 데 있다. 따라서 직무분석을 통해 다음과 같은 업무에 대한 정보를 획득한다.

(1) 선발 및 배치: 직무분석에 따라 그 직무특성에 적합한 근로자를 선발 배치한다.

(2) 교육훈련 기준 설정: 교육훈련 내용 및 방향 설정에 필요한 정보자료를 제공한다.

(3) 직무 재조직화: 사업주가 장애인 등 특별한 특성이나 사유를 가진 근로자가 직무가 수행되도록 직무를 변경, 조정해야 경우 이에 대한 정보를 제공해 준다.

(4) 경력개발: 직무에 관한 정보는 승진경로 체계 구축에 관한 정보를 제공한다.

(5) 임금관리: 각 직무의 상대적 가치를 비교하여 인사고과의 결과에 따라 임금을 지불함으로써 공정한 임금관리 체계를 관리해 준다.

(6) 구성원 간 갈등 해소 및 안전 확보: 직무분석에 따른 업무배분으로 책

임과 권한이 확립되어 불만과 갈등 해소를 가져오며, 업무의 위험성 등이 분석되어 산업안전 확보에 도움을 준다.

(7) 인사상담활동 자료 제공: 개인 능력과 직무 수준을 비교 분석하여 애로사항 발생 시 인사상담 기초 자료를 제공한다.

(8) 노사관계 정립: 직무분석에서 나타난 자료를 통하여 직위의 책임과 권한, 임금조정 등이 필요시 객관적인 자료가 제시되므로 노사 간 이해증진과 협조 분위기를 조성할 수 있다.

4. 직무분석의 효용

<직무와 인간과의 관계>

직무분석은 위에서 기술한 바의 목적을 가지고 직무분석을 수행하지만 특히 성과와 경쟁을 중시하는 현실적인 인적자원관리 체계에서 연봉제, 계약제, 성과급과 같은 차별적 보상제도는 정확한 직무분석에 의한 정보에 의해 구분되어 운영되고 공정하고 정확한 평가의 기초자료가 된다. 또한 종업원의 능력개발을 위해 필요한 교육훈련을 수행하는 교육훈련기관의 교육훈련

목표 달성에 가장 필요한 기초 시스템을 설계하는 과정으로 직무분석을 통해 교육훈련에 필요한 기초 시스템을 설계해야 한다. 또한 직무분석을 유용하게 활용한다면 인사·노무관리를 위한 문제해결 방안이 제시되지만 한계도 있다. 즉 직무분석의 용도가 매우 다양하므로 각각의 용도에 적합하도록 직무분석을 실시하는 것이 중요하다. 직무분석은 직무, 사람, 그리고 조직 간의 관계에 관한 정보를 체계적으로 수집하고 분석하여 정리하는 작업으로 직무분석의 제 기법들은 내용상 기본적으로는 유사한 내용으로 구성되어 있으나, 구체적인 분석내용에서 서로 차이점이 있다.

(1) 직무표준화와 직무가치의 객관적인 평가

경쟁과 성과를 중시하는 오늘날 기업뿐만 아니라 모든 조직 환경 변화에 따라 계약제, 연봉제, 직무성과급제 등은 효과적인 인사보상제도로 일반적으로 적용되고 있는 추세이다. 이러한 제도를 적용힘에 있어서 필요한 직무분석은 단위직무를 개선하고 보완하는 합리적인 직무편성 과정을 통해 직무단위 및 업무처리의 절차와 방법을 표준화할 수 있다. 이를 통해 관리자의 주관적인 판단에 의한 업무처리를 사전에 예방하고 부서 및 동료 간 책임과 권한을 명확히 할 수 있어 갈등을 최소화할 수 있다.

(2) 직무분석을 통한 핵심 업무내용 파악과 평가의 공정성 확보

계약제, 연봉제, 직무성과급제 등의 보상체계는 평가의 공정성을 얼마나 확보하고 있느냐에 달려 있다. 즉 개인이 수행하는 핵심 업무내용의 파악과 이에 근거한 평가의 공정성 제고가 요구되고 있다. 따라서 직무분석은 핵심 업무내용의 파악을 가능하게 하며, 이에 근거한 평가제도를 설계·운영함으로써 평가의 공정성이 확보될 수 있다.

(3) 직무중심의 직급체계 정비

계약제, 연봉제, 경력관리제도와 직능자격제도 등의 도입을 위해서는 직무분석에 의한 직급체계의 정비가 요구된다. 직급체계의 정비는 직무분석에 의해서 편성된 단위 직무를 수직·수평적으로 분류하여 조직 및 인력관리의 효율화를 목적으로 한다. 즉 직군과 직렬 등의 단위로 묶어 관리하자는 것이다. 이렇게 조직 및 인력관리의 효율성을 추구하는 직급체계의 정비를 필요로 하는 경우 직무분석이 수단이 된다.

(4) 직무분석과 인력계획 및 정원관리

오늘날 비용 상승의 급증으로 경쟁력 강화 차원에서 인건비의 관리가 중요해지고 있다. 인건비의 적정화 측면에서 합리적인 인력계획과 정원관리가 요구되고 있다. 직무분석에 의한 정원 산정이 가능해진다. 직무분석법에 의한 정원 산정의 단계는 다음과 같다.

① 직무분석표의 작성: 각 직무를 구성하는 과업별로 직무 발생빈도, 처리시간 등을 조사한다. 발생빈도는 일, 월, 년별로 구분하고, 처리시간은 분단위로 작성한다.

② 업무량의 계산: 조사한 과업별 처리시간과 발생횟수를 토대로 업무량을 계산한다. 업무량의 계산은 월 단위로 계산하고 발생횟수는 월 단위로 환산한다. 그리고 과업별로 수집된 처리시간은 정보보고자에 따라 차이가 있기 때문에 이것을 평균하여 과업별 평균처리 시간을 계산한다. 이 과업별 평균처리 시간과 발생횟수를 곱하여 합산하면 개별 직무의 월간 업무 총량이 구해진다.

③ 정원의 산정: 위의 월간 업무 총량을 1인당 월간 노동시간으로 나누어서 각 직무별로 정원을 산정할 수 있다. 여기서 실제노동시간 외인 여유시간을 포함해서는 안 된다. 직무분석에 의한 정원 산정 공식은 다음과 같다.

* 정원＝월간 업무 총량{(1인 1일 노동시간－여유시간)×1개월 근로일 수}

(5) 직무분석과 조직관리의 합리화

　전통적인 직능부제 조직이나 계층 조직에서 오늘날 많이 적용되고 있는 팀제조직 등 유연성 있는 수평조직으로의 전환이 이루어지고 있다. 따라서 개인의 자율성과 능동성이 요구되는 팀제조직의 목적을 달성하기 위해서는 직무분석을 통한 조직관리의 합리화가 요구되고 있다. 즉 팀제조직의 운영의 능률성을 확보하기 위해서는 먼저 개개 사원에 대한 일과 책임의 적절한 배분과 명확화가 필요하다. 특히 팀제 조직운영의 성공을 위해서나 여러 보상시스템의 성공은 성과에 따른 합리적이고 공정한 보상이 따라야 하는데, 공정한 평가체계구축에 직무분석의 효용성이 정당화된다.

(6) 직무분석과 HRD

　경력관리제도 도입을 위해서는 이동관리와 승진경로의 설정 및 구축, 교육훈련 프로그램의 설계가 유기적으로 이루어져야 하는네 이는 직분분석을 통하여 이루어진다. 경력관리는 경력개발이 우선되어야 하기 때문에 교육훈련 등도 종업원이 보유하고 있는 직무기능을 전제로 하여 계획·실시되어야 한다. 따라서 직무기능을 전제로 하여 교육훈련 및 개발이 이루어지기 위해서는 그 직무가 필요로 하는 직무요건(job requirements)이 직무분석에 의하여 밝혀져야 한다. 그러한 직무요건에 비추어 현재의 직무기능의 미흡한 부분은 직무순환이나 교육훈련에 의하여 보충되지 않으면 안 되기 때문이다.

5. 직무분석의 기법유형

(1) 기능적 직무분석법

　작업자의 기능과 작업행동이 무엇인지에 초점을 두고 그 활동기능을 분석하는 기법으로 구성요소는 자료(data), 사람(people), 사물(things)이다.

(2) 직위분석 질문지법

직위를 담당하는 사람의 입장에서 완수해야 하는 일과 역할 등을 분석하는 기법이다.

(3) 관리직 직무분석기법

관리직무 수행에 필요한 대인관계 역할, 정보적 역할, 의사결정 역할 등을 설문과 면접을 통해 얻어지는 정보를 분석하는 기법이다.

6. 직무분석을 위한 정보수집 기법

(1) 면접법

면담법이라고 하며, 현재 특정 직무 수행자와 언어를 통한 직접면담으로 분석하는 방법이다. 장점으로는 수행기간이 직무의 요약설명을 가능하게 하지만 면접내용의 신뢰성의 문제와 집단면접 시 집단역학의 발생 가능성이 있다.

(2) 설문지법

현장의 직무수행자 또는 감독자에게 구조화된 설문지를 배부하여 이에 대한 직무의 내용을 기술하게 한다. 조사대상을 폭넓게 할 수 있고, 직무에 관한 정보수집 시간과 비용이 절약되고, 직무수행자의 정신적 활동까지 파악이 가능하지만 응답의 불성실성과 질문지 작성의 난이도와 객관도의 한계 등으로 응답결과의 신뢰도의 한계가 있다.

(3) 경험방법

체험법이라고 하며 직무를 직접 수행해 봄으로써 경험에서 나온 것을 토대로 분석에 활용할 수 있다.

(4) 관찰법

분석자가 직접 직무수행자의 곁에 서서 직무활동의 실제를 상세하게 관찰하고 그 결과를 기술하는 방법이다. 장점으로는 정보수집이 용이하고 육체적 노동을 하는 직무분석에 유용하다. 그러나 정신적 노동을 하는 부문에서는 관찰이 어려우며, 직무수행 시간이 긴 경우 곤란하고, 관찰과정에서 직무수행에 대한 방해를 초래하여 근로자의 불만을 야기할 수 있다. 그러므로 직무의 특성이 시간적, 공간적으로 나타나지 않는 지적, 정신적 직무 등의 업무에는 다른 방법을 함께 활용하는 것이 합리적이다.

(5) 중요사건 기록법

성공적인 직무수행에 결정적인 역할을 한 사건이나 사례를 중심으로 직무를 분석한다. 즉 직무수행의 성공 또는 실패 요인과 관련되는 지식, 기술, 태도 등을 분석하여 직무정보에 활용한다. 즉 업무수행 과정에서 이루어지는 보고서나 기안문, 작업일지 등을 토대로 직무 관련 정보를 얻는 방법이다.

(6) 녹화법

반복되는 단순 직무이거나 작업장의 환경조건상 작업을 장시간 관찰하기 어려운 경우 사용하는 기법으로, 작업 장면을 촬영·녹화한 후 작업자와 함께 영상기의 화면을 보면서 분석하는 방법이다. 녹화자료를 분석하기 때문에 충분한 시간을 두고 분석할 수 있는 장점이 있으나 분석 전 기계와 전문가를 확보하는 등의 문제가 있다.

(7) 결과물 분석법

직무수행자가 실제로 산출해 낸 결과물 즉 작성문건, 보고서 및 계약서 등을 통해 직무정보를 수집한다. 직무정보의 질적 접근이 용이하지만 결과 분석에 주관성이 개입되거나 결과분석의 오류가 발생할 수 있다.

(8) 브레인스토밍(Brainstorming)

식견과 전문지식을 가진 전문가들의 토론을 통해 나온 결과를 기초하여 분석하는 방법이다.

(9) 워크샘플링 기법(Work – sampling method)

워크샘플링은 작업자 또는 설비의 가동상황을 주 작업, 부수작업, 여유작업 등으로 분류하고 그 구성 비율을 정량적으로 파악하는 가동분석이다. 이 방법은 관측자가 다수의 대상자를 관측할 수 있으며, 비교적 간단하고 적용 범위가 넓기 때문에 각종 개선 또는 조사의 기본기법으로 많이 사용된다. 관측대상은 사람과 기계의 두 경우가 있다. 가동분석에는 관측대상(작업자 또는 기계설비)의 가동상황을 관측 전담자가 직접 작업의 진행순서에 따라 조사하는 방법과, 관측대상의 가동상황을 관측 순간의 상태를 관측하여 그 결과를 분류, 기록하고 특정 현상이 발생하는 비율을 구하여 그 신뢰도와 정도를 고려하여 추정하는 수간관측방법이 있다.

(10) 데이컴법

DACUM은 교육과정 개발이란 용어로서 본래 캐나다에서 고안되었으며, 미국의 직업 교육 분야에서 널리 사용하게 된 새로운 기법이다. DACUM 과정은 OHIO 주립대학(OSU)의 고용을 위한 교육훈련센터의 Robert Norton 박사에 의하여 더욱 발전되었다. DACUM 표는 교과과정의 개발, 근로자의 훈련 프로그램, 시험 개발, 요구 판단을 위하여 사용되며, DACUM 과정은 현직 근로자와 관리자로 구성된 작은 그룹 인터뷰 과정이 있고, 그룹 인터뷰를 통하여 직무의 업무 처리 과정을 도출하고 임무와 처리 과정의 순서를 정리한다. 일종의 신디케이트 워크 과정으로서 특정 직무분야에서 많은 경험과 지식을 보유한 직업교육 전문가와 교사, 숙련기능공, 감독자급, 내용전문가, 중간 및 선임관리자가 전 과정에 참가하여 2~3일간의 워크숍을 통해 분석 자료를 추출해 낸다. 여기서 워크숍은 전문가 또는 직무지식이 많은 사람이 운영해야 한다.

〈참고〉 직무분석의 용어정리

(1) 직무와 직종: 한 개인이 수행하는 작업들이 모여서 하나의 직무를 이룬다. 즉 유사한 업무들이 모여 하나의 작업의 범위가 형성되는데 이를 직무라 한다. 유사한 직무가 2개 또는 그 이상 그룹을 형성한 것을 직무집단 또는 직군이라고 한다. 직종은 동일하거나 유사한 직군들의 집단을 말한다.

(2) 직무기술서: 직무분석의 기초자료로서 직무에 대한 내용을 요약, 기술하여 문서화한 것을 말한다.

(3) 요소: 직무분석의 작업 활동 중 가장 세밀한 수준이다.

(4) 과업: 성과 산출을 위해 조정되고 결합된 직무의 요소를 말한다.

(5) 동작: 가장 기초적인 직무분석에 해당되는 것으로 직무실시의 관점에서 관찰되는 일련의 단위 행동으로 동작의 순서, 시간 등에 의해서 표현되는 단계이다.

(6) 직위: 개인에 의해 수행되는 책임과 의무의 정도를 말한다.

(7) 수행업무분석: 수행하고 있는 일에 대한 사실을 정확하게 표시하는 것으로 타 직무와 비교해서 일의 특성과 난이도가 어떻게 구별되는가를 분석하는 것이다.

(8) 수행요건분석: 수행업무 분석에서 나타난 결과를 바탕으로 직무수행담

당자에게 요구되는 책임, 능력과 기능, 작업조건 등이 어떤 것인가를 알아내는 행위이다.

7. 효과적인 직무분석 실행 방안

(1) 활용 범위 및 목적의 설정

효과적인 직무분석을 위해서는 직무분석은 다양한 목적에 활용될 수 있기 때문에 우선 분석 결과를 어디에 어떤 목적으로 활용할 것인지를 명확히 하고 수행되어야 한다.

(2) 직무분석의 활용의 제도화

직무분석의 목적을 명확히 하여 직무분석의 효과성은 달성하였다 하더라도 실제 활용되지 않으면 직무분석의 의미는 없다. 따라서 직무분석의 활용을 확대하려면 직무분석이 실제 활용되는 과정을 프로세스화하고 이를 활용할 수 있는 제도적 장치를 마련하는 것이 중요하다.

(3) 조직단위별보다는 직무중심의 분석 수행

현실에서 조직과 직무의 분리가 이루어지지 않는 경우가 많다. 예를 들면 본사에 인사관리부서가 있는데, 하위 단위부서인 R&D나 영업 조직에도 인사 업무와 그에 대한 인력이 배치되어 있다. 이러한 경우에는 이들을 하나의 직무로 간주하여 직무 분석을 수행하는 것이 더 바람직하다.

(4) 폭넓은 직무정의와 분석이 필요

폭넓은 직무분석을 수행하는 것이 바람직하다. 조직 내에서 이루어지는 모든 과업에 직무분석을 실시하여 보다 더 합리적이고 효율적인 인적자원관리가 이루어져야 할 것이다.

(5) 핵심 직무(Key Job) 중심의 분석

조직의 효과성을 높이기 위해서는 모든 직무를 똑같이 관리하기보다는 전략적 가치가 높은 핵심직무를 집중 관리하는 것이 바람직하다. 그러므로 핵심직무에 우선적으로 직무분석이 이루어져야 한다.

(6) 지속적인 업데이트(Update) 프로세스 구축

직무분석은 새로운 직무의 탄생에 따라 지속적으로 이루어져야 한다. 따라서 지속적으로 직무분석이 이루어지게 하기 위해서는 업데이트 프로세스를 구축하여 늘 상용화해야 한다.

(7) 유능한 직무분석 Facilitator의 육성과 활용

직무정보의 지속적인 업데이트를 위해서는 전사 차원에서 직무분석을 장기적으로 이끌어 나갈 직무분석 Facilitator를 육성하고 그를 활용해야 할 것이다.

(8) 직무분석에의 프로세스 혁신(Process Innovation) 도모

최근 직무분석에 e-HR 등을 도입하고 있다. 직무분석 정보가 IT 시스템에 시현, 제공되어 접근성과 활용의 편리성을 높이고 있다.

제2절 직무평가

1. 직무평가의 개념 및 의의

(1) 개념

① 직무평가(job evaluation)란 기업 내에서 각각의 직무가 차지하는 상대적 가치(the relative worth of jobs)를 결정하는 것이므로 각각의 직무가 지니는 책임도, 업무수행상의 곤란도, 복잡도 등을 비교, 평가하여 이들에 대한 상대적인 서열을 매기는 것이다.

② 직무평가에 대한 학자들의 정의
   ㉠ 피고스와 마이어스: "조직에 있어서 개개의 직무가치를 동일 조직 내의 타 업무와의 관련하에서 결정하는 체계적인 방법"이라고 하였다.
   ㉡ 라이틀: "직무분석의 연장으로서 그 의의가 있고, 직무의 상대적 가치를 결정하여 적정한 임금에 반영시켜 조정하는 것에 대한 표준절차"라고 하였다.

③ 직무평가는 경영조직에 있어서의 각 직무의 상대적 가치를 결정하기 위한 한 방법이므로 어디까지나 직무 그 자체의 가치를 판단하는 것이지 결코 직무상의 개개의 인간을 평가하는 것은 아니다. 따라서 직무평가는 객관적인 직무 그 자체에 대한 가치판단인 것이다. 이와 같이 직무평가는 직무분석과 마찬가지로 구체적인 개개의 인간과는 일단 분리된 각 직무가 요구하는 지식, 숙련, 노력, 책임, 직무조건 등을 평가요소로 하여 각 직무의 상대적 가치를 체계적으로 평가하는 것이다.

(2) 의의

① 직무평가를 통해 각 직무의 중요성, 난이도, 위험도 등을 평가하여 직

무의 상대적 가치를 정하여 직무급 산정에 활용된다. 직무평가는 기업 내부의 임금격차를 결정하며, 임금체계와 구조를 확립하고 나아가 인사 관리 전반의 합리화를 기하게 된다. 이러한 직무평가는 직무분석에 의하여 작성된 직무기술서 또는 직무명세서를 기초로 하여 이루어진다.

② 직무평가(Job Evaluation)는 직무별 보상수준을 결정하기 위해 직무의 상대적인 가치를 비교 분석하는 일련의 평가과정으로 직무별 가치의 차별성을 인정하여 그에 따라 임금수준을 다르게 구성하는 '직무급' 제도를 도입하기 위한 사전과정이다.

③ 직무평가 결과에 따라 임금수준이 차별적으로 결정되기 때문에, 직무가 치 평가는 객관성과 신중성을 확보해야 한다. 직무평가의 과정은 1단 계로 직무분석을 통해 회사 내 존재하는 직무들의 체계를 도출, 파악 한 후 2단계는 어떠한 요소로 직무를 평가할 것인지를 결정하게 된다.

2. 식무평가의 목적

(1) 합리적인 임금제도의 확립

직무평가의 목적은 조직의 대내적 임금격차를 합리적으로 결정하기 위한 기초자료를 획득하는 제도로 직무의 상대적 가치와 합리적인 임금격차를 책 정하고 직무급·직능급 제도를 확립하는 데 있다. 직무평가 과정에서 나온 내용들은 채용, 승진, 배치전환, 훈련 등 인사관리 전반에 걸쳐 활용된다. 또 한 인재확보를 위한 우월한 임금체계를 수립하는 자료를 제공한다.

(2) 인사관리상의 목적

① 각 직무의 질과 양을 평가하여 직무의 상대적인 유용성을 결정하기 위한 자료로 사실에 입각한 자료를 제공한다.

② 공정한 임금관리의 기초자료를 제공하므로 종업원의 노동의욕을 증진

시키는 것은 물론 노사 간의 관계를 원활하게 한다.

③ 직계제도 내지 직제의 확립과 직무급의 입안 등의 기초가 된다.

④ 동일 노동시장 내의 타 회사와 비교 가능한 임금구조의 설정에 대한 객관적인 자료를 제공한다.

⑤ 합리적인 임금지급의 기초가 되며, 또한 노동조합과의 교섭의 기초가 된다.

⑥ 임금결정주기 검토에 대한 일정한 표준기준을 제시해 주며, 노무비에 대한 정확한 평가와 통제를 가능하게 해 준다.

3. 직무평가의 방법

직무평가 방법은 포괄적 판단에 의한 평가자의 주관적인 판단이 많이 적용될 수 있는 비계량적 방법으로 서열법과 분류법이 있고, 계량적 분석과 판단에 의한 양적방법으로 점수법과 요소비교법이 있는데, 요소비교법과 점수법은 직무평가요소를 보다 정확하게 평가할 수 있다. 비계량적 방법은 양적방법에 비해 객관성이 결여되지만 간편하고 비용이 적게 들어 유용하게 사용되고 있다. 직무와 직무를 비교하는 것으로는 서열법과 요소비교법으로 상대적인 비교이며, 분류법은 직무와 등급을 비교하는 방법으로는 분류법과 점수법으로 절대적 평가방법을 사용하고 있다.

(1) 서열법

서열법은 직무평가방법 중 가장 간단하고 쉬운 방법으로서, 평가자가 포괄적인 지식을 활용하여 직무 전체의 상대적 가치를 동시에 파악, 비교한 후 이를 근거로 상대적인 서열을 매기는 방법이다. 그리고 이에 따라 등급별 임금을 설정하게 된다. 장점으로는 평가자가 쉽고 신속하게 순위를 매길 수 있지만 분석가들이 직무내용에 대한 명확한 정보수집의 한계로 모든 직무의 서열을 정하기는 어렵다. 또한 일정한 평가기준의 부재와 직무를 너무 단순하게 비교하게 되며, 유사 직무 간 구분이 쉽지 않아 혼란이 야기될 수 있다.

(2) 분류법

분류법은 직무분류법이라고도 하는데, 서열법보다는 개선된 방법이다. 직무기술서를 사용하여 직무를 생산직, 사무직, 기술직, 영업직 등 주요 유사 직무별로 묶어 분류하고 각 직종 내의 직무들에 대하여 직무평가요소에 따라 등급을 부여하고 그 등급에 맞는 급료를 정한다.

① 장점

　㉠ 서열법보다 정확한 분류가 가능하며 직원과 관리자가 이해하기 쉽다.

　㉡ 한 특정 기준직무에 따라 직무를 분류하므로 직원과 관리자가 여러 직무 사이의 공통요소를 확인하기 용이하다.

　㉢ 임금이나 급료 차이에 대해 쉽게 수용할 수 있다.

② 단점

　㉠ 서열법과 마찬가지로 직무 전체를 구성요소로 분리하지 않고 전체로 보기 때문에 사전에 분류해 둔 여러 등급에 각 직무를 적당히 판정하여 삽입하는 방법이므로 직무 수가 많고 직무내용이 복잡하고 다양한 직무를 평가하는 데 한계가 있으며, 분류 자체의 정확성이 미흡하다.

　㉡ 고정된 등급이 설정되기 때문에 환경변화에 탄력성이 부족하다.

③ 공무원에게 적용되는 1급~9급의 체계가 가장 대표적인 예라 할 수 있으며, 분류법은 주로 공공기관, 학교 등 등급분류가 용이한 사무, 기술, 관리직에 많이 적용되며, 적절한 등급의 계층은 5~15개 정도가 합리적이라고 연구, 보고되었다.

(3) 점수법

점수법(Point Method)은 대부분의 기업에서 많이 쓰이는 기법으로서 1925

년 롯트(M. R. Lott)에 의해 고안된 방법이다. 직무의 평가요소를 선정하고 각 평가요소에다 그 중요성에 따라 일정한 점수를 배분한 후, 각 직무의 가치를 점수로 환산하여 그 상대적 가치를 평가하는 방법이다. 전제조건으로 첫째, 직무분석을 통해 작성된 직무기술서를 토대로 각 직무를 직종으로 분류하고 평가될 직무의 범위를 규정하여야 한다. 둘째, 직무평가 전에 각 평가요소별 가중치를 배정하고 각 평가등급별 점수를 배정해 놓아야 한다.

① 장점
　　㉠ 직무를 중요한 요소로 나누어 평가함으로써 평가척도의 신뢰성을 높일 수 있다.
　　㉡ 합리적으로 직무의 상대적 차이를 낼 수 있으며, 노사 쌍방이 쉽게 이해할 수 있다.
② 단점
　　㉠ 정확한 평가요소 선정과 각 요소 간의 비중과 점수 배분에는 전문성이 요구된다.
　　㉡ 전문 지식이 요구되므로 시간과 비용이 많이 든다.

(4) 요소비교법

요소비교법 또는 요인비교법은 점수법과 함께 널리 사용되는 방법이다. 이 평가방법은 조직 내의 비교 기준이 되는 기준직무를 10개 이내로 단순화하여 기준직무의 평가요소를 선정, 직무가치에 따라 서열을 정한 후에 평가대상 직무의 가치를 기준직무의 가치와 비교하여 상대적 서열을 가리는 방법이다. 평가요소는 일반적으로 정신적 또는 신체적 노력, 숙련, 책임, 작업조건 등으로 이 방법은 간호부서의 직무를 보상요인별로 비교하는 양적 분석방법으로 한 번에 한 요인이 비교된다. 직무 수가 많은 경우 다소 복잡하고 어렵기 때문에 실무적으로 많이 쓰이지는 않는다.

① 장점
　　㉠ 기준 직무가치를 합리적으로 설정해 놓으면 평가대상 직무와 비교

기준 직무와의 객관적 비교가 가능하다.

ⓒ 평가결과가 임금액으로 비교되어 나오기 때문에 임금의 산정이 용이하다.

② 단점

㉠ 요소등급과 요소별 금액배분의 조화를 이루는 데에 걸리는 시간이 과다 소요된다.

ⓒ 평가척도로 사용되는 기준 직무가치가 잘못 평가되면 평가 자체의 오류를 발생한다.

ⓒ 비교방법을 택하고 있으므로 기준 직무내용이 바뀌면 평가척도도 변화시켜야 한다.

㉣ 평가척도의 구성과 절차가 복잡하여 직원들에게 충분히 이해시키기가 용이하지 않다.

4. 직무평가 요소 및 절차

(1) 직무평가 요소

① 숙련도(Skill): 숙련도는 해당 직무를 수행하기 위해 요구되는 지식, 자격요건, 경험 등을 말하는 것이며, 정신적 노력과 육체적 노력은 직무 수행의 난이도를 일컫는 것이다.

② 정신적 노력(Mental Effort): 기획능력, 아이디어 개발과 같은 정신적인 것을 에너지로 일하는 직무에 쓰이는 노력의 정도를 말한다.

③ 육체적 노력(Physical Effort): 정신적 노동보다는 단순 작업이나 하부조직에서의 반복적인 일상적 업무를 중심으로 주로 육체적인 에너지 소비가 많은 직무에 쓰이는 노력의 정도에 따라 평가된다.

④ 책임(Responsibility): 책임은 해당 직무가 가지고 있는 책임요소를 말하는 것인데, 예를 들어 타인의 안전을 책임져야 하거나 부하직원이 직

무상 과오를 범했을 경우 얼마나 연대책임을 져야 하는지 등에 대한 것이다. 또한 제품이나 서비스에 대한 책임 범위도 포함되는 개념으로서 관리자에게 특히 해당되는 것이라 할 수 있다.

⑤ 직무조건(Job Condition): 직무조건은 직무수행의 위험성, 책임성, 난이도 등을 말하는 것으로, 예를 들어 직무수행에 의해 생명과 건강에 치명적인 악영향을 미칠 수 있다든지, 작업장이 낙후되거나 격리되어 있을 경우를 감안하기 위한 평가요소이다.

(2) 직무평가의 절차

① 필요성의 제기
② 직무평가 타당성 조사
③ 직무평가의 목적 설정
④ 직무평가방법 설정
⑤ 직무분석 수행
⑥ 평가영역 선정 작업
⑦ 평가영역과 요소내용 타당화 작업 및 가중치 부여

제3절 직무설계

1. 직무설계의 개념

직무계획은 직무를 분석, 분류, 평가, 설계하는 것과 직무와 그 직무를 담당하는 사람과의 적합성을 최적화하여 조직의 목표달성을 효율적으로 수행하기 위한 기초가 되는 작업이다. 직무설계의 초기 방향은 테일러리즘의 직무전문화, 단순화, 표준화가 일반적이었으나 산업화가 고도로 진전됨에 따라 그 중점방향은 직무불만족, 노동의 소외, 삶의 질 저하 등의 문제를 해소하기 위해 직무충실 및 확대 등의 새로운 직무설계의 방향으로 보완, 발전하게 되었다.

2. 직무설계의 목적

① 종업원의 동기부여, 직무만족, QWL향상
② 원가 절감 및 생산성 향상
③ 재화와 용역의 품질개선
④ 이직비용, 훈련비용의 감소
⑤ 신기술의 수입에 따른 신속한 적응

3. 직무설계의 접근법

(1) 전통적 접근방법: 직무전문화

전통적인 직무설계는 테일러의 과학적 관리법에 의해 창안되었는데, 직무수행에 있어서 각 작업요소들을 전문화, 단순화, 표준화시켜 능률과 관리의 합리성을 추구하는 것이다. 이러한 시각은 기본적으로 인간도 기계로 인식하고 동기부여는 경제적 보상에 의해 발생한다고 인식하고 있다. 이러한 전통적인 직무설계는 근로자의 숙련성과 감정 등은 중요시되지 않으며, 기계부품처럼 관리함으로써 호환성을 높이며 관리통제가 쉽다는 관리상 장점이 있다. 반면에 반복직무로 인한 능률성은 증진되지만 직무불만족, 스트레스, 개인욕구의 무시, 인간감정 무시, 몰개성화 등의 문제가 발생되면서 노조의 반감을 사게 된다. 따라서 사회심리학적인 접근방법이 대두되었다. 이 접근법에 대한 이론으로는 스미스의 국부론, 과학적 관리론, 인간관계론, 사회기술적 접근방법이 있다.

(2) 현대적 접근방법: 전통적인 전문화의 한계 극복

① 직무확대: 조직의 편제를 횡적으로 분류한 것으로 수평적 전문화라
고도 한다.
② 직무충실: 조직의 편제를 종적으로 분류하여 업무의 난이도 등의 차
이를 두고 관리 분야로의 직무변동을 줌으로써 권태감을 해소할 수
있다. 수직적 전문화시키는 것이다.
③ 직무순환: 직무순환은 종업원들에게 직무전문화의 결과인 단일 과업
만을 수행하도록 하는 것이 아니라, 일정한 기간이 지나면 작업조
내에서 다른 과업으로 이동시킴으로써 능률성의 저조를 극복하도록
하는 것이다.
④ 직무특성이론: Hackman & Oldham의 견해
㉠ 의의: 직무특성이 직무수행자의 성장욕구 수준에 부합될 때 긍정적
동기가 유발된다. 개인의 성장욕구 수준이 직무특성과 심리상태,
심리상태와 성과 간의 관계를 결정하는 변수로 작용한다는 것이다.
즉 직무내용과 자신의 적성 여부와 비교하고 자신의 발전을 예상
해 보게 된다.
㉡ 직무의 특성 요소: 기술적 다양성, 정체성, 직무의 중요성 수준, 직
무수행의 자율성, 환류
㉢ 최고조의 동기부여 발생 조건: 환류와 자율성이 인정되는 가운데
개인의 성장욕구가 강할 때

1. 직무분석은 (　　)의 도입을 위한 기초 작업이다.
① 연공급 ② 근속급
③ 직무급 ④ 생활급

답) ③
해설) 직무분석은 직무급의 도입을 위한 기초 작업이며, 조직이 요구하는 일의 내용 또는 요건을 정리·분석하는 과정이다.

2. (　　)는(은) 조직에 요구되는 일의 내용 또는 요건을 정리·분석하는 과정이다.
① 직무분석 ② 직무평가
③ 직무분류 ④ 직무등급

답) ①
해설) 직무분석에 대한 정의 또는 개념을 묻는 문제로서 직무분석의 개념을 정확히 이해하여야 할 필요성이 있다.
(1) 직무분석의 개념
① 직무평가를 위한 사전적이며 가장 기초적인 작업이다.
② 합리적인 인적자원관리의 기초정보를 제공해 주는 작업이다.
③ 개별직무의 내용과 성질을 파악하여 과학적이고 합리적인 인적자원관리를 가능하게 해 준다.
④ 조직이 요구하는 직무의 수행에 필요한 지식, 기능, 책임 등을 명확히 하는 일련의 작업이다.

3. (　　)은(는) 독립된 목적으로 수행되는 하나의 명확한 작업 활동이다.
① 과업 ② 직위
③ 직무 ④ 직군

답) ①
해설) 직무분석과 관련된 여러 용어

(1) 과업(task) - 독립된 목적으로 수행되는 하나의 명확한 작업 활동
(2) 직위(position) - 특정 개인에게 부여된 모든 과업의 집단
(3) 직무(job) - 작업의 종류와 수준이 유사한 직위들의 집단
(4) 직군(job family) - 유사한 종업원 특성을 요구하거나 유사한 과업을 내포하고 있는 둘 이상의 직무의 집단

4. (   )(이)란 내용과 성질이 유사한 과업들의 집합을 지칭하는 것이다.
① 직무　　　　　　　　　　　　　　② 직위
③ 직군　　　　　　　　　　　　　　④ 직업

답) ③
해설) 과업이란 독립된 목적으로 수행되는 하나의 명확한 작업 활동을 말하며, 직위란 특정시점에서 한 개인이 수행하는 하나 혹은 그 이상의 의무로 구성된다. 직무란 작업의 종류와 수준이 유사한 직위들의 집단을 말한다. 한편 직군은 유사한 종업원 특성을 요구하거나 유사한 과업을 내포하는 둘 이상의 직무는 집단을 의미한다. 직무는 직위들의, 직군은 직무의 집합임을 유의해야 한다.

5. (   )(은)는 특정 시점에서 특정 조직의 한 개인이 수행하는 하나 혹은 그 이상의 직무로 구성된다.
① 과업　　　　　　　　　　　　　　② 직위
③ 직무　　　　　　　　　　　　　　④ 직군

답) ②
해설) 직무분석과 관련된 여러 용어
(1) 과업(task) - 독립된 목적으로 수행되는 하나의 명확한 작업 활동
(2) 직위(position) - 특정 개인에게 부여된 모든 과업의 집단
(3) 직무(job) - 작업의 종류와 수준이 유사한 직위들의 집단
(4) 직군(job family) - 유사한 종업원 특성을 요구하거나 유사한 과업을 내포하고 있는 둘 이상의 직무의 집단

6. (   )(이)란 작업의 종류와 수준이 유사한 직위들의 집단을 말하는 것이다.
① 과업　　　　　　　　　　　　　　② 직위
③ 직무　　　　　　　　　　　　　　④ 직군

답) ④

해설) 직무분석과 관련된 여러 용어

(1) 과업(task) – 독립된 목적으로 수행되는 하나의 명확한 작업 활동

(2) 직위(position) – 특정 개인에게 부여된 모든 과업의 집단

(3) 직무(job) – 작업의 종류와 수준이 유사한 직위들의 집단

(4) 직군(job family) – 유사한 종업원 특성을 요구하거나 유사한 과업을 내포하고 있는 둘 이상의 직무의 집단

7. 직무분석의 목적은 인적자원관리의 합리화, 직무관리의 합리화, (　　　)관리의 합리화이다.

① 과업   ② 직위

③ 직종   ④ 조직

답) ④

해설) 직무분석의 목적은 조직관리, 업무관리, 인적자원관리에 두고 있다. 그 자세한 내용은 다음과 같다.

(1) 조직관리이 합리화: 직무분석은 조직관리의 합리화를 위한 기초 작업이다.

(2) 업무관리의 합리화: 직무분석은 업무개선의 기초자료를 제공해 준다.

(3) 인적자원관리의 합리화

① 직무분석은 채용, 배치, 이동 · 승진 등의 기준을 만드는 기초가 된다.

② 직무분석은 인사고과의 기초 작업이다.

③ 직무분석의 결과는 종업원의 훈련 및 개발의 기준이 된다.

④ 직무분석은 직무급의 도입을 위한 기초 작업이다.

⑤ 직무분석은 인사상담, 안전관리, 정원산정, 작업환경의 개선 등에 필요한 정보를 제공해 준다.

8. 직무분석은 (　　　)의 도입을 위한 기초 작업이다.

① 생활급   ② 근속급

③ 연공급   ④ 직무급

답) ④

9. (　　　)은 효율적 · 비효율적 지표개발의 기초가 되는 직무분석방법이다.

① 면접법   ② 관찰법

③ 중요사건법   ④ 질문지법

답) ③

해설) 중요사건법은 효율적·비효율적 성과의 체크리스트 개발의 기초가 된다.

10. (   )은 전체 작업과정 동안 무작위적인 간격으로 많은 관찰을 행하여 직무
행동에 관한 정보를 얻는 직무분석의 방법이다.
① 면접법   ② 관찰법
③ 중요사건법   ④ 워크샘플링법

답) ④

해설) 직무분석방법
① 면접법(interviewing): 직무수행자에 대한 면접 결과를 통해 분석하는 방법이
다.
② 관찰법(observation method): 훈련된 직무분석자가 직무수행자를 직접 집중적
으로 관찰함으로써 정보를 수집하는 방법이다.
③ 워크샘플링법(work sampling method): 전체 작업과정 동안 무작위적인 간격
으로 많은 관찰을 하여 직무행동에 관한 정보를 얻는 방법이다.
④ 중요사건법(critical incidents method): 직무행동 가운데 보다 중요한, 혹은 가
치 있는 면에 대한 정보를 수집하는 방법이다.
⑤ 질문지법(questionaire): 직무가 수행되는 모든 국면과 현경에 관하여 질문지를
작성하여 이를 해당직무를 수행하는 종업원에게 기입하도록 함으로써 직무를 분
석하는 방법이다.

11. 직무분석 시에 시간과 비용의 문제가 있기 때문에 일반적으로 (   )을(를)
선정하여 그것을 중점적으로 분석한다.
① 대표과업   ② 대표직위
③ 대표직무   ④ 대표직군

답) ②

해설) 모든 직무를 분석할 수도 있지만 시간과 비용의 문제로 인하여 대표직위
를 선정하여 그것을 중점적으로 분석한다.

12. (   )란 직무분석의 결과를 인적요건을 중심으로 정리한 서식이다.
① 직무기술서   ② 직무분류서
③ 직무명세서   ④ 직무분석서

답) ③

해설) 직무분석 결과는 다시 직무기술서와 직무명세서로 정리되어 원래 목적에 사용된다. 전자는 직무요건에 중점을 둔 것이며 후자는 인적요건에 중점을 둔 것이다.

13. (   )는 직무분석의 결과에 의거하여 직무수행에 필요한 종업원의 행동·기능·지식 등을 일정한 양식에 기록한 문서이다.
① 직무기술서   ② 직무명세서
③ 직무분석서   ④ 직무설명서

답) ②

해설) 직무명세서는 인적요건(기능·지식·능력)에 중점을 둔 것이다.

14. 직무분석 오류 중 (   )은(는) 사람들이 예상된 혹은 왜곡된 방법으로 질문에 대해 일관적으로 답변할 때 발생하는 오류이다.
① 부적절한 표본추출   ② 반응세트
③ 직무 환경변화   ④ 종업원 행동변화

답) ②

해설) 직무분석 오류의 원인
① 부적절한 표본추출: 관련 과업영역을 명확히 하지 않음으로써 직무의 중요한 면들이 분석에서 제외될 가능성이 있다.
② 반응세트: 분석대상자들이 왜곡된 혹은 예상된 방법으로 질문에 대해 일괄적으로 답변할 때 발생하는 오류이다.
③ 직무환경의 변화: 직무환경이 변화하므로 과거의 직무분석 결과를 현재의 직무에 활용할 수 없다.
④ 종업원의 행동변화: 종업원의 행동이 변화하므로 직무분석 결과와 괴리될 가능성이 있다.

15. (   )은(는) 조직에 있어서 각 직무의 숙련, 노력, 책임, 작업조건 등의 상대적 가치를 타 직무와 비교하여 결정하는 체계적 과정이며, 직무급 도입의 기초작업이 된다.
① 직무설계   ② 직무평가
③ 인적자원평가   ④ 인적자원이동

답) ②

해설) 직무평가란 기업이나 기타 조직에 있어서 각 직무의 중요도, 곤란도, 위험도 등을 평가하여 타 직무와 비교한 직무의 상대적 가치를 평가하는 방법으로 합리적 임금관리의 기초가 된다.

16. (   )은(는) 기업이나 기타 조직에 있어서 각 직무의 중요성, 곤란도, 위험도 등을 평가하여 타 직무와 비교한 직무의 상대적 가치를 정하는 체계적 방법이다.
① 직무분류   ② 인사고과
③ 직무평가   ④ 직무분석

답) ③

해설) 직무평가는 동일한 가치를 가진 직무에 대하여는 동일한 임률을 적용하고 더욱 높은 가치가 인정되는 직무에 대하여는 더욱 많은 임금을 책정하는 직무급 제도를 실시하는 기초가 된다.

17. 직무평가의 양적 방법은 직무분석에 따라 직무를 기초적 요소 또는 조건으로 분석하고 이들을 양적으로 계측하는 (   )판단에 의하여 평가하는 방법이다.
① 획일적   ② 종합적
③ 분석적   ④ 포괄적

답) ③

해설) 직무평가의 양적방법은 분석적으로 다루어지므로 객관성을 띤 과학적 방법이라고 볼 수 있다.

18. (   )은 가장 오래되고 간단한 방법으로서 전체적·포괄적 관점에서 각 직무를 상호 비교하여 그 순위를 결정하는 직무평가의 방법이다.
① 서열법   ② 분류법
③ 점수법   ④ 요소비교법

답) ①

해설) 직무평가의 방법에는 비양적 평가방법과 양적 평가방법이 있다. 비양적 평가방법은 직무수행에 있어 난이도 등을 기준으로 직무의 가치를 상대적으로 평가하는 방법이며, 여기에는 서열법과 분류법이 있다. 서열법은 가장 오래되고 일반적인 방법으로 전체적·포괄적 관점에서 각 직무를 상호 비교하여 그 순위를 결정하는 방법이다. 양적 평가방법에는 점수법과 요소비교법이 있다.

19. (   )은 직무평가의 방법 중 분석적이고 계량적인 방법에 속한다.
① 서열법   ② 분류법
③ 점수법   ④ 대조표법
답) ③
해설) 직무평가의 방법에는 비양적 평가방법과 양적 평가방법이 있다. 양적인 방법은 직무분석에 따라 직무를 기초적 요소 또는 조건으로 분석하고 이들을 양적으로 계측하는 분석적 판단에 의해 평가하는 방법이다. 여기에는 점수법과 요소비교법이 대표적이다.

20. (   )은(는) 기업이나 조식에 있어서 가장 핵심이 되는 몇 개의 기준직무를 선정하고, 각 직무의 평가요소를 기준직무의 평가요소와 결부시켜 비교함으로써 모든 직무의 가치를 결정하는 방법이다.
① 점수법   ② 요소비교법
③ 서열법   ④ 분류법

답) ②
해설) 직무평가의 방법
① 서열법: 가장 오래되고 간단한 직무평가의 한 방법으로서 전체적·포괄적 관점에서 각각의 직무를 상호 비교하여 그 순위를 결정하는 방법이다.
② 분류법: 서열법에서 좀 더 발전된 것으로 일정한 기준에 따라서 사전에 만들어 놓은 여러 등급에 각 직무를 연결시켜 평가하는 방법을 말한다.
③ 점수법: 직무를 여러 구성요소, 즉 숙련, 책임, 노력, 작업환경 등과 같은 평가요소로 구분하여 각 요소별로 그 중요도에 따라 점수를 준 후 이 점수를 총계하여 각 직무의 가치를 평가하는 방법이다.
④ 요소비교법: 그 기업이나 조직에 있어서 가장 핵심이 되는 몇 개의 기준직무를 선정하고 각 직무의 평가요소를 기준직무의 평가요소와 비교함으로써 모든 직무의 상대적 가치를 결정하는 방법이다.

21. (　　　)은 직무평가의 방법 중 분석적이고 계량적인 방법에 속한다.
① 서열법 ② 분류법
③ 점수법 ④ 대조표법

답) ③

22. (　　　)은(는) 기업이나 조직에 있어서 가장 핵심이 되는 몇 개의 기준직무를 선정하고, 각 직무의 평가요소를 기준직무의 평가요소와 결부시켜 비교함으로써 모든 직무의 가치를 결정하는 방법이다.
① 점수법 ② 요소비교법
③ 서열법 ④ 분류법

답) ②

23. 요소비교법에서 직무의 가치는 (　　　)에 의해 평가된다.
① 점수 ② 임금액
③ 순위 ④ 등급

답) ②
해설) 요소비교법은 직무를 각 평가요소별로 분해하고, 점수 대신 임금액으로 기준직무를 평가한 후 타 직무를 이 기준직무와 비교하여 각각의 임금액을 결정함으로써 각 직무의 상대적 가치를 결정하는 방법이다.

24. (　　　)에 의한 임금체계의 조정이 직무평가 실시 후에도 뒤따라야 한다.
① 직무조사 ② 임금조사
③ 수요조사 ④ 공급조사

답) ②
해설) 임금조사에 의한 임금체계의 조정이 직무평가 실시 후에도 뒤따라야 한다.

25. (　　　)은(는) 동일 또는 유사한 역할 또는 능력을 가진 직무의 집단, 즉 직무군으로 조직 내의 모든 직무를 분류하는 것이다.
① 직무분석 ② 직무평가
③ 직무분류 ④ 직무조사

답) ③

해설) 직무분류란 동일 또는 유사한 역할 또는 능력을 가진 직무의 집단의 분류
이다. 즉 직무군으로 조직 내의 모든 직무를 분류하는 것을 말한다. 여기에서 동
일직군이란 직군 내에서 직무의 기초교양, 전문지식, 또는 근무조건 등이 유사하
며, 채용, 배치, 훈련 등의 인적자원관리에 있어서 하나의 집단으로 관리할 수
있고, 또 그렇게 관리하는 편이 편리하도록 된 직무의 집합체이다.

26. (   )를(을) 통하여 동일한 기초능력이나 적성을 요하는 직무들을 하나의
무리로 묶어서 이를 직종 또는 직군으로 할 수 있다.
① 이동관리   ② 직무분류
③ 인사고과   ④ 승진관리

답) ②

해설) 직무분류를 통하여 동일한 기초능력이나 적성을 요하는 직무들을 하나의
무리로 묶어서 이를 직종 또는 직군으로 함으로써 이들 직무 내에서 단계적으로
승진케 한다든가 이동케 함으로써 보다 쉽게 새로운 직무에 관한 학습이 가능하
게 된다.

27. 직무분류는 (   )의 기초가 되어 채용, 승진, 이동, 교육훈련 등의 합리화에
기여하게 된다.
① 직무분석   ② 인사자원관리
③ 직무관리   ④ 조직관리

답) ③

해설) 직무분류는 인적자원관리 제도의 기초가 되어 채용, 승진, 이동, 훈련, 개
발, 임금관리, 인사고과 등의 합리화의 바탕이 된다.

1. 직무의 성격과 관련된 모든 중요한 정보를 수집하고 이들 정보를 관리목적에 적합하게 정리하는 체계적 과정을 무엇이라 하는가?

답) 직무분석

2. 전체 작업과정 동안 무작위적인 간격으로 많은 관찰을 행하여 직무행동에 관한 정보를 얻는 것은 직무분석의 방법 중 무엇인가?

답) 워크샘플링법

3. 직무행동 중에서 보다 중요한 혹은 가치 있는 면에 대한 정보를 수집하는 직무분석방법은 무엇인가?

답) 중요사건법

4. 직무분석의 결과에 의거하여 직무수행과 관련된 과업 및 직무행동을 일정한 양식에 기술한 문서를 무엇이라고 하는가?

답) 직무기술서

5. 직무분석의 결과에 의거하여 직무수행에 필요한 종업원의 행동 · 기능 · 능력 · 지식 등을 일정한 양식에 기록한 문서를 무엇이라고 하는가?

답) 직무명세서

6. (   )는 직무분석에 의하여 작성된 직무기술서 또는 직무명세서를 기초로 이루어진다.

답) 직무평가

7. 직무평가는 (   )도입의 기초 작업이다.

답) 직무급

8. 동일 또는 유사한 역할 또는 능력을 가진 직무의 집단 즉 직무군으로 분류하는 것을 무엇이라고 하는가?

답) 직무분류

9. 가장 오래되고 간단한 직무평가의 한 방법으로서 전체적·포괄적 관점에서 각각의 직무를 상호 비교하여 그 순위를 결정하는 방법은 무엇인가?

답) 서열법

10. 기업조직에 있어서 핵심이 되는 몇 개의 기준직무를 선정하고 각 직무의 평가요소를 기준직무의 평가요소와 결부시켜 비교함으로써 모든 직무의 상대적 기치를 결정하는 방법은 무잇인가?

답) 요소비교법

11. 선발면접의 방법 중 스트레스 면접법에 대해 설명해 보시오.

답) 면접자는 인위적으로 지원자를 긴장 상태에 놓아 그때에 지원자가 어떻게 대응하는가를 관찰하는 것이다. 압박의 방법은 지원자의 대답과 무관하게 계속적으로 질문을 한다거나 지원자의 말꼬리를 잡기도 하는 방법을 취한다. 때로는 지원자를 비난하기도 하고 고의로 약점이나 핸디캡을 들춰내 질문을 던지기도 한다. 이것은 지원자에게 불쾌감을 주면서 그 자제력과 인내성, 판단력 등의 변화를 관찰하는 것이다. 압박면접을 실시하는 경우는 채용직무가 긴장을 요구하는 경우에만 사용되는 것이므로, 일반기업체에는 비적합하다고 볼 수 있다. 압박면접의 가장 치명적인 결점은 면접 후, 지원자가 면접자 또는 회사에 대해 나쁜 이미지를 남길 수 있다는 점을 들 수 있을 것이다.

12. 직무기술서 작성 시 유의할 점을 설명하라.

답) ① 표현이 명료해야 한다. ② 범위를 명시해야 한다. ③ 구체적이어야 한다. ④ 감독책임을 나타내야 한다. ⑤ 단순해야 한다. ⑥ 직무담당자가 재검토를 해야 한다.

13. 직무평가의 방법 중 요소비교법의 장점과 단점을 설명하라.

답) 요소비교법은 평가기준이 구체적이어서 비교가 용이하며, 기준직무만 적절히 선정되면 점수법보다 훨씬 합리성을 확보할 수 있고, 임금산정이 점수법보다 용이하다는 장점이 있다. 반면 내용이 복잡하고 실시에 노력이 많이 들며, 기준 직무의 선정과 임률의 평가요소별 배분이 어렵다. 또한 평가척도의 구성과 절차가 복잡하며 근로자에게 충분히 이해시키기 어렵고 단체교섭에 있어 직무평가 자체와 임금액을 분리하기가 곤란하다는 단점이 있다.

14. 직무분석의 절차를 5단계로 나누어 설명하라.

답) ① 배경정보의 수집, ② 분석되어야 할 대표직위의 선정, ③ 직무정보의 획득, ④ 직무기술서의 작성, ⑤ 직무명세서의 작성

15. 직무분석에 대해 설명하라.

답) 직무의 성격에 관한 모든 중요한 정보를 수집하고, 이들 정보를 관리목적에 적합하도록 관리하는 체계적 과정이다. 즉 직무분석은 조직이 요구하는 일의 내용 또는 요건을 정리, 분석하는 과정이라고 할 수 있다.

제4장

인사고과

제1절 인사고과의 의의

1. 인사고과의 개념 및 목적

(1) 인사고과의 개념

① 인사고과(personnel rating, performance appraisal)란 용어는 미국에서 Merit Rating, Personnel Rating, Personnel Appraisal, Performance Appraisal, Performance Evaluation 등으로 쓰이고 있으며, 일본에서는 인사고과라는 말이 보편적으로 쓰이고 있다. 우리나라의 경우 일부 공무원 및 공기업에서 근무평정이라는 용어를 쓰기도 하지만, 대부분의 기업에서는 인사고과 혹은 인사평가라는 용어를 일반적으로 사용하고 있다.

② 인사고과는 종업원의 직무수행상의 업적을 측정하는 제도로서 인원배치, 임금 책정, 교육훈련 소요판단 등을 위하여 종업원이나 직원의 능력·성적·태도를 객관적이고 종합적으로 평가하는 것이다.

③ 종업원의 업무실적·직무수행능력·근무태도·발전성 등을 체계적·객관적·합리적으로 평가하여 개인의 능력발전을 도모하고 승진 및 전보 등의 인사관리자료로 활용하는 제도이다.

④ 직무평가는 직무에 대한 평가이지만 인사고과는 인간인 종업원에 대한 평가이므로 객관성과 공정성의 확보가 제일 중요하다. 또한 인사고과는 종업원 측정, 근무태도 측정, 업적 측정, 성적 측정 등과 같이 다양하게 불린다.

(2) 인사고과에 대한 학자들의 정의

① R. W. Mondy: 인사고과(Performance Appraisal)는 구성원 개인의 직무성과를 정기적으로 검토하고 평가하는 공식적인 시스템이다.

② E. Rausch: 인사고과(Performance Management)는 모든 조직에서 구성원의 성과를 고무하고 격려하기 위한 공식 또는 비공식적인 다단계에 걸친 과정이다.

③ A. Langsner: 종업원의 근로 능력, 근무성적, 자격, 습관, 태도의 상대적 가치를 조직적으로 그리고 사실에 입각하여 객관적으로 평가하는 절차이다.

④ E. B. Flippo: 종업원이 현재 담당하고 있는 직무에 관하여 어느 정도 우수한지와 보다 좋은 직무로 승진할 수 있는 잠재능력이 있는지 여부를 조직적, 정기적 그리고 가능한 한 객관적으로 평가하는 것이다.

(3) 인사고과의 목적

인사고과는 일반적으로 다음과 같은 인적자원관리에 필요한 판단자료를 제공해 주는데, 임금관리(승급, 상여금, 임률결정 등), 인사이동(승진, 배치, 이동, 해고 등), 종업원 간의 능력비교 및 종업원들의 잠재능력 발견, 교육훈련 및 지도에 관련된 정보를 제공해 준다. 그러나 여기서 주목할 점은 인사고과가 종업원의 통제목적 수단으로 이용하는 것은 바람직하지 않으며 종업원의 직무수행능력 개발과 동기부여, 평가자와 피평가자의 상호 이해증진에 기여해야 한다.

① 인적자원관리의 객관적 자료 제공: 인사고과의 결과는 승진, 전보, 상벌 등의 인사조치가 이루어질 때 객관적 기준과 자료로 활용되며, 종업원의 동기부여 및 통제의 수단이 된다. 또한 연봉제 및 성과급제도의 기초자료로 활용할 수 있다.

② 조직발전 및 종업원 개인의 직무 수행능력 발전 도모: 종업원 개인의 장단점과 특성을 파악하는 수단이 되므로 능력발전의 계기가 되며, 결과는 직무수행에 영향을 미치므로 조직발전에 기여한다.

③ 선발도구의 타당도 측정기준의 수단: 인사고과의 결과와 선발도구(응시시험)의 타당도는 상관관계를 가지고 있으므로 선발 시 시험성적이 높은 사

람이 인사고과 결과가 좋게 나오면 시험의 타당성은 높다고 보고 있다.
따라서 인사고과제도를 시험제도의 개선을 위한 환류로 활용할 수 있다.
④ 교육훈련 수요파악의 기준 설정: 피평정자의 장점과 단점을 보완하기
위한 교육훈련 수요와 내용을 결정하는 기준설정에 정보를 제공해 준
다. 즉, 평정결과에 따라 어떤 교육훈련 내용이 필요하고 적절한지를
판단할 수가 있다.

2. 인사고과의 방법

(1) 전통적인 고과기법

전통적인 인사고과는 과거의 업적이나 인적특성에 따라 서열이나 우열을
비교·측정하여 상벌의 결정이나 통제적 목적을 가지고 실시되었으나, 고과
기준의 객관성, 고과항목의 타당성 그리고 인사고과와 다른 인사관리 직능
활동과의 유기적인 연관성의 확보 미흡 등의 문제가 지적되고 있다.

(2) 현대적 고과기법

현대적 인사고과는 성과평가는 물론 잠재적 능력 및 개발 가능성에 초점
을 둔 평가를 실시함으로써 구성원에 대한 동기부여의 수단과 능력개발을
목적으로 활용되고 있다. 평가의 공정성을 확보하기 위해서는 직무의 내용
과 성질에 근거한 고과가 이루어져야 하는데, 과거 이러한 공정성의 문제
등 인간특성 중심의 전통적 고과기법의 한계를 보완하기 위한 기법으로 목
표관리법(MBO), 행위기준고과법(BARS) 등이 많이 활용되고 있다.

(3) 목표관리제도

① 개념: MBO(Management By Objectives)란 상급자와 하급자의 참여를

통해 조직의 목표를 설정하고, 결과를 중간 또는 사후에 지속적으로
평가하여 환류함으로써 궁극적으로 조직의 목표달성의 효율성을 강조
하는 경영학적인 목표(결과)중심적 조직관리 기법이다.

② MBO의 발달 배경

   ㉠ 1954년 Druker에 의해 처음 소개되고 Odiorne, Mcgregor, Likert, Schler 등에 의해 발전되었다.

   ㉡ 미국에서는 1970년 닉슨 대통령이 연방정부 도입을 시작으로 공공부문에 확산되었다.

③ MBO의 내용 및 특성

   ㉠ Y론적 인간형에 이론적 기반을 두고 직원들의 참여강조로 조직운영에 있어서의 민주성을 높일 수 있다. 그러므로 구성원의 자발적 참여와 협동심이 요구된다.

   ㉡ 자율적인 통제 가능성의 증대와 자원의 효율적 운영, 목표의 효과성을 제고시킨다.

   ㉢ 조직의 집중성과 효과성 제고, 성장이론의 편견이 존재, 결과지향적인 단기적 목표관리 기법이다.

   ㉣ 목표달성이 최고 이념이며, 업적평가의 객관적 기준과 책임한계를 밝혀 준다.

   ㉤ 자기실현적 인간관, 분권화 및 참여강조로 구성원의 사기증진, 조직의 경직성을 해소해 줄 수 있다.

   ㉥ 조직을 개방적 유기체제(협조)로 이해하고 상호 이해증진, 조직의 민주화, 인간화를 통해 조직발전에 기여한다.

   ㉦ 목표의 달성도(효과성)의 제고와 조직 내 갈등 및 대립을 감소시킨다.

   ㉧ 종업원의 참여에 의한 목표설정, 상위목표와 하위목표와의 연계, 조직과 개인의 목표 통합, 결과 지향적, 계량적 목표를 중시한다.

   ㉨ 주먹구구식 관리가 아니라 비능률적 관리행위를 배격하며, 책임보다는 성과와 능률을 중시한다.

   ㉩ 최고 관리층의 통제보다 내부통제를 중시하는 내부 중심적 관리

기법이다.

  ㉠ 수평적 의사소통체계보다 수직적 의사소통체계를 개선하는 데 더욱 유리하다.

  ㉤ 목표관리는 상하 간 평가가 이루어지는 일종의 다면평가를 원용한 제도이다.

④ 목표관리의 한계

  ㉠ 시장환경 변화 등 유동적 상황과 계급 위주의 경직된 조직에 부적합하다.

  ㉡ 단기적 양적 목표에 치중하고 가치와 질적인 면을 소홀히 하기 쉽다.

  ㉢ 명백한 목표설정의 곤란하고 복잡한 절차로 시간, 노력(서류작업)의 과다한 소모가 발생한다.

  ㉣ 목표의 상대적 가치평가와 목표달성도의 계량화가 곤란하여 주관적 평가의 위험이 있으므로 공공무문에 대한 적용이 어렵다.

  ㉤ 목표달성에만 치중하므로 목표달성 과정을 소홀히 하며, 조직의 효과성 증진 및 조직발전에 미치는 측면을 고려하지 않고 있다(BSC는 이러한 면을 보완해 주는 성과평가제도이다.).

  ㉥ 환경의 변화와 이해관계의 대립이 있을 경우에는 명확한 목표설정이 어렵다.

  ㉦ 복잡한 집행절차로 인하여 형식주의, 문서중심주의의 폐해가 나타날 수 있다.

  ㉧ 평가기준의 획일화는 각 기관의 임무와 특성이 무시되어 결국 행정의 대응성을 저하시킬 수도 있다.

  ㉨ 목표달성만을 목표로 하기 때문에 조직의 효과성 증진과 발전의 차원을 고려하지 못한다는 한계가 있다. 이에 BSC(Balance Score Card)가 도입되고 있다.

(4) 행위기준고과법

① 의의
　　㉠ 행위기준고과법(BARS)은 주관적인 인간 위주의 평가를 특징으로
　　　 하는 전통적인 인사고과 시스템의 취약점을 보완하기 우해 개발된
　　　 평가기법 중의 하나로 종업원의 행위를 중심으로 한 기준에 의한
　　　 인사고과법이다.
　　㉡ 행위기준고과법은 평가할 직무에 직접적으로 적용되는 행동묘사문
　　　 을 다양한 평가수준 내용에 포함하고 있는 표준평정 척도이다.
　　㉢ 행위기준고과법은 평정척도법과 중요사건 기술법을 혼용한 정교하
　　　 고도 계량적으로 수정한 기법이다.
② 특징
　　㉠ 다양하고 구체적인 직무에 적용이 가능하다.
　　㉡ 목표관리제도의 일환으로 사용되어 어떤 행동이 목표달성에 관련
　　　 이 있는시를 알 수 있게 해 준다.
　　㉢ 평가내용이 직능별·직급별 특성과 연계되어 설계되었으므로 어떤
　　　 행위가 바람직한 것인지를 개인에게 제시해 준다.
　　㉣ 구체적인 행동을 평가 및 척도수준에 맞춤으로써 고과의 오류를
　　　 줄여, 주관적인 평가의 한계를 보완하고 고과기준을 명확히 한다.
　　㉤ 구체적인 행동이 수집됨으로써 교육훈련과 인수인계의 토대를 마
　　　 련한다.
③ BARS의 개발단계: 행위기준고과법(BARS)은 6단계로 나누어 수행된다.
　　㉠ 제1단계: 행위기준고과법 개발위원회를 구성한다.
　　㉡ 제2단계: 중요사건을 열거한다.
　　㉢ 제3단계: 중요사건을 범주화시켜 열거한 중요사건을 몇 개의 범주
　　　 로 나눈다.
　　㉣ 제4단계: 중요사건의 재분류로 각 범주의 중요사건을 재분류한다.
　　㉤ 제5단계: 중요사건을 등급화(점수화)하고 재분류한 중요사건을 평

가척도에 의해 고과자가 평가하게 한다.

ⓑ 제6단계: 확정하고 실시한다.

④ BARS의 기대효과 및 한계

ⓐ 고과의 타당성: 직무성과에 초점을 맞추기 때문에 높은 타당성을 갖는다.

ⓑ 고과의 신뢰성: 피고과자의 직무특성에 맞는 구체적 행동 패턴을 평가척도로 제시하므로 높은 신뢰성을 갖는다.

ⓒ 고과의 수용성: 인사고과의 결과를 피평가자에게 쉽게 피드백시켜 줌으로써 나온 결과 점수에 대해서 평가자가 설명해 주기 때문에 피고과자의 수용성이 높다.

ⓓ 고과의 실용성의 문제: BARS의 개발에 많은 시간과 비용이 소요되며, 복잡성과 정교함으로 인하여 소규모 기업에서의 적용이 어려워 실용성이 낮다.

타당성(validity)	신뢰성(reliability)
인사고과는 고과내용이 고과목적에 맞도록 평가가 되어야 한다는 것이다.	측정하고자 하는 고과내용(항목)이 얼마나 정확하게 측정되었느냐에 관한 것이다.
수용성(acceptability)	실용성(practicability)
수용성은 인사고과제도에 대해 피고과자들이 이를 적법하고 필요한 것으로 믿고 고과가 공정하게 이루어지며 그리고 고과결과가 활용되는 고과목적에 대해 동의하는 정도를 한다.	실용성은 기업이 이런 고과제도를 도입하는 것이 의미가 있으며 또한 현실적으로 비용보다 효과가 더 큰지를 검토해야 하는 것과 관련된다.

⑤ 행위기준고과법의 장단점

ⓐ 장점: 고과양식의 개발에 고과담당부서인 인사부서 이외 타 부서의 종업원도 참여할 수 있으며, 인사고과의 타당성, 신뢰성, 수용성이 높다.

ⓑ 단점: 고과 프로그램 개발에 많은 시간과 노력이 든다는 단점이 있다.

⑥ 행위관찰고과법(BOS)의 적용

ⓐ BARS는 실무적용이 어렵다는 것이 문제점으로 지적되면서 대안으로 행위관찰고과법(BOS)을 고려할 수 있다.

ⓑ BOS는 고과자에게 평가의 기준점으로 제시된 구체적인 행위에 대해서 피고과자가 수행한 빈도를 질문하는 문항으로 구성되어 있다.

〈참고〉 인사고과의 방법 분류

1. 전통적 인사고과 방법

전통적 인사고과는 종업원의 과거의 업적이나 인적특성에 따라 서열이나
우열을 비교, 측정하여 상벌 등에 적용하거나 통제적 목적을 가지고 실시되
었다. 그 유형은 다음과 같다.
① 관찰법, ② 서열법, ③ 평정척도법, ④ 체크리스트법, ⑤ 강제할당법,
⑥ 업무보고법 등

2. 현대적 인사고과 방법

현대적 인사고과는 종업원의 성과평가, 삼재석 능력 및 개발가능싱 등을
평가함으로써 종업원에 대한 동기부여의 수단과 능력개발을 목적으로 활용
되고 있다. 그 유형은 다음과 같다.
① 행위기준고과법, ② 목표관리법, ③ 중요사건서술법, ④ 자기신고법,
⑤ 면접법 등

3. 인사고과의 종류

(1) 평정방법에 의한 분류

① 도표식 평정척도법(graphic rating scale)
　　㉠ 개념: 여러 평정요소를 정해 놓고 각 평정요소마다 각각 등급을 표시
　　　　하는 방법이다. 요소의 합계를 결과로 개인의 최종 등급을 결정하는
　　　　데, 주로 공무원의 근무성적평정에 적용하는 방법이다.

ⓛ 장·단점: 가장 보편적인 평정방법으로서 평정표 작성이 용이하고
쉬운 반면에 ㉮ 평정요소 설정 시 합리적인 기준이 없이 일반적인
기준으로 이루어져 있고, 설정하기가 어렵다. ㉯ 5가지(탁월, 우수,
보통, 미흡, 불량)의 등급기준이 평정자가 선택하는 데 판단하기 모
호한 기준이므로 평정자마다 차이가 발생할 수 있다. ㉰ 평정요소
들이 동시에 같은 평정표상에 있으므로 평정 시 오류인 연쇄효과
가 발생하기 쉽다.

② 강제배분법(forced distribution)
ⓞ 개념: 엄밀히 인사고과 유형은 아니며, 평정방법 중의 하나의 원칙
이라 할 수 있다. 평정결과가 한쪽으로 집중되는 것을 막기 위해
평정분포를 일정한 비율로 정해 놓은 것을 말하며, 정상분포로써
평정자는 이 비율을 적용하여 평정하여야 한다(우리나라는 수, 우,
양, 가에 각각 2:4:3:1로 배분).
ⓛ 장·단점: 평정 시 관대화나 과소평가로 인한 어느 한쪽으로의 집
중화를 막을 수 있으나 강제분포를 해야 하므로 우수한 평정대상
자도 강제로 낮은 등급을 받아야 하는 경우가 발생한다. 그리고 평
정대상자가 많은 경우에는 기관 간의 불균형을 제거할 수 있고, 평
정의 객관성과 신뢰성을 어느 정도 확보할 수 있으나 평정대상자
가 적거나 소수의 전문직으로 이루어진 집단의 경우에는 오히려
불합리하다. 또한 역산식 평정(강제배분 후 역으로 등급에 해당하
는 점수 부여)의 가능성이 있다.

③ 사실기록법
ⓞ 개념: 작업량과 같은 객관적인 사실을 기초로 평가하는 방법이다.
ⓛ 유형
㉮ 산출기록법: 문서기안 건수 등 일정한 시간 동안 문서의 생산량
을 기록하여 평가하는 방법이다. 단순한 양만을 평가하기 때문
에 작업의 질과 개인의 능력 및 특성 등을 평가하기 어려운 단
점이 있다.

㈏ 주기적 검사법: 일정 기간의 업무량을 분석하여 평정기간의 전
체의 업무실적을 추정 평가한다.

㈐ 근태기록법: 종업원의 평소 근태기록으로 평정하는 방법이다.
근태에는 지각, 결근 일수 등만을 말하므로 작업의 양과 질 그
리고 개인태도 등을 평가할 수 없다.

㈑ 가감점수법: 직무수행이 우수한 경우에는 가점을 주고 과오를 범
한 경우에는 감점을 주어 합산하는 평정방법이다. 객관적인 평정
으로 보일 수도 있으나 평정자에 대한 대상자가 형식에 치우친
인위적인 업무를 하기 쉬워 질적인 업무를 기대하기 어렵다.

④ 강제선택법: 평정요소를 2개 내지는 4~5개 정도로 정해 놓고 평정대
상자의 특성에 가까운 항목에 강제적으로 선택하여 표시하도록 하는
방법이다. 평정대상자에 대해 유리하거나 불리한 항목의 기준이 없으
므로 평정자의 사적 감정을 배제할 수 있으며, 강제선택적 체크리스트
방법이라고도 한다.

⑤ 서열법: 특정 집단 내의 평정대상자 간의 근무성적을 비교해서 서열을
정하는 방법이며, 전체적인 순위(종합적 순위법)와 요소별 순위(분석적
순위법)를 정할 수 있다. 특정 집단 내에서의 순위결정은 가능하나 조
직 전체 집단에서의 순위결정과 비교는 곤란한 방법이다.

⑥ 쌍쌍비교법과 대인비교법: 서열을 정하기 위한 방법으로서 쌍쌍비교법
은 두 사람씩 짝을 지어서 평정을 반복하는 방법으로서 두 사람 간의
비교가 가능하므로 객관적 평정을 할 수 있지만 평정 대상자의 수가
많으면 평정하기가 용이하지 않다. 대인비교법은 지도력 또는 관리능
력, 전문지식, 책임성과 도덕성, 협조성 등을 평가요소로 선정하고 평
정요소마다 상, 중, 하로 등급을 정한 후 각 등급에 적합한 대상인물
을 선정하여 평정 대상자와 비교하여 평가하는 방법이다.

⑦ 목표관리평정법: 목표관리(MBO)기법을 적용한 것으로서 부하와 상급
자 간의 합의된 목표를 정하고 일정 기간(보통 1년) 후에 목표달성도
를 평가받는 현대적 인사고과방법이다.

⑧ 중요사건기록법: 이 방법은 피평정자가 자신의 업무실적을 판단해 주
는 행사나 중요 사건을 기록하거나 또는 중요 사건에 대한 것들을 설
명에 놓으면 평정자가 해당 사건에 표시하는 방법이다. 객관적인 사실
에 기초하므로 합리적이지만 사건 기록의 기준이 모호하며, 시간 등의
문제로 번거로운 단점이 있다.

⑨ 체크리스트 평정법(사실표지법): 평정표(체크리스트)에 나열된 평정요소에
따라 긍정 또는 부정의 두 가지만으로 체크하는 방법이다. 점수화 등은
후에 인사담당자들이 다른 피평정자의 평가표를 모아서 실시한다.

⑩ 행태기준 평정척도법: 도표식과 중요사건 평정척도법의 장점을 혼합한
형태로서 직무와 관련된 주요 업무분야를 선정하여 가장 잘한 업무행
태부터 못한 업무행태까지 몇 개의 등급으로 나누어 도표로 만들어
놓는다. 그리고 그 등급마다 중요 행태를 구체적으로 기술하여 점수를
할당하고, 이에 따라 피평정자와 관련된 업무행태결과를 비교·평정하
는 방법이다. 장점으로는 평정자의 객관성에 의한 오류방지와 피평정
자가 평정기준이 되는 과업분야를 직접 선정함으로써 평정에 대한 참
여와 관심을 높일 수 있다. 그러나 직무에 따른 평가양식이 별도로 필
요하며, 행태기준 선정상의 시간과 노력이 많이 든다.

⑪ 행태관찰척도법: 행태기준 평정척도법과 도표식 평정방법을 통합한 형
태로서 피평정자의 행태에 관한 구체적인 사건 및 사례를 중심으로
평정하는 방법이다. 연쇄효과에 의한 평정의 오류가 발생할 수 있지만
평정자의 주관성을 배제시킬 수 있다.

⑫ 서술법: 평정자가 피평정자의 업무실적과 직무행태 및 개인의 특성 등
을 직접 서술식 문장으로 작성하는 방법으로서 대상자에 대한 정확하
고 구체적인 서술이 가능하다. 하지만 주관적인 서술이 되므로 평정의
차이가 심하고 다른 평정 대상자와의 객관적인 비교가 곤란하다.

(2) 평정자를 기준으로 한 분류

① 자기평정법: 피평정자 스스로가 직접 자신의 업무와 근무태도 등을 평
   가하는 방법으로서 주관적인 단점도 있지만 자신의 문제점을 찾아내
   고 개선할 수 있는 기회를 가져와 능력발전에 기여한다. 평정기간 중
   의 업무실적을 자신이 설명하도록 하고, 이를 통해 평정자가 자신의
   판단과 업무실적을 참고해서 평정점수를 부여하고 있다.
② 동료평정법: 동료들 간 서로 평정하는 집단 평정방법으로 동료들 간에
   는 상급자가 모르는 부분까지 평가할 수 있기 때문에 상급자의 제한
   된 평가시야를 넓혀 줄 수 있다. 그러나 개인 간의 친분 등과 같은 요
   인으로 객관성이 결여될 수 있는 단점도 있다.
③ 감독자평정법: 일반적인 상급자에 의한 평가로서 직속 감독자급인 상
   관이 하는 평정방법이다.
④ 부하평정법: 보통 상급자는 부하에 대해 명령하는 입장으로서 상급자
   에 의한 평정은 조식의 성식성을 가져오지만 부하가 상납자를 평정함
   으로써 권위적인 지배구조를 개선시킬 수 있다. 하지만 부하의 눈치를
   보는 사례와 하극상의 문제를 야기할 수 있으므로 계급에 의해 운영
   되는 조직에서는 바람직하지 않다.

4. 다면화 평가제도

(1) 개념

① 다면평가란 말 그대로 얼굴이 많다는 의미로 피평정자 하나에 평정하
   는 사람이 여러 사람이라는 것이다. 다면 평가자의 구성은 전후, 좌우,
   상하 또는 민원인 등의 외부사람도 포함된다.
② 상급자, 동료, 부하, 민원인 등을 말한다. 360도 전방위 평가라고도 하
   며, 기업에서 시작되어 공공부문으로 확산되었다.

(2) 대두배경

① 기존의 근무평정의 한계: 연공서열 중심, 역산제 평정, 평가결과의 비공개 등
② 목표관리제와 성과급 등의 적용과의 연계를 목적

(3) 장점

① 종합성·객관성·공정성·신뢰성·수용성·신중성 확보: 보통 평정자는 1차 평정자(직속 상급자), 2차 확인자(차상급 또는 이사 또는 사장)로 구성되어 있어 2차 평정자는 계급의 차이로 피평정자에 대해 잘 모르는 경우가 있다. 또한 평정자에 대해 좋은 이미지를 주면 좋은 평가를 받을 수 있지만 여러 명의 객관적인 대상들이 평정함으로써 평정에 대해 많은 효과를 확보할 수 있다.
② 능력발전에 기여: 평가대상자의 자기계발을 촉진하는 계기와 개인의 모습을 정확히 반영할 수 있어서 능력발전에 도움이 되며, 평가결과에 대한 반발을 최소화하게 된다.
③ 분권적 평가: 두 사람만이 하는 도표식 평정법의 집권성 평가의 모순점을 개선하는 분권적 평가를 할 수 있다.
④ 고객참여 활성화: 다면평가 시 거래처, 고객 등을 평가에 참여하게 한다.

(4) 단점

① 평가자의 한계: 평가의 개인적 친분을 기준으로 나쁜 관계를 가진 상대에 대해서는 객관적인 평가를 하지 않고, 평정자들의 담합과 모략행위가 발생할 수 있다.
② 포퓰리즘(populism)의 발생: 포퓰리즘이란 원래 용어로 해석하면 대중주의인데, 대중에 대한 인기 영합주의를 말한다. 즉, 근무평정에 대한 포퓰리즘은 평정 대상자가 업무와 근무태도 및 인간성을 평가받으려

하지 않고 주위의 인기를 얻어 좋은 평가를 받으려는 것을 말한다. 즉, 대인관계에 치우친 업무행태를 보이기 쉽다.

③ 평가시행에 따른 사전준비, 홍보 등 여러 측면의 비용 발생

④ 평가결과 공개의 한계: 기존의 평가결과는 비공개였지만 다면평정결과의 공개는 구성원 간 불신과 갈등을 조장할 수 있다.

⑤ 평가기준의 다양성의 문제

⑥ 평가과정 중에 의사전달의 촉진으로 리더십 발전을 기대할 수 있지만 하급자의 눈치를 봐야 하는 측면에서는 관리자의 리더십의 약화도 발생한다.

5. 인사고과의 저해요인 및 오류유형

(1) 저해요인

① 직무분석의 미시행: 인사고과는 직무분석을 통한 다각적이고 객관적인 근거를 토대로 종업원의 수행한 결과와 공헌도, 개인의 현재 및 장래의 유용성을 평가하여야 할 것이다. 일정한 직무의 성질, 그 직무를 수행함에 있어서 종업원에게 요구되는 교육훈련, 지식, 능력 및 책임과 같은 직무와 관련된 여러 가지 요소를 알아내는 과정이 직무분석이므로 직무분석이 이루어지지 않은 상태에서 인사고과가 실시되면 통일적이고도 구체적인 평가가 되지 못하고 인사고과자의 주관적, 감정적 판단에 의한 평가가 되어 버릴 수가 있기 때문이다.

② 고과자의 편견: 평정자의 주관적 태도에 의해 평가에 크게 좌우될 수 있다. 즉 고과자(평정자)가 피고과자(피평정자)에 대하여 개인적인 편견이나 편파적인 감정에 사로잡히지 않는 고과가 되지 않도록 유의해야 한다. 인사고과는 그 직무와의 관련성에서 파악되어야만 하며, 객관적인 입장에서 공정하게 평가되어야 할 것이다. 그러나 현실적으로 인간

이 평가하는 것이므로 직무보다는 인간을 먼저 고과하는 사례가 많다.

③ 연공서열제의 집착: 우리나라의 전통적인 조직문화의 영향에 따라 인사관리의 기준은 일반적으로 학연과 근속 연수를 토대로 한 전형적인 연공서열에 두고 있었다. 인사고과도 마찬가지로 우리나라 기업도 아직까지도 이와 같은 가치관에서 탈피하지 못하고 있는 경우가 많다. 물론 연공서열적인 인사관리는 조직의 안정감을 가져오지만 무능력자가 능력자의 승진과 발전에 저해요인으로 작용할 수 있다. 따라서 지나친 연공서열의 집착은 분명히 공정하고 합리적인 평가기준은 아니다.

(2) 인사고과상의 오류유형

① 연쇄효과(halo effect)

후광효과, 현혹효과라고도 하며, 평정자의 판단이 같은 방향으로 연쇄적으로 나타나는 현상으로 한 분야에 있어서의 호의적 또는 비호의적 인상이 다른 부문에도 영향을 주어 피고과자에 대한 전체 평가에 영향을 미치는 현상이다. 피평정자를 판단하기에 관련이 적은 평정요소로 구성되어 있거나 유사한 평정요소가 연결되어 배열되어 있을 때 나타나는 경우가 많다.

② 집중화 경향(central tendency)

평정등급상의 중간에 몰리는 현상으로서 평정자가 피평정자의 정보를 잘 모르는 경우 또는 부하들의 눈치를 고려해서 중간 정도의 적당한 등급으로 평정하는 것을 말한다.

③ 관대화 경향(tendency of leniency)

평정자가 피평정자의 능력과 수준보다 높은 평가를 하여 평정결과가 우수한 등급에 몰리는 결과를 말한다. 부하들을 잘 모르거나 정서상 낮은 평가를 하는 것을 꺼려하기 때문이다.

④ 엄격화 경향(tendency of strictness)

관대화 경향의 반대현상으로서 피평자를 실제보다 낮게 판단하여 낮은 평가 등급으로 평가하는 것을 말한다.

⑤ 규칙적 오류(systematic error)

일관적 오류 또는 조직적 오류라고도 하며, 평정자의 성향에 따라 다른 평정자들보다 늘 낮은 점수를 주거나 반대로 항상 높은 점수를 주는 오류를 말한다. 따라서 이러한 현상을 막기 위해서는 강제배분법이 적용되어야 한다.

⑥ 총계적 오류(total error)

일관성 없는 평정자의 판단과 평정기준으로 관대화 또는 엄격화 경향이 일정하지 않고 불규칙하게 나타나는 오류로서 총체적 오류라고도 한다.

⑦ 논리적 오류(logical error)

연쇄효과와 유사한 오류처럼 평정자의 의식에 평정요소 간의 논리적 연관관계가 있다고 생각함으로써 발생하는 평정자의 논리적 판단오류를 말한다.

⑧ 선입견과 고정관념에 의한 오류(상동적 오류, 유형화의 오류)

피평정자에 대한 편견, 선입관이나 평정자의 고정관념이 평정 시 적용되어 합리적이고 객관적인 평정을 하지 못하여 발생하는 오류이다(성별, 출신지역, 학교, 소문과 자신의 가치관).

⑨ 시간적 오류(recency error)

평정자가 평정기간 동안의 업무실적 등에 대해서 평가하지 않고 기억나는 최근의 피평정자의 실적과 행태에 대해 평가함으로써 발생하는 오류를 말한다. 따라서 평정 시기에 임박해서 열심히 일하여 이미지를 좋게 하면 높은 평정을 받게 되는 문제점이 현실에서 많이 나타난다. 근접행태의 강조에 의한 오류 내지는 근접오류라고도 한다.

⑩ 유사성 효과 및 대비효과

피평정자의 속성이나 다른 요소들이 평정자의 스타일과 유사하면 높은 평정을 하게 되는 것이 유사성 오류이며, 실제 피평정자의 속성과는 반대로 평정하는 경향의 오류를 대비오류라고 한다.

⑪ 역산제 평가

역산제 평가는 먼저 평가등급을 정해 놓고 등급에 맞는 점수를 부여하는 것을 말한다. 이는 평가 자체로부터 오는 업무 부담을 덜고 신속하게 평가하려는 평가자의 실책이다.

⑫ 상관적 편견

사람마다 타인의 퍼스낼리티를 자신의 기준에서 그 나름대로 판단하는 독자적인 틀 내지는 방향감각을 가지고 있는 경향을 말한다.

⑬ 주관의 객관화

자기 자신의 특성이나 관점을 타인에게 귀속 또는 전가시키는 것으로 통찰력이 없는 고과자의 경우에 자주 나타난다. 예를 들어 자신의 부정직한 것을 모르는 평정자는 피평정자가 정직함에도 불구하고 부정직한 것으로 인식하고 의심하는 경우를 말한다.

⑭ 기타 기대, 선택적 시각, 지각방어 등이 있다.

〈Tip〉 공정한 인사고과 가이드

1. 합리적 목표를 설정하라

모든 기업은 성과를 위해 반드시 달성해야만 하는(Should do) 목표와 현재 기업의 내적 역량으로 달성 가능한(Can Do) 목표가 있는데, 이 두 목표의 접점을 찾아 최적화된 목표를 설정해야 한다.

2. 360도로 평가하라

일반적으로 팀원에 대한 평가는 상사에 의해 대부분 결정된다. 이는 인사고과 결과에 상사 한 사람의 의견과 관점만이 반영될 수 있다는 것이다. 이러한 점수 중심의 평가를 보완하기 위한 것이 바로 360도(다면) 평가다.

3. 가장 잘 아는 사람이 평가하라

인사고과에 있어서 가장 중요한 점은 상대방을 가장 잘 아는 사람이 평가하는 것이다. 제대로 알지도 못하면서 평가를 하게 되면, 엄한 사람 매장시키는 형국이 되기 때문이다.

4. 육성용으로 활용하라

인사고과의 목적을 어디에 두는가에 따라 그 가치는 확연히 달라질 수 있다. 물론 인사고과는 승진, 보상 등에 사용되는 것이 맞지만, 그렇다고 육성을 소홀히 해서도 곤란하다. 따라서 인사고과가 단지 사정용만이 아니라 인재 개발에도 사용되는 것임을 분명히 하고, 성실한 평가를 하는 분위기를 만들어 가야 할 것이다.

5. 인사고과 피드백 면담에 주의하라

우선 인사고과 면담을 어떻게 진행해야 할지에 대한 철저한 준비를 해야 한다. 팀장으로서 어떤 이야기를 해야 하는지, 팀원 입장에서는 어떤 점을 궁금해할지 등을 미리 예상하여 그에 대한 답변이나 대응책을 미리 머릿속에 마련해 두어야 한다.

(자료: 최병권 외, 2007)

6. 일반적인 인사고과운영에 관한 규정

인사고과규정에서는 능력고과와 업적고과 두 가지로 구분, 운영되고 있으며, 능력고과는 자기관찰 및 지도관찰표와 능력고과표로 구성된다.

(1) 능력고과

① 능력고과의 취지: 능력고과는 일정시점에서의 사원의 태도, 능력 및 적성을 본인의 자기개발과 상사의 지도 관찰을 통하여 공정히 평가하여 능력에 따른 인사관리를 실현하고, 효율적인 경력관리를 도모하는 데 그 취지가 있다.

② 고과대상

　㉠ 능력고과는 고과 당일 재직 중인 자로서 수습 및 휴직 중인 자를 제외한 전 사원을 대상으로 함을 원칙으로 한다.

　㉡ 일반직의 능력고과는 능력과 업적을 단일인사고과표에 의해 일원적으로 평가하되 업적고과 시에 실시한다.

③ 평가요소 및 평가항목

　㉠ 능력고과표는 능력에 대한 상사의 종합평가로서 다음과 같이 평가항목과 가중치를 설정하여 평가한다. 단, 중견직 및 일반직의 가중치는 관리업무직군, 영업직군, 기술직군, 기능직군, 특수직군 등 직군에 따라 임의 조정할 수 있다.

　㉡ 능력고과 중 자기관찰 및 지도관찰표는 본인의 적성발견과 적소배치 및 자기 개발을 위하여 본인이 의견을 제시하고 상사가 관찰 기록하며 그 결과는 고과등급으로 나타나지 않는다.

구 분	관 리 직		전 문 직		중 견 직		일 반 직	
의욕 및 태도	경영의식	10	문 제 의 식	10	자기개발의욕	10	규율성	15
	책임감	10	책 임 감	10	책임감	15	책임감	10
	추진력	10	성 실 성	10	적극성	15	적극성	10
		30		30		40		35
업무 능력	전문일반지식	10	전문지식	15	직무지식	5	숙련도	15
	방침설정능력	10	정보모집	10	이해판단력	10	직무지식	5
			분석력					
	업무조직관리	5	이해판단력	10	계획조직력	5	업무처리의	5
	능력		기획창조력	15	창의력	5	정확신속성	
	판단력	10		50		25	이해력	10
		35					창의력	35
인간 관계	통솔력	15	부하육성력	10	통솔 및 부하	10	협조성	10
	부하육성력	10	협조성	10	육성력		업무의 양과	20
	섭외력	10			협조성	10	질	30
		35		20	섭외력	15		
						35		

④ 평가기준

   ㉠ 평가항목별로 '탁월' '우수' '보통' '부족' '문제'의 5등급으로 구분
하여 평가한다.

   ㉡ 능력고과의 결과는 정하는 바에 따라 인원 분포에 따라 조정되나
평가 시 고려되어야 할 등급별 점수기준은 다음과 같다.

등 급	A	B	C	D	E
점수기준	91점 이상	81~90	51~80	41~50	40점 이상

⑤ 고과요령

   ㉠ 고과자는 피고과자가 작성한 자기관찰 내용을 가지고 면담을 실시
하여 능력, 적성, 성격, 직무성향 및 개인 신상에 이르기까지 폭넓
은 대화의 기회를 마련하고 그 내용을 상세히 기록한다.

   ㉡ 고과자는 개인의 사적 취향이나 편견에 치우치지 않도록 특히 유

의하여야 하며 중심화 경향, 관대화 경향, 후광효과 등을 최소로 줄이도록 노력하여야 한다.

ⓒ 2차 고과자는 1차 고과자의 고과내용을 존중하여야 하며 이견이 있을 때는 상호 협의하고 문제가 있는 사원에 대해서는 특별면담을 실시하도록 한다.

⑥ 고과표 양식

직 급 구 분	양 식	비 고
중견직 이상 공통	자기관찰 및 지도관찰표	
관 리 직	관리직 능력고과표	
전 문 직	전문직 〃	
중 견 직	중견직 〃	
일 반 직	일반직 인사고과표	업적고과 시 사용

⑦ 고과결과의 활용
ⓐ 능력고과의 결과는 상하반기 업적고과 결과와 함께 점수화하여 다음과 같이 승급에 반영한다. 단, 일반직은 능력고과만을 별도로 실시하지 않으므로, 상하반기 고과 결과만을 반영한다.

조 치 내 용	최근 1년 고과점수	
	관리직, 전문직, 중견직	일 반 직
특 진 대 상	12점 이상	8점 이상
유 급 대 상	5점 ~ 6점	4점
면 직 대 상	4점 이상	3점 이하

ⓑ 승진, 승격 반영에 관하여는 각급별 승진연한을 기준으로 최고 3년간의 능력고과에 반영하며 세부내용은 사원 승격 고시규정이 정하는 바에 따른다.
ⓒ 전배, 교육 반영에 관하여는 인사규정이 정하는 바에 따른다.

(2) 업적고과

① 취지

업적고과는 일정 고과기간 동안에 이룩한 업적에 대하여 객관적으로
평가하여 처우 관리상의 적정한 보상을 부여하고 효율적인 목표관리
와 업적 향상을 도모하는 데 그 취지가 있다.

② 고과대상

업적고과는 고과기간 내 재직한 사원 전원을 대상으로 하되 휴직 또
는 수습 중인 자는 제외한다.

③ 평가항목 및 평가기준

　㉠ 업적에 대한 평가는 전기에 수립하고, 조정된 목표와 대비하여 관
　　 리항목별로 '양적인 목표'와 '질적인 목표'로 구분하여 평가하거나
　　 '목표달성도' '성과의 질' '노력도'로 구분하여 평가한다.

　㉡ 평가항목별로 가중치는 사업부별 추진사무국 또는 인사부서에서
　　 정하는 바에 따른다.

④ 평가요령

　㉠ 사업부별 사무국은 기간 중 양적목표(일부 지적목표 포함) 평가결
　　 과를 업적고과표에 기록 날인하여 본인에게 통보하고 아울러 종합
　　 집계표를 인사부서장에게 통보한다.

　㉡ 피고과자는 사업부별 사무국으로부터 통보된 양적 평가 결과를 확
　　 인하고 질적 목표에 대한 달성수준을 본인이 추가로 기록하여 각
　　 관리항목에 대한 자기업적 평가를 실시한 후 문제점과 건의사항을
　　 기록하여 상급자에게 제출한다.

　㉢ 사업부별 사무국에서 목표를 평가·관리하지 않는 피고과자는 본
　　 인이 직접 양적, 질적 목표에 대한 달성수준을 기록하고 평가한 후
　　 상급자에게 제출한다.

　㉣ 고과자는 사업부별 사무국의 양적 평가를 제외한 질적 목표에 대

해 본인의 자기평가를 토대로 '목표달성도' '성과의 질' '노력도'로
나누어 평가한다.

⑤ 고과기간 및 실시시기

실 시 시 기	대 상 기 간
6월	1월 1일 ～ 5월 31일
12월	6월 1일 ～ 11월 30일

⑥ 고과표 양식

업무구분	양 식	비 고
관 리 직 전 문 직 중 견 직	업 적 고 과 표	
일 반 직	일반직 인사고과표	관리사무직군 및 영업직군 5급 사원
	연명부식 고과표	기능직군 및 특수직군 사원

⑦ 업적고과의 활용
  ㉠ 개인 업적고과와 집단 업적고과를 적정한 비율로 적용하여 성적점
    수를 산출한 후, 이를 상여기준율에 가감하여 개인상여를 결정한다.
  ㉡ 승진, 승격 반영에 대하여는 일반적으로 각 회사 내규에 정한 바에
    따른다.

7. 인사고과양식의 설계

(1) 평정등급

평정등급	A	B	C	D	E
평정점수	90점 이상	89~80점	79~70점	69~60점	59점 이하
평정배분	5~10%	10~20%	60~80%	10~20%	5~10%
평정내용	극히 우수	우수	보통	부족	불량

(2) 평가항목 및 내용

구분	평가항목	내 용	배점	
업무 능력	직무지식	직무에 직·간접적으로 관련되는 지식 정도 및 활용능력	10	40
	창의력	업무수행에 있어 문제의식을 갖고 새로운 아이디어를 창안해 내는 능력	10	
	이해 및 판단력	상사의 지시나 방침을 정확하게 이해하여 업무의 완급, 방법 및 절차 등을 판단하는 능력	10	
	업무처리 신속정확성	주어진 시간 내에 빈틈없이 신속하고 정확한 처리 능력	10	
의욕 및 태도	성실 및 책임성	업무수행에 있어 책임성과 결과에 대하여 성실성과 책임성	10	30
	적극성	자발적이고 의욕적으로 업무에 임하는 솔선수범의 정도	10	
	품행	직장인으로서 적합한 인격과 교양 정도	10	
인간 관계	규율성	자율적으로 규율을 준수하고 공사의 구분 정도와 상사의 지시명령에 순응하는 자세	10	30
	협조성	원만하고 성실한 인간관계와 회사 전체를 위해 자기를 희생하려는 자세	10	
	적응력	구성원으로서 회사의 수직적 체계에 대한 이해와 수긍자세	10	

8. 인사고과제도 일반

(1) 인사고과대상과 고과자의 구분

피고과자	대　　상	고과자 1차	고과자 2차	조정자	결정자
관리직	공장장 및 본부장	1차 상급자			대표이사
	부장, 과장 및 이에 준하는 관리자	1차 상급자	2차 상급자	관리본부장 또는 인사담당임원	대표이사
전문직	담당부장 및 차장, 과장, 수석 및 책임연구원, 선임연구원	1차 상급자	2차 상급자	관리본부장 또는 인사담당임원	대표이사
	연구원, 연구원보, 3·4급 사원	1차 상급자	2차 상급자	공장장 또는 사업본부장	대표이사
중견직	3·4급 중견사원, 직반장	과장	부장	공장장 또는 사업본부장	대표이사
일반직	관리사무직군, 영업직군, 5급 사원	과장	부장	공장장 또는 사업본부장	사업 본부장
	기능직군, 특수직군 사원	담당 또는 직반장	과장	부장	사업 본부장

(2) 피고과자의 구분: 관리직, 전문직, 중견직, 일반직

① 관리직: 각 직군의 과 단위 이상 관리책임 단위의 장

② 전문직

 ㉠ 직책이 부여되지 않은 담당직 간부사원

 ㉡ 기술직군 중 생산 및 시공 직종을 제외한 연구개발, 설계 및 엔지니어링, 물품관리, 안전 및 기술관리, 전산 직종의 3·4급에 해당하는 사원, 특수직군 중 3·4급에 해당하는 사원

③ 중견직: 전문직이 아닌 3·4급 사원

④ 일반직: 5급 사원 및 5급에 해당하는 기능직군, 특수직군의 사원

(3) 고과 직군의 구분: 관리사무직군, 영업직군, 기술직군, 기능직군, 특수직군

(4) 고과 시기

① 능력고과: 매년 12월에 실시한다. 단, 자기관찰 및 지도관찰자는 회사의 형편에 따라 당년 11월 또는 익년 1월 중 실시할 수 있으며 개인별로 필요시마다 수시로 실시할 수 있다.
② 업적고과: 매년 6월 및 12월 연 2회 실시한다.

(5) 고과결과의 조정 및 배점

고과조정자는 1·2차 고과평점을 산술평균하여 동 직급 인원분포에 따라 다음과 같이 5등급으로 구분하고 점수화한다. 단, 강제배분의 최소단위는 20명 이상으로 하되 부서 간의 특성 및 회사의 형편에 따라 필요한 경우 20명 이하로도 할 수 있다.

등 급	조 정(인 원 분 포)	배 점
A	5% 이하	5
B	5% 이상~10% 이하	4
C	70% 이상~90% 이하	3
D	5% 이상~10% 이하	2
E	5% 이하	2

(6) 기록의 관리와 기밀유지 및 기타

① 이 제도에 관한 모든 기록은 인사와 교육에 1차적으로 참조·반영되어야 하며, 여하한 경우에도 그 기밀이 엄중히 유지되어야 한다.
② 업적고과표, 능력고과표, 자기관찰 및 지도관찰표는 사원개인별로 분류하고, 퇴직 시까지 계속 관리하여야 한다.
③ 고과표상의 주요 내용은 전산에 수록되어 인사관계의 참고자료로 활용하며 전산기록에 관한 지침은 별도로 정하는 바에 따른다.
④ 인사담당 부서장은 고과제도를 효과적으로 운용하기 위해 매회 실시 전에 고과자에 대한 충분한 교육을 행하여야 한다.

1. 인사고과는 조직구성원들의 현재 및 미래의 (   )와(과) 능력을 비교·평가하는 것으로 전통적 고과와 현대적 고과로 구분해 볼 수 있다.

① 태도   ② 지식   ③ 업적   ④ 자질

답) ③

해설) 인사고과(performance appraisal)란 조직구성원들의 현재 또는 미래의 능력과 업적을 비교·평가함으로써 각종 인적자원관리 활동에 필요한 정보를 획득·활용하는 것을 말한다. 과거의 인사고과제도는 주로 임금관리상의 승급·상여에 대한 사정수단으로 오로지 차별을 위한 상벌적 또는 통제적 색채를 강하게 띠고 있었다. 이에 반하여 현대적 인사고과의 목적은 미래지향적이고 개발지향적인 것이다.

2. 현대적 인사고과의 목적은 미래지향적이고 (   )지향적인 것이다.

① 상벌   ② 통제   ③ 개발   ④ 감시

답) ③

해설) 과거의 인사고과제도는 주로 임금관리상의 승급·상여에 대한 사정수단으로 오로지 차별을 위한 상벌적 또는 통제적 색채를 강하게 띠고 있다. 이에 반하여 현대적 인사고과의 목적은 미래지향적이고 개발지향적인 것이다.

3. 전통적 고과관에서 주로 강조하는 것은 (   )이다.

① 상벌의 기초자료   ② 자기고과의 기회
③ 미래지향적 고과   ④ 능력개발을 위한 고과

답) ①

해설) 전통적 고과관은 주로 상벌의 기초자료로 고과결과를 활용하고 있다. 그러나 현대적 고과관은 자기고과의 기회를 넓히고 있으며 능력개발을 위한 고과로서 미래지향적·개발지향적 고과라고 평가할 수 있다.

4. 다음 중 고과자에 의한 인사고과방법의 분류가 아닌 것은?
① 자기고과   ② 동료고과
③ 하급자고과   ④ 행위기준고과

답) ④
해설) 고과자에 의한 인사고과의 방법으로는 자기고과, 상급자에 의한 고과, 동료에 의한 고과, 하급자에 의한 고과, 인적자원관리자나 전문가에 의한 고과, 복수고과 등이 있다.

5. (   )는 능력개발을 목적으로 하며, 개인이 가진 결함의 파악과 개선에 효과가 있어 관리층의 고과에 보충적으로 쓰이는 인사고과의 방법이다.
① 자기고과   ② 상위자에 의한 고과
③ 하위자에 의한 고과   ④ 복수고과

답) ①
해설) (1) 고과자에 의한 인사고과의 방법
① 자기고과 – 능력개발을 목적으로 하며, 개인이 가진 결함의 파악과 개선에 효과적이다.
② 상위자에 의한 고과 – 실시가 체계적이고 용이하지만 고과자에 주관적이기 쉽다.
③ 동료에 의한 고과 – 상사보다 동료가 더 정확히 평가할 수 있다는 착안으로서 이해를 바탕으로 한다.
④ 하위자에 의한 고과 – 실험단계에 있는 고과방법이다.
⑤ 인적자원관리자나 전문가에 의한 고과 – 현장토의법이나 평가센터법이 여기에 속한다.
⑥ 다면평가 – 피평가자를 전방위적인 측면에서 평가하여 피드백을 주는 기법이다.

6. (   )는(은) 피평가자를 전방위적인 측면에서 평가하여 피드백을 주는 기법이다.
① 자기고과   ② 동료고과   ③ 상사고과   ④ 다면평가

답) ④
해설)
(1) 미국에서 발전된 360도 피드백은 우리에게는 다면평가로 번역되어 소개되었다.

(2) 360도 피드백(다면평가)은 피평가자를 전방위적인 측면에서 평가하여 피드백을 주는 기법이다.

7. (   )은(는) 평가에 의미 있는 행동을 잘 묘사한 항목에 피평가자가 해당되는 경우에 체크하는 방법이다.
① 서열법   ② 평정척도법   ③ 대조표법   ④ 평정센터법

답) ③
해설) (1) 전통적 고과기법
① 서열법(ranking method): 종합적으로 서열을 매기는 방법과 요소별 순위를 주어 종합하는 방법이 있다.
② 평정척도고과법(rating scales, graphic rating scales): 척도에 따라 여러 가지 형태가 있으나 근래에는 숫자 척도나 평어법 등에 행동견본을 붙이는 복합적 척도가 많이 쓰고 있다.
③ 대조표고과법(check list): 평가에 의미있는 행동을 잘 묘사한 항목에 피평가자가 해당되는 경우에 체크하는 방법이다.

8. (   )은 척도에 따라 여러 가지 형태가 있으나 근래에는 숫자 척도나 평어법 등에 행동견본을 붙이는 복합적 척도가 많이 쓰고 있다.
① 서열법   ② 평정척도법   ③ 면접법   ④ 분류법

답) ②
해설)
(1) 전통적 고과기법
① 서열법(ranking method): 종합적으로 서열을 매기는 방법과 요소별 순위를 주어 종합하는 방법이 있다.
② 평정척도고과법(rating scales, graphic rating scales): 척도에 따라 여러 가지 형태가 있으나 근래에는 숫자 척도나 평어법 등에 행동견본을 붙이는 복합적 척도를 많이 쓰고 있다.
③ 대조표고과법(check list): 평가에 의미 있는 행동을 잘 묘사한 항목에 피평가자가 해당되는 경우에 체크하는 방법이다.

9. (   )은(는) 근대적 인사고과방법으로서 원래 경영철학의 하나로 받아들이고 있으나 인사고과기법으로서의 중요성도 대단히 커서 활용되고 있는 것이다.

① 목표관리법(MBO)　　　　　　　　② 면접법
③ 인적평정센터법(HAC)　　　　　　④ 행위기준고과법(BARS)

답) ①

해설) 목표관리법(MBO)은 각 사무담당자가 상위자와 합의하여 조직목표와 비교하여 수정한 개인목표를 확정하며, 업무수행 후 목표와 실적을 비교·검토하여 문제점과 개선점을 공동으로 발견하고, 이를 다음 목표설정에 반영하는 기법이다.

10. (　　　)은(는) AT&T에서 처음 시도된 것으로 중간관리직의 승진목적의 고과로 정확성을 인정받고 있는 것은?
① BARS　　　　　　　　　　　　② HAC
③ MBO　　　　　　　　　　　　　④ check list

답) ②
해설)
(1) 현대적 인사고과기법
① 행위기준고과법(BARS): 평정척도법의 결점을 시정하기 위한 시도에서 개발된 것이며, 중요사실서술법이 발전된 것으로 구체적인 행동에 근거를 두어 피고과자를 평가하는 것이다.
② 인적평정센터법(HAC): 평가를 전문으로 하는 평가센터를 만들고 여기에서 다양한 자료를 활용하여 고과하는 방법으로, 중간관리직의 선발에 특히 유용한 방법이다.
③ 목표에 의한 관리(MBO): 해당 종업원이 직속상사와 합의하여 작업목표량을 결정하고, 이에 대한 성과를 부하와 상사가 같이 측정하고 평가하는 방법이다. 종업원은 참여의 기회를 갖게 되고, 상사는 지원의 기회를 갖게 된다.

11. (　　　)은(는) 피고과자를 며칠간 따로 합숙시키면서 각종 의사결정게임과 토의 그리고 심리검사를 실시하여 여러 명의 고과자, 심리학 전문가들에 의해 복수평정절차를 밟게 된다.
① 서열법　　　　　　　　　　　　② 평정척도법
③ 대조표법　　　　　　　　　　　④ 인적평정센터법

답) ④
해설) 인적평정센터법은 피고과자를 며칠간 합숙시키면서 각종 의사결정게임과

토의 그리고 심리검사를 여러 명의 고과자, 심리학 전문가들에 의해 복수평정절
차를 밟게 한다.

12. (   )은(는) 평가될 모든 성과의 차원이 관찰 가능한 행위 위에 기초하고
있고 평가될 직무에 적합한 것이어야 한다.
① 평가센터법   ② 행위기준고과법
③ 목표관리법   ④ 평정척도법

답) ②
해설) 행위기준고과법(behaviorally anchored rating scales: BARS)은 평가될 모든
성과의 차원이 관찰 가능한 행위 위에 기초하고 있고 평가될 직무에 적합한 것
이어야 한다.

13. 고과요소는 종업원의 태도, (   ) 및 업적의 세 가지로 구성되는 것이 일반
적이다.
① 자질   ② 근태
③ 능력   ④ 기술

답) ③
해설)
(1) 고과요소의 구성과 선정
① 고과요소는 종업원의 태도, 능력 및 업적의 세 가지로 구성되는 것이 일반적
   이다.
② 고과요소의 선정은 고과대상과 고과 결과의 적용목적에 따라 달리하는 것이 일
   반적이며, 이 밖에도 업종이나 일의 성격에 따라서도 달리하는 것이 이상적이
   다.

14. 다음 (   ) 속에 적합한 말을 순서대로 표시한 것은?

평가요소는 모든 피고과자에게 (   )적인 것이어야 하며, 고과자가 매일매일 피고과자의 직무
수행에서 (   )할 수 있는 것이어야 한다.

① 이질 – 관찰   ② 이질 – 분류
③ 공통 – 관찰   ④ 공통 – 분류

답) ③

해설) 고과요소의 선정에 있어서 반드시 지켜야 하는 조건을 요약하면 다음과
같다.
① 객관적인 요소를 선정하고, 여기에 명확한 정의를 부여하여야 한다.
② 고과요소는 직군별로 종업원의 질에 따라 선택하여야 한다.
③ 단일의 특정한 내용을 지닌 요소를 선택하여야 한다.
④ 중복되는 요소를 피하고 피고과자 간에 차이가 없는 요소는 제외하여야 한다.
⑤ 평가요소는 모든 피고과자에게 공통적인 것이어야 하며, 고과자가 매일매일
피고과자의 직무수행에서 관찰할 수 있는 것이어야 한다.

15. 인사고과 시 고과요소의 가중치는 평가목적, 직종, (   )에 따라 결정된다.
① 과업   ② 직급
③ 직군   ④ 직무

답) ②

해설) 가중치는 평가목적별 · 직종별 · 직위 또는 직급별로 상이한 것이 일반적이
다. 목적별 고과에 있어서 상여나 승급과 같은 목적을 위해서는 업적에 높은 가
중치를 두고, 승진과 교육훈련에 사용하기 위한 고과라면, 업적보다는 능력이나
태도에 높은 가중치를 두는 것이 일반적이다.

16. 가중치는 요소별 · 평가목적별 · 직종별 · 직위 또는 직급별로 (   )한 것이
일반적이다.
① 동일   ② 유일
③ 상이   ④ 유사

답) ③

해설) 가중치는 평가목적별 · 직종별 · 직위 또는 직급별로 상이한 것이 일반적이
다. 목적별 고과에 있어서 상여나 승급과 같은 목적을 위해서는 업적에 높은 가
중치를 두고, 승진과 교육훈련에 사용하기 위한 고과라면, 업적보다는 능력이나
태도에 높은 가중치를 두는 것이 일반적이다.

17. 피고과자의 수에 대해서도 일정한 규칙은 없으나 조직의 (   )를(을) 기준
으로 하여 고과단위를 결정하는 것이 실무상 가장 적합한 방법이다.
① 과정   ② 감독 폭

③ 기능   ④ 구조

답) ②

해설) ① 피고과자의 수에 대해서도 일정한 규칙은 없으나 조직의 감독 폭을 기준으로 하여 고과단위를 결정하는 것이 실무상 가장 적합한 방법이다.
② 강제할당법과 같은 상대고과법을 사용하여 고과를 할 경우에는 고과단위별로 피고과자의 수를 일정하게 하기 위하여 고과단위를 통합하는 경우가 생긴다. 이런 경우에는 2차 상급자가 1차 고과자가 된다.

18. 고과의 (   )는 평가자 및 평가도구의 항상성과 객관성을 평가하는 것이다.
① 난이도   ② 신뢰도
③ 타당도   ④ 합리도

답) ②

해설) 고가의 신뢰도는 고과자 및 고과도구의 항상성 또는 객관성을 평가하는 것이다.

19. 포괄적인 고과에 대한 반성으로 승급, 상여 등 (   )별로 고과하는 경향이 증대되어 가고 있다.
① 기능   ② 과정
③ 목적   ④ 성과

답) ③
해설)
(1) 인사고과의 전개방향
① 포괄적인 고과에 대한 반성으로 승급, 상여 등 목적별로 고과하는 경향이 증대되어 가고 있다.
② 평정자의 주관을 배제하고 보다 적정한 평정을 실시하기 위해 평정자의 교육/훈련에 적극성을 띠기 시작하고 있다.
③ 평가요소가 구체화되고 중복되는 평정과정에서 제1차 평정자의 평정결과가 중시되고 있다.
④ 평정결과를 비밀로 하지 않고 피고과자에게 결과를 알게 함으로써 본인의 의욕을 촉진시키기 위해 전반적으로 공개하는 경향이 있다.
⑤ 과거의 단순한 서열화를 목적으로 한 고과제도로부터 탈피하여 목표관리, 자

기신고제도, 고과면접제 등을 활용하면서 승진, 교육, 적정배치 등에 중점을 둔 고과제도로의 적극적인 변화가 엿보이고 있다.

20. 현대적 인사고과의 전개방향은 능력개발의 지향, 목적별 고과제도의 도입, 고과내용과 기준의 공개, 고과결과의 공개, 자기평가 및 다면평가의 기회 확대, 고과(   )제도의 활성화 등이다.
① 체험
② 면접
③ 관찰
④ 참여

답) ②
해설)
(1) 인사고과의 전개방향
① 포괄적인 고과에 대한 반성으로 승급, 상여 등 목적별로 고과하는 경향이 증대되어 가고 있다.
② 평정자의 주관을 배제하고 보다 적정한 평정을 실시하기 위해 평정자의 교육/훈련에 적극성을 띠기 시작하고 있다.
③ 평가요소가 구체화되고 중복되는 평정과정에서 제1차 평정자의 평정결과가 중시되고 있다.
④ 평정결과를 비밀로 하지 않고 피고과자에게 결과를 알게 함으로써 본인의 의욕을 촉진시키기 위해 전반적으로 공개하는 경향이 있다.
⑤ 과거의 단순한 서열화를 목적으로 한 고과제도로부터 탈피하여 목표관리, 자기신고제도, 고과면접제 등을 활용하면서 승진, 교육, 적정배치 등에 중점을 둔 고과제도로의 적극적인 변화가 엿보이고 있다.

1. 조직구성원들의 현재 또는 미래의 능력과 업적을 평가함으로써 각종 인적자원관리시책에 필요한 정보를 획득·활동하는 것은 무엇인가?

답) 인사고과

2. 인사고과의 목적은 무엇인가?

답) 적정배치, 능력개발, 공정처우

3. 현대적 인사고과에서 강조하는 것은 무엇인가?

답) 인재의 잠재력 평가

4. (   )는 AT&T에서 처음 시도된 것으로 중간관리직의 승진 목적의 고과로 정확성을 인정받고 있는 것은 무엇인가?

답) HAC(인적평정센터법)

5. 평가의 (   )는 평가자 및 평가도구의 항상성과 객관성을 뜻하며, 이는 반복평가, 2분법, 복수구성법 등에 의해서 검증될 수 있다.

답) 신뢰도

6. 사람에 대한 경직적인 편견을 가진 지각은 무엇인가?

답) 상동적 태도

7. 인사고과의 방법 중 피평가자를 전방위적인 측면에서 평가형 피드백을 주는 기법은 무엇인가?

답) 다면평가

8. 평정척도법의 결점을 시정하기 위한 시도에서 개발된 것으로, 중요사실서술법이 발전된 것으로 구체적인 행동에 근거를 두어 피고과자를 평가하는 방법은 무엇인가?

답) 행위기준고과법(BARS)

9. 전략적 인적자원관리가 전략적 인적자원평가를 중심으로 이루어지도록 할 때 개인 욕구와 조직요구가 조화되는 (   )가 성공적으로 이루어질 수 있을 것이다.

답) 경영관리

10. 고과신뢰도에서 신뢰도를 측정하는 대표적인 3가지 방법은?

답) 복수구성법(multiple form method), 재검사법(test – retest method), 양분법(half – split method)

11. 360도 고과 평가(다면평가)방식에 대하여 기술하시오.

답) 다면평가는 피평가자를 전방위적인 측면에서 평가하여 피드백을 주는 기법이다. 즉 상사나 인사담당자뿐 아니라 부하직원, 직장동료 등 함께 근무하는 모든 사람들이 다양한 방법에 의하여 평가하는 인사고과제도이다.

12. 드러커(P. E. Drucker)에 의하여 제기되고, 맥그리거(D. McGregor)에 의해 뒷받침된 기법으로, 구성원이 직속상사와 협의하여 과업목표를 구체적으로 정하고 이에 대한 성과를 구성원과 상사가 함께 고과하는 기법이다. 목표설정과 결과에 대한 평가에 구성원이 참여하고 평가하고 고과하는 특징을 지닌 이 평가방식은 무엇인가?

답) 목표에 의한 관리(MBO: Management by Objectives)

13. __________________(이)란, 조직구성원에게 돌아가면서 여러 가지 직무를 수행하도록 하여 직무수행에서 지루함이나 싫증을 덜 느끼게 하려는 직무설계방

안을 말한다.

답) 직무순환(job rotation)

14. 인적평정센터법의 정의와 장·단점을 서술하시오.

답) 인적평정센터법은 평가를 주 업무로 하는 평가센터를 만들고 여기에서 다양한 자료를 활용하여 고과하는 방식이다. 피고과자의 재능을 나타내는 데 동등한 기회를 가질 수 있고, 개인이 미래에 얼마나 성과 있게 잘 행동할 것인가를 예측하는 데 유용하다. 그러나 비용 - 편익의 측면에서 그 경제성이 의문시되는 문제점도 있다.

15. 인사고과가 인적자원관리에서 차지하는 위치를 설명하라.

답) 인사고과는 직무와 사람과의 관계, 즉 직무수행요건과 직무수행능력 간에 어떤 차이가 있는지를 알게 해 줌으로써 교육훈련 또는 승진관리의 기초 자료가 된다.

16. 인사고과 실시상 공통적으로 지니기 쉬운 문제점을 설명하라.

답) ① 고과 기준이 불명확하여 고과결과에 대해 신뢰할 수 없다.
② 승진, 교육훈련, 상여금 제공, 상벌 등 다양한 경우의 고과를 실시하여야 하는데, 항상 같은 방식의 고과를 하고 있다.
③ 눈에 띄는 사람은 언제나 좋은 평가를 받고, 진실로 노력하고 있는 사람이 보상받지 못하고 있다.
④ 고과표가 형식화되어 점수방식에서는 결론이 미리 내려져 역산되고 있다.
⑤ 고과는 1회의 점수부여에 의한 서열화로 인식되어 고과결과가 일상지도에 활용되지 않고 있다.
⑥ 진실하게 고과하더라도 조정단계가 많아 실태를 잘 알 수 없을 정도로 수정되어 버린다.

제5장

인적자원의 확보관리

제1절 인력계획

1. 인력계획의 개념 및 중요성

(1) 개념

① 현재 및 장래의 각 시점에서 기업이 필요로 하는 종류의 인원수를 사전에 예측 결정하고, 기업 내외에서 필요한 인력공급을 계획하는 활동을 말한다.

② 인력계획 또는 인적자원계획은 기업경영의 효과적 수행과 경제적 노동력의 활용이라는 측면에서 단위 조직 및 업무별로 필요한 인원을 결정하고, 이들 인력에 대한 유지, 운용, 통제의 모든 활동을 의미한다.

(2) 중요성

① 인력계획은 필요인원의 예측과 산정뿐만 아니라 인적자원관리 측면에서 조직 내의 인력에 대한 승진, 인사이동, 교육훈련, 임금관리 등과 연계되는 조직 전체의 관리활동과 직결된다.

② 조직이 점점 거대해지고 복잡화, 전문화됨에 따라 경영자의 판단능력의 한계를 보완하고 인력부족 또는 과잉현상으로 인한 비효율성, 낭비 등 조직목표 달성에 차질이 생기지 않도록 사전에 계획된 절차에 의해 효과적으로 운용되어야 한다. 이로 인한 경영자에게 직접적인 이익을 가져다주는 이유가 인력계획에 있어서 중요성이 있다 할 것이다.

2. 인력예측기법

(1) 거시적인 방법(양적 접근방법)

기업의 목표달성에 필요한 전체 조직이 필요로 하는 인력을 예측하여 총인원을 결정하고 나서 이를 다시 부문별로 인력의 종류로 분할하는 절차를 통해 인력을 예측한다. 조직 전체에서 부문 또는 단위 조직의 인력예측을 하므로 하향적 접근방식의 인력계획이라 할 수 있다.

- 적정노무비 = 판매액×부가가치율×노동분배율
- 부가가치율 = 부가가치/판매액
- 노동분배율 = 노무비/부가가치액
- 적정인원수 = 적정노무비/1인당 노무비

(2) 미시적 방법(질적 접근방법)

직무 또는 작업 단위별로 필요한 인력을 산출하고 합산하면 조직 전체에 필요한 인력이 산출될 것이다. 직무 또는 작업 부문별로 시작해서 조직 전체의 인력산출을 산정하는 방법이므로 상향적인 접근방식이라 할 수 있다.

- 월간 총노동시간 = 단위당 표준시간×월간 총생산량
- 적정인원수 = 월간 총노동시간/(월간 노동일수×출근율×1일 노동시간)

3. 인력계획의 기본적 관점

(1) 미래지향적인 인원결정과 준비
(2) 적정 종업원 수의 유지를 위한 관점
 - 현재 종업원과 비교하여 장래 부족인원 발생 방지
(3) 고용 및 해고의 계획을 포함한 인력계획 수립
(4) 종업원의 개발계획을 통한 우수한 인적자원의 안정적 공급

4. 인력계획상의 수요/공급예측과 조치(정수진 외, 2004)

(1) 수요예측

① 경영자의 경험: 인력시장의 불확실성과 인력수요를 통계적 기법 등의
계량적 방법으로 예측할 수 없는 경우에 적용된다. 경영자는 일선 부
문관리자의 인력요청자료를 기초로 과거 경험이나 직관을 사용하여
수요를 결정하는 것이다. 이때 각 직종 책임자(부문관리자 또는 부문
인사담당)로부터 직접 조언을 얻거나 미래 사업계획, 방침, 목표에 근
거하여 부문관리자가 수요예측을 보고받아 적용하는 방식이다.

② 추세분석: 추세분석은 추세투영법이라고도 하는데, 과거의 비율을 규
명하고 이에 약간의 편차를 적용하여 미래의 수요비율을 예측하는 방
법이다. 과거의 인적자원 수요현황을 그래프 등으로 표시하여 기간별
소요현황과 변화의 추세에 따라 예상 소요인력을 투영한다. 적용기법
은 수학적 정밀성과 시계열분석 등이 이용되며, 단점으로는 장기적 예
측에는 부정확한 면이 있다.

③ 회귀분석모형(regression model): 회귀분석은 독립변수에 따라 종속변수
가 어떤 인과관계가 성립되고 어떻게 변화하는가를 통해 미래를 예측
하는 기법이다. 따라서 이 기법을 인력수요예측에 적용하면 추정하고
자 하는 소요인력과 관계가 있다고 생각되는 기존의 생산량이나 판매
량, 기타 주요 변수들을 선택하여 소요인력과의 관계를 과거의 자료를
기초로 통계적인 기법을 사용하여 추정하고, 독립변수들의 변화를 예
측하여 종속변수인 소요인력을 추정한다. 그러나 이때 종속변수인 소
요인력보다 독립변수로 설정된 생산량이나 판매량 등의 예측이 더 쉽
고 양자의 관계가 안정적이라는 가정이 있어야 한다.

④ 작업연구기법(work study techniques): 작업연구기법은 작업시간과 작업
량 측정이 가능할 경우에 사용할 수 있는데, 예를 들어 판매가능 제품
량에 의해 산출된 생산예산을 기초로 작업측정에 의해 확정된 단위당

생산에 필요한 표준작업시간을 이용하여 생산 작업시간을 계산한 후 1인당 작업시간으로 나누어 소요인력을 산출해 낼 수 있다. 그러나 이 방법은 제조업 부문에서는 가능하나 사무직과 같이 생산량 측정이 어려운 부문에서의 적용은 한계가 있다.

⑤ 델파이기법(delphi method): 델파이기법은 관련 분야 전문가들의 조언을 통해 소요인력을 예측하는 방법으로 정보획득 수단은 설문지를 사용한다. 즉 12~16명의 전문가들이 접촉이 절연된 상태에서 서면으로 정보를 제공하고 이에 답변하도록 하는데 설문하고 난 뒤 결과를 통계 처리하여 알려 주고 이를 여러 차례(3~5회) 또 다른 질문을 반복하게 되면서 결론에 도달하도록 한다. 이 기법은 다른 통계적 기법보다 전문가의 경험과 식견을 바탕으로 하기 때문에 타당성은 높다고 할 수 있으나 전문가의 불성실한 답변 등으로 인한 오차발생이 나타날 수 있다.

⑥ 화폐적 접근법: 이 기법은 미래의 특정 시점에서 기업의 재정능력에 따라 어느 정도 근로자를 보유할 수 있는가 하는 것에 의해 결정된다. 즉 매출액이 증가하여 작업량은 증가하지만 매출이익이 이에 상응해서 증가하지 않기 때문에 다양한 기법에 의해 산출된 소요인력을 보유할 수 없는 경우에 적용하게 된다.

(2) 공급예측

① 인사기록카드: 인사기록은 다양한 직무와 부서에서 적합한 능력을 소유한 사람들을 표시해 주고 저장된 산출물이므로 이를 활용하여 적당한 인력자원을 판단할 수 있다.

② 생산성 수준: 소요인력 산출은 과거의 경험이나 자료를 통하여 작성되지만 생산성 변화에 대한 추세를 미래에 적용하는 것으로 기업의 환경변화가 심한 경우에는 생산성의 변화에도 불확실성이 높으므로 적용하기가 어렵다.

③ 이직률: 일정한 퇴직기준에 따라 발생하는 자연감축은 예상할 수 있으

나 갑자기 발생하는 이직은 정확히 예측하기 어려우므로 공급예측은 이직비율을 근거로 계산된다. 이에 봉급원부에 추가되는 인적자원의 확보(자퇴, 해고, 퇴직, 사망으로 인한 이직), 기간의 초기와 말기의 숫자를 합친 것을 이분한 평균노동력과 같은 것이 적용된다.

이직률＝(당월 이직자 수÷전 월말 근로자 수)×100

④ 결근율: 결근율은 일정 작업장에 나오지 못해 인력공급의 차질이 발생한 것을 말한다. 측정 방법은 상실된 계획시간의 비율이며 다음과 같이 계산된다.

⑤ 직무 간 이동: 유사 직무 간 연계되는 경우 어떤 공석에 유사 직종의 인력을 이동시켜 공급할 수 있다. 예를 들어 비서는 타자수의 승진으로 인력을 수급할 수 있다.

(3) 인적자원 조치

① 정리해고: 매출부진 등으로 인한 생산량의 감소와 생산라인의 중단의 경우 근로자 수를 적정 수준으로 감축시키는 조치로서 일시해고의 경우 경기회복이 되면 다시 정상 근무시킬 수 있다.

② 무급휴가: 기업의 재정압박을 해소하기 위해 노동비용을 일시적으로 줄이는 방법이다.

③ 대여: 경영상태의 위기에 직면했을 때 자사의 근로자를 타사에 일시적 또는 잠정적으로 대여(loan)하는 것으로서 잠정적으로 적정규모의 근로자 수를 유지하기 위한 방법이다.

④ 작업공유: 한 사람의 작업량과 근무시간을 2인이 나누어 작업을 수행하는 방법으로 비용 절감과 근로자의 이직을 방지할 수 있다.

⑤ 조기퇴직: 법정퇴직 기간 도래 전에 명퇴 등의 조건을 제시하여 퇴직으로 유인시켜 정적 인원을 유지해 나가는 방식이다.

⑥ 자연감축: 정년퇴직, 사직, 전직 등의 사유로 공석이 발생하고 다시 채우지 않는다.

⑦ 고용: 예상 공급이 예상 수요보다 적을 때 필요로 하는 인원의 신규 채용을 말한다.

⑧ 훈련: 신규 고용보다는 기존의 재직자를 재교육시켜 능력을 발휘하도록 함은 고용효과를 가져온다.

⑨ 경력관리: 직무할당 및 이동 시 개인의 경력 관리를 해 나갈 수 있도록 계획하고 관리되어야 한다. 이는 개인과 기업 모두의 이익이 된다.

⑩ 생산성 프로그램: 노동력의 효과성을 극대화시키기 위하여 특별한 프로그램을 신설하는 것으로서 고용증가 대신 인적자원의 공급을 가져온다.

제2절 모집관리

1. 모집의 개념 및 의의

(1) 모집의 개념

① 모집이란 조직이 필요로 하는 유능한 인재를 인력계획에 의거하여 선발을 전제로 하여 조직 내외부에서 충원하는 것을 말한다.

② 기업에서의 모집은 사회에 대한 고용창출이며, 유능한 지원자를 발굴하여 조직으로 흡수하는 과정이다.

③ 합리적 모집방안 마련은 기업의 이익과도 직결되므로 철저한 계획과 홍보를 필요로 한다.

(2) 모집의 의의 및 목표

① 구직자의 욕구와 조직의 목표가 부합되는 수준에서 최적 인력을 유인하여 확보하는 데 있다. 유인의 전제로 모집자원 분석과 홍보 전략이 필요하다.

② 모집과정에서 부적합한 인력 등이 응시해서 관리상의 비용이 증가하지 않도록 충분한 모집정보의 제시 및 부적격 기준 등을 명시하여 모집비용의 경제성을 고려해야 한다.

③ 따라서 모집도 관리전략이 필요하며 모집절차를 표준화하고 합리적인 모집프로그램을 개발하여야 한다.

2. 모집원

(1) 사내 모집원(내부충원)

인사부서에서 기능 및 직무목록 또는 인력배치표를 통해 해당 직위에 적합한 인물을 사내에서 찾아내는 방법이다. 적절한 인재가 발굴되면 다음과 같은 인사제도로 충원한다. 이에 대한 제도적 유형은 다음과 같다.

① 수직적 충원(인사이동)

　ㄱ 승진: 상위직급(계급)으로 올라가는 상향적 인사이동이다.

　ㄴ 강임: 하위직급(계급)으로 내려가는 하향적 인사이동이다. 조직편제 및 정원의 변동과 예산의 감소 등으로 인하여 직위가 폐지되거나 강등되어 과원이 되거나 본인과의 협의하에 이루어진다.

② 수평적 충원(인사이동)

　ㄱ 전직: 등급은 같지만 직렬이 다른 직위로 전환하는 인사이동을 말한다.

　ㄴ 전보: 직무의 내용과 직급이 동일한 직책으로 자리를 이동하는 것이다.

　ㄷ 겸임(겸직): 한 사람에게 두 직책을 부여하는 것을 말한다.

　ㄹ 파견: 소속기관의 변동 없이 임시 기간 동안(3개월~6개월 이내) 다른 기관이나 부서에서 직무를 수행하고 기간이 끝나면 원래 소속으로 복귀하는 것을 말한다. 주로 공석이 발생했을 때 후임자가 채워

질 때까지나 업무지원을 위해 관리책임자의 요청으로 이루어진다.

ⓜ 직무대행: 결원이 발생했을 때(주로 상위직)나 휴가 등으로 인해 발생한 공석의 직무수행을 대신하는 것을 말한다.

③ 공개모집제도: 회사 사보나 사내 게시판을 통해 공석의 직위를 회사원들에게 정상적인 절차에 의해 고지해서 원하는 사람들이 지원하게 하는 방식이다.

④ 사내모집의 장점: 승진기회 확대로 직원사기 증진, 모집시간과 비용의 경제성, 승진으로 인한 신규채용 수요발생 및 고용창출, 기존의 급여수준 무변동, 외부인력의 능력검증 및 교육훈련비 절감 등

⑤ 사내모집의 단점: 신규 인력공급 증가가 아니므로 전체 인력부족, 참신한 인재 등용불가로 조직분위기 정체성, 선발 폭의 협소 등

(2) 사외 모집원

① 개념: 사외 모집원은 사내에서 모집을 하는 것이 아니라 회사 밖의 인재 중에서 정상적인 모집과정을 거쳐 이루어지는데, 그 수단은 광고활동, 직업소개소, 재직자의 추천, 교육훈련기관, 노동조합, 불특정 지원자, 친인척의 소개, 일시고용계약 등이 있다.

② 사외모집의 장점: 인재선발 선택의 폭이 넓음, 전문경력자인 경우 교육훈련비 추가부담 경감, 신규 인력유입으로 조직분위기 쇄신 및 경쟁의식 증진, 인력의 양적 증가

③ 사외모집의 단점: 모집시간 및 비용 발생, 재직자 승진기회 축소로 사기저하, 조직적응의 리스크 부담, 경력자인 경우 인건비 상승 등

제3절 선발관리

1. 선발의 개념 및 의의

① 선발의 개념: 선발이란 모집과정을 거쳐 특정 기준에 의해 그 조건을 갖춘 인재를 선택(selection)하는 채용의 마지막 과정이다. 이렇게 선발된 인재를 적재적소에 그 사람의 능력과 적성에 따라 특정 직무를 부여해 주는 것은 배치이다.

② 선발의 의의: 기업에서의 유능한 인력확보는 기업의 생존에 직결되는 중요한 조직활동이다. 선발된 자원이 기업에 적응하지 못하는 경우에는 손실이 발생하고 기업의 부담으로 남는다. 다양한 정부의 법적 규제나 노조와의 협약으로 인원 대체가 용이하지 않을 뿐만 아니라 별도의 적응 및 교육훈련비의 추가비용이 발생할 수 있기 때문이다.

2. 선발절차

(1) 제1단계(예비조사)

지원자의 정보를 수집하기 위한 최초단계로서 응모서류를 작성하게 하는 것인데, 일반적으로 말하는 서류전형 단계이다. 초기 단계에서 응시자 중 적정 기준에 의해 걸러 내지 못하면 선발관리 비용이 많이 든다. 따라서 응시서류도 이러한 목적이 달성되도록 하는 양식으로 구성되어야 경제적이다.

(2) 제2단계(채용면접)

서류전형 단계에서 선발된 지원자 중 인사 실무자 또는 임원 기타 선배직원들과 직접 대면하여 회사에서 필요한 적임자인가를 검증하는 단계이다.

(3) 제3단계(채용테스트)

조직(회사)에 의해 선발의사결정을 촉진하기 위하여 이용되는 기법이다. 일정한 질문서를 통하여 지원자가 가지고 있는 직무관련 재능, 퍼스낼리티, 이해 및 논리력 등을 평가할 수 있도록 설계된 일종의 경험시험이다.

(4) 제4단계(경력검증 및 추천현황 검토)

지금까지 경험해 온 경력과 추천장이 있다면 이러한 자료를 통하여 검증할 수 있다.

(5) 제5단계(건강진단과 최종 선발결정)

위 단계를 모두 마치면 최종적으로 건강진단서 제출과 합격자를 결정하게 된다.

3. 선발도구

(1) 심리검사

① 성격검사

　㉠ 관찰법: 관찰법은 비구조적/반구조적 관찰과 구조적 관찰로 나누어지는데, 비구조적 관찰은 성격특성을 파악하기 위한 방법으로 개인의 성격이나 특정 행동의 측면에 관한 정보를 얻을 수 있도록 설계된 특정 질문을 하고 대상자의 반응을 관찰하는 기법이다. 구조적 관찰은 이미 정해진 기준에 따라 모든 지원자들로부터 동일한 형식의 자료를 얻고자 할 때 사용한다.

　㉡ 투사법: 가장 구조화되지 않은 성격검사로서 로샤잉크반점 검사가 있는데, 이 검사는 총 10장의 카드를 사용하여 각 카드에는 잉크

반점글로 만들어진 무늬가 있으며, 대상자는 이 무늬그림을 보고
자신의 생각을 말하라고 한 다음 이를 평가하는 기법이다.

ⓒ 설문지법: MBTI 성격검사 등을 말하는데, 각 문항에 대해 답변한
결과를 가지고 어떤 성격의 유형에 속하는가를 평가한다.

② 지능검사

지능이란 다양한 문제들에 성공적으로 대처할 수 있는 지각적, 인지적
능력을 말하며, 언어적인 능력과 관련된 개인의 비교적 영구적이고 안
정된 속성이라 할 수 있다. 따라서 선발하고자 하는 인재의 지능이 직
무수준에 적합한지를 평가하여야 한다.

③ 적성검사

적성검사에는 신체적 적성검사와 정신적 적성검사로 구분되는데, 직무
적성검사라 할 수 있다. 어떤 뛰어난 능력을 가지고 있어도 조직 속에
서는 발휘하지 못하는 경우가 있기 때문에 인적성 검사를 통하여 직
업(직무)과 개인의 성질, 성격이 부합되는지의 여부를 평가하는 것을
말한다. 그리고 신체적 적성검사는 체격과 체력검사가 있으며, 정신적
적성검사는 소질과 후천적 득성검사가 있다.

④ 직업흥미검사

직업흥미검사는 직업과 관련하여 자신의 흥미를 파악하고, 다양한 직
업들 중에서 자신에게 적합한 직업을 탐색하는 데 도움을 주기 위해
제작되었다. 자신의 직업을 선택할 때 제일 먼저 고려해야 하는 것 중
의 하나가 흥미라고 할 수 있다. 흥미란 어떤 활동에 대해서 개인이
가지고 있는 쾌·불쾌, 수락, 거부의 경향성을 말하며, 이는 여러 가지
의 인간행태 변화를 결정해 주기 때문이다. 특히 직업흥미는 향후 이
직률과도 깊은 연관이 있기 때문에 매우 중요하다.

(2) 전기자료

① 지원서: 지원서는 지원자에 대한 다양한 정보를 수집하는 자료이므로

응시자가 직접 작성하도록 한다.

② 신상명세서: 지원서는 간단한 반면 신상명세서는 이력을 중심으로 작성하도록 되어 있어 지원서에서 얻을 수 없는 보다 더 자세한 정보를 획득할 수 있어 선다형식 검사나 심리검사 수준까지 가능하다.

③ 신원조회 및 추천서: 이 방법은 과거의 정보획득과 서류로 볼 수 없는 지원자의 개인적 특성을 확인할 수 있는 방법이나 신뢰성은 매우 약하다.

④ 이력서와 자기소개서: 지원자의 가정환경, 문화 및 교육배경, 개인적 특성 등을 알아보는 것이다.

(3) 필기시험 및 면접

필기시험은 특정 직무에 필요한 지적 능력이나 교양 등을 측정하기 위해 일반적으로 사용되는 수단이다. 단편적인 결과만을 도출할 수밖에 없어 그에 보완방식으로 직접 응시자를 만나 평가하는 방법이 면접이라 할 수 있다.

4. 선발의사결정

선발의사결정이란 선발에 관한 결정을 말한다. 합리적인 선발 의사결정에 직접적인 영향을 미치는 요소는 선발비율과 선발도구에 대한 효용성인 신뢰성과 타당성이 있다. 선발비율은 총지원수에 대한 선발예정자 수를 말한다. 선발비율이 1에 가까이 접근해 갈수록 조직의 관점에서 볼 때는 바람직하지 못하다. 즉 1에 가까우면 경쟁률이 낮다는 의미이므로 우수한 인재확보에 실패하게 되기 때문이다.

(1) 신뢰성

신뢰성이란 시험결과의 일관성을 말하는데, 어떤 동일한 시험에 대해 동일한 사람이 반복해서 시험을 보더라도 그 결과가 서로 일치하는 정도를 의미한다. 시험이 대상자의 능력을 일관성을 가진 측정도구로 측정할 때 신뢰성이 있다고 말하는데, 장소, 시간 등의 여건변화에도 결과가 차이가 없어야 된다는 것이 신뢰성이다. 타당성은 먼저 신뢰성이 전제되어야 하지만 신뢰성이 높다고 해서 타당성이 반드시 높다고는 단정할 수 없다. 신뢰성의 검증(측정) 방법은 다음과 같다.

① 재시험법: 동일 시험을 동일한 집단에 기억을 못 할 정도의 시간 간격 (1~2주 정도)을 두고 반복하여 두 번 시험을 보게 하고 비교한 결과, 시험점수 차이가 적으면 신뢰성이 높다고 보는 것이다(시험-재시험법).

② 복수양식법(대체시험법): 동일내용방법이라고도 하는데, 동일한 내용의 시험을 구성과 양식을 달리하여 동일 집단에 실시하여 성적을 비교하는 방법으로서 점수 차이가 적으면 신뢰성은 높은 것이다.

③ 이분법(양분법): 각 문항을 두 부분으로 나누어 두 부분에 대한 성적 간의 상관관계를 검증하는 방법이다.

④ 문항의 일관성 검증법: 모든 문항 간의 성적을 비교함으로써 문항 간의 상관관계가 일관성을 가지고 있는지를 검증하는 방법이다.

(2) 타당성

시험이 측정하고자 하는 것을 실제로 정확하게 측정했다면 타당성이 높다고 말한다. 즉, 우수한 인재를 구별할 수 있는 시험능력의 정도를 말하며, 측정결과를 비교할 수 있는 기준이 필요하다. 그 기준은 기준 타당성, 내용 타당성, 구성 타당성으로 나눈다(Nigro의 분류).

① 기준 타당성

　㉠ 개념: 시험이 직무수행능력을 얼마나 정확하게 측정했는가의 정도를 말한다. 시험성적과 업무실적을 비교하는 것으로써 고득점자가 저득점자보다 직무수행능력이 높게 평가되어야 한다. 즉, 시험성적

과 업무실적이 비례한다면 기준 타당성은 높은 것이다. 이에 대한 검증방법으로 채용시험 당시 점수와 채용 후 직무수행능력과 비교하는 예측적 타당성 검증방법과 재직자에게 시험을 치르고 근무성적과 시험결과와의 상관관계를 확인하는 동시적 타당성 검증방법이 있다.

ⓛ 기준 타당성 검증의 종류

㉮ 예측 타당성: 합격자가 일정기간 근무한 후에 검증하는 방법으로서 응시 당시 시험성적과 입사 후 직무성과(인사고과)를 비교하였을 때 일치하는 정도를 말한다.

㉯ 동시 타당성: 현재 재직자의 인사고과와 재직자에게 치른 시험결과를 비교해 타당성을 검사하는 것이다.

② 내용 타당성: 내적 타당성이라고도 하며, 측정대상의 취지를 어느 정도 시험문제에 담고 있는가를 측정하는 지표이다. 즉 시험의 내용이 직무수행에 필요한 지식·기술 등의 능력요소(타자수의 타자능력, 교환수의 정해진 시간 내의 교환능력)를 얼마나 측정할 수 있는 기준을 가지고 있느냐를 말한다. 일반적인 장래의 업무실적을 예측할 수 있느냐 하는 것은 기준 타당성의 영역이고, 구체적인 능력요소 등을 측정하는 시험은 내용 타당성이 높다고 말할 수 있다.

③ 구성 타당성: 특정 시험이 응시자의 어떤 부분을 측정하였느냐 하는 이론적 구성과 가정을 측정하였을 때 나타나는 정도로 응시자 자체에 대한 측정보다는 측정하고자 하는 대상과 속성에 대해 논리적 수준을 높이자는 것이다. 상위직의 경우처럼 직무의 능력요소를 구체적으로 명시하기 어려운 경우에 더욱 필요하다. 요인분석이라는 통계적 절차를 사용하여 서로 상이한 개념들에 대한 측정 항목을 개발한 후 측정하여 동일한 개념을 측정하는 항목들이 동일한 요인으로 카테고리화되는지를 평가한다.

(3) 객관성

시험결과가 채점자의 편견과 주관적 의도 및 시험외적 요인에 의해 영향을 받지 않고 동일하게 나타났을 때, 그 시험은 객관적인 시험이라고 인정한다. 즉, 동일채점자가 동일 답안에 대해서 여러 번 반복을 하거나 동일 답안에 대해서 다른 사람이 채점을 하여도 동일 점수가 나와야 한다는 것이다. 여러 사람의 심판을 두는 것은 객관성을 확보하기 위한 제도이다. 여기서 신뢰성을 전제로 객관성이 보장된다.

(4) 난이도

시험의 어려운 정도를 말하는 것으로서 지원자의 능력의 차이를 구별해 줄 만큼 어려워야 바람직하다. 너무 쉽거나 어려우면 점수 분포가 한곳에 집중되어 시험의 효용성이 낮아진다.

(5) 실용성

시험관리상 비용의 저렴성과 시험실시 및 채점이 용이해야 한다는 점 등 여러 측면에서의 경제성을 말하는 것이다.

5. 선발도구의 조건

① 동일 자격의 모든 지원자들에게 동일한 기회를 부여해야 한다.
② 시험의 측정목적을 실제로 측정할 수 있어야 한다(타당성).
③ 시험이 측정도구로서 일관성이 있어야 한다(신뢰성).
④ 누구에게나 공정한 기준으로 평가되어야 한다(객관성).
⑤ 지원자들의 우열을 가려 주어야 한다(난이도).
⑥ 시험과정에서 경제성을 고려하여야 한다(실용성).

⑦ 직위분류에 따른 시험과목이 적절하게 선택되어야 한다.

⑧ 임용 후 개인의 직무수행능력과 근무태도 등을 검증해 줄 수 있어야
하며, 장래 발전 가능성을 예측하는 수단이 되어야 한다.

제4절 배치관리

1. 배치의 개념 및 의의

선발된 인원에 대해 각 인력운영계획에 따라 직무와 연결시키는 작업이
다. 선발이 선발정보를 바탕으로 지원자에 대한 채용의 여부를 결정하는 단
계인 반면, 배치는 직무에 배치되어 직무수행능력을 최대한 발휘하여 조직
의 효과성과 개인 만족수준도를 높이는 중요한 절차라 할 수 있다. 여기서
직무요구와 개개인의 자질을 맞추는 적정 배치와 재배치하는 이동이 있다.

2. 배치의 원칙

(1) 적재적소주의

선발된 종업원이 그가 소유하고 있는 능력과 성격 등의 면에서 최고의 직
위에 배치되어서 최고의 능력을 발휘하는 것을 목적으로 한다. 적재적소의
판단기준은 능력 또는 성격, 의용과 직무의 적합도가 고려된다.

(2) 실력주의

실력주의란 배치기준이 실력 및 능력을 바탕으로 직무와 연결시켜 자리매
김하는 원칙을 말한다. 능력을 발휘할 수 있는 영역과 기회를 제공하며, 그

일에 대해서 평가된 실력과 업적에 대해 공정한 대우가 전제되어야 한다.

(3) 인재육성주의

조직에서 인력을 활용하는 두 가지 측면으로서 사람의 능력을 소모시키면서 활용하는 방법과 사람을 성장, 발전시키면서 사용하는 방법이 있다. 전자의 관리방법은 푸시(push)라 하고 후자는 성취동기를 높이기 위해 적용하는 끌어주기(pull, empowerment)식 관리라 한다.

(4) 균형주의

배치 및 이동관리 시 단순히 본인만의 적재적소를 고려할 것이 아니라 상하좌우의 모든 사람에 대해서 평등한 적재적소와 직장 전체의 적재적소를 고려하는 합리적 배치관리가 중요하다. 그래야 조직의 갈등을 최소화하고 응집력을 발휘하여 조직의 효과성을 높일 수 있다.

1. (   )(이)란 현재 및 장래의 각 시점에서 기업이 필요로 하는 종류의 인원수를 사전에 예측하고 결정하며, 이에 대한 사내·사외의 공급인력을 또한 예측하고 계획하는 것이다.

① 인력확보　　　　　　　　　　　② 인력계획
③ 인력배치　　　　　　　　　　　④ 인력채용

답) ②

해설) 인력계획이란 현재 및 장래의 각 시점에서 기업이 필요로 하는 종류의 인원수를 사전에 예측하고 결정하며, 이에 대한 사내/사외의 공급인력을 예측하고 계획하는 것이다. 인력계획은 고용관리를 위해서뿐만 아니라 승진, 이동관리, 훈련계획, 임금계획과도 밀접한 관련이 있다.

2. (   )는(은) 인적자원의 모집·선발·배치의 전제가 되는 것이다.

① 인력계획　　　　　　　　　　　② 인력개발
③ 인력공급　　　　　　　　　　　④ 인력구조

답) ①

해설) 인력계획은 확보관리의 전제가 되는 것으로 인적자원의 모집·선발·배치의 전제가 된다.

3. 현재의 인력계획을 흔히 정원계획이라고도 하는데, 이는 예측을 필요로 하지 않는 점에서 (   )계획이라 할 수 있다.

① 전략적　　　　　　　　　　　　② 기계적
③ 정태적　　　　　　　　　　　　④ 동태적

답) ③

해설) 인력계획은 현재 및 장래의 각 시점에서 기업이 필요로 하는 종류의 인원수를 사전에 예측하고 결정하며, 이에 대한 사내외의 공급인력을 예측하고 계획하는 것이다. 현재의 인력계획을 정원계획이라고 하는데 이는 예측을 필요로 하지 않는 점에서 정태적 계획이라 할 수 있다.

4. (   ) 인력예측은 먼저 조직단위 전체의 인력예측을 하여 총원을 정하고 나서 이를 다시 인력의 종류로 분할하는 절차를 밟는다.
① 동태적   ② 거시적
③ 미시적   ④ 정태적

답) ②

해설) 거시적 방법 인력예측은 기업 전체 또는 어떤 직장단위의 인력예측을 하는 것을 흔히 거시적 인력예측이라 하고 또한 그 성격상 하향적 인력계획이라고 한다. 거시적 인력예측은 먼저 조직단위 전체의 인력예측을 하여 총원을 정하고 나서 이를 다시 인력의 종류로 분할하는 절차를 밟는다.

5. 기업 전체 또는 어떤 직장단위의 인력예측을 하는 것을 흔히 거시적 인력예측이라 하고 또한 그 성격상 (   ) 인력계획이라고 한다.
① 정태적   ② 동태적
③ 하향적   ④ 상향적

답) ③

해설) 거시적 방법 인력예측은 기업 전체 또는 어떤 직장단위의 인력예측을 하는 것을 흔히 거시적 인력예측이라 하고 또한 그 성격상 하향적 인력계획이라고 한다. 거시적 인력예측은 먼저 조직단위 전체의 인력예측을 하여 총원을 정하고 나서 이를 다시 인력의 종류로 분할하는 절차를 밟는다.

6. 직무 또는 작업 단위별로 계산된 인력을 합산하여 소요인력을 집계하는 방식을 편의상 (   )방법이라 할 수 있다.
① 체계적   ② 미시적
③ 종합적   ④ 거시적

답) ②
해설) 미시적 방법
① 상향적인 방식으로 인력을 예측하는 미시적 방법은 다음과 같다.
② 먼저 특정 종류의 노동을 요하는 활동의 연인원·시간을 계획하여 이를 평균 활동시간으로 나누든가

③ 아니면 일정기간의 총성과를 같은 기간의 1인당 능률로 나누어서 소요인력을 계산할 수 있다.
④ 이와 같이 직무 또는 작업 단위별로 계산된 인력을 합산하여 소요인력을 집계하는 방식을 편의상 미시적 방법이라 할 수 있다.

7. (   )은(는) 내부 인력예측의 한 방법으로 안정적인 조건 아래에서 승진, 걸친 현원의 이동, 퇴사의 일정비율을 적용하여 장래 각 기간에 걸친 직급별 현재 인원의 변동 상황을 예측하는 OR기법이다.
① 거시적 방법   ② 승진도표
③ 인력기능목록   ④ 마르코프체인

답) ④
해설) 인력공급예측을 하는 데 사용되는 방법으로 대표적인 것은 마르코프체인법이다. 이는 안정적인 조건하에서 승진·이동·퇴사의 일정비율을 적용하여 장래 각 기간에 걸친 임원의 변동 상황을 예측하는 기법을 말한다.

8. (   )는 흔히 미국에서 쓰는 방식으로는 현원의 상태를 그 능력의 면에서 면밀히 파악하여 개개의 승진·이동의 시기, 순위, 훈련 등의 요건을 명기해 두고 이를 집계하여 내부인력의 변화를 예측하는 방법이다.
① 기능재고표   ② 인력재고표
③ 승진도표   ④ 마르코프체인법

답) ③
해설) 흔히 미국에서 쓰는 방식으로 현원의 상태를 그 능력의 면에서 면밀히 파악하여 개개의 승진·이동의 시기, 순위, 훈련 등의 요건을 명기해 두고 이를 집계하여 내부인력의 변화를 예측하는 방법이 있다. 승진도표는 이와 같은 목적으로 사용된다.

9. 오늘날 개인의 능력과 승진·이동경로 등에 관한 자료를 전산시스템에 넣어서 인력계획에 활용하는 (   )이 발전하고 있다.
① 재무정보시스템   ② 회계정보시스템
③ 인적자원관리정보시스템   ④ 마케팅정보시스템

답) ③

해설)

(1) 인력의 공급예측기법

① 인력의 공급예측은 먼저 사내 인력의 현재 및 장래의 상태에 관한 예측을 해야 한다.

– 현재의 인원수는 인원의 현황파악으로 쉽게 알 수 있으나 장래의 변화에 대해서는 여러 가지 방법으로 변화를 예측하고 또 조정해야 한다.

㉠ 승진도표(replacement chart): 흔히 미국에서 쓰는 방식으로는 현원의 상태를 그 능력의 면에서 면밀히 파악하여 개개의 승진·이동의 시기, 순위, 훈련 등의 요건을 명기해 두고 이를 집계하여 내부인력의 변화를 예측하는 방법이다.

㉡ 인력재고표(skills inventory): 개개인의 능력평가표

㉢ 마르코프체인법(markov chain method): 안정적인 조건에서 승진·이동·퇴사의 일정비율을 적용하여 장래 각 기간에 걸친 인원의 변동 상황을 예측하는 기법

– 오늘날 개인의 능력과 승진·이동경로 등에 관한 자료를 전산시스템에 넣어서 인력계획에 활용하는 인적자원관리정보시스템이 발전하고 있다.

10. (　　　)(이)란 적절한 인재의 선발을 목적으로 하여 양질의 인력을 조직으로 유도하는 과정이다.

① 모집　　　　　　　　　　　　② 배치
③ 전환　　　　　　　　　　　　④ 채용

답) ①

해설) 모집(recuitment)이란 선발을 전제로 일정한 직무를 맡을 수 있는 자격을 갖춘 지원자들을 유인하는 인적자원관리 활동의 과정을 말한다. 선발(selection)이 조직에 가장 적합한 사람만을 가려내는 소극적 고용활동인 데 반하여 모집은 고용예정직에 대한 응시자수를 증가시킬 목적으로 대상자를 찾고 유인하는 적극적 고용활동이다.

11. (　　　)는 조직이 외부인들에게 신문광고 등을 통해 모집을 알리는 것과 마찬가지로 사보나 사내 게시판을 통해 충원할 직위를 종업원들에게 알려서 관심 있는 사람들이 응모하게 만드는 방법이다.

① 경력관리　　　　　　　　　　② 인력재고표
③ 승진도표　　　　　　　　　　④ 공개모집제도

답) ④

해설) 공개모집제도(job posting or job bidding system)는 조직이 외부인들에게 신문광고 등을 통해 모집을 알리는 것과 마찬가지로, 사보나 사내 게시판을 통해 충원할 직위를 종업원들에게 알려서 관심 있는 사람들이 응모하게 만드는 방법이다. 이 방법은 균등한 고용기회의 부여라는 면에서도 좋은 방법으로 인정되고 있다.

12. (   )은(는) 모집활동을 통해서 응모한 많은 후보자 중에서 조직이 필요로 하는 자질을 갖춘 사람을 선별하는 과정이다.
① 모집   ② 선발
③ 배치   ④ 이동

답) ②
해설) 선발(selection)은 외부인력의 경우 그 적격성의 판정이 매우 어려운 반면, 잘못 선발하면 이로 인한 경제적 및 비경제적 손실이 크다는 점에서 선발에 관한 결정은 대단히 중요하다.

13. (   ) 면접에서는 면접내용이 상세하게 정형화되어 있다.
① 비지시적   ② 지시적
③ 구체적   ④ 추상적

답) ②
해설) 면접(interview)의 종류
① 면접기법과 내용이 구조화된 정도에 따른 분류
㉠ 지시면접: 면접내용이 상세하게 정형화되어 있음.
㉡ 비지시면접: 면접내용이 사전에 구조화되어 있지 않음.
② 참가자수에 따른 분류
㉠ 스트레스면접: 경찰이나 첩보업무에 적합한 사람을 선발할 목적으로 주로 실시하는 것으로 스트레스에 어떻게 대응하는가를 보는 것임.
㉡ 패널면접: 3명 이상의 면접자와 1명의 피면접자가 있는 형태
㉢ 집단면접: 다수의 피면접자가 있는 형태

14. (   )적 면접에서는 면접내용이 사전에 구조화되어 있지 않다.
① 지시   ② 비지시
③ 구조   ④ 통제

답) ②

15. (   )은 복수의 피면접자가 있는 형태이다.
① 스트레스면접   ② 패널면접
③ 개별면접   ④ 집단면접

답) ④
해설) 집단면접: 복수의 피면접자가 있는 형태

16. 3명 이상의 면접자와 1명의 피면접자가 있는 면접의 형태를 (   )(이)라 한다.
① 집단면접   ② 패널면접
③ 스트레스면접   ④ 지시적면접

답) ②

17. 선발도구는 시험과 면접으로 대표된다. 이러한 합리적인 선발도구의 요건이
아닌 것은?
① 신뢰성   ② 타당성
③ 선발비율   ④ 분리성

답) ④
해설) 합리적인 선발도구의 요건에는 신뢰성, 타당성, 선발비율을 들 수 있다.

18. (   )은 어떤 시험을 동일한 환경에서 동일한 사람이 몇 번 다시 보았을 때
그 결과가 서로 일치하는 정도, 즉 시험결과의 일관성을 뜻한다.
① 타당성   ② 유효성
③ 능률성   ④ 신뢰성

답) ④
해설) 신뢰성(reliability)은 어떤 시험을 동일한 환경에서 동일한 사람이 몇 번 다
시 보았을 때 그 결과가 서로 일치하는 정도로 시험결과의 일관성을 뜻한다. 이
에 비하여 타당성(validity)은 시험이 측정하고자 하는 내용 또는 대상을 정확히
검증하는 정도이다. 즉 시험에서 우수한 성적을 얻은 사람의 근무성적이 예상한
대로 우수할 때 그 시험은 타당성이 인정된다.

19. (   )은 현직종업원에 대하여 시험을 실시해서 그 시험성적과 현재 그 종업원의 직무성과를 비교하여 타당성을 검사하는 것이다.
① 예측 타당성   ② 동시 타당성
③ 구성 타당성   ④ 내용 타당성

답) ②

해설) 타당성 평가 방법
① 기준 타당성(riterion – related validity): 시험성적과 하나 또는 그 이상의 기준치를 비교함으로써 결정함
㉠ 동시 타당성(concurrent validity): 현직종업원에 대하여 시험을 실시해서 그 시험성적과 현재 그 종업원의 직무성과를 비교하여 타당성을 검사하는 것
㉡ 예측 타당성(predictive validity): 지원자들의 응시 당시의 시험성적과 입사 후의 직무성과를 비교하여 타당성을 검사하는 것
② 내용 타당성: 측정대상자의 취지를 어느 정도 시험문제에 내용적으로 담고 있는가를 알아보아서 타당성을 검사하는 것
③ 구성 타당성: 특정 시험이 무엇을 측정하느냐 하는 시험의 이론적 구성과 가정을 측정하는 정도를 말하는 것으로서, 측정 자체보다도 측정되는 대상 또는 그 속성에 대해 보다 이론적으로 충실을 기하는 것

20. (   )은 직무분석 결과에 비추어서 측정대상의 취지를 어느 정도 테스트 문제에 담고 있는가를 측정하는 지표이다.
① 기준 관련 타당성   ② 내용 타당성
③ 예측 타당성   ④ 구성 타당성

답) ②

21. 다음 (   ) 속에 공통으로 들어갈 말로 적합한 것은?

> (   )은 시험성적과 직무성과와의 통제적 상관계수로 측정되지는 않으며 논리적으로 판단해서 결정된다. (   )의 기초 작업은 철저하고 상세한 직무분석에 있다.

① 예측 타당성   ② 동시 타당성
③ 구성 타당성   ④ 내용 타당성

답) ④

해설) 내용 타당성은 시험성적과 직무성과와의 통계적 상관계수로 측정되지는 않으며 논리적으로 판단해서 결정된다. 내용 타당성의 기초 작업은 철저하고 상세한 직무분석에 있다.

22. 선발비율이 (   )에 가까이 접근해 갈수록 조직의 관점에서 볼 때는 바람직하지 못하다.
① 0   ② 0.5
③ 1.0   ④ 1.5

답) ③

해설) 선발비율은 응모자 총수에 대한 선발예정 인원수의 비율을 말한다. 선발비율이 1.0(응모자가 전원 고용된 경우)에 가까이 접근해 갈수록 조직의 관점에서 볼 때는 바람직하지 못하고, 선발비율이 0(응모자가 아무도 고용되지 않은 경우)에 가까워질수록 즉 선발비율이 낮아질수록 조직의 입장에선 바람직하다.

23. (   )은(는) 선발된 인원을 각 직무에 배속시키는 것을 말하는 것이다.
① 모집   ② 선발
③ 배치   ④ 이동

답) ③

해설) 각 직무에 종업원을 배속시키는 것을 배치라 하고, 일단 배치된 종업원을 필요에 따라서 현재의 직무에서 다른 직무로 바꾸어 재배치하는 것을 이동이라고 한다.

24. (   )된 면접은 평가요소, 면접질문, 평가척도를 표준화하여 모든 지원자들에게 동일한 기준 및 절차로 적용하는 방식을 말한다.
① 비구조화   ② 구조화
③ 비정형화   ④ 반구조화

답) ②

해설) 구조화된 면접은 면접자가 면접을 볼 때 관련 지식, 기술, 일반능력과 같은 지원자의 역량을 잘 파악할 수 있도록 작성한 질문목록을 통해 면접을 실시한다. 즉 평가요소, 면접질문, 평가척도를 표준화하여 모든 지원자들에게 동일한

기준 및 절차로 적용하는 방식을 말한다. 구조화된 면접은 비구조화된 면접보다 현격히 높은 신뢰도와 타당도를 갖는다.

5장 주관식 문제

1. 현재 및 장래의 각 시점에서 기업이 필요로 하는 종류의 인원수를 사전에 예측하고 결정하며, 이에 대한 사내·사외의 공급인력을 또한 예측하고 계획하는 것을 무엇이라고 하는가?

답) 인력계획

2. 안정적인 조건에서 승진·이동·퇴사의 일정비율을 적용하여 장래 각 기간에 걸친 인원의 변동사항을 예측하는 기법은 무엇인가?

답) 마르코프체인법

3. 적극적 고용활동으로 불리며 선발을 전제로 하여 양질의 인력을 조직으로 유인하는 과정을 무엇이라 하는가?

답) 모집

4. 사내 모집원 충원방법으로 사보나 사내 게시판을 통해 충원할 지위를 종업원들에게 알려서 관심 있는 사람들이 응모하게 만드는 방법은 무엇인가?

답) 공개모집제도

5. 모집활동을 통해서 응모한 많은 취업희망자 중에서 조직이 필요로 하는 자질을 갖춘 사람을 선별하는 과정을 무엇이라고 하는가?

답) 선발

6. 선발도구가 효율적이고 합리적이기 위해서는 높은 (   )과 (   )을 지니고 있어야만 한다.

답) 신뢰성, 타당성

7. 선발도구가 합리적이기 위해서는 신뢰성이나 타당성을 고려해야 되는 것뿐만 아니라 적정한 (   )을 반드시 고려해야 된다고 하겠다.

답) 선발비율

8. 3명 이상의 면접자와 1명의 피면접자가 있는 형태를 무엇이라고 하는가?

답) 패널면접

9. (   )은 경찰이나 첩모업무에 적합한 사람을 선발할 목적으로 주로 실시하는 것으로 스트레스에 어떻게 대응하는가를 보는 면접이다.

답) 스트레스면접

10. 합리적 선발도구의 요건은 무엇인가?

답) 신뢰성, 타당성, 선발비율

11. 사내공모제도의 내용을 간략히 서술하시오.

답) 사보나 사내 게시판을 통해 충원할 직위를 종업원들에게 알려서 관심 있는 사람들이 응모하게 하는 방법

12. 내부인력예측의 한 방법으로 안정적인 조건 아래에서 승진, 이동, 퇴사의 일정비율을 적용하며 장래 각 기간에 걸친 직급별 현재 인원의 변동 상황을 예측하는 OR기법을 _______이라고 한다.
답) 마코프체인모형 - 내부인력예측의 한 방법으로, 안정적인 조건 아래에서 승진·이동·퇴사의 일정비율을 적용하여 장래 각 기간에 걸친 직급별 현재 인원

의 변동 상황을 예측하는 OR기법이다.

13. ______은 선발을 전제로 하여 양질의 인력을 조직으로 유인하는 과정이다.

답) 모집(recruitment)

14. 위원회 면접(board interview)이라고도 하는 것으로, 다수의 면접자가 하나의 피면접자를 평가하는 방법이다. 관리직이나 전문직 같은 고급 직종의 선발면접에서 주로 사용되는 이 면접의 이름은?

답) 패널면접(panel interview)

15. 합리적인 선발도구 요건 세 가지는?

답) 신뢰성, 타당성, 선발비율
신뢰성은 동일한 시험을 동일한 사람이 반복해서 보았을 때 그 결과가 상호 일치하는 정도로 시험결과의 일관성(consistency)을 의미한다. 타당성은 시험이 측정하고자 하는 내용 또는 대상을 정확히 검정하는 정도를 말한다. 즉, 시험에서 우수한 성적을 얻은 사람의 근무성적이 예상대로 우수한 경우 시험의 타당성이 인정된다. 선발비율은 응모자 총수 중 선발예정 인원수의 비율을 말한다.

16. 선발비율에 관해 설명하라.

답) 선발비율은 응모자 총수에 대한 선발예정 인원수의 비율을 뜻한다. 선발비율이 1에 가까이 근접할수록 조직의 관점에서 볼 때는 바람직하지 못하고, 선발비율이 0에 가까워질수록, 즉 선발비율이 낮아질수록 조직 입장에서는 바람직하다.

제6장

인적자원관리의 방법론

기업 간 경쟁이 치열하고 급격한 시장변화는 기업이 보유하고 있는 인적자원의 질을 극대화하여야 하고, 우수한 인재의 이직을 방지하기 위해 종업원에게 비전과 직업에 대한 안정감을 부여하지 않을 수 없게 되었다. 또한 기업내부의 승진정체 현상과 정보화에 따른 직무환경의 급격한 변화는 체계적인 경력 및 보직, 이직관리 등을 요구하게 되었다. 따라서 이들을 담당하는 인적자원의 개발은 적절한 배치와 더불어 그들의 경력과 이동관리를 합리적, 효율적으로 운영함으로써 조직의 목표달성에 중요한 관리영역이다. 인적자원의 개발은 인간을 대상으로 하기 때문에 인적자원의 특성을 염두에 두어야 한다. 인적자원의 특성은 첫째, 인적자원의 존엄성으로 하나의 인격체라는 인식과 인간성 회복을 목표로 한다. 둘째, 인적자원의 능동성인데, 인간은 능동적이고, 자율적인 성격을 전제로 인적자원의 성과는 구성원의 욕구, 동기, 행동, 태도, 만족감 등에 따라 달라진다. 셋째, 인적자원의 개발성은 자연적 성장과 성숙함은 물론, 단기간보다는 장기간에 걸쳐 개발할 수 있는 잠재능력과 자질을 보유하고 있다. 넷째, 전략적 측면에서 인적자원은 조직의 성과와 가장 밀접한 관계를 맺고 있기 때문에 조직목표달성의 효과성 증진의 수단 및 자원 중에서도 가장 중요한 것으로 전략적인 관리대상으로 평가되고 있다(인적자원관리의 대두 이유). 다섯째, 인적자원의 소진성은 노동력은 영구적이 아니며, 소진되고 저장에 한계가 있다는 것이다.

제1절 경력관리

1. 경력관리의 의의 및 도입배경

(1) 경력관리의 의의

① 경력관리(CDP: Career Development Program), 또는 경력개발관리란 인적자원개발 및 관리의 한 부분으로서 종업원이 현재와 미래에 필요한

업무능력의 개발과 증진을 비롯하여 조직이 종업원 경력개발을 적극
적으로 지원·관리해 주는 것으로 종업원 개인과 조직의 경력개발욕
구 등의 목표를 조화 및 일치해 나간다는 특징을 가지고 있다. 즉 입
사에서 퇴직시점까지 자신이 어떤 승진 및 경력발전의 계획과 경로에
따라 움직이게 되는가를 설계하는 것을 말한다.

② 경력관리는 기업의 전략적인 측면에서 회사생활에서의 비전을 제시함
으로써 우수한 인재를 확보하여 유지해 나가는 전략이며, 인재의 양
성, 전문성과 지식의 폭과 깊이를 강화시키는 역할을 한다.

③ 인사 측면에서 보면 인력 양성 및 이동, 배치에 대한 기준을 제공해 주
어 효율적이고 합리적인 인사관리를 가능하게 해 준다. 이러한 경력경
로 등을 경력관리 시스템화하여 공개적이고 체계적으로 운영함으로써
직장 내 갈등의 소지를 억제하고 효율성을 확보할 수 있게 해야 한다.

(2) 경력관리의 도입배경

1955년 당시 미국연방정부 조직운영의 비능률에 대한 비판이 제기되면서
의회에 제출된 제2차 HOOVER 위원회의 인사부문 고안에 의해 하나의 관
리자육성방안의 기본지침으로 제시되었다. 이 인재육성 모델에는 4가지의
특징적인 요소는 경력군(career level), 경력경로(career path), 고과 및 상담시
스템(appraisal and counseling system), 교육훈련과 자기계발의 내용으로 되어
있었다. 이러한 미국 정부의 제도가 기업에 보급된 것은 1960년대 이후의
행동과학의 발달과 이론적 성숙에 힘입어 발전하였다.

① 정보통신 기술의 발전과 변화: 급속하게 변화하는 기술환경의 변화,
특히 IT 발전으로 인한 기술의 보급은 대규모화되어 가는 조직을 과
학적이고 체계적인 관리를 가능하게 하였다. 즉 모든 경력관리를 시스
템화하여 효율성을 추구할 수 있게 만들었다.

② 사회가치관의 변화: 과거 평생직장, 종신고용이 일반적인 가치관으로
정착되었던 시기는 경력개발관리 회사가 개인에게 반강제적으로 제공

하는 발전경로를 택하였으나, 노동시장의 유연성 추구, 평생직장에서 평생직업이라는 개념으로 바뀌어 개인과 회사의 비전을 일치시키는 수단으로 그 의미가 크다.

③ 평등고용기회운동: 여성의 권위가 신장되면서 남녀평등고용기회 운동이 활발히 확산되어 감에 따라 경력경로에 따라 평등하게 승진 등의 기회가 주어져야 한다는 세계적인 추세에 따라 나타났다.

④ 행동과학의 영향: 행동과학이란 인간의 내면적인 심리상태에 따라 행동이 결정된다는 것을 연구하는 사회과학의 영향을 받았다. 맥그리거 등의 동기부여이론을 중심으로 제기되었다. 구체화되고 객관적으로 정해진 경력경로에 따라 자신이 발전해 나갈 때 불만이 없어져 조직발전에 기여하게 될 것이다.

⑤ 국제화 및 시장환경의 유동성: 글로벌화되어 가는 국제변화 속에서 21세기 환경변화에 적응하여 선진기업으로 성공적인 진입을 하기 위해서는 기업이 필요로 하는 인재는 과거 직무 경력평가 중심의 형식적인 경력관리제도보다 프로세스 중심의 고효율 개발체계를 지향하는 유동적인 경력관리제도 내에서 육성될 수 있다. 사내 근로자의 자아실현 욕구와 자율성을 중시하면서 기업에서 필요로 하는 인재를 육성하고, 이를 기업의 성과와 연계시키는 것을 목적으로 하는 인적자원 관리제도인 경력관리제도의 필요성이 점점 증가하고 있다.

2. 경력관리의 목적

(1) 기업의 목표달성: 인재확보 및 배치

① 미래에 필요한 인력을 효율적으로 확보할 수 있으며, 어떤 직위에 언제, 어떻게 충원될 것인가에 대한 계획수립에 관한 정보를 제공한다.

② 조직의 노하우를 체계적으로 축적하여 합리적 경력관리프로그램 개발

에 정보 및 자료가 구축되어 인사의 합리성과 효율성을 추구할 수 있
게 해 준다.
③ 특히 전문직 및 특수임무를 수행하는 직책에의 배치 시 유용한 자료
를 제공해 줄 수 있어 인력의 효율적 운영을 가능케 한다.

(2) 종업원의 성취동기 유발

① 종업원은 승진 또는 발전 경로를 미리 알고 있으므로 승진에 대한 동
기유발과 자기발전을 위한 명확한 목표의식을 갖게 해 준다.
② 승진 및 발전경로가 구축되기 때문에 직장에 대한 심리적 안정감으로
동기유발을 시킬 수 있다. 경력관리에 대한 체계는 경력목표, 경력경
로, 경력계획, 경력개발, 직무순환 등이다.

3. 경력관리의 기본체계

(1) 경력목표(career goal)

개인이 회사 내에 입사하여 승진과 같은 구체화된 발전과정, 즉 경력사다
리에 따라 도달하고 싶은 미래의 직위(position)를 말한다.

(2) 경력계획(career planning)

회사의 체계화된 경력경로를 토대로 경력목표를 설정하고, 이 경력목표를
달성하기 위해 경력경로상의 직위 등을 구체적으로 선택하는 과정을 말한
다. 이는 개인이 설정하게 되므로 추구하는 목표에 따라 다를 수 있다.

(3) 경력개발(career development)

개인적인 경력계획에 따라 이를 달성하기 위하여 종업원 개인 또는 회사

가 실제적으로 참여하는 활동을 말한다.

(4) 직무순환(직접경험)

직무 특성 및 내용이 다른 직무로의 이동이 이루어짐으로써 경력개발이
이루어진다.

4. 경력관리의 특성

(1) 직무의 연결된 집합인 경력을 기본 대상의 하나로 본다.
(2) 종업원 개인의 욕구를 중요시하면서 조직의 목표와 개인의 목표의 조
　　화를 도모한다.
(3) 자신의 경력관리를 위해 종업원들의 적극적·자율적 행태 및 인간관
　　을 전체로 한다.
(4) 경력관리는 미래 지향적이며, 장기적 시야에서 인력의 육성에 의한 기
　　능과 기술의 축적에 관심을 갖는다.
(5) 경력관리는 인재확보 및 배치를 목적으로 한다.
(6) 경력관리는 자신의 발전이며, 욕구를 충족시킬 수 있으므로 종업원의
　　성취동기 유발에 기여할 수 있어야 한다.

5. 경력관리의 정착방안

(1) 경력관리 제도가 일관성 있게 정착, 수행되려면 최고경영자의 지원이
　　필요하다.
(2) 경력관리제도는 점진적으로 도입되어야 하며 종업원들의 동의가 있어
　　야 목표달성에 효율적이다.
(3) 경력관리 업무는 조직의 위계상 명확한 책임과 권한을 갖는 부서에

소속되어 업무의 독립성을 지켜야 한다. 따라서 인사담당조직 내 또는 기획실에 경력관리과를 설치할 수도 있지만 독립적인 경력관리 조직을 설치하는 것이 좋다.

(4) 장기적 안목에서 공정하고 합리적이며 일관성 있는 경력관리제도를 통해 인적자원관리의 목적을 달성해야 한다.

(5) 연공주의에서 능력과 업적중시로 경쟁과 창조의 지식창출형 인적자원관리가 이루어지고 있는 추세에서 경력관리제도는 매우 중요한 수단이 될 것이다.

(6) 기능적, 계층 조직이 아니라 오늘날 변화에 대한 유용성이 높은 유기적, 평면 조직과 연계하여 경력개발이 이루어져야 한다.

(7) 관리자는 비전과 이념의 전파와 비전과 이념에 입각한 업무수행으로 유도하고, 일(Job)과 인간(Man)의 조화를 추구하는 OJT화된 리더가 되어야 한다.

(8) 개인능력의 장기적이고 체계적인 개발이 이루어지도록 관리되어야 한다.

제2절 경력개발

경제성장의 둔화, 기업경제의 가속화 및 급격한 기술발전에 따라 기업환경의 급격한 변화 추세에 따라 유연하고 능동적인 기업의 대처가 기업의 생존과 발전에 직접적인 영향을 미치고 있다. 이에 따라 각 기업에서는 인적자원관리의 측면을 능력 위주의 관리로 전환하고 있다. 또한 전문적인 지식과 기능을 가진 인력의 필요성이 대두되고 있어 이에 따른 종업원의 경력개발의 중요성이 증가되고 있다.

1. 경력개발의 개념 및 의의

(1) 경력개발의 개념

경력개발은 경력관리제도를 토대로 종업원 또는 회사 전체 및 부서단위의 경력목표를 설정하고 이를 달성하기 위한 경력계획을 수립하여 회사의 욕구와 종업원 개인의 경력경로를 개발하는 활동으로 인적자원관리의 전략 내지 기법이라 할 수 있다. 이러한 경력개발은 종업원 개인에게는 희망과 적성에 맞는 경력개발의 기회를 제공하여 능력을 최대한 발휘하게 하며 회사의 입장에서는 내부 인적자원의 미래 핵심역량 배양이라는 생존요건을 충족시켜 준다고 하겠다.

(2) 경력개발의 의의

1955년 미연방정부에서 능률성을 위해 고안되어 민간기업에는 1960년대 이후의 행동과학의 발달과 이론적 성숙에 힘입어 발전하였다. 행동과학이란 종업원의 욕구 내지 불만, 만족이 행동으로 연결되고 동기부여를 일으켜 생산성과 직결된다고 보는 입장으로 맥그리거(D. McGregor)의 XY이론, 아지리스(C. Argyrise)의 미성숙, 성숙이론, 매슬로우(A. H. Maslow)의 욕구 5단계이론, 포오터와 로우러(L. W. Porter and E. E. Lawler)의 직무만족과 생산성 이론 등은 경력관리의 이론적 근거를 마련해 주었다.

2. 경력개발의 목적

(1) 종업원의 성취동기 유발

경력개발은 종업원에게 승진 가능성과 자기발전 가능성 등의 비전을 구체적으로 제시하여 성취동기의 유발을 그 목적으로 한다.

(2) 인재의 확보 및 배분

기업은 종업원의 경력을 계획적이고 장기적으로 개발시킴으로써 종업원의 업무수행능력 및 자질 향상을 도모하고 유능한 인재를 확보함과 동시에 효율적인 인력활용을 그 목적으로 하고 있다. 신규 인력의 채용보다 재직자의 능력의 적절한 활용은 비용 대 효과 면에서 큰 비중을 차지한다.

(3) 조직의 효과성 증대

경력개발은 종업원의 성취동기유발과 인재의 효율적인 확보 및 배분, 활용을 통하여 조직의 효과성을 극대화할 수 있다.

3. 경력개발의 원칙

(1) 적재적소의 배치 원칙

경력개발은 종업원의 적성 능력 지식 등과 조직의 목표달성에 필요한 직무가 조화 또는 일치되도록 하는 적재적소에 인재를 배치하는 것이다. 아무리 유능한 인력이라도 그들의 능력과 업무특성과 일치하지 않으면 능력을 발휘할 수 없게 된다. 따라서 직무의 자격요건과 종업원의 적성 능력 선호에 대한 정보를 충분히 파악하는 등의 직무분석 및 직무평가가 선행되어야 하며, 선발절차의 신뢰성과 타당성도 요구된다. 이를 위해서는 종업원의 적성·지식·경험 및 기타 능력과 조직의 목표달성에 필요한 직무가 조화되어야 한다.

(2) 승진경로의 원칙

경력개발은 명확한 승진경로의 확립을 원칙으로 하는데, 구체적이고 객관적, 개방적인 승진경로의 설정을 통해 종업원에게 승진 가능성에 대한 명확성을 부여하여 종업원의 성취동기를 유발시켜야 한다. 따라서 기업의 모든 직위는 계층적인 승진경로가 형성, 정의되고 기술되어 평가되어야 한다.

(3) 사내 후진 양성의 원칙

경력개발은 신규 인력을 선발하여 운용하는 개념이 아니라 기업내부에서 자체적으로 유능한 인재를 양성하여 우수한 인재를 확보하는 것을 원칙으로 한다. 이는 종업원에게 성장과 동기를 자극시켜 기업에의 충성도를 높이고 이직률을 감소시킨다.

(4) 경력기회개발의 원칙

경력사다리(career ladder)를 통해 조직 내에서 거칠 수 있는 여러 가지 직무이동 기회를 사다리처럼 도식화하여 종업원이 자신의 능력과 적성을 최대한 이용할 수 있는 경로가 무엇인지를 파악할 수 있도록 하여야 자기개발전략을 세울 수 있다.

4. 경력개발의 모형(경력욕구)

경력개발의 모형은 경력개발의 주체인 조직과 개인 중에서 어느 측면에 초점을 두고 경력경로의 개발이 이루어지는가에 따라 개인차원과 집단차원의 경력개발 모형으로 나눌 수 있다.

(1) 개인차원의 경력개발 모형(개인경력이론)

개인차원의 경력개발이란 주어진 경력경로에 따라 개인이 경력목표를 설정하고 목표를 달성하기 위해 경력개발계획을 세우는 것을 말하는 것으로서 홀의 경력단계모형과 샤인의 경력 닻 모형이 대표적인 모형이라 할 수 있겠다.
① 경력단계모형

HALL의 경력단계모형은 경력수명주기 모델이라고 하는데, 개인의 경력욕구는 연령과 개인 특성 등 개인 환경에 따라 상이하게 나타난다고 보고 있다. 즉 개인이 거치는 경력추구의 과정은 탐색(1단계: 정체성 욕구)→정착(2단계: 친교성 욕구)→유지(3단계: 생산성 욕구)→쇠퇴(4단계: 통합성 욕구)의 과정을 거친다고 보았다.

② 경력 닻 모형

샤인(Schein)은 여러 가지 형태의 동기가 발생하는 유형과 개인의 재능 및 가치관을 경력 닻이라고 정의하고 경력 닻은 예측이 가능하므로 개인의 경력을 안정시키거나 제약을 가한다고 하였다. 또한 샤인은 개인에게는 경력을 쌓아 가고자 하는 동기요인이 5가지가 있는데, 이 5가지 동기요인에 따라 경력목표를 설정하는 유형이 다르게 나타난다는 것이다. 따라서 샤인은 개인의 경력개발을 위해서는 각 개인이 어떤 경력 닻을 가졌는가를 발견하고 개인의 적합한 경력을 계획할 필요성을 강조하였다. 그것은 이러한 5가지 동기에 따라 개인의 경력목표 설정 유형이 다르기 때문이다. 개개인은 자신의 능력과 욕구가 다음의 다섯 가지 중에 어느 것에 적합한지를 분석하고 계획하여야 한다.

㉠ 관리적 지향

㉡ 기술적 · 기능적 지향

㉢ 안정성 지향

㉣ 창의성 지향

㉤ 자율성 지향

③ 경력성공순환 모형: 이 모형은 경력계획에 따라 관리해 나갈 때 다음과 같은 과정을 순환하게 된다고 보는 모형으로서, 이러한 과정은 성공적인 경력개발관리라 볼 수 있다. 효율적인 과업성과→직무수행자의 자부심 증대→심리적 성공경험 축적→성공경험 후 더 높은 열망→지속적인 경력성공 선순환

④ 성인인생발달이론: 성인인생발달이론은 심리학에 근거를 두고 다음과 같은 특징을 띠고 있다고 보고 이에 따른 경력개발에 있어서 각 단계

에서의 노력과 특성을 가진다고 보았다.

- ㉠ 생의 전반기(40세 이전): 외적으로 팽창하는 시기로 외적 환경 요구에 확고하고 단호하게 대처하는 시기이다.
- ㉡ 생의 중반기(중년기 위기 시대): 내면으로 생의 의미를 음미하는 시기로 그동안 경력개발 등 노력에 대해 되돌아보는 시기이다.
- ㉢ 노년기: 그동안의 직장생활을 마무리하려는 시기이다.

⑤ 경력선택이론: Halland가 제안한 모형으로 직업선택이론이라고도 한다. 그는 현실적 유형, 탐구적 유형, 예술적 유형, 사회적 유형, 진취적 유형, 관습적 유형으로 6가지 성격 유형으로 분리하였다. 여기서 경력개발에 적용하면 6가지 유형에 따라 개인의 경력계획을 설계하게 될 것이다.

(2) 조직차원의 경력개발모형(조직경력이론)

조직차원의 경력개발모형은 조직이 개인으로 하여금 능력을 발휘할 수 있도록 경력개발계획을 수립하고 그 계획에 따라 경력개발의 목적을 충실히 수행하는 것을 말한다. 즉 경력경로에 맞는 최적의 자격요건을 갖춘 사람을 선발, 배치하고 또한 개인에게 경력발전에 적합한 교육훈련과 개발기회를 제공함으로써 개인의 직무와 경력경로를 연결시키는 활동을 말한다.

대표적인 모형으로 알핀과 제스터의 모형이 있는데, 이 모형에서는 조직의 효과성을 발휘하기 위해서는 개인의 욕구와 조직차원의 욕구를 조화시키는 것이 중요하며 이를 위한 조건으로는 다음과 같다.

① 종업원의 개인 욕구와 조직의 욕구를 명확하게 규정하고
② 개인의 경력 개발을 위한 기술과 경험을 개발시켜야 하고
③ 종업원의 능력과 특성을 고려, 적절한 직무에 배치시켜야 한다.

(3) 생애경력개발단계의 모형

생애경력개발단계 모형은 구성원의 라이프 사이클과 연계시켜 경력개발을 설계하고 추진시키는 경력관리모형을 말한다.

① 레비슨의 모형: 레비슨은 경력개발과 관련하여 성인발달의 단계를 초
   기단계, 종년단계, 노년단계로 구분하였다.
② 샤인의 모형: 사람들은 항상 변화, 발전한다는 것을 전제로 조직 생활
   에서 경력 또한 변화한다고 보았다. 이들 변화 중 일부는 연륜으로 발
   생하기도 하며, 또 어떤 것들은 성장, 지위, 기화와 같은 요인들로부터
   나온다는 것이다.

(4) 개인차원과 조직차원 경력개발의 통합모형

조직의 구성원은 구성원대로 경력경로를 모색하고 조직은 조직대로 유능
한 인재를 육성 개발하고 활용하여 조직의 효과성을 달성하기 위해 경력경
로를 설정한다. 그러나 이 두 가지의 경력경로는 항상 일치하는 것은 아니
므로 양자를 일치시키기 위한 노력이 필요하다. 따라서 두 가지를 통합한
경력개발의 모형이 대두되었다. 경력개발의 통합모형으로서 대표적인 것으
로는 경력협상모형이 있는데, 경력경로의 효율적인 결정을 위해서는 조직
최고 경영자와 종업원 개인의 협상과 동의가 중요하다고 한다.

5. 경력개발의 과정

(1) 상담 및 욕구 파악(계획 전 단계)

상담 및 지도의 주체는 본인이 우선이며, 그 다음은 상사, 경력정보센터
등이다. 처음부터 당사자가 부담을 느끼면 안 되므로 직속상관보다는 멘터
및 분야별 전문가를 통하여 개인의 진로문제를 상담하게 하는 것이 좋다.
효율적인 승진관리를 위해서는 조직목표와 종업원의 개인 발전의 목표가 서
로 조화되고 상호 작용될 수 있어야 한다. 그러므로 이 양자의 이해관계를
고려한 승진제도를 구축하여야 한다.

(2) 경로(career path)의 설정(계획단계)

경로설정은 경영활동을 직능별, 계층별로 생산, 영업, 재무, 인사 등으로 세분하여 각각 그에 따른 직능 및 직업별로 승진 단계와 더불어 설정된다. 경력경로의 설계는 조직 내부뿐만 아니라 조직 외부와도 관련되어 이루어져야 한다. 즉 업무시간 외의 개인 발전활동을 통하여 직무 이외의 자유 경력 경로를 설정함으로써 종업원의 자기 개발과 그에 따른 목표와 희망을 설정할 수 있도록 함으로써 생산성 향상도 기할 수 있다.

① 전통적 경력경로: 가장 일반적인 경력경로로서 수행직무들을 수직적으로 배열해 놓은 것이다.

   ㉠ 장점: 한 분야의 경로를 이동하기 때문에 전문성을 높일 수 있으며, 경력경로가 명확하다.

   ㉡ 단점: 조직충성도 미흡, 경력경로의 유연성 상실, 종업원 경력욕구 충족에 한계가 있다.

② 네트워크 경력경로: 동일직급의 여러 직무를 수행할 수 있는 순환보직 시스템으로 직무들의 수평적, 수직적 배열에 따라 이동하는 경로이다. 따라서 계속되는 순환보직으로 전문성에 한계가 있다.

③ 이중 경력경로: 기술직 및 관리직의 이분법적 경력경로 시스템으로 기술직 종업원들의 전문성을 극대화할 수 있다.

(3) 경력개발 실천과 능력개발제도

① 직무 경험: 수평적 직무의 경력개발은 관련 부서의 업무를 담당하도록 하여 다양한 직무경험을 쌓도록 하는 것이다. 수직적 직무경력 개발은 특정 직무에만 종사하게 하여 전문성을 확보하고 전략적인 업무를 경험하도록 하는 것이다.

② 교육훈련: 경력개발제도의 확립에는 각 승진 단계별로 자격요건과 개인의 구비자격을 일치시키는 교육훈련의 뒷받침이 반드시 뒤따라야 한다. 또한 잠재능력을 가진 종업원 중에서 후보를 선발하여 주요 직

위(key position)의 대리역할을 담당하도록 하고 교육훈련도 시킨다.

③ 분석: 교육훈련 및 개발의 과정이 끝나면 직무의 자격요건과 개인이 가지고 있는 능력을 비교 분석한다.

④ 승진, 배치전환: 분석과정이 이루어지면 경력경로에 따라 승진이나 배치전환을 실시한다.

(4) 경력개발통제와 평가 피드백

마지막 단계에서는 수행 후 나타나는 결과에 따라 승진경로의 조정, 상담, 지도 및 교육훈련 방법의 개선, 승진, 배치전환의 개선 등을 위하여 양적 및 질적 정보를 수집, 분석, 검토하여야 한다.

6. 경력개발의 기법

(1) 개별적 경력개발 방법

① 최고경영자를 위한 최고경영자과정(AMP) 운영
② 관리층의 경력개발을 위한 경영자개발위원회 운영
③ 경력초년병들을 위한 계획적 경력경로화
④ 조기퇴직 및 명예퇴직자를 위한 퇴직상담 제도

(2) 조직단위 경력개발 방법

① 직무평가를 통한 직무중심의 경력개발제도 운영
② 훈련된 평가자에 의해 종업원의 잠재능력의 조기 발굴 및 육성을 위한 평가센터 운영
③ 직무수행자격에 따른 등급 설정과 자격심사를 통해 승진시키는 직능자격제도 운영

④ 목표관리제(MBO), 인사상담제도 등의 활성화

7. 경력개발의 다양한 제도

(1) 자기신고제도

자기신고제는 현대적 고과방법의 하나로서, 피고과자가 자기능력과 희망을 기술하게 하여 그것을 바탕으로 고과하고 그 결과를 인적자원관리의 자료로 활용하는 방법이다. 즉 개인의 직무내용, 적성 여부, 전직희망 등을 기술하여 정기적으로 신고하게 하는 제도로 종래의 고과는 하향식 관리체계하에서 상사에 의한 획일적 관리였으나, 자기신고제는 구성원 자신이 참여함으로써 커뮤니케이션을 향상시키고, 자기개발 및 자발적 협력을 촉진한다.

(2) 직능자격제도

① 의의
  ㉠ 종업원의 능력이 기업의 내부에서 근속을 통해 향상된다는 것을 전제로 하며, 직무수행 능력의 발휘도 등을 단계적으로 평가하여 등급화한 자격제도이다. 즉 능력이 향상되면 자격등급이 향상되고 그에 따른 직위나 직무의 승진과 연결되게 하는 제도이다. 능력에 따른 등급화이므로 능력이 변하지 않는 한 실제 직급이 하향 조정되는 일은 없다.
  ㉡ 직능자격제도는 일정한 직능자격등급을 기준으로 한 인사처우시스템이며, 직능자격등급은 종업원의 직무수행능력의 발전단계에 따르는 등급이라 할 수 있다.
② 직능자격제도의 성격
  ㉠ 능력이 향상되면 자격등급이 상승하고 그 뒤에 본인의 적성을 고려하여 직위나 직무의 승진이 이루어지도록 하는 제도로서 자격선

행형의 특징을 갖는다.

ⓛ 능력이 향상되면 어떤 종업원이든지 직위나 직무에 상관없이 자격 승격하기 때문에 정원제의 영향을 받지 않는다.

ⓒ 능력의 발전단계가 대략 9 내지 10 정도의 등급으로 구분되고 동일 자격등급이라 하더라도 능력 폭이 있고 자격등급 간에 중복될 수 있다.

ⓔ 인사제도상 발생하는 승진적체 등의 한계를 극복할 수 있으며, 환경변화에 적응력이 높은 동태적 기능을 가지고 있다.

③ 직능자격제도의 기능

종업원의 능력개발에 동기를 부여할 수 있으며, 능력주의 인사처우시스템에 명확한 기준을 제공한다. 또 능력에 맞는 처우로 공정성, 신뢰성을 확보하여 조직의 조화 등을 기대할 수 있다. 중도 채용자의 경우에는 능력에 맞는 등급을 부여하게 되어 중도 채용자 개인 또는 재직자와의 관계에서도 공정한 처우를 가능하게 한다.

④ 직능자격제도의 운용

㉠ 승진: 승진과 승격을 분리 운영함으로써 심리적 적체해소와 종업원의 신분 상승욕구와 처우욕구를 충족시킨다.

㉡ 보상: 능력향상의 결과를 급여에도 반영시키는 것으로서 보상에 따른 욕구충족이 가능하며, 직능급이 중심을 이룬다.

㉢ 능력개발: 직무수행능력의 발전이 신분과 보상의 결정에 큰 영향을 미치므로 종업원은 자기개발에 노력하게 된다.

(3) 순환보직제도

경력개발제도의 수단인 순환보직제도를 적용하지만 순환보직제로 인한 전문성의 부족 문제 등을 최대한 고려하여 전문성을 살리는 범위 안에서 적정보직기간과 경력경로에 의한 순차적이고 체계적인 직무이동을 실시하는 제도이다. 일반적으로 적정 보직기간은 최소 1 - 2년을 잡고 있다.

(4) 종합평가센터(assessment center)제도

종합평가제도 또는 평가센터제도라고 하는데, 평가센터제도란 기업 내의 인적자원에 대한 평가를 함에 있어서, 단기적, 일회적인 평가를 지양하고, 계속적으로 평가의 내용들이 축적되고, 피드백될 수 있도록 하기 위한 것이다.

(5) 기능목록제도

구성원의 직무수행능력을 평가하는 데 필요한 정보를 담은 기초자료를 목록으로 유지시키는 것이다.

(6) 경력상담과 경력계획 워크숍

구성원이 경력통로 목표를 세우고 능력발전 방안을 모색할 수 있도록 2~3일간의 워크숍을 실시하는 제도이다.

(7) 전문보직경로 제도

전문화된 일반관리자를 양성하기 위한 인사관리 체계로서 인력을 적재적소에 배치하는 제도를 말한다.

8. 효율적인 경력개발의 실시방안

(1) 전문성제고를 위한 경력관리

개인의 목표달성과 기업의 경쟁력 제고라는 양자의 목표를 동시에 충족시키기 위해서는 경력개발관리가 전문성 제고 방향으로 운영되어야 한다. 이를 위해서는 과거의 연공(서열) 중심주의 등의 인사 관행을 타파하고 기업내에 성과주의 시스템의 정착, 성과에 따른 보상체계의 확립이 필요하다.

(2) 내부노동시장의 활성화 도모

내부노동시장을 활성화하여 종업원에게 비전과 안정감을 제시할 수 있다. 내부노동시장이란 조직 내에서의 인력활용을 의미하는데, 종업원에게 장래비전과 직업안정을 보장해 주려면 구성원의 경력욕구를 고려하여 계획적인 배치전환과 능력개발의 기회를 제공하여야 할 것이다. 공석 발생하는 경우에도 공석에 대한 정보를 공개적으로 제공하고 자유로운 경쟁체제하에서 적격자를 선발하는 사내공모제도가 유효하게 이용될 수 있을 것이다.

(3) 경력관리지원 및 제반 제도의 활용과 조건

① 합리적인 직무분석에 따른 직무평가, 인사고과제도의 확립
② 조직욕구와 종업원욕구의 명확화와 조화
③ 교육훈련 및 개발프로그램의 활성화
④ 경력개발에 따른 공정한 보상체계 확립
⑤ 점진적이고 계획적인 도입절차 적용

제3절 이동 및 승진관리

1. 이동관리

(1) 이동관리의 개념

현재 담당 직무와는 성격상 다른 직무로 이동하는 것으로 인사이동을 말하며, 직무특성이 다른 직무 또는 직위로의 변경을 시키는 것이다.

(2) 이동의 종류

① 수직적 인사이동: 상하 수직적 변동을 말하며, 이에는 승진과 강등이
   있다.
② 수평적 인사이동: 전환배치라고 하는데, 직무순환은 바로 전환배치의
   일종이다. 즉 직무순환은 반복적인 직무로 인한 권태감을 해소하고 능
   률성을 증진시키기 위한 방법이다. 직무순환의 유형으로는
   ㉠ 발생단위의 범위에 따른 형태: 직무 간 또는 부서 간 순환, 사업순
      환 등
   ㉡ 시기에 따른 형태: 정기 및 수시 순환
   ㉢ 목적에 따른 형태: 능력배양, 적소배치, 분위기 침체 및 부정방지
      등을 목적

2. 승진관리

(1) 승진관리의 개념

승진이란 상급 직위로의 수직적 이동을 말하며, 지위의 상승과 함께 보수,
권한, 책임의 상승이 수반된다.

(2) 승진관리의 합리적 기준과 비합리적 기준

① 합리적 기준
   ㉠ 가치적 기준: 선발 대상자의 가치적 행동을 선발기준으로 한다. 자
      신이 속해 있는 조직에 대한 대상자의 가치관과 조직의 이념과의
      일치성, 세계관, 사회관을 기준으로 선발하는 것이다.
   ㉡ 목적적 기준: 대상자의 목적적 행동을 선발기준으로 삼는 개념으로
      직무상의 성과에 따른 직무수행능력을 기준으로 삼는다.

② 비합리적 기준
  ㉠ 전통적 기준: 전통적인 인습적 요소에 따라 선발하는 경우로 선발
    대상자의 근무연수, 학력, 가족관계, 출생지 등 연공을 선발의 기
    준으로 삼는다.
  ㉡ 감정적 기준: 선발자의 감정적인 느낌을 선발의 기준으로 삼는 경
    우로 선발 대상자의 특성을 보는 것으로 호감적이냐 또는 반감적
    이냐를 선발의 기준으로 삼는다.

(3) 승진의 구체적 기준(방침)

승진의 기준은 일반적으로 경력과 근무성적평정, 교육성적, 개인 업무행
태, 특성 등 다양한 요소들로 이루어져 있으며, 이 밖에 많은 주관적인 요소
들이 작용하고 있다.
① 경력(career)
  ㉠ 개념: 근무연수, 학력, 교육훈련 실적, 상벌, 직무의 경첩 등 객관적
    인 내용을 말하며, 이를 승진심사 자료로 활용한다.
  ㉡ 장·단점: 객관성 확보, 조직의 안정성에 기여하는 장점이 있지만
    업무 질의 저하와 인사권한의 제한이 발생될 수 있다.
  ㉢ 경력평정의 4원칙(승진을 위한 평정의 관점 및 기준)
    ㉮ 근시성의 원칙: 오래된 과거보다는 최근의 경력을 중심으로 평
      가하는 것이다.
    ㉯ 습숙성의 원칙: 업무의 숙련도가 높은 상위 직급의 경력을 위주
      로 평가해야 한다는 것이다.
    ㉰ 친근성의 원칙: 승진 당시 직책의 업무와 관련된 과거의 경력에
      좀 더 중심을 둔 평가의 원칙을 말한다.
    ㉱ 발전성의 원칙: 개인의 학력, 교육훈련 여부 등을 고려하여 장래
      발전 가능성을 평가하여 승진을 고려한다는 것이다.

② 실적

    ㉠ 개념: 승진시험성적, 인사고과, 승진심사위원회의 결정, 인사권자의 주관적 판단 등으로 결정된다.

    ㉡ 장·단점: 승진시험성적은 객관성의 장점과 개인의 업무행태 및 특성이 반영되지 않거나, 승진심사위원회의 결정과 인사권자의 판단 등은 주관적이므로 정실이 작용할 소지가 높은 단점과 개인의 능력과 특성을 구분해 주는 장점이 있다.

(4) 승진의 유형

① 직계승진: 가장 일반적인 형태의 승진으로 직책승진 또는 역진승진이라고도 한다. 관리체계로서의 직위인 라인상의 계열승진을 말한다. 여기서 직책 또는 역진이란 조직구조의 편성과 조직운영의 원리에 의해 설치된 것으로 조직단위별로 소속 구성원을 효율적으로 지휘, 통제하기 위해 설정된 하나의 관료제적 속성의 제도를 말한다.

② 자격승진: 승격이라고도 부르는데, 종업원이 갖추고 있는 자격, 직무수행능력에 따라 상위 직급으로 승진시키는 것을 말하며, 상위 직급의 공석과는 무관하게 일정 자격을 취득하며 승진시키는 제도이므로 직위상의 승진적체 등의 해소에 기여한다. 그러나 문제점으로는 과잉능력 발생, 인건비 증가, 실제 수행업무와 인건비 간의 불일치가 발생하기도 한다.

③ 대용승진: 직무중심의 경영체제에서 인사적체와 종업원의 사기저하를 방지하기 위해 직무내용상 실질적 변화 없이 직위명칭 또는 자격호칭 등을 상승시키는 형식적 승진, 준승진에 해당한다. 예를 들어 대리를 '과장 대우' 등으로 명칭과 호칭만을 사용할 수 있다.

④ 조직변화 승진제도(OC 승진제도): 경영조직을 변화시켜 승진기회를 마련하는 것을 말하는데, 직무주의와 인간주의를 절충시킨 방식이다. 승진대상에 비해 직위가 부족한 경우 조직변화를 통해 승진기회를 확대시키는 방법으로 승진적체 등으로 인한 종업원의 사기저하 및 이직의

방지를 도모할 수 있다.

⑤ 발탁승진: 종업원의 학력, 근속연수, 연령 등의 연공서열요소를 고려하지 않고 일정 기간의 직무수행능력 및 성과 평가를 통해 특별히 유능하다고 판단되는 사람을 발탁하는 방식의 승진제도이다.

⑥ 전문직 승진: 이 승진제도는 전문직의 육성 및 관리, 전문직 처우개선 및 동기부여, 관리직 부족현상에의 대응, 관리직과 전문직의 승진기회의 균형 유지를 통한 조직의 활성화 도모를 목적으로 한다. 역진승진제도와는 별도로 구분하여 참모부문에 종사하는 전문직 사원 및 관리직에 대하여 상위 직급으로 승진시키는 제도이다. 전문직 승진의 유형에는 전문직 육성 개발형, 전문직 처우 개선형, 관리직 대체형 등이 있다.

(5) 승진의 일반원칙

① 승진심사 시에 경력과 실적의 양자를 모두 고려하는 제도를 운영하고 있으나, 실석을 우선으로 고려하는 것이 소식의 결속력 증신에 노움이 된다.

② 하위직일수록 경력을 우선으로 하고 고위직은 실적을 중요시하고 있다.

③ 현실적인 문제는 인간집단이므로 정실의 개입이 많이 작용하고 있으므로 조직의 결속력과 사기증진을 위해 경력과 실적의 적절한 조화로 양자의 단점을 보완하기 위한 제도적 노력을 끊임없이 추구하고 있는 실정이다(다면평가제도의 강화).

기 준	연공주의(경력, career)	능력주의(실적, merit)
합리성 여부	비합리적 기준	합리적 기준
사회행동의 가치기준	전통적 및 정의적 기준	가치적 및 목적적 기준
승진기준	사람중심(신분중심)	직무중심(직무능력중심)
승진요소	근무연수, 경력, 학력, 연령	직무수행능력, 업적 또는 성과
승진제도	연공승진제도	직계승진제도
장단점	· 집단중심의 연공질서의 형성으로 조직의 안정성 확보 · 적용이 용이 · 승진관리의 안정성 · 객관적 기준에 의한 판단	· 개인중심의 경쟁질서의 형성 · 연공주의보다 적용이 어려움 · 승진관리의 불안정 · 능력평가의 객관성 확보가 어려움(정실 작용)

제4절 교육훈련관리

1. 교육훈련의 의의

(1) 교육훈련관리의 개념 및 필요성

기업이 시장 및 경제환경 변화 등에 적응하고 경영성과를 향상시키자면 조직 내 인력의 육성, 개발이 필요하다. 즉 조직의 발전과 개인의 잠재력 발전이라는 두 가지 목표달성을 위해 직무수행상 필요한 지식과 기술을 습득시키고, 더 나아가서는 기업이념과 일치하고 조직이 요구하는 가치관 및 태도, 자세 등의 변화를 추구하는 활동을 의미하며, 인사고과 및 승진제도 등과 함께 재직자 능력발전의 수단으로 관리된다.

(2) 교육훈련의 필요성

① 직무에 필요한 지식과 기술 및 태도 등의 변화와 발전을 통해 개인 및 조직의 발전을 도모한다.
② 전문교육기관의 위탁교육 등의 제도는 개인능력발전 도모와 사기증진 및 근무의욕을 증진시키고 조직에 대한 구성원의 충성심과 자부심의 동기부여를 가져와 조직의 안정성을 가져온다.
③ 교육훈련은 인적자원의 개발과 활용이므로 조직의 생산성과 능률성 향상에 이바지한다.
④ 교육훈련은 조직의 목표를 달성하기 위한 구성원의 단결 및 일체감 조성과 단위부서와의 업무협조를 기할 수 있다.
⑤ 잘 교육된 인력은 인력의 신축성과 원활한 인사관리에 도움을 주며 개인 경력발전과 직결된다.

(3) 교육훈련의 필요성 분석

① 조직수준에서의 필요성: 잠재된 성과를 향상시킬 분야를 결정하는 것이다. 즉 조직적 차원에서 어느 분야를 훈련 및 개발함으로써 잠재된 성과를 향상시킬 수 있을 것인가를 결정하는 과정이다.
② 직무수준 이해의 필요성: 종업원이 보유하고 있는 직무기능을 전제로 하여 훈련 및 개발이 계획·실시되어야 한다.
③ 개인수준의 필요성: 개인차를 고려해야 하는데, 개인 단위로 훈련 및 개발의 결과를 분석·평가함으로써 파악할 수 있다.

2. 교육훈련 수요조사

(1) 개념

조직이 원하는 기준에 미달된 종업원의 능력을 파악하여 필요한 교육훈련의 내용과 수요를 결정하기 위한 판단과정의 활동이다.

(2) 수요조사의 효용성

수요조사는 교육훈련의 내용을 결정하고 피교육자의 선발기준과 교육훈련 방법을 결정해 주는 역할을 한다.

(3) 수요분석차원의 구분

① 조직차원: 기업의 기본 목표 및 사업계획과 시장 및 경제 환경 요인에 대한 분석을 기초로 교육훈련 수요를 결정하는 분석수준이다.
② 직무차원: 직무내용과 이에 대한 지식과 기술 및 태도 등을 분석하는 것이다.
③ 개인차원: 조직, 직무, 업무실적, 직무수행능력, 태도 등 다양한 요소를

개인적 차원의 최저 수준에서 교육훈련의 수요를 분석하려 한다(개인 직무분석과 고과에 기초).

(4) 수요조사의 단계

① 교육훈련 조사의 목표설정, ② 대상 자료의 결정, ③ 자료수집 방법의 결정과 수집활동, ④ 자료분석, ⑤ 분석에 기초한 교육훈련의 우선순위 결정, ⑥ 교육훈련 실시를 위한 보고서 작성

3. 교육훈련 프로그램 설계

(1) 대상에 의한 분류

① 신입자 교육훈련: 회사 전반에 관한 오리엔테이션, 기초 및 실무훈련으로 기초적인 소양교육과 담당할 직무에 대한 성격, 지식, 내용, 태도 등으로서 전반적이고 일반적인 교육과 안내의 성격을 가지고 있다.

② 재직자 교육훈련(보수훈련): 일선종업원 및 감독자 등에 대한 관리자에 대한 훈련으로 재직자에게 변화된 새로운 지식·기술 등을 습득시키고 직무환경의 변화를 주어 재직자의 근무태도와 의욕 등을 재충전시키기 위해 정기적으로 또는 수시로 실시되는 훈련을 말한다.

③ 감독자 훈련(TWI, 생산부문 제1선 감독자 훈련): 제2차 세계대전 중 미국에서 노동력 부족의 보완책 내지는 생산성 향상을 목적으로 전시 노동력위원회 훈련국이 개발한 기업 내 훈련방법(산업 내 훈련)이다. 교육훈련 내용은 ⓐ 부하에게 작업을 가르치는 방법(job instruction), ⓑ 작업의 개선방법(job method), ⓒ 작업에서의 대인관계(job relation) 등 3과정으로 되며, 실연이나 실례를 중심으로 일정한 순서를 반복 실시함으로써 훈련을 심화하는 데 역점을 둔다.

④ 재적응훈련: 신규가 아닌 승진, 복직, 보직변경 등과 같은 경력자의 신

상변동으로 발생한 내부채용의 경우에 실시하는 훈련이다.

(2) 장소에 의한 분류

① 현장교육(OJT)

    ㉠ 개념: 일명 직장훈련, 현장훈련을 말하며, OJT(on the job training)로 불리고 있다. 실제 직장에서 업무를 수행하면서 상급자로부터 직접 업무와 경험을 지도받는 방식이다. 현실적인 훈련방법으로 널리 활용되고 있다.

    ㉡ 장점 및 특징: 연수원 운영으로 인한 재정낭비를 방지(조세저항 극복)할 수 있으며, 주입식 교육의 한계를 극복할 수 있다. 또한 공석 발생이 방지되므로 임무수행에 차질이 발생하지 않으며, 교육과 실무가 동시에 이루어지므로 노하우를 습득할 수 있다. 모든 것이 현실적이고, 훈련과 생산이 직결되어 경제적이며, 별도의 훈련장소로 이동할 필요가 없다.

    ㉢ 단점: 교육자나 환경이 반드시 훈련에 적합할 수 없고 작업수행에 지장을 주며 원재료의 낭비를 가져온다. 또한 교육자의 능력에 따라 교육효과가 좌우되며, 전문성과 이론에 입각하기보다는 때론 요령 등의 편법을 익힐 수 있다.

② 직장 외 훈련(OFF JT)

    ㉠ 개념: 직장에서의 실무 또는 작업을 떠나서 전문적으로 실시하는 훈련으로서 보통 단체적으로 행하는 집합교육에 해당한다. 별도의 전문교육기관이나 사내 교육장, 연수원을 통해 이루어진다.

    ㉡ 장점: 종업원들에게 전체적으로 한꺼번에 통일적인 훈련을 할 수 있고, 참가자가 직무부담에서 벗어나 새로운 학습에 전념할 수 있다. 따라서 교육훈련 효과가 높은 편이다.

    ㉢ 단점: 작업시간의 감소와 훈련시설의 설치 및 운영비가 소요되어 경제적 부담이 발생하며, 규모가 작은 기업일수록 적용하기 어려운

훈련방법이다.

(3) 내용에 의한 교육: 기능교육, 노동교육, 교양교육 등

(4) 기타 교육유형

① 강의(lecture): 한 사람의 교육자가 다수의 피교육자를 대상으로 일방적
으로 정보와 지식을 전달하는 방식으로서 일시에 많은 교육을 실시할
수 있는 장점이 있으나 교육효과에 있어서는 강사와 강의법에 따라
다르게 나타날 수 있다.

② 회의(conference): 최고책임자를 중심으로 관련자들이 모여 어떤 문제나
사안에 대한 해결책이나 대안을 찾는 방식이다. 조직 및 회의성격과 주재
하는 사람에 따라 진행방식이 다르나 대부분 집권화 방식이 나타나기 쉽
다.

③ 토론: 여러 사람이 한자리에 모여서 한 사람의 사회자를 중심으로 정
해진 의제를 참석자들이 토론에 참가하도록 하고 최종 결론을 사회자
가 내리는 방식을 말한다. 장점은 아이디어와 정보교환에 유용하며 지
도력과 협조정신을 키울 수 있고 실무에 널리 사용된다.

　㉠ 패널(panel)과 심포지엄(symposium): 토론의 참가자들이 정해진 주
제에 대하여 토론하는 방식으로서 패널은 하나의 주제에 대해 토
론하는 방식이며, 심포지엄은 각각 다른 주제에 대해 발표하고 공
동으로 토론하는 방식이다. 장점으로는 많은 수를 대상으로 할 수
있으며, 다방면의 지식과 견해를 종합할 수 있고 주요 쟁점파악이
용이하다.

　㉡ 포럼(forum): 주제 발표자가 먼저 주제를 발표하고 토론을 한 후
다수의 참여자의 질의응답 및 토론의 기회가 주어지는 방식이다.

　㉢ 분임토의(syndicate): 영국의 행정간부대학에서 개발·활용된 분임
연구 또는 신디게이트라 한다. 보통 전체 집단을 몇 개의 소집단으

로 구분하여 각각 토론한 후 그 내용들을 발표하고 최종 발표내용
물로 종합함으로써 서로 정보를 공유하는 집단적 연구와 교육훈련
을 목적으로 하는 방식이다.

④ 모의훈련: 모의연습(훈련), 시뮬레이션(simulation)이라고도 하며, 업무수
행과 관련한 가상 상황을 설정해 놓고 사전에 현실과 같은 상황에서와
같이 경험해 봄으로써 실제상의 대처능력 향상에 큰 역할을 한다.

⑤ 역할 연기(role playing): 연기자들이 다수의 피교육자 앞에서 실제처럼
연기를 하고 사회자들이 각각 자기의 상황과 비교하고 공감대를 형성하
면서 교육의 효과를 기대한다. 또한 실제 상황처럼 보여 주므로 문제에
대한 이해가 빠르고 대인관계에 대한 통찰력과 기술을 습득시켜 준다.
그러나 인위적인 연출로 어색한 분위기가 조성되어 효과를 떨어뜨리는
단점도 있다. 공공서비스의 공급자인 공무원이 수혜자인 시민의 입장을
가장 잘 이해할 수 있도록 하기 위한 효과적인 방법 중의 하나이다.

⑥ 감수성 훈련(sensitivity): 조직발전(OD)기법에 활용되는 훈련의 일종으
로서 직장을 떠나 주로 연수원에서 이루어지며, 실험실훈련, T-
Group훈련이라고도 한다. 전체를 10명 내지 15명 정도의 그룹으로 나
누어 그룹 내 또는 전체에서 서로 자유롭게 접촉하면서 개인의 감수
성을 바탕으로 상대방을 이해하고 조직을 다시 한 번 생각하는 기회
를 갖게 되며, 궁극적으로는 인간행태를 변화시키는 훈련방식이다. 주
제나 절차가 정해져 있지 않은 점이 특징이며, 훈련의 주된 목적은 집
단의식 고취와 대인관계의 향상을 도모하고, 기본적인 인식은 인간은
개인주의적 성향을 가졌다는 데서 출발한다.

⑦ 기타 전보 또는 순환보직을 통한 교육훈련과 실무수습, 시청각교육,
프로그램 학습방법, 극기훈련, 임시대행방법, 견학 및 시찰 등이 있다.

4. 교육훈련의 평가

(1) 평가의 의의

교육훈련 평가는 선발이동배치 그리고 여러 가지 교육활동의 수정에 관련되는 효과적인 의사결정을 수행하기 위해서 필요한 기술적이고 판단적인 정보를 체계적으로 수집하는 것을 말한다.

(2) 평가방법(요더의 훈련평가 기준)

① 사전사후법(훈련 전후의 비교): 피훈련자가 훈련받기 전과 후의 행동변화 또는 성과의 변화를 측정을 통해 교육훈련 효과 등을 평가한다.
② 통제집단법(통제그룹): 피훈련자들과 훈련받지 않은 자를 비교해 그룹으로 비교·평가하는 방법이다.

(3) 평가단계

㉠ 1단계: 반응을 측정하는 단계로 질문 또는 설문조사 등을 통해 이루어진다.
㉡ 2단계: 학습의 효과를 측정하는 것으로 시험 등을 수단으로 한다.
㉢ 3단계: 작업상의 행동변화에 대한 측정으로 인사고과에 의해 이루어진다.
㉣ 4단계: 교육훈련이 어떤 결과로 직접적으로 나타났는가를 측정하는 것으로 이에 대한 방법으로 경영종합평가법이 있다. 평가결과에 따라 시간, 공간을 극복하여 자발적으로 선택, 책임지고 참여하는 자기개발교육(SD), 라인과 스태프의 지원을 받아 자학자습하는 교육훈련을 하는 통신교육방식, 직업전환알선프로그램(OPC) 등을 통해 개선해 나간다.

5. 훈련에 대한 저항과 극복

(1) 외부 저항

교육훈련예산의 별도 편성으로 예산의 증액이 필요하므로 입법부의 저항이 발생한다.

(2) 내부 저항

① 교육훈련은 불편하거나 업무의 지속성을 저해하는 것으로 인식하여 본인이나 소속 부서장의 저항을 초래하고 있다.
② 개인의 훈련성과에 대한 계량화의 곤란으로 교육훈련에 대한 지속적인 시행이 어렵다.

(3) 극복방안

① 교육훈련 실시에 대한 제도적인 장치와 강력한 상부의 감독이 필요하다.
② 교육훈련 성과의 계량화 방안 모색과 훈련의 성적을 승진, 전보 등 인사관리에 적극적으로 반영한다.
③ 합리적인 사전 훈련계획수립과 철저한 운영에 대한 제도적 장치가 절실하다.
④ 교육훈련 이수자의 의견을 적극 반영하여 지속적인 제도적 보완을 강화한다.

1. (   )는 조직에서 개인의 목표와 조직의 목표가 조화되도록 하는 인적자원관리 제도이다.

① 경력관리   ② 인간관리
③ 훈련관리   ④ 집단관리

답) ①

해설) 경력관리는 조직효율성 증대와 개인의 성취동기유발을 목적으로 한다.

2. (   )는 조직 내의 인력의 이동·승진 및 능력개발을 체계적으로 관리하기 위한 인적자원관리 제도이다.

① CDP제도   ② 교육훈련제도
③ 복지후생제도   ④ 경영참가제도

답) ①

해설) CDP는 경력관리제도를 말하는 것으로 인간존중, Y이론적 인간관, 행동과학, 장기적 시야의 정책, 자율적 인간관 등의 이념을 가지고 있으며, 경력목표, 경력계획, 경력개발의 3요소를 기본체계로 하고 있다.

3. 다음 (   ) 속에 적합한 말을 순서대로 표시한 것은?

> 전통적인 인적자원관리가 (   )를(을) 기본 대상으로 보는 데 반하여, 현대적 인적자원관리는 직무의 연결된 집합인 (   )을(를) 기본 대상으로 본다.

① 사람 – 직무   ② 직무 – 경력
③ 과업 – 직무   ④ 직군 – 직무

답) ②

해설) 현대적 인적자원관리는 경력개발을 통하여 실천이 가능한데, 전통적 인적자원관리와 비교해 볼 때 다음과 같은 특성을 갖는다.
① 전통적인 인적자원관리가 직무를 기본 대상으로 보는 데 반하여, 현대적 인적자원관리는 직무의 연결된 집합인 경력을 기본 대상으로 본다.

② 전통적 인적자원관리가 조직의 욕구만을 중시하는 일방적 관리였다면 현대적 인적자원관리는 개인의 욕구도 중시하여 조직과 개인의 욕구의 조화를 도모한다.
③ 전통적 인적자원관리의 인간관이 소극적/타율적 인간관이었다면 현대적 인적자원관리는 적극적/자율적 인간관을 갖는다.
④ 전통적인 인적자원관리가 단기적인 사야에서 인력의 활용에 주력한 데 비하여, 현대적 인적자원관리는 장기적 시야에서 인력의 육성에 의한 기능과 기술의 축적에 관심을 갖는다.

4. 다음 (   ) 속에 적합한 말을 순서대로 표시한 것은?

전통적 인적자원관리의 인간관이 (   ) 인간관이었다면, 현대적 인적자원관리는 (   ) 인간관을 갖는다.

① 자율적 – 능동적 　　　② 자율적 – 긍정적
③ 타율적 – 자율적 　　　④ 타율적 – 배타적

답) ③
해설) 현대적 인적자원관리는 경력개발을 통하여 실천이 가능한데, 전통적 인적자원관리와 비교해 볼 때 다음과 같은 특성을 갖는다.
① 전통적인 인적자원관리가 직무를 기본 대상으로 보는 데 반하여, 현대적 인적자원관리는 직무의 연결된 집합인 경력을 기본 대상으로 본다.
② 전통적 인적자원관리가 조직의 욕구만을 중시하는 일방적 관리였다면 현대적 인적자원관리는 개인의 욕구도 중시하여 조직과 개인의 욕구의 조화를 도모한다.
③ 전통적 인적자원관리의 인간관이 소극적/타율적 인간관이었다면 현대적 인적자원관리는 적극적/자율적 인간관을 갖는다.
④ 전통적인 인적자원관리가 단기적인 사야에서 인력의 활용에 주력한 데 비하여, 현대적 인적자원관리는 장기적 시야에서 인력의 육성에 의한 기능과 기술의 축적에 관심을 갖는다.

5. 전통적인 인적자원관리가 단기적인 시야에서 인력의 활용에 주력한 데 비하여, 현대적 인적자원관리는 장기적 시야에서 인력의 (   )에 의한 기능과 기술의 축적에 관심을 갖는다.
① 확보 　　　② 육성
③ 보상 　　　④ 유지

답) ②

해설) 현대적 인적자원관리는 경력개발을 중심으로 이루어지며, 전통적 인적자원
관리와 비교해 볼 때 다음과 같은 특성을 갖는다.
① 전통적인 인적자원관리가 직무를 중심으로 관리가 이루어지는 데 반하여, 현
대적 인적자원관리는 직무의 연결된 집합인 경력을 기본 대상으로 본다.
② 전통적 인적자원관리가 조직의 욕구만을 중시하는 일방적 관리였다면 현대적
인적자원관리는 개인의 욕구도 중시하여 조직과 개인의 욕구의 조화를 도모한다.
③ 전통적 인적자원관리의 인간관이 소극적이고 타율적 인간관이었다면 현대적
인적자원관리는 적극적/자율적 인간관을 갖는다.
④ 전통적인 인적자원관리가 단기적인 시야에서 인력의 활용에 주력한 데 비하
여, 현대적 인적자원관리는 장기적 시야에서 인력의 육성에 의한 기능과 기술의
축적에 관심을 갖는다.

6. 현대적 인적자원관리는 경력개발을 통하여 실천이 가능하다. 현대적 인적자원
관리는 직무의 연결된 집합인 (   )을(를) 기본 대상으로 본다.
① 직위   ② 직군
③ 직종   ④ 경력

답) ④

7. (   )는(은) 평가를 중심으로 이동, 승진, 교육이 연계된 종합적 인적자원관
리시스템이다.
① 경력관리   ② 대체도
③ 기능목록   ④ 직무순환

답) ①

해설) 경력관리의 전제조건으로는 첫째, 인간존중의 인적자원관리 이념을 확립하
여야 하며, 둘째, 이동·승진·교육훈련·직무순환 같은 제도를 유기적으로 연계
시켜 어떻게 경력관리시스템을 설계해야 할 것인가에 노력을 경주하여야 한다.

8. (   )을(를) 효율적으로 운용하기 위해서는 이동·승진·교육훈련·직무순환
같은 제도를 유기적으로 연계시키는 것이 무엇보다 중요하다.
① MBO   ② CDP
③ QWL   ④ TQM

답) ②

해설) 경력관리의 전제조건
① CDP를 효율적으로 운용하기 위해서는 이동·승진·교육훈련·직무순환 같은 제도를 유기적으로 연계시키는 것이 무엇보다 중요하다.
② CDP를 효율적으로 운용하기 위해서는 인간존중의 인사이념을 확립하는 것이 무엇보다 중요하다.

9. 경력관리의 배겨 이념과 거리가 먼 것은?
① 인간존중　　　　　　　　　　　② 자아실현
③ 개발지향　　　　　　　　　　　④ 통제지향

답) ④

해설) 경력관리(CDP)의 목적은 인재의 효율적인 확보와 배분을 통한 조직효율성의 증대와 종업원의 자아발전의 욕구충족에 있다. 따라서 인간존중, 자아실현추구, 개발지향적 성격을 가진다.

10. CDP의 기본적인 성공조건은 현대의 (　　)이 내세우는 이론에 입각한 개인주체성 존중의 인적자원관리 이념을 확립하는 것 그리고 관련제도들의 유기적 통합을 확보하는 데 있다.
① 과학적 관리론　　　　　　　　② 인간관계론
③ 근대관리론　　　　　　　　　　④ 행동과학론

답) ④

해설) CDP의 기본적인 성공조건은 현대의 행동과학이 내세우는 이론에 입각한 개인주체성 존중의 인적자원관리 이념을 확립하는 것 그리고 관련제도의 유기적 통합을 확보하는 데 있다.

11. (　　)은(는) 개인이 설정한 경력목표에 도달할 수 있는 길이며, 조직에서 개인들이 경험하거나 해야 할 직무의 연속이며, 경력목표에 이르는 길을 말한다.
① 경력계획　　　　　　　　　　　② 경력개발
③ 경력경로　　　　　　　　　　　④ 경력상담

답) ③

해설) 경력경로란 개인이 설정한 경력목표에 도달할 수 있는 길이며, 개인이 경험했거나 앞으로 경험해야 할 직위의 연속을 뜻한다.

12. (   )은(는) 개인적인 경력계획을 달성하기 위하여 개인 또는 조직이 실제
적으로 참여하는 활동으로 직접 경험으로서 직무순환과 간접경험으로서 교육훈
련이 있다.
① 경력목표   ② 경력계획
③ 경력경로   ④ 경력개발

답) ④
해설) 경력개발은 개인적인 경력계획을 달성하기 위하여 개인 또는 조직이 실제
적으로 참여하는 활동을 말한다.

13. (   )(이) 안 조직 내에서 개인이 최종적으로 도달하고자 하는 직위(ex: 중
역, 사장)를 지칭하는 것이다.
① 경력계획   ② 경력경로
③ 경력목표   ④ 경력개발

답) ③
해설) 경력목표란 개인이 조직에서 도달하려고 하는 최종적인 직위를 말한다.

14. (   )은 경력목표에 이르는 경력경로를 선택하는 활동이다.
① 경력목표의 설정   ② 경력계획의 수립
③ 경력개발의 실천   ④ 경력관리의 도입

답) ②
해설) 경력계획이란 경력목표에까지 도달하는 경력경로를 선택하는 의사결정과
정을 말한다. 경력을 계획하는 데 대한 책임은 개인에게 있지만 특정한 경력은
개인의 행동에 의해서만 결정되는 것은 아니므로 개인과 조직에 의해서 공동으
로 수립되어야 효율적이다.

15. (   )은(는) 조직구성원들이 경력을 성공적으로 개발하는 데 필요한 정보를
뜻하는 것이다.
① 경력상담   ② 경력정보
③ 경력 닻   ④ 경력교육

답) ②

해설) 인적자원관리부서는 종업원들로 하여금 자신의 경력을 계획하는 데 필요한 경력정보를 제공해 주어야 한다.

16. (   )은(는) 조직구성원들이 경력관리의 개념과 목적 및 실시했을 때 돌아오는 혜택 등을 알고 경력관리에 적극 참여하도록 교육을 뜻하는 것이다.
① 경력상담   ② 경력정보
③ 경력 닻   ④ 경력교육

답) ④

해설) 우리나라에서는 경력개발이라는 용어 자체가 생소하므로 경력개발의 목적과 의의 그리고 실시했을 때 돌아오는 혜택 등을 효과적으로 알려줄 수 있는 경력교육이 사전에 이루어져야 할 것이다.

17. (   )은(는) 종업원들이 경력목표를 세우고 이에 적합한 경력경로를 찾도록 돕기 위한 것으로 인적자원부서에서는 전문적인 상담자를 고용하기도 한다.
① 경력교육   ② 경력개발
③ 경력정보   ④ 경력상담

답) ④

해설) 경력상담은 개인이 자신의 경력을 성공적으로 관리할 수 있도록 경력에 관한 진로지도나 상담을 제공하는 것이다.

18. (   )이(란) 능력개발에 주목적을 두고 행해지는 수평적 이동형태로서 기능이나 작업조건, 책임 및 권한 등이 현재까지 담당했던 직무와는 성격상 다른 직무로의 이동을 뜻하는 것이다.
① 직무순환   ② 승진
③ 강등   ④ 승급

답) ①

해설) 직무순환이란 능력개발에 주목적을 두고 행해지는 수평적 이동으로서 기능이나 작업조건, 책임 및 권한 등이 현재까지 담당했던 직무와는 성격상 다른 직무로의 이동을 뜻하는 것이다.

19. (   )은(는) 동기부여의 기법으로서도 매우 유용한 가치가 있는데 이것은 직무를 계속적·고정적으로 담당하는 데서 오는 단조로움과 권태감을 제거시켜 줄 수가 있다.

① 직무분류　　　　　　　　　　② 인사고과
③ 인력계획　　　　　　　　　　④ 직무순환

답) ④

해설) 직무순환은 동기부여의 기법으로서도 매우 유용한 가치가 있는데 이것은 동일 직무를 반복적으로 수행하는데서 오는 단조로움과 권태감을 제거시켜 줄 수가 있다.

20. 직무순환은 관리자의 능력을 개발시키기 위한 중요한 (   )방법의 한 가지라 할 수 있다.

① 통신교육　　　　　　　　　　② S. D.
③ OFF J. T.　　　　　　　　　　④ O. J. T.

답) ④

해설) 직무순환의 의미
① 관리자의 능력을 확대, 개발시키기 위한 중요한 OJT 성격을 가지고 있다.
② 직무의 반복으로 오는 단조로움과 권태감을 제거시켜 줄 수 있다.
③ 적재적소배치를 통한 인적자원관리의 한 관리방법이다.
④ 승진 사전에 이루어지는 단계적인 교육훈련방법이다.
⑤ 장기보직으로 인한 외부 거래선과의 불필요한 유대 관계 형성 및 조직의 허점을 이용한 부정을 예방할 수 있다.
⑥ 회사경영상태의 변화 내지 조직의 변동에 따른 부서 간 과부족 인원의 조정이나 사원 개인사정에 의한 구제를 할 수 있다.

21. (   )은 장기보직으로 인한 외부 거래선과의 불필요한 유대 및 조직의 허점을 이용한 부정을 예방할 수 있다.

① 교육훈련　　　　　　　　　　② 직무순환
③ 채용　　　　　　　　　　　　④ 퇴직

답) ②

22. 승진 시 지위의 상승과 함께 상승되는 것이 아닌 것은?
① 보수   ② 권한
③ 책임   ④ 근속연수

답) ④

해설) 승진은 이동의 한 형태로서 조직에서 구성원의 직무서열 혹은 자격서열의 상승을 의미한다. 이러한 승진에서는 지위의 상승과 함께 보수, 권한, 책임의 상승이 함께 수반된다.

23. 일반적으로 직무담당자의 경험, 능력, 숙련, 기능 등의 신장에 의하여 새로이 담당하는 직무가 보다 높은 직계에 있는 경우에 (   )이(가) 되는 것이다.
① 이동   ② 승호
③ 승진   ④ 직무순환

답) ③

해설) 일반적으로 직무담당자의 경험, 능력, 숙련, 기능 등의 신장에 의하여 새로이 담당하는 직무가 보다 높은 지계에 있는 경우에 승진이 되는 것이다.

24. 연공주의는 (   )에 비례하여 개개인의 업무능력과 숙련도가 신장된다는 기본적 사고에 근거하고 있다.
① 자격   ② 근무연수
③ 교육이수   ④ 직위

답) ②
해설) 연공주의와 능력주의의 승진
① 연공주의(seniority)는 조직구성원의 승진에 있어서 근무경력, 즉 근무연수의 차이에 의해 승진에 우선권을 준다는 개념으로서 근무연수에 비례하여 개개인의 업무능력과 숙련도가 신장된다는 기본적 사고에 근거하고 있다.
② 능력주의(competence)는 일반적으로 조직구성원이 조직의 목표달성에 기여하는 업무수행능력에 따라 승진을 판단하는 것으로서 합리적 사고방식을 강조하는 구미 각국에서 일찍이 발전된 개념이다.

25. 능력주의와 연공주의는 반드시 상호 배타적인 것이 아니라 상호 (   )적인 의미를 가질 수도 있다.

① 갈등   ② 상충
③ 보완   ④ 타협

답) ③

해설) 능력주의와 연공주의는 반드시 상호 배타적인 것이 아니라 상호 보완적인 제도로 활용되어야 한다.

26. (   )은(는) 연공주의 승진방침이 객관적 타당성을 갖는 사회문화적 배경이다.

① 가족주의   ② 서구사회
③ 개인주의   ④ 단기고용제

답) ①

27. (   )은(는) 조직의 목표달성에 기여하는 업무수행능력에 따라 승진에 우선권을 준다는 승진정책이다.

① 연공주의   ② 서열주의
③ 능력주의   ④ 위계주의

답) ③

해설) 능력주의(competence)는 일반적으로 조직구성원이 조직의 목표달성에 기여하는 업무수행능력에 따라 승진을 판단하는 것으로서 합리적 사고방식을 강조하는 구미 각국에서 일찍이 발전된 개념이다.

28. (   )은(는) 능력주의 인적자원관리 방침이 적합한 것으로 보는 사회문화적 전통의 특징이다.

① 가족주의   ② 집단주의
③ 개인주의   ④ 종신고용제

답) ③

29. 능력주의 인적자원관리가 필요하게 된 배경이라고 보기 어려운 것은?

① 기술혁신의 급속화   ② 단순직무의 증가
③ 능력과 근속연수의 비례관계의 상실   ④ 다양한 지식과 경험의 필요성

답) ②

해설) 능력주의 인적자원관리가 필요하게 된 배경

① 전문지식과 능력을 요하는 직무가 많아 개인과 조직의 유연성이 많이 요구되기 때문

② 기술혁신의 급속한 변화

③ 능력의 비례관계를 예측할 수 없다.

④ 능력 있는 자의 자기개발 의욕의 저하 및 능력개발 기회의 부족

30. (   )이란 직무 중심적 능력주의에 입각한 제도로서 직무담당자의 경험, 숙련, 능력, 기능 등의 신장에 의하여 새로이 담당하는 직무가 보다 높은 수준에 있는 경우에 승진이 되는 것이다.

① 역직승진   ② 직위승진
③ 대용승진   ④ 자격승진

답) ②

해설) 속인기준과 속업무기준에 따른 승진유형

① 속인(사람)기준에 따른 승진유형

㉠ 신분자격승진: 사람 중심적(연공주의)에 입각한 제도로서 직무의 내용과는 관계없이 근무연수, 학력, 연령 등의 인적자격 요건에 따라 승진시키는 제도이다.

㉡ 능력자격승진: 각 개인이 보유하는 지식·기능·능력 등의 잠재능력을 평가하고 그 장래 발전성, 조직에의 유용성 등을 평가하여 자격제도상의 상위자격으로 승진시키는 것이다.

② 속업무(직무)기준에 따른 승진유형

㉠ 역직승진: 역직이란 단위조직의 장(주임, 계장, 차장, 과장, 부장 등)을 말한다. 역직승진제도는 관리체계로서의 직위상의 승진(과장→부장→공장장 등)을 말한다.

㉡ 직위승진 – 직무 중심적 능력주의에 입각한 제도로서 직무담당자의 경험, 능력, 숙련, 기능 등의 신장에 의하여 새로이 담당하는 직무가 보다 높은 수준에 있는 경우에 승진이 되는 것이다.

31. (   )(이)란 승진대상에 비해 직위가 부족한 경우 조직변화를 통한 조직의 직위계층을 늘려 종업원에게 승진의 기회를 확대시키는 방법이다.

① 역직승진   ② 직위승진
③ 대용승진   ④ O.C.승진

답) ④

해설) O.C.승진제도는 조직변화 승진제도로서 승진대상에 비해 직위가 부족한 경우 조직변화를 통한 조직의 직위계층을 늘려 종업원에게 승진의 기회를 확대시키는 방법이다.

32. (   )의 경우 특정한 행동결과를 기대하지만 교육의 경우 반드시 그렇지는 않다.
① 학습   ② 지각
③ 훈련   ④ 개발

답) ③

해설) 기대되는 결과가 무엇인가에 따라 훈련은 특정한 행동결과를 기대하지만 교육의 경우는 반드시 그렇지 않다.

33. 인적자원의 (   )(이)란 훈련과 교육의 양자를 종합한 성격을 지니고 있다.
① 확보   ② 개발
③ 보상   ④ 유지

답) ②

해설) 개발이란 훈련과 교육의 양자를 종합한 성격을 지니고 있다. 경영자의 훈련과 교육을 경영자 개발이라고 하는 것은 경영관리자의 경우 훈련과 교육을 동시에 필요로 하기 때문이다.

34. 훈련 및 개발 프로그램의 유용성을 평가할 때 우선적으로 고려되는 사항이 (   ), 즉 훈련에서 학습된 행위가 실제직무에 적용될 수 있는가 하는 점이다.
① 훈련의 전이   ② 결과의 피드백
③ 강화   ④ 승진

답) ①

해설) 훈련 및 개발프로그램의 유용성을 평가할 때 우선적으로 고려되는 사항이 전이성, 즉 훈련에서의 학습된 행위가 실제 직무에 적용될 수 있는가 하는 점이다. 이러한 전이는 연수원에서 학습된 요소가 직무에 사용된 요소와 일치하거나, 교육훈련에서 배운 원칙이 직무에 적용될 수 있는 경우에 일어난다.

35. (   )(이)란 훈련 및 개발의 결과 어떤 행동이 형성되고 수정되며 유지되기
위해서는 행동에 따른 보상이 주어져야 한다는 교육훈련의 원리이다.
① 피드백   ② 동기부여
③ 강화   ④ 훈련의 전이

답) ③
해설) 강화－훈련 및 개발의 결과 어떤 행동이 형성, 수정 및 유지되기 위해서
는 행동에 따른 보상과 자극이 주어져야 한다. 따라서 훈련 및 개발이 평가되고
활용되어 피훈련자들의 신체적·보수적 측면에 영향을 미치도록 하는 제도적 보
완이 있어야 그 유용성이 증대될 수 있는 것이다.

36. (   )은 교육프로그램을 설계하기 이전에 사전적으로 거쳐야 하는 과정이
다.
① 수익성분석   ② 매출액분석
③ 필요성분석   ④ 효과분석

답) ③
해설) 효율적인 훈련 및 개발프로그램을 실행하기 위해서는 실행목표가 분명해
야 하며 이를 위해서는 필요성이 정확하게 분석되어야 한다.

37. (   )은(는) 감독층을 대상으로 한 교육훈련 프로그램이다.
① ATP   ② CCS
③ MTP   ④ TWI

답) ④
해설) TWI(training within industry)는 생산부문의 제1선 감독자의 훈련에 이용되
는 훈련방식이다.

38. (   )은(는) 최고경영층을 대상으로 하는 OFF. J. T. 프로그램이다.
① M. T. P.   ② A. T. P.
③ T. W. I.   ④ J. I. T.
답) ②
해설) 최고경영층을 위한 개발프로그램은 ATP, CCS 등이 있으며, MTP는 중간
관리자 개발프로그램이고, TWI는 감독자훈련 프로그램이다. JIT는 just in time

의 약자로 간판시스템이라고도 불리는 생산시스템의 일종이다.

39. (   )은(는) 현재 수행하고 있는 업무수행과정과 관련하여 상사의 지도가
이루어지는 교육방법이다.
① Off. J. T.   ② O. J. T.
③ S. D.   ④ T. W. I.

답) ②
해설)
① 직무상교육(O. J. T.): 현재 수행하고 있는 업무수행과정과 관련하여 상사의
지도가 이루어지는 것을 뜻한다.
② 집합교육(Off. J. T.): 직장과 직무를 떠나서 연수원이나 실습장에서 다수의
사람을 대상으로 이루어지는 교육을 뜻한다.
③ 자기개발교육(S. D.): 시간과 공간을 극복하여 자신이 자발적으로 선택해서
책임지고 참여하는 것으로 통신교육방식으로 이루어진 것이 일반적이다.

40. (   )은(는) 라인의 책임하에 스태프의 지원을 받아 실시하는 교육훈련이다.
① O. J. T.   ② Off. J. T.
③ S. D.   ④ C. A. I.

답) ①

41. (   )은(는) 직장에서의 실무 또는 작업을 떠나서 전문적으로 실시하는 훈
련으로서 보통 단체적으로 행한다.
① O. J. T.   ② Off. J. T.
③ S. D.   ④ O. D.

답) ②
해설) 직장 외 훈련(Off. J. T)은 직장에서의 실무를 떠나서 전문적으로 실시하는
훈련으로서 보통 단체적으로 행한다. 장점은 많은 종업원에게 통일적인 훈련을
할 수 있고, 전문적인 지도자 밑에서 종업원은 훈련에 전념할 수 있으며, 참가자
는 직무부담에서 벗어나서 새로운 학습에 전념할 수 있어서 훈련효과가 높다는
것이다.

42. (   )은 교육훈련 평가방법의 하나로 피훈련자에 대한 훈련받기 전과 후의 성과 또는 행동변화를 비교·평가하는 것을 뜻한다.
① 전후비교법 　　　　　　　　　② 통제집단법
③ 실험집단법 　　　　　　　　　④ 델파이법

답) ①
해설) 요더 교수 훈련평가의 세 가지 일반적 기준
① 훈련 전후의 비교: 피훈련자가 훈련받기 전과 후의 행동변화 또는 성과의 변화를 측정하거나 평가한다.
② 통제그룹: 그룹 내에서 피훈련자들을 비훈련자와 비교하여 평가한다.
③ 평가기준의 설정: 작업훈련의 평가에서는 생산량 및 속도가 중요한 기준이다.

43. (   )은 교육훈련 평가방법의 하나로 교육훈련을 받은 시험집단의 성과 또는 행동변화를 교육훈련을 받지 않은 통제집단에 비추어서 평가하는 것을 뜻한다.
① 전후비교법 　　　　　　　　　② 명목집단법
③ 통제집단법 　　　　　　　　　④ 델파이법

답) ③

44. (   )은(는) 훈련 및 개발의 평가단계 중 행동단계에 해당되는 것으로 훈련 및 개발을 통해 직무수행상 어떠한 행동의 변화를 가져왔는가를 평가하기에 적합한 방법이다.
① 직무평가 　　　　　　　　　② 인사고과
③ 시험 　　　　　　　　　　　④ 면접

답) ②

45. 교육훈련 평가의 제1단계는 훈련 및 개발프로그램에 대한 (   )측정이다.
① 반응 　　　　　　　　　　　② 학습
③ 행동 　　　　　　　　　　　④ 성과
답) ①
해설) 훈련 및 평가단계
㉠ 제1단계(반응): 참가자가 훈련 및 개발에 대해 어떻게 생각하는지 질문 또는

설문조사를 통해 가능하다.

ⓒ 제2단계(학습): 어떠한 원칙, 사실, 기술을 배웠는지 시험을 활용한다.

ⓒ 제3단계(행동): 훈련 및 개발을 통해 직무수행상 어떤 행동의 변화를 가져왔는가를 보며, 인사고과를 통해 이루어진다.

ⓔ 제4단계(결과): 훈련 및 개발을 통하여 코스트 절감, 품질개선, 생산성증대 등에 어떠한 결과를 가져왔는가를 측정하는 것으로 경영종합평가법, 현장성과측정법이 있다.

46. (   )은(는) 라인과 스태프의 지원을 받아 본인 스스로 자학자습하는 교육훈련이다.

① O. J. T.　　　　　　　　　　　② Off. J. T.
③ S. D.　　　　　　　　　　　　④ C. A. I.

답) ③

해설) 자기계발교육(S. D.)은 시간과 공간을 극복하여 자신이 자발적으로 선택해서 책임지고 참여하는 것으로 통신교육방식으로 이루어지는 것이 일반적이다.

47. (   )(이)란 피훈련자들이 비훈련자와 비교하여 그룹으로서 비교·평가하는 교육훈련의 평가방법이다.

① 쌍대비교법　　　　　　　　　② 사전사후법
③ 기준설정법　　　　　　　　　④ 통제집단법

답) ④

1. 미국에서 발생하였고 관리인력 과잉과 인건비 부담증대 등을 해소하기 위한 타개방안으로서 관리자로서의 잠재능력을 가진 자를 채용하여 장기적으로 계획적인 육성을 꾀하려는 제도는 무엇인가?

답) 경력관리제도

2. (   )는 조직 내의 인력의 이동·승진 및 능력 개발을 체계적으로 관리하기 위한 인적자원관리 제도이다.

답) CDP제도

3. 개인적인 경력계획을 달성하기 위하여 개인 또는 조직이 실제적으로 참여하는 활동을 무잇이라고 하는가?

답) 경력개발

4. 기능이나 작업조건, 책임 및 권한 등이 현재까지 담당했던 직무와는 성격상 다른 직무로의 이동을 무엇이라고 하는가?

답) 직무순환

5. 인사이동의 수직적 이동에서 직위가 내려가는 것은 무엇인가?

답) 강등

6. 조직에서 구성원이 직무서열 혹은 자격서열의 상승을 의미하는 것은 무엇인가?

답) 승진

7. 조직구성원의 승진에 있어서 근무경력, 즉 시간의 차이에 의해 승진에 우선권
을 준다는 개념은 무엇인가?

답) 연공주의

8. 능력주의는 일반적으로 조직구성원이 조직의 목표달성에 기여하는 (   )에
따라 승진에 우선권을 준다는 것이다.

답) 업무수행능력

9. 종업원에 할당된 직무내용과 책임에 의하여 이것을 수행하는 종업원 신분과
는 관계없이 승진제도를 구성하는 것을 무엇이라고 하는가?

답) 속업무기준

10. 감독자가 직접 일하는 과정에서 부하종업원을 개발적으로 실무 또는 기능에
관하여 훈련시키는 것을 무엇이라고 하는가?

답) 직장훈련(OJT)

11. 시간과 공간을 극복하여 자신이 자발적으로 선택해서 책임지고 참여하는 것
으로 통신교육방식으로 이루어지는 것을 무엇이라고 하는가?

답) 자기개발교육(SD)

12. CDP(Career Development Program) 제도에 대하여 서술하시오.

답) 경력관리(CDP)는 현대 인적자원관리의 관점에서 효율적인 인재확보 및 배분
과 더불어 종업원들의 성취동기 유발을 동시에 추구할 수 있도록 하는 것으로
종합적인 인사관리가 가능하다는 취지에서 특히 오늘날 그 중요성이 부각되고
있다.

학습	반응	행동	결과

13. 다음은 훈련 및 개발의 평가단계이다. 순서대로 바르게 나열하시오.

답) 반응→학습→행동→결과

14. ___________________는 사내의 공석이 된 직무의 위치를 구성원에게 알려 내부적으로 충원되도록 하는 충원방식을 말한다. 직무의 자격을 갖추었다고 생각하는 모든 구성원들에게 응모자격을 부여하는 내부개방성이 그 특징이라고 할 수 있다.

답) 사내공모제(job posting)

15. 연공주의와 능력주의 승진방침을 비교하여 설명하시오.

답) 연공주의는 승진의 기준이 조직구성원의 근무경력인 것에 반하여, 능력주의는 조직구성원의 업무수행능력에 따라 승진에 우선권을 부여하는 방식이다.

16. _________승진이란 조직변화승진제도로서, 승진대상에 비하여 직위가 부족한 경우에 조직변화를 통하여 승진기회를 확대시키는 방식이다.

답) OC(Organizational Change)

17. 직무 중심적 능력주의에 입각한 제도로서, 직무분석과 평가에 의한 직무의 계층에 따른 직위관리체계가 확립되어 있는 상태하에서 직무자격요건에 적합한 적격자를 선정하여 승진시키는 방법을 무엇이라 하는가?

답) 직위승진

18. 훈련평가의 일반적 기준과 관련하여 요더 교수가 강조하는 3가지 요소를 설명하라.

답) ① 훈련 전후의 비교(사전사후법) - 훈련받기 전과 후의 행동변화 또는 성과의 변화를 측정하거나 평가함. ② 통제그룹(통제집단법) - 피훈련자들과 비훈련자들을 비교하여 평가함. ③ 평가기준의 설정 - 작업훈련의 경우 생산량 및 속도가 중요한 기준이 됨.

제7장

인적자원의 활용과 조직개발

제1절 인적자원의 활용관리 일반

1. 인적자원 활용을 위한 개발 방향

(1) 전략적 인적자원 활용

급격한 환경변화에 대응하고 기업의 핵심역량을 강화하기 위한 발전전략과 부합시킨다. 또한 기업의 핵심역량인 인적자원을 보유, 창출, 활용함으로써 잠재력을 극대화할 수 있는 인적활용이다.

(2) 통합적 인적자원 활용

① 구성원의 이해와 동의를 바탕으로 한 인적자원 활용: 다변화 환경에 적합한 구성원의 의식과 태도, 경력개발을 함께 고려함으로써 개인의 자발성을 극대화시키는 방식을 택하고 있다.
② 참여적 인적자원 활용체제: 조직몰입과 종업원의 신뢰를 바탕으로 하여 종업원의 자발성에 기초한 능력개발과 활용체제이다.
③ 인적자원관리(HRM)와의 연계 활용: 기업성과 및 기업의 전반적인 인적자원관리 시스템과 유기적으로 연계된 인적자원개발과 활용이다.

(3) 인적자원 활용의 방향은 합리적 측면에서 조직설계와 직무설계를 바탕으로 하며, 상징적 측면으로는 조직분위기 및 조직문화의 정립을 목표로 한다.

2. 인적자원 활용관리의 배경이론

(1) 시스템적 관점

① 조직: 조직 전체의 목표달성을 위해 하위시스템과 상호 유기적으로 연

계되어 있으며, 환경과 상호 작용하는 개방시스템을 말한다.

② 조직의 구성요소

　　㉠ 구조적 특성: 조직의 구조라 함은 조직요소의 배열, 권력 배열의 양태, 상하의 권력구조 등을 말하며 구조적 특성은 이들의 구성요소가 서로 유기적으로 연계되어 있는 체계를 조직이라 한다. 인적자원 활용의 측면에서는 종업원과 종업원 간에 이루어지는 상호작용이 질서 있게 이루어지도록 구조화되어 조직의 목표달성이 가능하도록 하는 역할을 수행한다. 조직의 상위시스템은 조직 전체의 목표달성 및 유지기능을 수행하고 하위시스템은 행위와 과정을 통제한다.

　　㉡ 과정적 특성: 과정적 특성은 조직의 활동을 투입 – 전환 – 산출 – 환류의 과정을 끊임없이 반복하면서 살아 있는 유기체로 보는 것이다. 인간들은 개인행위뿐만 아니라 조직의 목적달성을 위해서 서로 간에 일련의 상호작용을 하는데 이를 조직의 과정으로 보는 시각이다.

　　㉢ 행위적 특성: 조직이 목표달성을 위해 활동하는 구성원이 행위의 측면에서 보는 시각이다. 조직의 구조, 과정, 구성원의 행위적 특성은 시스템적인 관점에서 서로 유기적인 관련성을 갖고 있다.

(2) 동기부여이론

현재의 사회가 전문화되어 감으로 human capital의 중요성 부각으로 인적자원 활용관리가 조직의 이익을 극대화시키는 데 큰 요인으로 작용하고 있으며 human capital의 활용방법으로 동기부여이론이 제시되었다.

① Mcgregor의 X, Y이론

맥그리거는 인간의 유형을 X와 Y형으로 분류하고 각각의 특성을 설명하고 있다.

　　㉠ X형: 저차원적 욕구 지향

　　ⓐ 특성

　　㉮ 생리적 욕구와 안정욕구의 우선 추구한다.

㉯ 인간은 물질적 보상에 집착하는 수준으로서 합리적·경제적·이 기적·자기중심적 존재이다.

㉰ 피동적·타성적 인간의 특성: 천성적으로 일을 싫어한다.

㉱ 타인에 대한 의존성과 책임회피의 성향이 있다.

㉲ 현재 상태유지, 보수적, 변화에 대한 저항과 부적응 능력

ⓑ 관리전략

㉮ 생리적 욕구 및 안전욕구의 우선 충족

㉯ 물질적 보상체계의 마련 및 강화

㉰ 조직의 강제적 규범과 엄격한 통제 및 감독체제, 권위적 리더십

㉱ 보상과 제재의 조화

㉲ 공식조직과 계층제 중심으로 행동범위 제한

㉡ Y형: 고차원적 욕구 지향

ⓐ 특성

㉮ 하위욕구보다 상위욕구를 우선 추구: 사회·심리적 욕구 및 자 기실현 욕구

㉯ 조직목표와 개인적 목표의 조화 추구

㉰ 창조적·진취적·미래지향적

㉱ 조직의 목표달성을 중시하고 조직규범을 준수

㉲ 자율성과 자기규제 능력 소유

ⓑ 관리전략

㉮ 조직 내에서 추구하는 자아실현 욕구 등과 조직의 목표와의 조 화·통합으로 유도

㉯ 민주적 리더십으로 관리

㉰ 분권화와 권한위임체제

㉱ 비공식조직의 인정과 활용

② 아지리스의 성숙/미성숙 이론

㉠ 아지리스는 맥그리거의 인간형 X형과 Y형 중 인간의 유형을 X형

으로만 인식하고, 대다수 사람들이 미성숙한 인간으로 취급당하고 있고, 모든 기업들이 X이론적 가설에 입각한 관리방식이 널리 채택되고 있다고 보았다. 이러한 상황을 설명하기 위해 조직의 관점을 관료적 피라미드형 가치체계와 인간중심주의적 민주적 가치체계로 분류, 비교하였다. 관료조직에서는 X이론적 인간성에 대한 가설에 입각한 조직의 가치체계이고 민주적 특성의 조직에서는 Y이론적 인간성에 대한 가설에 입각한 가치체계를 말한다.

- ⓐ 관료적 피라미드형 가치체계: 공식적인 법과 제도적 틀 때문에 융통성이 적고 인간관계는 자유롭지 못하고 상호 간 불신을 갖게 되며 운영상의 많은 역기능을 초래하게 된다.
- ⓑ 인간중심주의적 민주적 가치체계: 신뢰관계를 바탕으로 대인능력이나 집단 간의 협동, 융통성의 증가, 조직의 효과성을 기대할 수 있다.

ⓛ 정상적인 인간의 퍼스낼리티는 미성숙한 상태에서 성숙한 상태로 발전하고자 하는 욕구가 있기 때문에 종업원의 능력을 제고시키도록 동기부여를 지속적으로 활용하여 조직의 효과성을 증진시킬 수 있다. 즉 현재의 상태에서 보다 나은 상태로의 발전을 추구하는 인간의 욕망이 있다.

- ⓐ 수동적 행위(미성숙)→능동적 행위(성숙), ⓑ 의존심→독립심, ⓒ 한정된 행동→다양한 행동, ⓓ 엉뚱하고 얕은 관심→보다 깊고 강한 관심, ⓔ 단기적 전망→장기적 전망, ⓕ 종속적 위치→대등 또는 우세한 위치, ⓖ 자아의식 결여→자아의식과 자기통제로 변화, 발전하게 된다. 이는 개인목표와 조직목표의 일치를 조직의 변화를 통해서 달성하고자 하는 것이다.

③ Maslow의 욕구(5단계)이론

- ⓐ 개념: Maslow의 욕구 5단계는 생리적, 안정적, 사회적, 자기존중, 자아실현의 욕구로 구성되어 있으며, 이것은 한 욕구가 충족되면

다음 단계의 욕구를 충족하고 싶어 하는 인간의 심리적 특성을 고려하여 조직에서 human capital을 잘 활용하기 위한 방안이다.

ⓛ 각 단계별 동기를 자극시켜 줌으로써 열심히 일을 하게 되고 그 욕구를 충족하게 되면 다음 단계의 욕구를 충족하고 싶어 한다. 즉 동기를 부여해 줌으로써 지속적으로 종업원들이 열심히 일을 할 수 있도록 한다. 이러한 방식으로 조직이 동기를 부여해 준다면 종업원들은 바쁘고, 열심히 일하며, 자기 자신의 잠재적 능력을 최대한 발휘하여 다음의 욕구를 충족시키고자 하기 때문에 효율성과 능률성을 달성할 수 있을 것으로 보았다.

ⓒ 욕구 5단계론

  ⓐ 생리적 욕구: 최하위층에 있는 제일 먼저 추구하는 욕구로서 의식주·휴식에 대한 욕구, 성적 욕구 등 기초적인 욕구를 말한다.

  ⓑ 안전욕구: 신체적인 위험·위협에 대한 안정추구와 경제적인 측면과 질서안정에 대한 욕구를 말한다.

  ⓒ 사회적 욕구: 애정욕구로서 조직 내에서의 대인관계, 집단에 대한 소속감 등의 욕구를 말한다.

  ⓓ 존경욕구: 존경에 대한 욕구는 사람이 스스로 자긍심을 가지고 싶어 하고, 다른 사람들이 자기를 존중해 주기 바라는 욕구이며, 지위·명예·위신·인정 등에 대한 욕구 등을 포함한다.

  ⓔ 자아실현 욕구: 자아성취·자기발전·창의성과 관련되는 욕구이다.

④ Alderfer의 ERG이론

매스로우의 욕구 5단계 이론을 비판하고 수정한 이론으로 5단계를 3단계로 축소시켰다. 즉 매스로우의 요구계층이 직면했던 문제점을 극복하고자 이론의 기반을 조직의 실제 현장에서 연구를 진행했다. 알더퍼는 동기에 관한 체계적인 연구원 구성원의 근무태도에 관한 요인분석연구를 통해 하위욕구와 상위욕구 간의 기본적인 구별이 필요하다고 보고 세 단계로 구분하였다. ⓞ은 하위 욕구, ⓛ과 ⓒ의 욕구는 상위욕구로 보았고 좌절-퇴행의 속성이 있어 고차원의 욕구가 좌절될 때마다 저차원의 욕구의 중요성이 커진다는 것을 인식하였다.

ⓐ 존재 욕구(E, existence): 배고픔, 목마름, 주거, 안전 등의 기본적인 생리적, 물리적 욕구, 임금, 작업환경 및 조건 등

ⓑ 관계 욕구(R, relatedness): 대인과의 관계 만족, 소속 및 인정감, 존경의 욕구 등

ⓒ 성장 욕구(G, growth): 인격적 자아실현을 위한 바램, 창조성에 대한 만족, 새로운 능력개발과 그에 따른 성취욕구 등

⑤ Herzberg의 욕구이원론

매스로우의 이론의 연장선에서 매스로우 이론의 문제점을 극복하기 위해 전개된 이론이다. 허즈버그는 인간에게는 전혀 이질적인 두 가지 차원의 욕구가 동시에 존재한다고 보았다. 1950년대에 들어와서 직무만족과 생산성은 상관되어 있지 않다는 경험적 연구결과들이 발표되자 이에 자극을 받은 허즈버그는 직무만족과 생산성의 관계를 면밀히 분석하기 위한 조사활동에 착수하였다. 피츠버그 지방에 있는 11개 기업체에 근무하는 200명의 회계사와 기사들을 대상으로 실시한 면접조사의 내용을 분석한 결과, 직무에 대해서 만족하는 사람과 불만족한 사람이 있다는 것을 발견하게 되었다. 따라서 만족하는 사람과 불만족스러워하는 사람들을 대상으로 연구해 낸 결과 회사생활에 만족하는 사람은 직무 자체에 관심이 많으며, 불만족스러워하는 사람은 작업 및 주위 환경에 관심이 많았다는 것을 밝혀냈다. 이를 통해 인간의 욕구는 두 차원으로 구분될 수 있다고 결론 내렸다.

ⓐ 직무에 불만족스러운 사람의 요인(위생요인, 아담적 욕구): 불쾌한 것을 회피하려는 욕구로서 회사의 정책 및 방침, 보수, 대인관계, 작업조건 및 환경 등이다. 이러한 요인은 만족이 되더라도 동기부여가 발생하지 않으며 발생하더라도 단기적인 효과밖에 없다는 것이다. 기업에서는 경영진에서 종업원의 동기를 부여하기 위해 급여

인상, 상여금 지급, 직무환경의 개선 등의 위생요인을 단기적으로 충족시키려는 시도를 하고 있다. 이는 단순히 직무불만요인을 제거했을 뿐이지 동기부여로 이어지지는 못한다는 것을 인식해야 한다.

ⓛ 직무에 만족스러워하는 사람의 요인(만족요인, 동기요인): 자신의 성장과 발전, 성취감, 승진기회 등으로 이러한 요인은 직무만족을 가져오는 동기부여 요인으로 만족하게 되면 생산성 증가로 이어진다고 본다. 또한 이러한 요인이 만족되지 않았을 때 직무만족의 반대인 직무불만족이 아니라 직무만족이 되지 않은 상태이다.

〈보충학습〉 동기부여의 중요성

① 개인이 주어진 자신의 일을 통해 자아실현을 할 수 있는 기회를 제공한다.
② 구성원은 자신이 맡은 바 업무를 해낼 수 있다는 과업수행에 대한 자긍심과 자신감을 갖게 된다.
③ 자발적인 업무수행노력을 자극시켜 개인의 직무만족과 생산성을 높이고 나아가 조직 효과성을 제고시키는 데 적극 기여한다.
④ 이러한 조직분위기의 활성화는 조직을 변화시키는 추진력이 된다.
⑤ 인적 요소의 활용을 위한 동기부여는 기업 경쟁력을 제고시키는 열쇠가 된다.

제2절 인적자원 활용 방안

1. 전문직제의 도입

(1) 경영조직의 변화

라인 직제의 간소화, 관리직과 전문직의 기능분화에 의한 조직의 효율화, 조직의 유연성 강화와 조직의 동태화의 추세는 전문직제도의 필요성을 증대시키고 있다. 이에 경영전략변화에 따른 고도의 전문직능을 갖춘 창조적 인적자원의 필요성이 대두되었다.

(2) 인사 및 처우 문제

직위부족 또는 처우대책으로서 전문직제도의 도입이 목적이 될 수 있으나 일반적으로 관리능력보다는 전문능력을 소유한 우수 인재들이 능력을 발휘할 수 있도록 처우해야 이직이 낮고 조직의 유효성을 높일 수 있기 때문이다.

(3) 인적자원 활용의 시점

직위부속, 인사석제 등의 해소 수단으로 전문직제도를 도입해시는 안 되며, 경영활동상의 필요성과 인적자원 특성에 대응한 능력의 유효적 활용이 전문직제도의 초점이다.

2. 목표관리제

(1) 개념 및 발전과정

① 개념
　　㉠ MBO(Management By Objectives)란 상급자와 하급자의 참여를 통해 조직의 목표를 설정하고, 결과를 중간 또는 사후에 지속적으로 평가하여 환류함으로써 궁극적으로 조직의 목표달성의 효율성을 강조하는 경영학적인 목표(결과)중심적 조직관리 기법이다. 또한 이 제도는 직원의 실적을 평가한 후 개인의 연봉, 인센티브, 승진,

교육 등에 활용한다.

    ⓛ 관리자와 실무자가 조직의 전략적 목표를 기초로 부서단위 또는 개인단위의 목표를 구체적으로 설정하고 자율성을 바탕으로 수행한 후 목표의 수행결과에 대한 평가를 통해 보수, 승진 등 인센티브에 영향을 주는 제도이다.

② 발전과정

    ㉠ 1954년 Druker에 의해 처음 소개되었고 Odiorne, Mcgregor, Likert, Schler 등에 의해 발전되었다.

    ⓛ 1960~1970년대에 민간기업과 정부기관에 적용된 바 있는 목표관리제(MBO)는 두 가지 형태로 발전하였는데, 하나는 예산제도의 일환으로 미국 연방정부에 적용하였고, 다른 하나는 업무성과 평가제도의 일환으로 주로 민간기업에 적용되었다. 우리나라에서는 4급 이상 공무원의 평가제도로 활용되었는데, '국민의 정부'의 공공부문 개혁정책의 일환으로 도입 추진되었으며, 개인의 실적을 업무성과의 측면에서 평가하고, 성과에 상응한 보상으로 공직사회에 경쟁개념을 도입하고자 도입하였다.

(2) MBO의 내용 및 특성

① Y론적 인간형에 이론적 기반을 두고 직원들의 참여가 보장되어 목표달성에 구성원의 자발적 참여와 협동심의 증진, 조직몰입을 가능하게 한다.

② 자율적인 통제 가능성의 증대와 자원의 효율적 운영, 목표의 효과성을 제고시킨다.

③ 조직의 집중성과 효과성 제고, 성장이론의 편견이 존재, 결과지향적인 단기적 목표관리기법이다.

④ 목표달성이 최고 이념이며, 업적평가의 객관적 기준과 책임한계를 밝혀 준다.

⑤ 자기실현적 인간관, 분권화 및 참여강조로 구성원의 사기증진, 조직의 경직성을 제거해 줄 수 있다.

⑥ 조직을 개방적 유기체제(협조)로 이해하고 상호이해증진, 조직의 민주
　화, 인간화를 통해 조직발전에 기여한다.
⑦ 목표의 달성도(효과성)의 제고와 조직 내 갈등 및 대립 감소시킨다.

<조직별 목표수립 전략 MAP>

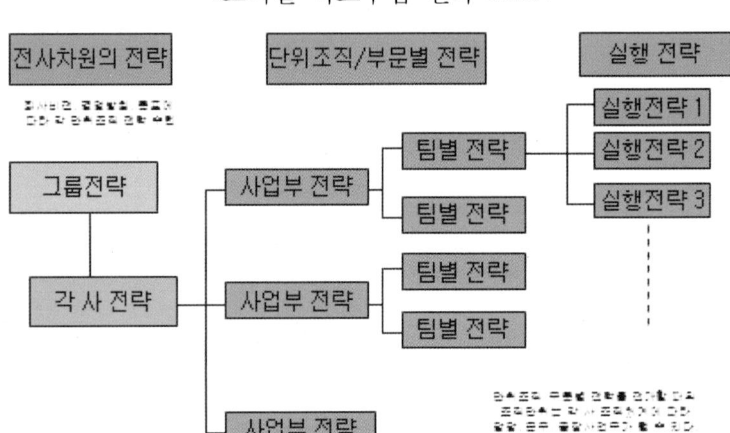

⑧ 참여에 의한 목표설정, 상위목표와 하위목표와의 연계, 조직과 개인의
　목표 통합, 결과 지향적, 계량적 목표를 중시한다.
⑨ 주먹구구식 관리가 아니라 비능률적 관리행위를 배격하며, 책임보다는
　성과와 능률을 중시한다.
⑩ 최고 관리층의 통제보다 내부통제를 중시하는 내부 중심적 관리기법이다.
⑪ 목표관리제의 기본구성요소는 평가와 환류, 구성원의 참여, 목표의 설
　정이다.

(3) 목표관리제의 운영과정

① 직무분담과 조직목표의 연계: 직무분담과 조직차원의 전략적 목표는
　상위층에서 부여하지만 기관의 직무분담은 업무분장표에 기초하여 연
　도에 따라 새로운 임무가 부여되는 경우에 추가한다.
② 목표와 수단에 관한 협의: 상급자의 목표와 부하의 실질적 운영목표를

일치시키기 위해 협의를 하므로 참여에 의한 결정과정으로 민주적이라는 평가를 받고 있다. 이때 상위층에서는 조직의 전사적 목표(조직 전체의 목표. 이념 등)의 설정 이유와 이에 대한 효과를 제시하고 하위층에서는 목표달성수단에 대한 능률성 등을 제시하며, 상급자와 하급자의 합의에 의하여 목표 수단이 결정된다.

③ 목표의 설정과 수단의 일치: 상사와 부하 간의 협의를 통해 조직의 전략목표(상위목표)와 이를 달성하기 위한 수단(하위목표)이 결정되기 때문에 이는 합의를 통한 목표와 수단의 일치이다. 이 단계에서는 기관의 목표설정 이외에 구체적인 활동계획의 달성도를 측정하는 구체적인 척도나 지표 및 소요자원에 대한 결정 등이 포함되어야 한다. 원래 이 제도는 개량적 목표를 중시하므로 목표에 따른 제반 요소들도 마련되어야 제도의 실효성이 있을 것이다.

④ 진척도의 평가: 목표와 수단이 선택된 후 집행이 이루어지는 과정 과정마다 평가와 환류가 지속적으로 이루어진다. 목표에 의한 관리에 있어서 진척도의 평가는 목표의 효율적인 달성을 위한 자기통제의 과정이다.

(4) 목표관리의 한계

① 유동상황과 환경변화가 급변하는 조직환경에의 적용문제가 대두되고 환경의 변화와 이해관계의 대립이 있을 경우에는 명확한 목표설정이 어렵다.

② 단기적 양적목표에 치중하고 가치와 질적인 면을 소홀히 하기 쉽다.

③ 명백한 목표설정의 곤란하고 복잡한 절차로 시간, 노력(서류작업)의 과다한 소모가 발생한다.

④ 목표설정 시 조직 전체 목표에 근거한 개인 또는 단위 부서 목표를 설정하지만 개인의 목표 달성이 조직 전체 목표달성과는 연계가 되지 않는 면이 있다. 이는 개인성과에 따른 보상의 차이로 개인 또는 단위 부서 위주의 목표관리가 이루어지기 때문이다.

⑤ 복잡한 집행절차로 인하여 비용, 인사관리 등에 있어 경제성이 미흡하다.

⑥ 성과와 목표달성의 측정이 어려운 부서나 직무에 적용이 용이하지 않
으며, 목표달성만을 목표로 하기 때문에 조직의 효과성 증진과 발전의
차원을 고려하지 못한다는 한계가 있다. 이에 BSC(Balance Score Card)
가 도입되고 있다.

<목표관리제도의 목적 도식화>

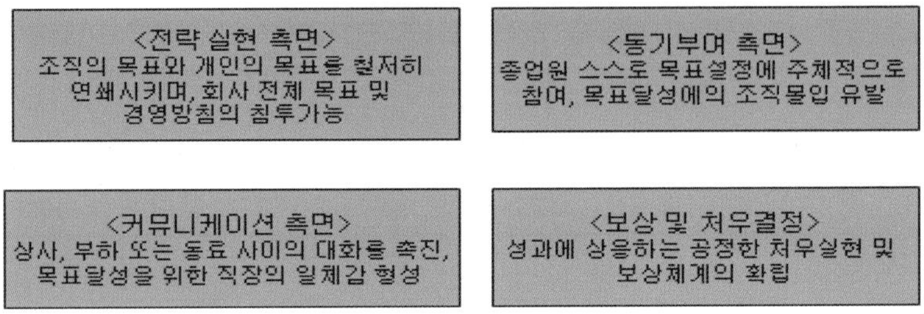

3. 균형성과평가제도

(1) 개념 및 의의

① BSC(Balanced Score Card: 균형성과측정기록표)는 기존의 MBO에 대한
제도적 개선으로 기존의 재무성과 중심의 관리방식에서 고객관점, 프
로세스 관점, 학습과 성장의 측면에서 조직 전체(기업)의 성과를 평가
하는 제도이다.
② 자신이 속해 있는 기업의 평가부서에 근무하거나 평가지시를 수행하
는 이론적 툴로 사용할 수 있다.
③ BSC는 Top‒Down방식으로 조직의 미션을 근거로 하여 비전과 전략
을 수립하고 이들 전략목표를 달성하기 위한 성과목표(핵심성공요인)
들을 도출한 다음 각각의 성과목표들이 잘 수행되고 있는지를 측정하
기 위한 성과지표들을 도출하게 된다.

(2) 성과지표 : 재무관점, 고객관점, 내부프로세스관점, 학습과 성장관점

① 기업의 비전은 재무 관점의 성과를 통해 달성된다.
② 재무관점의 성과는 고객관점의 성과를 통해 달성된다.
③ 고객관점의 성과는 내부 프로세스 관점의 성과를 통해 달성된다.
④ 내부프로세스 관점의 성과는 학습과 성장관점의 성과를 통해 달성된다.

<4가지 성과평가 관점>

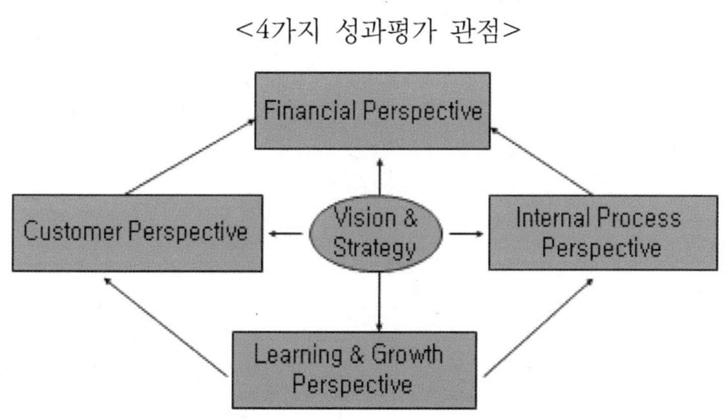

(3) 내용 및 특징

① 조직(기업) 전체의 성과평가제도로서 기존의 계량적인 성과평가를 지양하고
  조직 내의 비전과 전략으로부터 도출된 성과지표에 따라 성과를 평가하므
  로 종합적인 관점에서 성과를 평가하여 새로운 전략을 도출할 수 있다.
② 조직에게 전략 방향 설정에 도움을 주며 변화에 대한 동기를 부여한다.
③ 중장기 경영계획 수립, 예산편성, 조직구조 개편 및 결과 모니터링 등
  의 의사결정에 기초를 형성하고 이에 대한 정보를 제공한다.
④ 자신의 회사가 추구하는 전략을 명확히 하고 부서 및 직원의 합의를
  도출하고, 조직 전체에 전략내용을 체계적으로 전달하며, 부서와 개인
  의 목표를 회사전략에 정렬 및 연계시킨다.
⑤ 전략적인 목표들을 장기적인 목표들과 연관시키고 회사예산에 정렬하

고, 소요예산을 편성한다.

⑥ 전략적인 이니셔티브(문제점 해결 방안)들을 파악하고 정렬하여, 주기적이고 체계적인 전략적 점검을 수행하게 한다. 또한 전략에 대하여 학습하고 개선할 수 있는 피드백 체계를 구축할 수 있게 한다.

(4) 4가지 평가 관점

변 수		개념 정의
재무적 관점	순이익 증가율	전기와 당기의 순이익의 증가분을 백분율로 표시 (전기순이익, 당기순이익 증가액)
	매출액 증가율	전기와 당기의 매출액의 증가분을 백분율로 표시 (전기매출액, 당기매출액 증가액)
고객관점	거래처리의 정확성	상품수량, 종류, 운송일자 등의 정확성을 표시 (매출액, 주문 오류)
	제품 불량률	품질의 수준을 표시(제품 100개당 불량품의 비율)
	고객납기 응답기간	거래주문을 보낸 후 고객에게 물품을 납기하기까지의 기간
내부프로 세스관점	재고 보유기간	완제품이 창고에 입고되어서 출고될 때까지의 기간
	생산계획 소요기간 단축	원재료가 생산라인에 들어가서 완세품이 될 때까지의 기간
	비용절감	생산에서 판매까지의 비용(자재조달비용/물류비용)
학습과 성장관점	BPR	－업무의 통합, 종업원의 의사결정 지원 －내부 프로세스 재설계

4. 연봉제

(1) 개념 및 의의

최근까지 우리나라의 임금관리는 임금수준이 능력과 성과와는 관계없이 연령, 학력 그리고 근속연수에 따라서 설정, 운영되어 왔다. 그러나 성과에 따른 보수체계로서 경쟁을 통한 생산성 향상의 목적을 위한 새로운 임금제도로서 연봉제는 직무중심으로 성과의 정도에 따라서 임금수준이 결정되는 특징을 가지고 있다.

(2) 기존 임금제도와 연봉제

종래 임금제도	연 봉 제
사람중심의 임금결정 (학력, 근무연수, 나이 등) 연공서열에 의한 임금 근로시간 기준의 임금	직무중심의 임금결정 성과에 따른 임금 (능력과 생산성) 직무의 質 기준 임금

(3) 연봉제의 특징

① 연봉제는 조직성원의 능력과 성과에 따라서 차등 지불되는 임금체계로서 변동급의 성격을 가지고 있다.

② 능력과 성과에 대해서 보수수준이 결정되기 때문에 능력 위주의 인사기용이 가능해져 파격적인 인사개혁을 할 수 있다.

③ 연봉제 실시 대상자는 간부직, 전문직 등으로 고급화 및 특수직화되고 있어 연봉제가 능력 향상을 위한 동기 부여와 책임감을 높여 생산성 향상 및 조직발전에 기여한다.

④ 복잡한 임금보수체계에서 총액산출이 근간이 되기 때문에 단순화된 보수체계로 유도할 수 있다.

⑤ 연봉금액산출 시 경영진과 종업원과의 협의를 통해 이루어지기 때문에 종업원의 참여로 의사소통이 활발히 이루어질 수 있으며, 새로운 노사문화를 실현할 수 있다.

5. 성과급제

기업경영 평가 결과 나타난 이익의 일부를 근로자에게 배분하는 제도로서 근로자 집단 전체의 업무성과를 기준으로 배분량을 결정한다는 점에서 개인의 업적을 기준으로 하는 능률급과 구별된다. 유럽이나 미국에서는 근로자와 사용자 간의 갈등을 완화하고 노동조합을 억제할 수 있다는 점이 인정받아 19세기 후반부터 시행했다. 우리나라에서는 1992년부터 임금상승 억제를 위해 실시한 총액임금제의 보완책으로 정부에서 대기업을 대상으로 도입을 권장하여 지금은 거의 모든 업체에서 적용되고 있다.

〈보충학습〉 총체적 품질제도

1. 개념

(1) 총체적 품질관리(TQM, Total Quality Management)란 생산품의 질을 개선하는 관리기법이다. 목표관리제도의 지나친 계량적 목표관리의 강조 측면에서 고객중심의 서비스 질 개선 등 보다 가치적 측면의 개선을 추구하는 관리제도라 할 수 있다.
(2) TQM은 관리기술이라기보다는 변화지향적인 관리철학의 성격을 띠고 있다.
(3) MBO의 문제점을 극복하기 위한 대안으로 대두되었다.

2. 내용 및 특성

(1) 장기적인 안목과 계획으로 추진
(2) 서비스 질의 수준을 고객의 기준으로 평가
(3) 품질개선을 위한 과정과 절차의 지속적 개선과 과학적 품질관리기법 적용
(4) 사후관리가 아닌 사전적 품질관리로 예방차원의 성격
(5) 참여중심적, 공동체, 팀워크 중시(기능적, 계층적 조직의 부정)
(6) 자율성과 권한위임(민주적 조직관리, Y론적 관리시각)
(7) 질적인 개념의 관리이면서도 통계적 관리체계 중시
(8) 고객변화에 대응하는 조직의 변화학습체계가 요구
(9) 조직의 목표와 고객의 목표의 일치 추구
(10) 조직구성원의 행태변화(인간변화)로 품질개선 노력 추구는 미흡한 제도
(11) 시행절차나 규정 등 매뉴얼의 부재로 ISO－9000 품질경영전략과의 조화 필요

제3절 조직개발

1. 조직개발의 의의

조직 개발(Organization development)은 급변하는 환경변화에 적응하기 위한 변화를 의미하는데, 현대조직에서 조직의 유효성을 추구하기 위한 활동 및 과정이다. 즉 환경변화에 따라 적응력을 증진시키기 위해 조직의 내부 능력을 효과적이고 효율적으로 개발하는 과정으로 조직의 목표를 효과적으로 달성하는 것을 그 목적으로 한다. 새로운 조직형태, 문화적 변화, 조직 내의 사회적 인식 등의 변화에 대응하기 위하여 조직을 의도적이고 계획적으로 변화시키고자 한다. 구체적인 내용으로는 직장 전체의 인간관계를 개선하고 조직을 활성화하기 위한 교육 훈련, 구성원의 만족, 관리자와 종업원이 하나가 되어 자주적인 변혁을 목표로 한다.

(1) 조직개발의 가정 또는 전제

① 인간은 자율적이고 주체적 인간이라고 전제한다(Y론적 관점).
② 인간은 성장과 발전에 대한 높은 욕구를 가지고 있다고 본다.
③ 협력을 통한 조직과 개인의 발전을 추구한다.
④ 조직구조는 개인이나 집단의 욕구를 충족시킬 수 있도록 설계가 가능하다고 본다.

(2) 조직개발의 성공 조건

① 최고경영자 및 참가자의 적극적 참여와 지지, 지속성
② 특정 부문에서 시작되어 조직 전체로의 확산
③ 조직개발구조의 설계가 뒷받침되어야 함.
④ 변화담당자의 권위가 인정되어야 함.
⑤ 개발에 따른 저항극복 방안과 적절한 보상체계의 구축

2. 조직의 변화

조직의 변화의 필요성은 조직은 끊임없이 변화해 가는 환경변화에 적절하게 대응하지 못하면 그 조직은 생존할 수 없다. 따라서 기업은 전략경영이라는 환경 자체를 창출함으로써 경쟁력을 확보하기 위하여 미래지향적인 동태적 행동체계로 변화시켜야 한다. 여기서 경영전략이란 경영목적을 달성하기 위한 경영활동의 총체적인 수단으로서, 내·외부의 환경변화에 대응하기 위한 전반적인 계획과 목표를 설정함에 있어서의 계획되고 체계적인 의사결정을 의미한다. 조직변화는 경영전략을 바탕으로 치밀하고 체계적으로 설계되어야 하고, 조직변화 과정에서 변화의 목표, 변화의 속도, 변화의 범위 및 규모, 변화의 대상, 순서, 조직내부에서의 공개성, 변화평가방식, 조절방법 등을 충분히 고려해야 한다. 이러한 조직변화는 레윈(K. Lewin)의 장의 이론(filed theory)을 통하여 해빙(unfreezing)→변화(changing)→재동결(refreezing)의 3단계 모형을 이용한다.

(1) K. Lewin의 장의 이론(filed theory)

학습이란 장(field) 또는 생활공간에 대한 인지구조의 변화라고 보았다. 생활공간이란 유기체의 행동을 결정하는 복합적인 상황을 의미하는데, 즉 학습은 개체와 환경과의 함수관계 $B = f(P. E)$로서 장에서 인지의 구조화와 재구조화의 과정이라 할 수 있다.

① K. Lewin은 학습의 역동성, 전체성을 중심으로 장이론을 전개하였다.

② 레빈이 말하는 장은 개체를 둘러싸고 개체의 행동에 역동적인 힘을 가하는 객관적이고 외적인 힘으로서의 변화를 일으키는 자극이라 할 수 있다. 생활공간(환경)과 개체 자신도 장(場)의 한 부분으로 독자적인 의미를 가지는 통합체라고 할 수 있다. 이와 같은 통합체가 시간적인 조건에 따라 역동적으로 변화하여 각각의 위상을 형성시켜 간다.

③ 조직은 기존의 여러 조직의 관습과 관행(타성)으로 인해 발전하기에

어려운 특성을 가지고 있다. 그러나 장(field)은 조직과 개체들이 변화
하도록 자극하고 압력을 가한다. 따라서 경직된 요소들이 해빙되고
해빙으로 인해 변화를 가져오고, 일정 시간이 지나면 변화는 동결되어
지속해 나간다.

3. 조직혁신

(1) 조직혁신의 필요성

전통적인 수직적 형태의 조직은 환경변화에 대한 적응력의 부족과 경쟁력
을 확보하지 못하는 한계로 정보화 사회의 도래에 따라 수평적 조직형태를
선호하고 있다. 즉 조직의 형태가 수직적인 계층구조(slim)형에서 수평적인
플랫(plat)형으로 전환되고 있다.

(2) 조직혁신의 내용

① 조직혁신과정: 혁신성 개발단계, 혁신성 응용단계, 혁신품의 출하단계,
  응용의 확대단계, 혁신성의 성숙단계, 혁신성의 쇠퇴단계 등 6단계로
  이루어진다.
② 경영혁신유형: 경영혁신내용은 혁신대상, 주요목표, 주요수단, 주요저
  항요인, 장점과 효과, 단점과 부작용을 주 내용으로 한다.
③ 조직혁신의 성공요인: 활동성, 혁신내용의 명확성과 과정의 단순화, 조
  직혁신의 일정표 및 스케줄 작성, 공헌에 따른 보상체계
④ 조직혁신의 실패요인: 자원부족, 혁신성 인식부족, 조직변화에 대한 저
  항 등

4. 조직혁신의 방법

(1) 구조적 접근방법

① 개념

전통적인 방법으로 조직의 구조와 제도를 재설계하는 것으로서 기업에서는 일반적으로 사용하는 구조조정과 같은 것이다. 이 모든 노력은 과학적 관리론과 막스 베버의 관료제 이론에 기초한 조직의 합리성과 효율성 제고에 있다.

② 주요내용

　㉠ 기구, 법제・직제의 개편과 기능중복의 제거 및 개선

　㉡ 권한의 적절한 배분과 권한 및 책임의 한계 명확화

　㉢ 분권화를 통한 권한위임과 의사전달 원활화를 위한 전달체계 개선

　㉣ 조직운영원리체계의 재정립(통솔범위의 재조정 및 명령계통의 개선 등)

③ 한계

　㉠ 조직구성원의 가치나 태도 등을 고려하지 않은 하드웨어적 변화추구이다. 합리적인 조직구조 개선도 그 구조를 운영하는 조직구성원의 능력과 태도에 따라 성공 여부가 달려 있기 때문이다.

　㉡ 조직의 다이내믹하고 동태적 변화나 환경요소를 고려하지 않은 개혁방법이다. 조직의 개혁목적은 환경대응능력의 향상을 통한 조직의 효율성 증진, 생존성 강화를 위한 것인데, 환경을 고려하지 않았다는 것은 비합리적이며, 정태적・보수적 변화추구 방식이다.

(2) 관리・기술적 접근방법

① 유형

　㉠ 관리적 변화방법: 업무절차와 방법을 개선하는 것으로서 인사행정, 조직, 예산관리와 문서 및 자료관리 등을 포함한다.

ⓛ 기술적 변화방법: 위의 관리적 개선을 뒷받침할 수 있는 관련기술
을 조직에 도입하고 컴퓨터 시스템을 활용한 변화추구 방법이다.
ⓒ 벤치마킹: 주로 기업부문에서 적용되고 있는데, 타 기업의 성공경
영 사례를 도입하여 적용하는 것을 말하며, 관리기술적 접근방법
중의 하나이다.

② 주요 내용

업무절차의 간소화 추구 및 자동화, 인사시스템 및 회계처리, 보상관
리 등을 정보시스템으로 구축하는 것이다. 업무절차상의 비능률성 제
거, 컴퓨터 기술을 통한 신속하고 정확한 자료처리, 사무자동화, 의사
결정의 과학화, 예산결정 및 집행의 과학화 등을 추구한다.

③ 한계: 조직의 운영이 신속하고 편리한 장점은 많으나 컴퓨터 등 기계적
사고로 이루어지기 때문에 인간소외가 나타날 수 있다. 따라서 기술과
인간적인 요소 간의 갈등이 발생할 수 있다. 또한 인프라구축의 비용이
매우 높고 조직구성원의 적응과정에서의 저항도 크게 나타난다.

(3) 인간행태적 접근방법

① 개념

종업원의 가치관·신념·태도와 같은 행태의 변화를 추구한다. 즉 구
조적·관리기술적 개혁방법이 성공하기 위해서는 이를 운영하는 종업
원들의 의식개선이 중요하다는 것이다. 조직발전의 기법인 조직발전
(OD)이 이에 해당되며, 하드웨어적인 구조적·관리기술적 개혁방법에
소프트웨어적인 인간행태적 개혁방식을 적용하여 보완하는 것이 요청
된다.

② 주요 내용

㉠ 정신교육을 기초로 각종 교육훈련, 연수, 대외 기관에의 위탁교육,
정보화 교육, 초빙강연, 일과 외 개인능력발전을 위한 기회 제공
등을 방법으로 한다.

ⓛ 비공식 조직 및 집단적 취미생활보장을 위해 여러 프로그램을 제
공하고 재정을 지원함으로써 구성원으로 하여금 조직의 목표를 제
고시키고 조직에의 귀속감을 강화시킨다.
ⓒ 회사발전, 소비자의 욕구만족 등의 자세를 고취시키고 성과 중심의
업무태도를 변화시킬 수 있다.
③ 한계
㉠ 인간의 행태변화는 구성원의 적극적인 변화 마인드가 전제되어야
하며, 그 변화의 속도는 매우 느리고 장시간이 소요된다.
ⓛ 경영 및 관리층의 지속적인 관심제고가 절실히 필요하다.
ⓒ 각종 교육에 대한 비용이 수반된다.

제4절 조직설계

1. 조직설계의 개념

(1) 개념

① 조직설계란 조직이 추구하는 목표달성을 제대로 수행하기 위해 필요
한 업무와 요소들을 갖추게 하고 각 업무와 요소들이 효율적으로 작
동하도록 상호관계를 규정하고 조정하는 일련의 조직관리 활동을 말
한다. 한마디로 조직구조를 목표달성에 적합하게 설계(디자인)하는 것
이다. 어떠한 조직구조를 취할 것인가를 결정할 때 합리적인 의사결정
의 기준이 되어 조직이론에 근거를 두고 있다.
② 조직설계의 기본변수로는 복잡성, 집권화, 공식화의 정도를 나타내며,
복잡성은 직무의 수평적, 수직적, 지역적 분화를 의미하고, 집권화는
권한 및 명령체계, 의사결정의 집중 정도를, 공식화는 업무수행에 있
어서의 작업 및 표준화 정도를 의미한다.

(2) 각 변수 간 관계

조직설계 기본변수들은 상호 간 상관관계를 가지고 있으며, 각 변수들의 수준을 어느 정도로 유지할 것인가에 따라 조직구조 설계에 차이를 불러온다. 예를 들어 복잡성이 높은 조직에서는 공식화가 높지만 집권화는 낮아진다.

2. 조직설계의 기본변수

(1) 과업의 분업화(분화)

① 조직 전체의 성과를 달성하기 위하여 필요한 일을 직무의 종류에 따라 분업화시키는 조직설계로 동일한 업무를 반복하게 됨으로써 능률성과 효율성을 제고할 수 있다. 일에 따라 전문화시킨 것이다.
② 분업화는 반복 업무를 가져오므로 업적 권태감을 수반할 수 있기 때문에 횡적, 수직적 이동으로 무기력감을 극복할 수 있게 한다.
③ 현대 행정국가는 대규모 조직과 과중한 업무를 수행하면서 전문적이고 기술적인 측면에서 분업을 강조하게 되었다.

(2) 분류

① 수평적 분업화와 수직적 분업화
　㉠ 수평적 전문화(횡적분화): 조직의 편제를 횡적으로 분류한 것이다 (직무확대).
　㉡ 수직적 전문화(수직적 분화): 상급자와 하급자 또는 상급기관(중앙정부)과 하급기관(지방정부)으로 분류한 계층성을 말하며, 계층분화의 고정성으로 인한 비효율성을 막기 위해 직능 또는 권한을 하부에 분산시키는 것이다(허즈버그의 직무충실).
② 직무의 전문화와 인간의 전문화

　　㉠ 직무의 전문화: 직무를 세분화하고 단순화하여 기계적·반복적 업
　　　　무로 능률성을 추구한다.
　　㉡ 인간의 전문화: 사람을 교육과 훈련을 통해 전문능력을 갖추도록
　　　　하는 것이다. 분업은 전문능력을 만들어 내는데, 그 전문능력을 구
　　　　비한 사람들 중에서 유사한 직무를 수행하는 전문가들을 집단화하
　　　　는 것을 부문화라 한다. 즉 부문화란 수평적으로 분화된 활동을 통
　　　　합하는 것이다.
　③ 장점
　　㉠ 능률성 향상과 업무의 질적 개선을 가져올 수 있다.
　　㉡ 인간의 지식과 기술의 능력을 보완해 준다.
　　㉢ 신규 전입자에 대한 교육훈련의 단축과 업무의 표준화를 기할 수 있다.
　④ 단점
　　㉠ 동일한 업무의 반복으로 업무에 대한 흥미감소와 인간을 무기력하
　　　　게 만들 수 있다(오히려 지나친 전문화·분업화는 비능률적 요소
　　　　도 내포).
　　㉡ 전문화가 심화될수록 갈등이 발생한 경우 조정·통합이 어려워진다.
　　㉢ 환경변화나 업무관계에 대한 예측능력을 저하시키고 다른 대안을
　　　　모색하는 데 신속하지 않으며 비효율적일 수 있다.

(3) 권한의 배분

조직의 목표달성을 효율적으로 수행하기 위해 조직의 상층부에서 하층부
까지 분배되는 것을 말한다. 권력이 상층부에 모여 있으면 집권성이 높다고
말하며, 반대는 분권성이 높다고 말하는데, 이를 권력배분의 양태라 한다.
　① 집권화
　　㉠ 집권화는 조직내부의 권력배분의 양태를 말하는 것으로서 의사결
　　　　정과정에서 최고결정자에 얼마나 많은 권한이 집중되어 있느냐의
　　　　상태이며, 집권성이 높으면 하층부의 의사결정참여가 제한 또는 보

장되지 않는다.

ⓛ 조직구조와 집권성과의 관계: 조직규모가 확대되면 집권화보다는 분권화가 증대된다. 분권화는 인적문화(인간중심)의 강조와 하층부의 참여와 권한위임으로 대내 민주성 증진에 기여한다.

ⓒ 집권화 요인

㉮ 부서 간 자원획득 경쟁의 심화

㉯ 환경변동이 심하고 유동적 또는 위기 상황 시

㉰ 소규모 및 신설조직인 경우 초창기에는 강력한 리더십이 요구

㉱ 권위적 리더인 경우와 참모기관과 과학기술의 발달은 리더의 능력을 강화시키므로 집권화가 증대

㉲ 조직환경 변화에 따른 획일성·통일성 및 강력한 지도력이 요구될 때

㉳ 조직 외의 일반인이 특정 부문에 대한 관심이 증대되면 관리자도 관심을 보이면서 환경대응력 증진을 위해 집권화된다.

㉴ 예산의 절약 등 경제적인 합리성으로 조직운영이 필요할 때(오일 급등 및 자원난 발생 시 등)

㉵ 하위계층의 능력부족 및 능력불신

② 분권화

분권화는 집권성의 반대개념으로서 권한이 상부에 집중되어 있지 않고 하부로 권한을 위임해서 자율적인 기능을 부여하는 정도를 말한다. 현대 조직일수록 일반적으로 집권성보다는 분권성이 높다.

(4) 복잡성

① 개념: 수평적·수직적 분화 및 장소적(공간적) 분산의 정도를 말한다. 수평적 분화는 업무 또는 부서 간의 횡적인 분화이며, 수직적 분화는 감독계층의 수를 말한다. 이러한 분화는 업무의 권태감을 해소하고 능률성을 확보하기 위한 조직설계 방법이다.

② 조직구조와 복잡성의 관계: 조직의 규모가 크면 복잡성이 증대되고 갈등과 조정통합의 노력이 증대된다. 행정농도는 조직의 규모와 복잡성의 정도와 비례한다(조직행정농도＝참모의 수/조직규모).

(5) 공식화

① 개념: 공식화란 작업이나 업무수행의 표준화 정도와 업무방식이 문서중심으로 이루어지는 정도를 말한다. 또한 공식화란 조직 내의 규칙, 절차, 지시 및 의사전달의 표준화 정도이다. 구성원들의 행동양식의 표준화 정도이기도 하다.

② 공식화의 특징
   ㉠ 자율성과 재량성이 줄고 대안의 선택범위가 축소된다.
   ㉡ 규칙과 절차, 지식적 의사전달의 작용
   ㉢ 안정적, 예측 가능성이 높은 환경과 일상기술을 사용하는 대규모 조직일수록 공식성은 높다.
   ㉣ 공식화의 증대는 인적문화 중심의 조직운영과 반비례한다.
   ㉤ 공식화 정도가 높을수록 구성원의 행태에 대한 예측 가능성이 높으며, 구성원 간 분쟁이 감소된다.
   ㉥ 공식화는 문서화 정도와 관련이 있으며, red tape과 같은 부정적 문제도 발생시킨다.

3. 조직설계의 상황변수

(1) 조직의 상황변수로는 규모, 기술, 환경이 있으며 전략과 권력유형을 포함할 수 있다.

(2) 조직과 변수 간의 관계

① 대규모 조직은 복잡성이 증대되고, 공식성과 분권화가 증대되어 응집력은 낮아진다.
② 일상적인 기술을 사용하는 조직일수록 공식화는 높고 복잡성은 낮다(보편적인 학자들의 주장).
③ 환경이 안정적일 때, 조직의 복잡성은 낮아지고, 공식성과 집권성은 증대된다.

4. 상황변수와 기본변수와의 관계

(1) 과업의 이해 가능성

조직의 기본변수는 환경의 복잡성과 조직기술의 난이도에 의해 영향을 받으며 조직설계에 있어서 과업의 분업화와 의사결정 권한의 분권화 정도를 결정할 수 있다.

(2) 과업의 예측 가능성

조직환경이 유동적이지 않으면 조직이 수행해야 할 과업을 예측할 수 있기 때문에 과업을 표준화하는 것이 가능해진다.

(3) 과업의 다양성

과업의 다양성은 직접적으로는 환경의 유동성에 영향을 받고 간접적으로는 조직의 크기에 따라 영향을 받는다. 조직이 과거의 관료조직과 같이 대규모이면 과업은 단순해져 표준화시켜야 효율적이며, 공식성도 높아진다.

(4) 과업의 상호의존성

조직의 수많은 과업 간의 상호 의존성에 따라 과업들 간의 공식적 관계를 설정하는 것이 달라지고 그 결과 조직의 형태가 달라진다. 즉 전통적 관료조직에서는 기능적 분업화 등으로 상호의존성이 낮지만 오늘날의 현대 조직에서는 통합으로 인한 이점을 최대한 살려 조직의 목표를 달성해 나가고 있다.

(5) 반응의 속도(대응성)

변화가 발생할 때마다 즉시 대응할 수 있는 유연성이 필요하다. 과거 전통적 관료조직은 오늘날의 현대 관료조직보다 대응성이 낮아 문제가 되고 있다. 따라서 그 문제를 극복하기 위해 저층의 팀조직과 같은 형태가 등장하게 되었다.

5. 조직설계의 접근법

(1) 보편론적 접근

조직설계의 보편성(General)을 강조하며, 어떠한 상황에서도 성과를 내는 유일한 최선의 방법(one best way)이 조직설계에 존재한다는 믿음을 가지고 있는 관점들이다. 이 접근법의 이론은 과학적 관리론, 행위론적이론, 환경적응이론이 해당된다.

(2) 상황론적 접근(Contingency Theory)

상황론 또는 구조상황론이라고도 하는데 보편론과는 반대의 입장으로 조직의 구조는 상황에 적합하게 설계되어야 한다는 것이다. 따라서 어떠한 상황에도 적용 가능한 유일한 최선의 방법이 있을 수 없다는 것이다. 환경이 변화하면 조직의 구조는 그 환경에 적용할 수 있는 구조로 재설계되어야 조

직의 효과성을 증진시킬 수 있다고 본다. 상황이론은 환경을 독립변수, 조직
은 종속변수로 보고 환경은 조직이 변화시킬 수 없기 때문에 조직이 환경에
적응해야 조직의 생존력과 효율성을 높일 수 있다고 보는 타율적 입장이다.
Lawrence, Lorsche가 대표적 학자이며, 분화와 통합을 강조했다.

<조직설계관점>

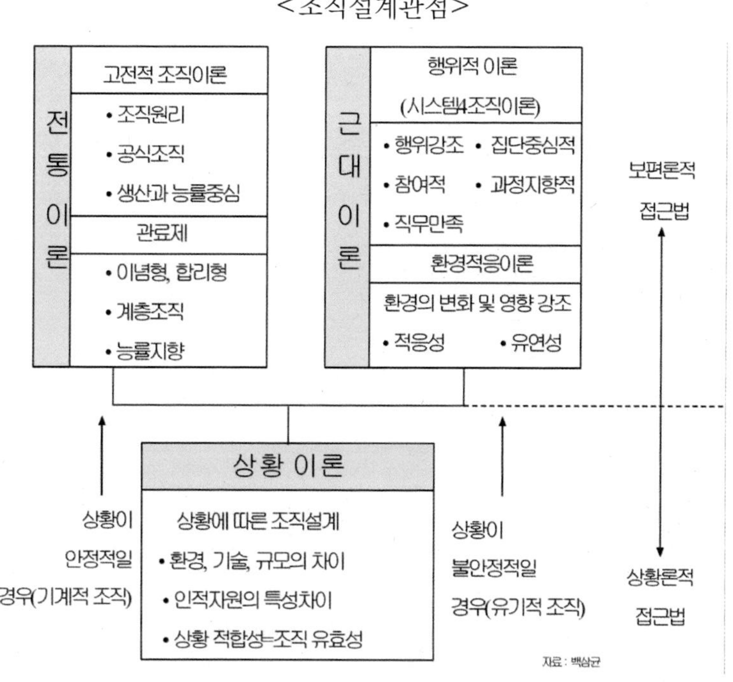

6. 조직설계의 관점비교

(1) 관료제 조직관(전통적 조직)

전통적 관료조직인 기계적 조직관으로 상황이 단순하고 안정적일 때 적합
한 조직의 형태로 복잡성, 공식화, 집권화가 매우 높다. 즉 공식적인 규칙이
나 절차에 의해서 직무담당자의 행위가 규제되고 성취욕구가 낮은 사람에게
적합하며, 주로 일상 반복적이고 단순 직무기술이 적용되는 조직에 유효하다

(2) 반관료제 조직관(현대 조직)

현대적 또는 후기관료조직관으로 유기적 조직에 해당된다. 이러한 조직은 환경이 매우 유동적이어서 전통적 관료제 조직의 특성으로는 환경에의 대응성과 신속성을 확보하지 못해 조직의 유효성이 떨어지게 된다. 따라서 복잡성, 공식화, 집권성이 낮은 조직의 특성을 가지고 있으며, 팀조직과 같은 낮은 계층구조를 가지고 있다. 오늘날 구성원의 의식과 행동양식의 변화, 정보화로 인해 나타났으며, 진취적이고 적극적인 사람에게 적합한 조직구조이다. 특히 조직의 수명이 짧은 임시성의 조직을 애드호크라시(Adhocracy)라 하며 환경에 적응성이 높은 적응적, 유기적 조직관이다.

관료제 조직관(기계적, 기능 조직)	반관료제 조직관(유기적, 적응적 조직)
직무의 분업화, 전문화 추구	작업상의 유동성, 통합 추구
계층 중심의 조직 구조 형성	탈계층, 저층 구조 지향(Flat)
공식적인 규칙이나 절차 중시(높은 공식화)→직무 담당자의 행위 규제	직무수행의 기준과 절차는 상황 적응적
개인적 특성을 고려하기 보다는 능률성을 최고 가치로 인식하고 균일한 제재와 강제력을 적용→비인간주의, 인간소외 발생	문제해결능력을 가진 존재로 인식→자율성 중시
선발이나 승진결정은 기술적 자질, 능력 및 업적에 근거(Merit)	집단적 의사결정과정을 중시
조직 내의 경력경로를 통한 전임직에 기초하여 직장안정 도모	고객우선주의, 동료로서의 인식
공식적 조직관 : 사적인 요구와 관심이 조직활동과 완전히 분리	비공식적 조직관, 개방성
조직의 영구성과 안전성의 특징	조직의 임시성 조직자체의 생성, 변화, 소멸의 일시성 인정, 조직의 치사율이 높음

7. 조직설계의 방법

(1) 라인조직

최고 관리자 한 사람으로부터 최하위층 종업원에 이르기까지 단일한 계통에 의해 지휘 감독되는 조직체계를 말한다.

(2) 라인스테프 조직

조직이 시장점유율이 증가하고 규모가 커지면서 기존의 라인 기능만으로는 조직 전체의 모든 업무수행이 불가능하게 되어 스텝기능이 추가된 조직 형태이다. 스텝은 전문적 지식과 기술을 보유하고 최고 관리자의 합리적 의사결정에 기여한다.

(3) 기능 조직

직무상 업무내용을 유사하고 관련성 있는 직무특성별로 분류, 결합한 조직을 말한다.

(4) 사업부제 조직

단위적 분화에 따라 산출물의 종류에 따라 사업부 단위를 편성하고 각 단위별로 독자적인 생산과 영업 및 관리의 자율적 권한을 부여하여 제품별, 시장별, 지역별 이익 중심점을 중심으로 독립채산제를 실시하는 조직의 형태이다.

(5) 매트릭스 조직

기능조직의 효율성과 프로젝트 조직의 업무지향성을 결합한 조직으로 효율성과 유연성을 향상시키고자 구성된 조직이다. 소량 주문생산기술을 이용하는 경우, 시장환경이 급변하는 상황, 조직의 규모가 지역별로 다변화하는 환경에 효과적인 조직형태이다.

① 장점: 조직이 기능적 효율성과 조직구성원의 만족 및 성과를 동시에 추구할 수 있다. 조직의 유연성을 제고시킨다.

② 단점: 구성원들의 역할에 따른 갈등, 명령계통의 이중성에 따라 스트레스 유발, 업무 시간배분의 문제와 성과평가 담당자 선정의 문제, 기능부서와 프로젝트 관리자들 간 갈등 발생이 한계로 나타난다.

8. 조직의 효과성 평가에 대한 접근법

조직의 구조설계는 조직의 효과성과 직결된다. 조직의 효과성 또는 유효성을 평가하는 접근방법은 다음과 같다.

(1) 목표접근법

목표의 달성 여부가 조직평가기준인 조직유효성을 측정하는 중요한 기준이 된다. 이 접근법은 가장 인습적인 접근법으로 조직의 산출 측면에서 조직의 유효성을 평가하는 것이며 제품이나 서비스에 대한 질적 수준향상, 효율적 배분 등을 강조한다.

(2) 체계접근법

시스템적 접근법이라고도 하는데, 투입물인 자원을 획득하여 변환과정을 거쳐 산출물을 창출, 환류과정을 반복해 나가며 환경과의 끊임없는 상호작용을 하는 하나의 시스템으로 보고 조직유효성에 접근하는 개념이다.

(3) 이해관계적 접근법

조직의 업적에 이해관계가 있는 조직내외부의 집단들에 초점을 두면서, 그들의 기대와 요구를 충족시킬 수 있는 다양한 조직 활동을 통합하는 것이다. 이해관계적 접근법의 유효성 평가기준의 설정은 다음과 같은 절차를 따른다.

① 조직관리자는 조직의 생존에 영향을 미치는 전략적 환경요소와 내부요소를 파악하고 목록을 작성한다.

② 각 환경요소와 내부요소에 대한 조직의 의존성에 따라 각 요소의 중요성을 평가한다.

③ 각 요소가 조직에 대하여 가지는 기대를 확인, 비교하여 상대적 영향

력 내지 중요성에 의해 우선순위를 결정한다.

(4) 내부접근법

조직의 유효성을 조직 내부적으로 측면에서 파악하는 것이다. 외부의 지원이나 외부 상황을 배제하고 내부활동에 초점을 맞추는 것으로서 조직 내부의 건전성 및 유지 목표에 중점을 두고 인간적 과정을 강조한다.

(5) 경쟁가치 접근법

조직 내에서도 상충되는 목표가 있기 때문에 상충되는 목표들은 각각 가지고 있는 가치에 따라 경쟁을 벌이고 있다. 이때 조직 유효성의 평가는 평가자가 선택한 평가기준에 의해 달라진다.

제5절 직무설계

1. 직무설계의 개념 및 의의

(1) 직무는 일의 단위로 사람을 관리하기 위한 인적자원관리 개념이며 직무설계란 조직적, 기술적, 인간적인 욕구를 충족시키기 위해 필요한 직무의 내용과 방법 그들의 관계를 구체화하는 것이다. 직무를 분석, 분류, 평가, 설계하는 직무계획은 일과 그 일을 담당하는 사람과의 적합성을 최대화하도록 하는 인사관리의 목적을 실현하기 위한 기초가 되는 작업이다. 이 직무계획에 따라 직무를 디자인하는 것이 직무설계이다.

(2) 직무설계의 방향은 직무전문화, 단순화, 표준화를 토대로 하는 과학적 관리법이 그 기초가 되어 왔으나 산업화의 고도화로 과학적 관리의

한계로 볼 수 있는 직무권태, 직무불만족, 노동의 소외, 삶의 질 저하 등의 문제들이 나타나게 되었다. 이에 근본적인 직무수행과정 자체의 변화를 통해 해결하고자 하는 노력이 대두되어 직무충실 및 확대 등 새로운 직무설계의 방향으로 보완, 발전하게 되었다.

(3) 직무설계를 통해 근로자의 동기 유발, 직무만족, 노동의 인간화를 통해 궁극적으로는 종업원의 삶의 질을 향상시키고 생산성 향상 등을 구현하고 조직목표와 개인욕구가 조화되도록 직무의 내용, 기능, 관계를 디자인하는 것이 직무설계의 의의이다.

2. 직무설계의 목적

(1) 종업원의 동기부여, 직무만족, QWL향상
(2) 생산성 향상
(3) 제품 및 서비스의 품질개선
(4) 생산비용 및 운영비 절감
(5) 이직비용, 훈련비용의 감소
(6) 신기술에 대한 신속한 적응
(7) 산업안전에 기여

3. 직무설계의 접근법

(1) 직무전문화

직무전문화에 의한 직무설계는 전통적인 테일러의 과학적 관리법에 의해 주도되었다. 즉 분업화, 기계화, 경제적 능률성 논리를 강조한 직무설계 방법이다. 이는 분업과 전문화가 능률을 높인다는 것을 전제한다. 즉 직무수행에 있어서 각 작업요소들을 전문화, 단순화, 표준화하여 한 사람이 하는 일의 종류를 최소화하여 능률과 관리의 효율성을 높이려는 것이다. 이러한 시각은 기본적으로 인간을 경제적 동물, 즉 경제적 보상에 의해 동기화되며 노동의 의미 자체는 별로 중요시하지 않는 존재로 가정한다. 전통적인 직무설계는 근로자의 숙련성이 별로 문제되지 않고 기계부품처럼 호환성을 높이며 관리통제가 쉽다는 관리상 장점이 있다. 반면에 인간의 노동소외, 직무불만족, 스트레스, 개인욕구의 무시, 몰개성화 등으로 인해 그 장점이 반감되었다.

(2) 직무충실화

직무충실화에 의한 직무설계는 전문화의 원리처럼 직무에 인간을 결합한 것이 아니라 직무의 전문화와 일반화에 따라 생산성의 극대화를 인정하고 직무를 인간 측면에 결합시킨 것이라 할 수 있다. 즉 단순한 직무로 인한 권태 등을 해소하기 위해 직무를 다양화하고 인간화를 추구했다고 볼 수 있다.

① 직무확대: 직무확대는 작업의 흐름 중에서 기본 작업의 수를 증가시키고 통합시킴으로써 직무의 단조로움을 줄이고 직무만족을 통해 생산성 향상, 이직률 감소의 효과가 있을 수 있다. 이 직무확대는 수평적 분업화, 수평적 직무확대라고 볼 수 있다.

② 직무충실: 직무충실은 수직적 직무확대로 작업의 방법, 순서의 결정에 많은 재량성을 부여하고 책임감과 종업원의 참여, 상호작용의 확대, 직무수행 결과를 환류시킴으로써 동기부여를 유발케 하고 있다. 예를 들어 단순 반복 작업의 직무에서 관리자로의 직무를 부여함은 동기부여로서 충분한 직무충실의 방법이다.

③ 직무순환: 직무순환은 동일 직무를 반복하면서 발생하는 직무권태 등을 해소하기 위해 수평적으로 이동시키는 방법으로 이동에 따른 교육훈련, 관리자의 능력 고양, 자기 개발, 적재적소의 배치가 전제되어야 한다.

제6절 조직문화

1. 조직문화

(1) 조직문화의 개념

조직문화란 조직구성원의 조직구성원들이 공유하는 가치 및 신념체계·사고방식, 관습, 조직의 지식(Knowledge), 기술(Skill) 등의 복합체로서 조직구성원의 활동지침 및 행위기준을 제시해 준다. 이러한 조직문화는 조직이 활동하는 한 국가의 사회문화·관습·규범의 영향을 받으며 최고관리자의 조직관리 철학과 가치체계, 전략 그리고 구성원들의 특성이 반영된 것이다.

(2) 조직문화의 성격

① 조직에 존재하는 공통적 특징들이 집합적으로 작용한다.
② 조직구조, 동기, 리더십, 의사결정, 커뮤니케이션 등과 상호 작용한다.
③ 조직문화는 기술적 용어(descriptive term)이다.

(3) 조직문화의 기능

① 조직의 정체성 확보와 구성원의 행위유도, 사회시스템의 안정성을 제공한다.
② 조직몰입도를 촉진시켜 생산성을 증진시켜 줄 수 있으며, 사회의 신념체계가 바람직하다고 생각하는 조직문화는 대외적으로 조직의 이미지를 제고시킨다.
③ 문화의 동질성으로 의사소통의 경제성이 제고된다.
④ 문화를 통한 공유된 신념과 가치는 조직구성원들의 일체감이 형성되어 응집력을 강화시키며, 구성원들의 행위에 대한 예측성을 높여 준다.

⑤ 위기 발생 시 극복을 위한 방향을 제시해 주며, 특히 장기적인 목표를
수행하는 데 있어서 전략을 구축해 준다.

2. 조직문화의 보존

(1) 개념

① 사회화: 사회와 상호작용을 이루는 것을 말하는데, 사회체제에 존재하
고 있는 규범, 관습, 가치관 등에 적응하는 과정이다(재사회화는 일차
적으로 사회체제와의 관계에서 사회화를 이루고 사회 내의 특정 조직
에 속해 있으면서 그 조직의 새로운 지식과 기술을 학습하면서 이루
어지는 것을 말하는데, 따라서 엄밀히 말하면 조직문화와의 상호작용
은 재사회로 보아야 한다.).
② 조직문화: 재사회화를 이루는 틀로서 후속세대에게 전수되어 지속적으
로 유지, 보존되는데, 모방과 학습에 의해 전이되기도 한다. 또한 조직
에 대한 충성심과 복종을 유발시키고 조직의 생산성과 경쟁력을 좌우
하기도 한다.
③ 문화전수: 문화전수의 핵심과정은 사회화(socialization)인데, 사회화는
문화보존의 수단이면서 문화를 바꾸려는 의식적인 전략수단으로 기능
하기도 한다.

(2) 의의

① 조직구성원들은 사회화를 통해 필요한 가치, 능력, 대인관계에 필요한
지식 등을 습득한다(엄밀히 말하면 재사회화). 구체적으로 자기의 역할
과 기능행태를 익히고 업무수행능력을 증진시키고 규범과 가치에 적
응할 수 있게 된다.
② 사회화는 후속세대나 신참자의 문화변용 또는 문화접변(다른 문화와의

접촉으로 인한 변화현상 또는 변용과정, acculturation)을 일으켜 조직 전체의 문화적 통합성을 유지시킨다.

(3) 신참자가 조직에서 겪는 문화변용의 양태

① 동화(assimilation): 신참자의 인식이나 가치관이 조직의 문화에 일방적으로 흡수 또는 적응되어 신참자와 조직의 문화적 차이가 사라지는 결과이다(예 어떤 공무원이 조직에 자신의 가치관을 일치시키기 위해 노력했다.).

② 격리(separation): 신참자가 조직문화를 거부하여 자신의 문화를 유지하려 하거나 조직문화에 적응하려는 능력이나 의욕이 없어 그들을 어떤 직무영역에서 분리 또는 고립시키는 것이다(제재형식을 취한 한직으로의 좌천 등).

③ 탈문화화(deculturation): 조직의 문화나 신참자의 개인문화 모두 신참자의 행태를 지배하지 못하고 그 영향력을 잃었을 때 나타나는 반응으로서 조직구성원의 문화적 정체성은 모호해진다(예 조직의 문화나 신참자의 문화가 다 같이 그의 행태를 지배하는 영향력을 잃을 때 나타나는 반응).

④ 다원화(pluralism): 적응과정에서 조직문화와 신참자의 개인문화가 서로 상호 장점을 수용하고 변화를 추구하는 유형이다(예 어떤 구성원이 조직문화의 장점을 배우려는 노력).

(4) 조직문화의 전달과 계승 유형(김호섭 외)

① 조직구성원의 선발 수단: 조직구성원의 선발과정에서 조직의 규범, 가치관, 비전에 부합 또는 적극 수용의지가 있는 사람을 선발하여 조직 내의 마찰과 갈등을 최소화하여 나간다.

② 교육훈련 방법: 교육훈련은 조직문화의 적응 내지는 발전의 변화를 유도할 수 있는 가장 효과적인 방법이다(군사문화, 기업문화, 관료문화

등은 모두 교육훈련을 통해 이루어지고 강화된다, 특히 정신교육 등).

③ 조직사회화: 일차 사회체제 내의 사회화 이후 조직 내에 유입된 후 사회화를 재사회화, 조직사회화라 할 수 있는데, 조직사회화란 구성원들이 역할 수행과정에서 자연스럽게 조직문화를 학습하고 적응해 나가는 과정을 의미한다.

④ 보상 시스템: 직무의 종류나 계층에 따라 적절한 평가시기와 방법을 정하여 탁월한 업무성과에 대해서는 보상이 주어져야 하며, 일탈자에 대해서는 제재가 제도적으로 운영되어야 한다.

3. 기업문화

(1) 기업문화의 개념

기업문화는 사회체계를 구성하고 있는 여러 조직 중 미시적인 수준의 문화로 기업만이 가지고 있는 다른 여타 조직의 문화와는 구별되는 기업이라는 특정 조직의 문화를 말한다. 기업의 문화는 오늘날 기업의 경영활동상의 전략적 수행 및 합병과 다각화, 개인과 집단의 갈등 및 기업내부의 화합과 커뮤니케이션, 생산성 등에 영향을 미치는 기업경영의 핵심요소라고 할 수 있다. 즉 여타 조직들은 어떤 형태든지 나름대로의 문화를 가지고 있다. 그 중에서도 기업에 존재하는 문화이므로 경영성과, 회사운영 등에 크게 영향을 미친다고 할 수 있다.

(2) 기업문화의 구성 요소

① Schein의 모델: 샤인의 기업문화 모델은 잠재적 단계에 속하는 조직활동에 대한 기본적인 가정들과 가정에서 파생되는 가치관, 가치관이 표출되어 나타나는 가시적인 인공물이나 창작물 등 세 가지로 이루어진다.

② 7S 모델: 기업문화의 요소로서 7S란 리더십 스타일, 관리기술, 전략,

구조, 제도 및 절차, 구성원, 공유가치를 말한다.

(3) 기업문화의 유형결정에 미치는 가치관

① 구성원과 고객의 욕구를 감지하고 그들의 욕구를 충족시키려는 민감성의
정도로 얼마나 노력하는 분위기냐 인지하지 못하거나 무시하는 정도
② 새로운 아이디어를 창출하는 인재를 확보하고 유지, 관리하려는 태도
및 정도
③ 리스크를 피하지 않고 수용 또는 극복하려는 정도
④ 조직이 구성원의 의견과 입장을 존중하는 정도
⑤ 조직 내 구성원 간 정보교류와 의사소통의 원활화 정도
⑥ 구성원 상호 간 인간관계 정도

(4) 기업문화의 유형

① Deal Kennedy의 유형: 강한 기업문화는 명확한 신념과 구성원에 의한
공유가치, 일상생활에서의 가치구현 및 이를 뒷받침해 주는 제도의 유
무 여부에 따라 결정된다.
② Harrison의 유형: 조직의 권한이 집권성 정도 또는 공식화 정도에 따라 관
료 기업문화, 권력 기업문화, 행렬 기업문화, 핵화 기업문화로 구분했다.
　㉠ 관료적 기업문화: 조직의 운영은 합리적이고 분석적이며, 책임과 역
할이 잘 정비되고 질서와 규칙에 의해 조직적으로 움직인다. 종업
원들은 정해진 규칙과 역할분담에 따라 기계적으로 움직이므로 목
적의식이나 공약수준이 낮고 이기적 경향이 높은 조직문화를 띤다.
이는 단순한 업무를 수행하는 부품조립공장 등에서 볼 수 있다.
　㉡ 권력적 기업문화: 강한 힘을 가진 실력자나 소수의 핵심인물들에
의해 팀의 프로젝트를 완성하는 문화이다. 이러한 문화는 광고제
작 업무에서 나타난다.
　㉢ 핵화 기업문화: 연구소와 같은 집단에서 볼 수 있는데, 구성원 개

인마다 고유의 정체성을 유지하면서도 상호 유연한 관계를 보이고 있는 문화유형이다.

  ⓔ 행렬 기업문화: 카리스마가 강한 리더가 지배하므로 다소 비합리적인 요소도 나타나지만 전문기능인력 팀들이 팀을 이루어 목적을 달성해 나가는 특징이 있다. 이러한 기업문화는 수작업 또는 가부장적 중소기업에서 볼 수 있다.

③ Denison의 유형: 데니슨은 기업환경 변화와 기업 행동경향을 중심으로 집단문화와 위계문화, 개발문화와 합리문화로 구분하였다.

④ 이장호의 유형분류

  ㉠ 외향적 기업문화(고객 지향적 기업문화)와 내향적 기업문화(효율성 중시, 비용절감)

  ㉡ 과업 지향적 기업문화(기계적 효율성 강조)와 사회 지향적 기업문화(구성원의 사회적 욕구 중시)

  ㉢ 획일적 기업문화(동질적 회사 이미지 강조)와 개성적 기업문화(구성원의 다양성 존중)

  ㉣ 위험회피적인 기업문화(신중하고 보수적)와 임기응변적 기업문화(직관에 의존 임기응변에 능함)

4. 조직문화와 조직분위기

(1) 조직분위기의 의의

조직분위기란 특정 조직을 타 조직과 비교, 구별할 수 있도록 해 주는 조직의 고유한 특성으로 어떠한 조직이든지 조직 나름대로의 특유한 분위기를 가지고 있다. 또한 이것은 조직의 특성에 대해 구성원들이 비교적 지속적으로 지각하고 있으며, 조직의 목표와 목표달성의 수단인 조직환경, 정책, 관행, 조직과정 등에 대한 조직구성원의 지각의 합을 의미한다(김희선).

(2) 조직문화와 조직분위기

조직분위기는 조직문화와 일맥상통하지만 조직문화는 지속성이 있는 반면
에 조직분위기는 비지속성이다. 따라서 조직문화는 변화시키기 어렵지만 조
직문화보다 덜 지속적이며, 변화 가능한 요소이므로 종업원의 동기부여와
관계가 있다.

(3) 조직분위기와 배회경영

사업전략의 일환으로 배회경영이 있는데, 이는 경영자가 종업원들이 무슨
일을 하고 무슨 문제점이 없는지, 무엇이 필요한지 등을 알아내기 위해 여기
저기 배회하면서 종업원들과 함께 시간을 보내는 관리전략 중의 하나이다.

1. 인적자원을 가장 유효하게 활용하기 위해서는 합리적 차원에서 인적차원의 특성에 적합한 조직설계와 ( )가 중요하다.
① 직무설계　　　　　　　　　　② 시간관리
③ 인생설계　　　　　　　　　　④ 휴먼네트워크설계

답) ①
해설) 인적자원을 가장 유효하게 활용하기 위해서는 합리성에 입각해서 인적자원의 특성에 적합한 조직설계와 직무설계가 중요하다.
② 인적자원의 효율적 활용을 위해서는 상징적인 측면에서 조직의 유효성에 입각한 조직분위기나 조직문화의 정립도 중요하다.

2. 인적자원의 효율적 활용을 위해서는 상징적인 측면에서 적합한 조직분위기나 ( )의 정립도 중요하다.
① 조직문화　　　　　　　　　　② 조직설계
③ 조직행위　　　　　　　　　　④ 조직과정

답) ①

3. CI나 기업문화운동을 성공적으로 전개하기 위해서는 ( ) 사고에 의해 기획, 인사, 연수, 홍보 등 관련부서들의 협조와 관련제도들 간의 유기적인 관련성을 존중하도록 해야 한다.
① 기계적　　　　　　　　　　② 시스템적
③ 미시적　　　　　　　　　　④ 거시적

답) ②
해설) 조직의 구조와 과정 및 행위적 특성은 시스템적인 관점에서 서로 유기적인 관련성을 갖고 있다. 따라서 조직의 구조는 개발된 인적자원의 특성에 적합하게 설계되어야 하며, 직무설계도 인적자원의 특성에 적합하게 이루어져야 한다.

4. 조직의 목적을 효과적으로 달성하기 위해서는 조직의 구성요소인 인간 즉 행위적 측면을 고려한 (   )와(과) 과정의 설계가 요청된다.

① 경계   ② 환경
③ 구조   ④ 기술

답) ③

해설) 조직의 목적을 효과적으로 달성하기 위해서는 조직의 구성요소인 인간 즉 행위적 측면을 고려한 구조와 과정의 설계가 요청된다.

5. (   )은(는) 조직의 구성요소로서 구성원들의 행위나 상호작용이 질서 있게 이루어지도록 하는 것이다.

① 구조   ② 과정
③ 환경   ④ 경계

답) ①
해설)
① 구조: 개인과 개인 간에 이루어지는 상호작용이 질서 있게 이루어져 목표달성이 가능하도록 하는 역할을 수행한다.
② 과정: 인간들은 개인으로서 하는 개인행위뿐만 아니라 조직의 목적달성을 위한 서로 간에 일련의 상호작용을 조직의 과정이라 한다.

6. 조직의 (   )은(는) 개발된 인적자원의 특성에 적합하게 설계될 필요가 있고 나아가서 직무설계도 인적자원의 특성에 적합하게 이루어져야 한다.

① 기능   ② 경계
③ 구조   ④ 행위

답) ③
해설) 조직의 구조와 과정 및 행위적 특성은 시스템적인 관점에서 서로 유기적인 관련성을 갖고 있다. 따라서 조직의 구조는 개발된 인적자원의 특성에 적합하게 설계되어야 하며, 직무설계도 인적자원의 특성에 적합하게 이루어져야 한다.

7. 조직개발이 효과적으로 실행되기 위해서는 인간중심의 조직변화와 더불어 (   ) 중심의 조직변화가 상호 보완될 필요성이 있다.

① 인적자원   ② 행위

③ 구조   ④ 시스템

답) ③

해설) 조직개발의 가정과 조건 - 조직개발이 효과적으로 실행되기 위해서는 인간
중심의 경영으로의 변화와 더불어 구조중심의 조직변화가 상호 보완될 필요성이
있다.

8. 조직설계에 유일한 최선의 방법이 있다고 주장하는 (   )적 조직설계이론은
고전이론과 관료제이론을 포함하는 전통이론과 근대이론을 포함한다.
① 상황론   ② 특수론
③ 중범위론   ④ 보편론

답) ④

해설) 조직설계의 관점변화
① 보편이론: 유일한 최선의 방안이 존재한다는 시각
② 상황이론: 유일한 최선의 방안이 존재하지 않고 상황과의 적합성이 중요하다고 함.

9. (   ) 이론에 의하면, 유일한 최선의 방안이 존재하지 않고 상황과의 적합성
이 중요하다고 한다.
① 구조   ② 행위
③ 상황   ④ 과정

답) ③

해설) 조직설계의 관점변화
① 보편이론: 유일한 최선의 방안이 존재한다는 시각
② 상황이론: 유일한 최선의 방안이 존재하지 않고 상황과의 적합성이 중요하다
고 함.

10. (   )은 조직설계의 기본관점으로 현대적인 입장이다.
① 고전론적 관점   ② 행위론적 관점
③ 상황론적 관점   ④ 관료적 관점

답) ③

해설) 보편이론은 조직을 설계하기 위한 유일한 최선의 방법이 존재한다는 것을

강조하는 반면, 상황이론은 조직의 최적구조가 기술과 환경을 포함한 상황요인들에 의해 달라야 한다고 보는 현대적인 관점이다.

11. (   )은(는) 보편이론보다 최근의 접근법으로서 고전적 조직 또는 시스템4조직이 상황요인들에 따라서 최적일 수도 그렇지 않을 수도 있다는 사고에 의존하고 있다.
① 보편이론　　　　　　　　　　② 근대이론
③ 상황이론　　　　　　　　　　④ 전통이론

답) ③
해설)
(1) 보편론적 관점: 유일한 최선의 방안이 존재한다는 시각
　　㉠ 전통이론: 고전이론과 관료제이론은 조직화의 유일한 최선의 방법은 기계적인 것이라는 동일한 결론에 이르고 있다.
　　㉡ 근대이론: 행위적(시스템4)이론과 환경적응이론은 조직화의 유일한 최선의 방법이 유기적인 것이라고 주장한다.
(2) 상황론적 관점: 상황이론이 대표적이며, 유일한 최선의 방안이 존재하지 않고 상황과의 적합성이 중요하다고 주장한다. 보편이론보다 최근의 접근법으로서 고전적 조직 또는 시스템4조직이 상황요인들에 따라서 최적일 수도 그렇지 않을 수도 있다는 사고에 의존하고 있다.

12. (   )은 상황이 단순하고 안정적일 때 적합할 것으로 생각되는 조직구조이다.
① 기계적 조직　　　　　　　　② 유기적 조직
③ 수평조직　　　　　　　　　　④ 프로젝트조직
답) ①
해설) 기계적 조직에 대한 설명이다.

13. (   )은 고도의 집권화와 공식화로 대변되는 조직으로 인간의 자유재량보다 규칙, 규정, 절차에 따른 통제가 강조되는 수직적 관료제 조직이다.
① 시스템4조직　　　　　　　　② 적응적 조직
③ 유기적 조직　　　　　　　　④ 기계적 조직

답) ④

해설) 관료제 조직관 즉 기계적 조직에 관한 전형적인 설명이다. 나머지 조직들은 반관료제 조직관들이다.

14. 행위적(시스템4) 이론과 환경적응이론은 조직화의 유일한 최선의 방법이 (   )인 것이라고 주장한다.
① 기계적					② 유기적
③ 구조적					④ 과정적

답) ②
해설) 조직설계의 보편론적 관점으로 유일한 최선의 방안이 존재한다는 관점이다.
① 전통이론: 고전이론과 관료제이론은 조직화의 유일한 최선의 방법은 기계적인 구성과 운영이라는 측면에 일치하고 있다.
② 근대이론: 행위적(시스템4)이론과 환경적응이론은 조직화의 유일한 최선의 방법이 없으며, 다양하게 상황에 따라 변화해야 한다고 주장한다.

15. 만약 종업원이 낮은 성장욕구를 가지고 있다면 (   )조직과 일상적인 직무설계(routine job)가 이용되어야 한다.
① 컨틴전시					② 애드호크라시
③ 기계적					④ 유기적

답) ③
해설) 인적자원의 특성에 적합한 조직과 직무의 특성
① 만약 종업원이 낮은 성취도, 낮은 성장욕구를 가지고 있다면, 기계적 조직과 일상적인 직무설계가 이용되어야 한다. 즉 감독과 통제방식이 유효하다.
② 반대로 종업원이 높은 성취도와 성장욕구를 가지고 있다면, 유기적 조직과 직무충실화가 사용되어야 한다. 즉 자율성을 주어야 한다.

16. 만약 종업원이 높은 성장욕구를 가지고 있다면 (   )조직과 직무충실화가 사용되어야 한다.
① 타율적					② 관료적
③ 유기적					④ 기계적

답) ③
해설) 성취욕구가 낮은 사람에게는 단순 반복직무 - 기계적 조직이 적합하고, 성취욕구가 높은 사람에게는 복잡직무 - 유기적 조직이 필요하다.

17. (   )은 기계적 조직과 대조가 되는 특성을 갖는 조직으로, 직무, 권한, 책임관계의 탄력성, 분권적 결정, 수평적, 인격적 상호작용의 특징을 갖는 유연성이 있는 조직이다.
① 시스템1 조직   ② 관료적 조직
③ 유기적 조직   ④ 계층 조직

답) ③
해설) 기계적인 관료제 조직관에 반대하는 입장을 설명한 것으로 적응적 조직관을 묻는 것이다. 적응적 조직관에는 유기적 조직과 애드호크라시가 있다.

18. 조직풍토란 조직의 다양한 성격에 대한 종업원의 종합적 (   )과정을 통해서 형성되는 것이다.
① 태도   ② 학습
③ 지각   ④ 강화

답) ③
해설) 조직분위기와 조직문화
① 조직풍토(조직분위기): 조직의 다양한 특성에 대한 종업원의 종합적 지각과정을 통해서 형성되는 것으로 객관적인 것이라기보다 주관적이고 상대적인 것이다.
② 조직문화: 조직구성원의 공통된 가치나 신념의 체계이며, 조직구성원의 활동의 지침이 되는 행위규범이 창출된다.

19. (   )은(는) 특정 조직을 타 조직과 구별할 수 있도록 해 주는 조직의 고유한 특성을 말하는 것이다.
① 조직분위기   ② 조직문화
③ 조직변화   ④ 조직목표

답) ①
해설) 조직분위기 또는 조직풍토라고 한다.

20. 인적자원의 효율적 활용을 위해서는 상징적인 측면에서 인적자원의 특성에 적합한 조직분위기(풍토)나 (   )의 정립도 중요하다.

① 조직구조　　　　　　　　　　② 조직과정
③ 조직문화　　　　　　　　　　④ 조직행위
답) ③
해설) 인적자원의 효율적 활용을 위해서는 상징적인 측면에서 인적자원의 특성에 적합한 조직분위기나 조직문화의 정립이 중요하다.

21. (　　　)은(는) 조직구성원들의 공유된 가치나 신념의 체계로서 구성원들의 행위기준을 제시함으로써 그들을 결합시키는 접착제 구실을 하는 것이다.
① 조직풍토　　　　　　　　　　② 조직분위기
③ 조직구조　　　　　　　　　　④ 조직문화

답) ④

22. 우수기업에는 기업의 지향가치인 (　　　)을(를) 분명히 하고, 이를 경영 전반에 반영시켜 가시화·제도화하고 있다.
① 태도　　　　　　　　　　　　② 이념
③ 방침　　　　　　　　　　　　④ 지침
답) ②
해설) 우수기업의 관리 측면에서의 특성
① 우수기업에서는 기업의 지향가치인 이념을 분명히 하고, 이를 경영 전반에 반영시켜 가시화·제도화하고 있으며, 경영진들의 솔선수범, 구성원들에게 전달, 공유, 이념에 따른 구성원의 행동을 유도하고 있다.
② 우수기업에서는 기업의 비전과 꿈을 분명히 제시함으로써 구성원들에게도 장래 비전과 희망을 갖도록 하고 있다.

23. 우수기업에서는 기업의 비전과 꿈을 (　　　)으로 분명히 제시함으로써 구성원들에게도 꿈과 희망을 갖도록 하고 있다.
① 경영자상　　　　　　　　　　② 미래상
③ 인재상　　　　　　　　　　　④ 사원상

답) ②
24. 성숙한 인적자원이 있는 조직에서 (　　　)이고 안정적인 풍토와 문화가 있다면 인적자원의 특성과 부조화가 발생하여 자원의 낭비가 있을 수 있다.
① 진취적　　　　　　　　　　　② 적극적

③ 보수적   ④ 혁신적

답) ③

25. 우수기업에서는 기업의 핵심적인 가치관에 대해서는 엄격하나 (   )은(는)
방임에 가까운 유연함을 유지하고 있다.
① 조직구조   ② 조직목표
③ 조직경계   ④ 조직환경

답) ①

26. 우수기업에서는 (   )을 중시하는 가치관이 확립되어 있어 경영진이나 관리
자들은 회사의 영업이나 생산과 같은 비즈니스에 밀착해 있다.
① 사무실   ② 현장
③ 이상   ④ 직관

답) ②

7장　　　주관식 문제

1. (   )는 조직의 목표를 달성하는 데 필요한 전문화된 활동들을 결정하고, 이
활동들을 어떤 논리적인 유형에 따라 집단화시키고 이런 집단화된 활동을 어떤
직위나 개인의 책임하에 할당하는 것을 지칭한다.

답) 구조

2. 정상적인 인간의 퍼스넬리티는 미성숙한 상태에서 성숙한 상태로 전환된다고
말한 학자는 누구인가?

답) 아지리스

3. 조직을 설계하기 위한 유일한 최선의 방법이 존재한다는 것을 강조하는 이론은 무엇인가?

답) 보편이론

4. 조직구조의 설계나 재설계의 경우에 상황요인, 즉 환경, 기술, 규모 등을 고려해야 한다는 입장에서 조직구조의 유일한 최선의 방법이 없다는 입장을 강조하는 이론은 무엇인가?

답) 상황이론

5. 직무를 수행하는 사람에게 의미와 만족을 부여하려고 함과 동시에 생산조직이 그 목표를 더욱 효율적으로 수행할 수 있도록 일련의 작업과 단위직무내용 및 작업방법을 변경하는 것을 무엇이라고 하는가?

답) 직무설계

6. 유기적 조직이 있고 종업원이 높은 성장욕구를 가지고 있다면 (   )가 상용되어야 한다.

답) 직무충실화

7. 특정 조직을 타 조직과 구별할 수 있도록 해 주는 조직의 고유한 특성을 (   )라고 한다.

답) 조직풍조 또는 조직분위기

8. 기계적 조직과 대조가 되는 특성을 갖는 조직으로 직무·권한·책임관계의 탄력성, 분권적 결정, 수평적·인격적 상호작용에 따라 특정 지어지는 유연성이 있는 조직을 무엇이라고 하는가?

답) 유기적 조직

9. 초일류 기업에서는 기업의 핵심적인 (   )에 대해서는 엄격하나 (   )는 방임에 가까운 유연함을 유지하고 있다. (   ) 안에 들어갈 말은 각각 무엇인가?
답) 가치관, 조직구조

10. ______________의 성숙·미성숙이론은 현실적으로 조직과 개인 간에 부조화가 발생하는 것을 방지하기 위하여, 개인목표와 조직목표를 일치시켜야 한다는 것을 주요내용으로 한다.

답) 아지리스(C. Argyris)

11. 고도의 집권화와 공식화로 대변되는 조직으로, 인간의 자유재량보다 규칙, 규정, 절차에 따른 통제가 강조되는 수직적 관료제 조직은?

답) 기계적 조직 - 기계적 조직과 대조되는 특성을 가진 유기적 조직은 직무·권한·책임관계의 탄력성·분권적 결정·수평적이고 인격적인 상호작용을 존중하는 유연성이 있는 조직이다.

12. 보편이론과 상황이론에 대하여 설명하시오.

답) 조직구조 설계에 관한 설계이론은 보편적 이론과 상황이론으로 나누어 볼 수 있다. 보편이론(universal theory)은 관료제, 과학적 관리론과 같이 조직설계를 위한 유일한 최선의 방법이 존재한다고 여기고, 과업단위 분석을 중요시한다. 이에 반하여 상황이론(contingency theory)은 기술과 환경과 같은 환경적 요인들에 따라 조직의 최적구조가 달라진다는 이론이다.

13. ______________는 특정 조직을 다른 조직과 구별할 수 있도록 해 주는 조직의 고유한 특성이다.

답) 조직풍토 또는 조직분위기

14. 조직구성원의 공유된 가치나 신념의 체계를 ______________라고 하며, 이것은 조직구성원들의 행위기준을 제시함으로써 그들을 결합시키는 접착제 역할을 한다.

답) 조직문화

15. 포터 등이 제시한 '과업 – 조직 – 인간'의 적합성 모형에 따르면 유기적 조직이 있고 종업원이 높은 성장욕구를 가진 경우 직무충실화가 상용되어야 한다고 하였다. 직무충실화에 대해 설명하라.

답) 수직적 직무부하라고도 하는 것으로서 직무확대와 더불어 직무설계의 주요한 방법이 되고 있다. 이것은 직무가 질적으로 개선되도록 하는 것으로 보다 높은 수준의 기술과 지식을 필요로 하고 작업자에게 자신의 성과를 계획, 실행, 통제할 수 있는 자주성과 책임을 보다 많이 부여하도록 직무를 재편성하는 것을 뜻한다.

제8장

보상 관리

제1절 임금관리

1. 임금의 개념 및 의의

(1) 임금의 개념

임금(wage)이란 사용자가 노동 서비스 대가로 근로자에게 어떠한 명칭으로든지 지급하는 일체의 물질적 보상 또는 금품을 말한다. 보통 생산직 근로자에 대한 임금과 사무직 노동자 등에 대한 봉급으로 나누어지는데, 생산직 근로자에 대한 임금은 주로 시간당 임금 또는 임금률이 정해져 있으며, 사무직 노동자에게는 주로 월급의 형태로 지급되는 것이 일반적이다. 이렇게 지급되는 임금 및 봉급은 근로자가 노동하여 얻는 소득을 가리키는 말로, 근로기준법에는 "사용자가 노동의 대가로 근로자에게 지급하는 임금, 봉급 기타 여하한 명칭으로든지 지급하는 일체의 금품"으로 정의하고 있다.

(2) 임금의 의의

임금은 종업원에게 있어서 소득의 원천이 되고 경영자에게 있어서는 주요한 생산비용에 영향을 미친다. 따라서 임금은 노사 간에 상반된 이해관계 속에서 노사분규의 직접적인 원인이 되기도 한다. 특히 최근 저성장, 국제경쟁의 가속화, 고임금 등에 능동적으로 대처하기 위해서는 지금까지의 연공급의 한계와 장기 근속자에 대한 기업의 인건비 부담이 생기면서 임금체계의 방면에서 변화의 필요성이 제기되고 있다. 따라서 이러한 문제들을 해결하기 위해 임금체계관리는 전체 임금을 종업원 개개인에게 어떠한 항목으로, 어떠한 기준에 의해 배분할 것인가를 관리하는 것이다. 즉 이는 종업원들의 개인적 임금격차를 밝히는 것으로서 임금의 공정성을 정립한다는 의미를 갖기도 한다.

① 근로자 측면: 생활의 질 보장 또는 향상시켜 주는 소득원천 및 수단,

근로자 본인 가족의 생계유지비, 사회적 위치의 표시, 조직상의 지위, 동기부여의 한 요소이다.
② 기업 측면: 기업의 비용 또는 제품의 생산원가를 구성하는 한 요소로서 노무비 및 근로자 생활안정 및 보상 관리에 속한다.

2. 임금관리

임금관리는 인사관리의 한 요소인 노무관리의 한 부분으로서, 기업의 임금제도나 지급 방법을 계획·운영·조정하는 것이다. 즉 기업이 근로자에게 지급하여야 할 임금의 금액 및 제도를 합리적으로 계획, 조직하고 그 성과를 통제·개선함으로써 인사관리의 목적달성에 기여하고자 하는 관리행위이다. 또한 임금관리는 조직구성원 개개인의 임금지급액, 임금단위 및 지급방법, 임금의 사회적 수준, 생활급으로서의 안정 여부, 승진 가능성 등을 고려하여 실시된다. 임금관리의 기본원칙으로는 적정성, 공정성, 합리성의 원칙이 있다.

(1) 임금수준의 관리

임금수준이란 일정기간 한 기업 내의 모든 종업원에게 지급되는 평균 임금으로 임금의 크기와 관련이 있으며, 기업의 지급능력을 표시해 주는데, 종업원의 생계비 또는 사회적 균형을 고려해야 된다. 기업체의 대외 이미지 및 고급인력 유치에 영향을 주는 요인이기도 하다. 임금수준의 관리방향은 적정성을 유지, 임금수준 조정, 임금수준 관리방향, 신뢰성과 타당성이 있다. 그리고 임금수준의 결정요인은 생계비, 기업의 지불능력, 노동시장이다. 여기서 생계비 요인은 자금산정의 최저기준과 인간적인 삶을 보장해 주는 것이며, 지불능력은 임금총액의 크기가 얼마인지를 먼저 결정해야 하며, 노동시장 요인은 동종 업계의 임금수준, 노동력의 수요와 공급 상황, 노사 간의 임금교섭에 의한 임금결정을 말한다.

① 생계비 보장원칙: 종업원의 최저 생활비를 보장해 주어야 한다는 원칙
으로 최저생활비 수준은 사회적인 통념 또는 법에서 일정 기준을 정하
고 있다. 여기서 최저 임금제도를 정해 놓은 목적은 저임금 근로자집단
의 보호, 노사분쟁으로 인한 비능률적 경영의 방지, 노동시장의 불완전
성, 저임금으로 인한 불경기를 초래한다는 케인즈 이론에 기초한다.

② 기업 지급 능력의 원칙: 해당 기업의 재무능력을 말하는 것으로 지급능력을
고려한 임금수준을 결정한다는 것이다. 즉 임금수준의 상한선을 말한다.

③ 사회적 균형의 원칙: 다른 기업의 임금수준과 비례한 임금수준으로의
지급을 말한다. 이는 사회적 일반 임금수준의 중간에서 조정된다.

④ 노동 가치비례의 법칙: 종업원이 노동으로 회사발전 및 생산성에 기여
한 정도에 따라 임금을 지불한다는 원칙이다. 이것은 노동생산성을 말
하는 것으로 임금수준의 상한에서 조정된다.

⑤ 임금 계산 간편성의 법칙: 임금계산이 간단하고 용이해야 한다는 것이다.

⑥ 근로의욕 고취의 원칙: 임금은 근로자의 근로의욕을 증진시키는 수단
이 되어야 한다는 원칙이다. 근로의욕을 고취시키려면 많은 임금을 지
급하는 것이 당연하겠지만 임금은 제품생산 원가에 영향을 미치며, 기
업의 재무능력이 제한되기 때문에 무한정으로 많은 임금을 지불할 수
는 없는 것이다. 따라서 노사 간의 임금합의가 중요하다.

(2) 임금체계의 관리

임금체계(wage structure)란 임금이 어떠한 종류의 임금 결정요인으로 구성
되고 있는가 하는 그 구성내용을 나타내는 임금의 구조를 말한다. 여기서
임금체계의 관리는 임금 지급항목을 어떻게 구성할 것인가를 말하며, 임금
의 공정성과 관련된다. 임금체계의 결정기준은 다음과 같다.

① 필요기준(연공기준): 종업원의 필요에 의해 결정하는 것으로 종업원의
필요생계비를 반영한다.

② 직무기준: 직무기준은 종업원의 능력과는 무관하게 직무(업무)의 내용

에 따라 결정되는 것이다. 이때 직무단위가 명확하고 그에 따른 적격자의 적재적소 배치가 전제되어야 하며, 동일 직무의 동일임금의 원칙이 적용되어야 한다. 이는 테일러의 과학적 관리법에 기초하며 보수의 공정성의 원칙에 해당한다.

③ 능력기준: 능력기준은 직무와 관련된 능력을 말하며, 현재 담당하고 있는 직무능력뿐만 아니라 앞으로 담당해야 할 직무와 관련되는 능력도 포함된다.

④ 성과기준: 성과기준에 의해 임금이 결정되는데, 종업원의 조직에 대한 기여도를 의미한다. 이는 직무급, 연공급, 직능급을 산출할 때 고려되는 사항이며 그 자체가 임금체계의 구성요소는 아니다.

<임금관리의 내용>

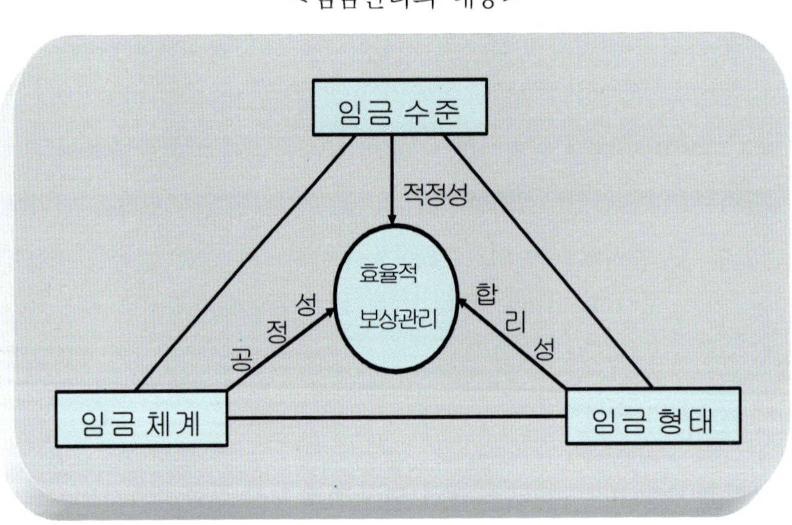

자료 : 백상균

3. 임금수준의 조정방법

(1) 승급

기업 내에 임금체계에 따라 연령, 근속연수, 능력의 신장, 직무의 가치증대 등이 발생했을 때 동일 직급 내에서 임금수준의 상승으로 기본급이 증액된다. 예를 들어 승진을 하지 않았지만 매년 호봉승급으로 인해 임금을 상승시키는 것을 말한다.

(2) 베이스업

연령, 근속연수, 직무능력의 관점에서 동일조건의 사람에 대한 임금의 증액으로 임금곡선 자체의 상향이동을 말한다. 이는 매년 봉급인상의 현상을 말한다.

4. 임금체계

임금에는 월례급과 상여금 및 일시금이 있으며, 월례급은 소정 내 임금과 소정 외 임금으로 분류되는데, 소정 내 임금은 기본급과 수당으로 나누어진다. 다음의 임금체계는 기본급을 결정하는 제도라고 보면 되겠다.

(1) 연공급

① 개념: 연공급이란 종업원의 근속연수·학력·경력 등의 기준에 따라 차등을 주는 임금체계이다. 이러한 연공급은 종업원의 생활보장을 위한 생활급적 사고원리에 따른 것이다.

② 장점: 연공급은 근속연수나 경력이 많을수록 높은 임금을 받는 임금체계이므로 한 회사에 장기근무가 유리하다. 따라서 이 체계는 종업원의 기업에 대한 충성 및 귀속감을 강하게 만들고 직장안정 및 소득안정을 시킬 수 있어 종업원의 입장에서도 만족을 느끼게 한다.

③ 단점: 능력과 무관하게 임금이 결정되므로 유능한 인재의 확보에 어려움이 있고, 장기 근속자에 대한 인건비 부담이 가중된다. 또한 능력은

부족해도 근속연수가 많으면 높은 보수를 받을 수 있어 동기부여가
없어 발전성을 저해하며, 업무에 소극적이거나 나태해질 수 있다.

(2) 직무급

① 개념: 직무급이란 직무의 지식, 기술, 중요성, 난이도, 책임도 등에 따라서 각 직무의 상대적 가치를 평가하고 그 결과에 따라 임금액을 결정하는 임금체계이다. 이는 동일직무·동일임금을 기본원리로 하기 때문에 공정한 보수라는 특성이 있다.

② 장점: 직무급은 직무의 난이도, 책임도 등에 상응하는 급여지급을 함으로써 개인별 임금차의 불만을 해소할 수 있어 보수의 공정 확보와 더불어 인건비관리의 효율성을 기대할 수 있을 뿐만 아니라 능력주의 인사풍토를 조성하는 데 용이하다.

③ 단점: 직무급은 직무평가 및 직무분석 등이 선행되어야 하는 번거로움이 있으며, 직무단위 및 표준화가 명확하지 않은 경우에는 적용될 수 없다는 한계가 있다. 특히 우리나라와 같이 연공이 중시되는 기업풍토에서는 직무급의 적용이 쉽지 않다.

(3) 직능급

① 개념: 직능급이란 연공급과 직무급의 혼합 형태로서 직무내용과 직무수행능력에 따라 임금을 결정한다. 직무수행능력은 근속, 연령, 학력, 성별, 인사고과, 사내시험, 직무평가 등으로 구성된다.

② 장점: 직능급은 직무수행능력에 따라 차별을 두므로 종업원의 능률을 향상시켜 생산성향상에 기여할 수 있으며, 유능한 인재의 확보에 용이하다. 또 종업원의 자기개발 및 동기부여의 수단이 되며, 자동임금인상의 연공급의 단점을 제거할 수 있고, 직무에 따른 임금결정의 경직성 제거, 종업원들의 인적질서의 확립으로 임금결정에 따른 불만 감소를 가져온다.

③ 단점: 종업원 개인의 업무수행능력의 차로 부족한 종업원의 사기를 떨어뜨린다. 또 업무의 수행보다 자격의 취득에 열중하고, 자격취득을 위한 경쟁으로 협동이 저해될 수 있다. 그리고 종업원의 능력을 정확하게 판단하는 객관적 기준이 없거나 정확하게 판단하기 어렵기 때문에 제한이 있어 실제 기업에서는 연령·학력 등의 개인의 요소에 따라 판단하고 있다.

(4) 그 외에 업적급, 직계급, 자격급, 종합결정급, 직종급이 있다.

<임금체계의 특성 비교>

구 분	연공급	직무급	자격급	직능급
평가의 기준	속인적 요건	직무평가	기능 및 자격기초	직무수행능력
가치의 판단기준	연공조건들의 점수화	직무요소 및 가중치	기능 및 자격의 수준	개인적 역량
임금산정기준	연공에 따른 등급	직무 간 서열, 점수	자격증, 시장가격	자격증, 시장가격

(5) 기타 임금의 형태

① 연봉제: 개별적 성과급의 특징을 가지고 있으며, 결과에 따라 차별을 두므로 공정성에 바탕을 두며 능력을 중시하는 임금 체계이다. 장점으로는 능력 중심주의, 공정성의 제고, 책임감 배양, 연봉 계약 시 상하 간의 대화를 필요로 하므로 의사소통의 원활화를 기할 수 있다. 단점으로는 단기적인 안목에서의 인사관리가 이루어지며 지나친 경쟁심을 유발시킬 수 있다. 또한 정보왜곡의 가능성과 맹목적 충성의 풍토가 조성될 가능성이 있다.

② 시간급(고정급)제: 작업 성과와는 무관하게 단순히 근로시간을 기준으로 하여 임금을 산정하고 지불하기 때문에 능률성이 낮다. 시간급제는 단순시간급제(일급, 주급, 월급, 연봉제), 복률 시간급제, 계측일급제로 구분된다.

③ 성과급제: 노동성과를 측정하여 측정된 성과에 따라 임금을 산정하여 지급하는 제도이므로 보수의 합리성과 공정성 제고, 작업에 대한 동기

부여가 된다. 그러나 단점으로는 모든 작업에 성과 측정이 가능하지 않으며, 근로자 수입 불안정, 제품품질 저하, 기계설비 소모 과다, 종업원 피로도가 문제시된다.

㉠ 도급작업제도: 임금총액이 생산성 비율과 관계있기 때문에 산출방식이 정확하고 노동원가를 간단히 산출할 수 있는 이점이 있다.

㉡ 테일러식 차별 성과급제: 사전에 결정된 과업을 표준으로 하여 높은 임금과 낮은 임금의 이중 임률을 산정한 방식이다.

<시간급과 성과급의 비교>

시간급(근로시간을 기준)	성과급(직무결과를 기준)
. 근로자 작업량 측정 곤란한 업무	. 성과의 내용이 객관적으로 측정 가능한 업무
. 품질이 특히 중시되는 업무	. 품질이 균일하고 생산양이 더 중요한 업무
. 작업지연이 빈번하고 통제 불가능한 업무	. 직무의 표준화, 작업흐름이 정규적인 업무
. 감독, 성과의 측정이 어려운 업무	. 감독과 성과의 측정기록이 용이한 업무

④ 집단임금제: 집단성과별로 지급하는 체계이므로 개인의 노력과 성과의 연계가 불분명하다. 그러므로 현재 어느 기업도 적용되지는 않고 있다. 이는 개인단위로 한 임금제도는 개인 위주의 작업으로 운영되기 쉽기 때문에 집단으로서의 작업능률을 중시한다.

⑤ 집단성과 보상제도: 일정한 조직단위(조직 전체, 작업집단, 과, 부)를 기준으로 성과를 측정하고 그에 준한 임금을 지불하는 것으로 집단성과급제, 성과배분제라고도 하는데, 기업이익의 일부를 주식 등으로 종업원에게 나누어 주는 이익분배제(profit sharing)와 종업원들의 참여와 노력에 의해 달성한 생산성 향상이나 비용절감을 사전에 정해진 기준에 의해 노사 간에 배분하는 집단성과배분제(Gain – sharing)로 나눌 수 있다. 이 집단성과급제는 전체 임금 중 일부에만 집단성과급을 반영하여 상여금 형태로 지급된다. 이는 업무의 성격상 종업원 개인의 업무를 파악하기 힘들 때, 종업원들의 협조와 공동노력이 필요한 경우, 기업 내 공동체 형성을 지향하는 경영이념에 따라 도입이 될 수 있다.

⑦ 스캔론 플랜(scanlon plan): 매상고를 기본으로 결정된다. 이는 종업원의 참여의식을 높이기 위하여 고안된 방식인데 생산물의 판매가치를 기본으로 한 상여결정방식과 집단중심의 제안제도를 중심으로 한 경영참가를 내용으로 하고 있다(생산액 기준방식).

㉡ 러커플랜(rocker plan): 생산가치(부가가치)에 대한 일정한 임금배분율을 정해 두고 이 임금배분율을 부가가치에 곱하면 임금총액이 계산된다. 이는 1932년 락커에 의해 고안된 성과배분제도이므로 락커라는 이름을 붙였다(부가가치 기준방식).

㉢ 이익분배제도: 기본적 보상 외에 각 시기마다 결산이익의 일부를 종업원에게 부가 지급하는 것으로 고용주와 종업원 사이 협정에 의하여 이루어진다. 협동심 강화, 능률의 증진, 종업원의 장기근속 유도의 효과가 있다. 분배대상은 주주, 경영자, 근로자가 되며 집단 성과급제도 중의 하나이다.

　ⓐ 일반 이윤분배: 기업 전체적으로 총이윤이 발생했을 경우에 배분하는 제도

　ⓑ 단위 이윤분배: 부문별 활동에서 이윤이 발생하면 참여한 종업원에게 분배하는 제도

　ⓒ 개별적 이윤분배: 개별 종업원의 업적을 평가하여 이윤이 발생하면 분배하는 제도

⑥ 순응임률제도(슬라이딩 스케일, sliding scale plan): 임률과 관련되어 있는 생계비 지수가 변화할 때마다 임금도 자동적으로 변동·조정되도록 하는 제도로 생계비 지수 외에 기업성과나 판매가격 등의 등락에 준해서 결정될 수도 있다.

㉠ 생계비 순응임률제: 물가상승 시 생계비 지수에 따라 그 변동에 순응해서 임금을 조절한다.

㉡ 판매가격 순응임률제: 제품 판매가격의 변동에 따른 임률 변동제

㉢ 이윤 순응임률제: 기업의 이윤에 따라 임금을 결정하는 임률 변동

제이다.

⑦ 연간 보장급 제도: 일정기간 근속한 종업원이 해고된 경우 일정기간(1년) 동안은 취업 중의 실질임금의 일정률을 보장하는 제도이다. 1920 -1930년대 미국에서 적용하였지만 최근 다시 적용되어 가는 추세이다. 이러한 제도는 실업률의 방지차원에서 실업보험적 성격이 있으므로 국가의 지원이 필요하다.

⑧ 종업원 지주제: 종업원이 자사의 주식을 소유하도록 허용하는 제도로 근로자의 경영참가의식 및 주인의식 고취, 노사협력, 노동생산성 증가를 도모할 수 있다. 유형으로는 주식매입형, 저축장려형, 이익분배형이 있다.

⑨ 임금 외의 간접적인 제 급부(복지후생의 성격): 기본적으로 집단적 보상의 성격, 기대소득의 성격을 갖고 있으며, 필요에 따라 지급되고 용도가 한정되어 있다. 복지후생비가 그 예이며 복지후생비는 현금 외에도 현물이나 서비스의 제공, 시설물의 이용 등을 통해서도 지급된다.

(6) 우리나라 임금체계의 문제점과 개선방안

① 문제점: 연공급 중심의 체계, 낮은 기본급비율과 복잡한 수당체계, 심한 임금격차, 정기 지급되는 상여금제도

② 개선방안: 직능급체계로의 전환, 임금체계의 단순화, 연봉제의 도입, 임금격차의 해소

제2절 복지후생관리

1. 복지후생관리의 개념

복지후생관리(employee benefit and service program)란 일반적으로 노동력

유지관리, 향상 및 확대재생산을 목적으로 설치한 모든 시설 및 제도와 이들을 관리하는 것을 말한다. 이러한 개념은 인간중심관리에서 시작한 종업원의 사기증진, 욕구충족 등의 일환이라 할 수 있다.

2. 복리후생 관리의 3원칙

(1) 적정성의 원칙: 종업원에게 절실히 필요하고, 종업원이 원하는 시설, 설비비용에 대한 기업 부담상의 적정성, 동종 산업이나 지역 내 타 산업에 비교하여 가능한 한 차이가 크지 않아야 된다는 원칙이다.

(2) 합리성의 원칙: 복지후생관리 시설이 기업, 지역사회, 국가의 차원에서 서로 중복되지 않아야 하고 연관성이 있도록 합리적으로 조정, 관리되어야 한다는 것이다. 복지후생의 주체에 의한 분류는 국가, 지방공공단체, 기업, 노동조합으로 나누어진다.

(3) 협력성의 원칙: 기업 내에서 종업원의 의사가 반영되어야 하기 때문에 특히 노사 간 합의가 필요하다.

3. 기업복지후생의 내용

(1) 법정 복지후생: 의료보험, 연금보험, 산업재해보상보험, 고용보험의 4대 공적 보험제도에 따라 기업에 대한 강제성이 있다.

(2) 법정 외 복지후생: 기업 자체의 독자적 결정에 의해 실시되는 복지시설 및 제도를 의미하며 주택관계시설(사내 아파트, 사택시설), 보건소와 같은 진료시설, 각종 편의시설, 가족 및 통근수당, 문화, 체육, 오락 시설 등이 있다.

4. 카페테리아식 복지후생

　종업원이 자신이 원하는 것만을 선택, 설계하는 복지후생 프로그램으로 종업원의 다양한 욕구를 충족시키기 위함이다. 장점으로는 보상의 가치에 대한 종업원의 인식과 만족감 증대, 결근율과 이직률 감소 등이며, 단점은 관리상의 복잡성과 비용의 증가로 전산화가 필요하다. 또한 복지후생제도에 대한 가격결정이 어려우며, 단체실시의 경우 신청자가 적으면 비용이 증가하고 효율성이 떨어진다.

　(1) 선택항목 추가형: 종업원 전체에게 반드시 필요한 것은 기업에서 결정하고, 나머지는 종업원이 추가적으로 선택하도록 하는 유형이다.

　(2) 모듈형: 여러 개의 복지후생 항목들을 패키지별로 구성하고 그중에 한 집단(패키지)을 선택하는 형태이다.

　(3) 선택적 지출 계좌형: 위 두 가지의 형태와는 무관하게 처음부터 종업원이 자유로이 복지후생항목을 선택하는 유형이다.

5. 복지후생관리상의 유의점

　시작 또는 관리상 등의 커뮤니케이션이 지속적으로 이루어져야 하며, 창출적 효과, 종업원 참여, 복지후생에 대한 비용편익 및 효과분석 등을 고려해야 한다.

6. 직장스트레스 및 건강관리

(1) 직장스트레스의 의의

　직장스트레스란 직무의 특성과 근로자의 능력이나 요구와 맞지 않을 때 발생하는 유해한 신체적 반응을 말한다. 스트레스는 객관적으로 측정하기 어려운 특성을 지니고 있어 스트레스를 정기적으로 기업 차원에서 관리하여야 한다. 이를 측정하기 위해서는, 스트레스의 원인이나 결과를 통해 간접적으로 측정하는 경우가 대부분이다. 오늘날 산업화의 심화로 다양한 스트레스는 생산성 저하와 이직의 결과를 초래하기 때문에 기업의 입장에서는 인사관리상의 중요한 과제가 되고 있다.

(2) 직장 스트레스관리 방안

① 정신건강 평가: 기업이 종업원의 정신건강 상태를 파악하는 것이다. 인사담당자, 관리감독자의 세밀한 관찰을 통해 문제점을 발견하거나 필요시 종업원에 대한 심리검사, 성격, 지능 및 적성검사와 상담 등의 평가를 통하여 판단하는 방법이 있다.

② 기업의 대처: 정신건강 저해요인의 발견과 대책 마련과 지속적인 관리가 필요하다. 이를 위해서는 라이프스타일의 개선이 필요한데, 정신건강을 건전하게 유지하고 스트레스 질병을 예방하기 위함이다. 방안으로는 기업의 원조, 교육실시가 필요하다.

제3절 사기관리

1. 개념

사기(moral)란 조직목표의 달성을 위한 조직구성원의 자발적·적극적인 근무의욕으로서 주로 무형적인 것을 말한다. 즉, 사기는 구성원 개인의 사기뿐만 아니라 조직 전체의 정신력과 같은 보이지 않는 힘으로 말할 수 있다.

2. 사기의 특성

(1) 개인적 특성: 사기는 직무와 작업(근무)환경에 대한 개인의 주관적인 내면의 인식상태로서 개인적 특성을 가지고 있다.

(2) 집단적 특성: 사기는 조직구성원이 조직목표를 달성하기 위하여 상호 협동하는 정신자세로서 조직과 연관되었을 때만 의미가 있기 때문에 집단적인 특성이 있다.

(3) 사회적 특성: 사기는 긍정적인 측면만을 다루어야 한다는 전제가 있어야 한다. 즉, 사기가 사회적 가치 추구나 바람직한 방향으로의 역할로 작용하였을 때, 비로소 존재의미가 있기 때문에 이러한 측면에서 사회적 특성을 가지고 있다.

(4) 관리적 특성: 조직구성원의 사기를 잘 관리하느냐는 조직의 리더십과 밀접한 관계를 가지고 있다.

(5) 인간욕구적 특성: 조직구성원은 조직생활에서 사기를 중요시한다. 조직인간으로서의 기본욕구 충족은 조직으로부터 오는 정신적인 만족과 자부심으로부터 기인하므로 사기는 인간욕구와 관련이 깊다.

(6) 조직적·시대적 특성: 사기는 조직이 가지고 있는 체제적 특성 또는 시대에 따라 사기의 성격도 변모해 왔다. 사회주의와 다원적 민주사회의 조직에서의 사기의 특성이 다를 수 있다.

3. 사기의 효용성

(1) 조직의 목표달성에 기여
(2) 조직에 대한 충성심 유도
(3) 조직 목표의 가치 인정과 조직문화에의 동화
(4) 규범과 명령 등에 대한 자발적 복종심 배양
(5) 조직에 대한 긍지로 자발적이고 창의적 노력 경주

4. 사기측정 방법

(1) 사기측정의 개념

사기측정은 사기조사라고도 하는데, 조직구성원의 사기실태와 조직의 사기에 관해 정보를 수집·분석하여 조직의 목표달성에 기여하도록 하기 위함과 좁은 의미로는 사기증진을 위한 자료수집이라 볼 수 있다.

(2) 사기측정의 방법

① 행태(태도)조사: 조직생활에서의 직무와 근무조건, 보수체계, 관리자의 관리방법, 대인관계, 직장 내에서의 개인적 불만과 만족감 등에 대한 주관적인 생각을 조사하는 것이다. 이에 대한 방법으로는 일상관찰, 면접과 질문서를 통한 조사, 그리고 개인의 선호도 검사인 사회측정법과 비공개 여론조사 방식인 투사법 등이 있다.

② 근무관계기록법: 이 방법은 각종 근무에 관한 기록들을 통해 조직의 사기를 측정하는 방법이다. 그 분석대상은 생산고, 이직률, 출퇴근 현황, 사고율, 근무교대 및 근무 질서상태 등이 된다.

5. 사기증진 방안

(1) 1차적 욕구 충족

생리적·안전욕구로서 경제적 요인을 말한다. 즉, 보수·연금·직업보장을 통한 안정감과 휴가와 같은 신체적 욕구충족 등이 사기증진의 방안이 된다.

(2) 2차적 욕구 충족

사회적·존경·자아실현 욕구로서 주로 사회심리적·정신적인 측면이 강조되고 있다. 조직에서의 타인으로부터의 존재가치의 인식과 귀속감 및 일체감, 개인능력발전 도모와 자아실현 충족 등이 사기증진의 방안이 된다.

(3) 유연성의 근로시간제

① 탄력적 근로시간제: 탄력적 근로시간제란 2주간, 1개월간, 3개월간 등과 같이 일정한 기간을 평균하여 1일간 또는 1주일간 근로시간이 법정기준근로시간을 초과하지 않으면 특정 일 또는 특정 주에 기준근로시간을 초과하더라도 근로시간 위반이 아니며, 초과한 시간에 대해 연장근로에 대한 가산수당을 지급하지 않아도 되는 제도이다. 일이 많을 때는 근로시간을 길게 하고 일이 적을 때는 근로시간을 짧게 하는 등 작업량 등에 따라 근로시간운용에 탄력성을 부여하기 위한 제도이다.

② 선택적 근로시간제: 선택적 근로시간제는 근로시간을 일·주·월 단위로 엄격하게 고정하지 않고 출·퇴근 및 근로시간을 근로자에게 맡기는 제도를 말한다. 우리나라에서는 선택적 근로시간제를 1개월 이내의 일정기간 단위로 정하여진 총 근로시간 범위 내에서 출·퇴근시각 및 1일의 근로시간을 근로자가 자율적으로 결정할 수 있도록 하고 있다. 이는 전문직·사무관리직 등의 업무의 능률향상과 주부의 취업과 유능한 여성인력 확보에 기여할 수 있다. 또한 근로자에게는 출·퇴근 편의나 여유 있는 사회생활 기회가 주어지고, 경영자에게는 생산성 증대나 낭비적 작업시간의 감소 등의 효과가 있어 사회 전체의 생산성이 증가되고 사기증진을 가져올 수 있다.

   ㉠ 완전 선택적 근로시간제: 근로시간 정산기간 중에 출·퇴근시간이 근로자의 결정에 맡겨 있고 근로자의 근로시간 설정에 사용자가 관여하지 않는 선택적 근로시간제로 의무적 근로시간대는 없고 선택적 근로시간대만 적용한다.

   ㉡ 부분 선택적 근로시간제: 정산기간 중의 출·퇴근을 근로자의 결정에 맡겨 일정한 시간대를 정하여 그 시간에는 근로자가 사용자로

부터 시간적 구속과 구체적 업무지시를 받고 나머지 시간에 대해
서는 출·퇴근 및 근로시간 설정을 근로자의 사정에 따라 결정하
도록 하는 제도이다.

(4) 인정근로 시간제

인정근로 시간제란 업무 특성상 실제로 근무한 근로시간을 산정하기 어려
운 경우 즉 외근업무같이 일정요건에 소정근로시간, 업무수행에 통상 필요
한 시간 또는 노사가 서면 합의한 시간을 근로시간으로 인정하는 제도로 간
주근로시간제라 한다. 이 제도는 탄력적·선택적 근로시간제와 같이 근로시
간형태의 변화는 아니며, 현재의 근로시간 제도를 기초로 단지 근로시간의
방법만을 편리하게 하는 측면이 강하다. 인정근로시간제에는 사업장 밖에서
이루어지는 근로에 대한 인정근로(외근근로)와 업무성질의 특성에 따른 인
정근로(재량근로)의 2가지 유형이 있다.

제4절 이직관리

1. 이직관리의 의의

(1) 이직 및 이직관리의 개념

이직이란 현직을 떠나 퇴사하거나 다른 직장으로의 이동으로 일종의 방출
을 의미한다. 다시 말하면 이직이란 근로자가 자신이 속한 조직체로부터 이
탈하여 고용관계를 종료하는 것을 의미한다. 따라서 이직을 방지하는 것뿐
만 아니라 기업의 효율성을 목적으로 적정한 이직을 유지하기 위한 관리방
안이 필요한데 이를 이직관리라고 한다.

(2) 이직의 유형

이직은 이직의사 결정의 주체에 따라 자발적 이직과 비자발적 이직으로 구분된다. 자발적 이직이란 다른 직장으로 옮기는 전직과 결혼·출산·지병 등의 이유로 이직하는 사직으로 구분되며, 비자발적 이직은 구조조정·징계 등에 의한 해고와 정년 등으로 인한 퇴직강제 해고, 사망 등에 의해 발생한다.

(3) 이직관리의 중요성

기업이 필요 이상 인력을 보유하면 인건비 상승, 기업의 경쟁력약화를 가져오며, 일거리 부족으로 조직 전체의 분위기가 침체되기 때문에 자발적 이직을 유도하게 된다. 급변하는 시장 및 기업환경 속에서 유능한 인력의 이직은 기업에 막대한 손실이 예상된다. 이러한 비자발적 이직을 막기 위해 이직관리의 중요성이 대두된다. 합리적인 이직관리는 강제퇴출에 따른 문제점을 최소화하기 위한 것으로 먼저 상황분석을 기초로 한 인력관리모델을 설정하고 인력감축에 따른 부작용을 최소화하여야 한다. 그 다음 공정한 기준에 의한 정리해고와 그에 따른 지원체제 구축 등이 필요하다.

(4) 이직의 원인과 결정모형

이직의 원인은 자발적 이직의 원인과 비자발적 이직의 원인으로 구분해 볼 수 있다. 먼저 비자발적 이직의 원인으로는 경기불황과 기술개발에 따른 인력공급과잉 등을 들 수 있다.
자발적 이직의 원인은 다음과 같다.
① 조직 전체(기업) 요인: 임금문제, 복리후생, 승진, 제도적 공정성, 조직 규모 등
② 작업환경 요인: 감독자의 관리방식, 교대근무 및 작업조건, 상사, 동료 간 인간관계, 지역적인 근무조건 등
③ 직무내용 요인: 직무자율성과 책임의 정도, 직무내용과의 불일치, 과업

반복성으로 인한 권태, 책임과 권한에 대한 역할의 모호성 등
④ 개인특성 요인: 연령, 경력, 성별, 교육수준, 근속연수, 가족상황 및 개
   인사정 등
⑤ 노동시장의 요인: 노동시장의 변화에 따라 이직이 발생하는데, 예를
   들어 노동시장이 원활하지 못하면 이직은 감소할 것이며, 반대로 타
   기업의 취업이 잘된다면 이직률은 높아질 것이다.

〈보충설명〉 조직균형모형(J. G. March & H. A. Simon)

조직의 존속 및 성장, 발전을 위해서는 공헌보다는 유인을 강조해야 한다.

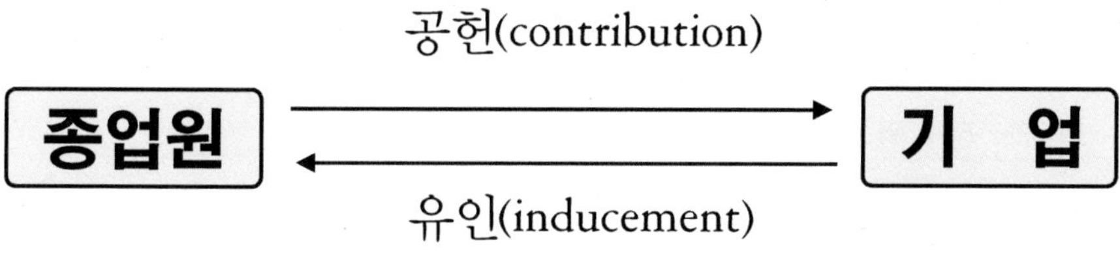

2. 자발적 이직의 관리

(1) 자발적 이직관리의 의의

자발적 이직은 주로 사직을 의미하는데, 사직결정방법은 개인적 특성과 작업 및 직무적 요소, 노동시장의 요소, 조직적 요소 등이 포함된다. 사직자수를 감소하려면 이와 같은 요인을 분석하여 대책을 강구해야 할 것이다. 즉 고임금, 역할의 명료성, 직무 및 회사에 대한 만족도, 조직의 비전, 회사측의 잘못된 관행과 제도개선 노력 등이 필요할 것이다.

(2) 사직의 감소방법

① 사직 이유의 정확한 판단, 사직인터뷰를 통한 사유 확인과 해결방안
   강구
② 종업원 채용 시 관련정보와 현재 작업장 등에서의 자료를 통해 사직
   의 타당성 검증
③ 동일한 원인으로 인한 사직자 예방을 위한 제도적 장치 마련

(3) 유효노동력의 적정 수준 유지

조직에는 사직으로 인한 공석에 대해 대체 가능한 인력과 불가능한 인력
이 존재한다. 또한 절대 필요인력과 그렇지 않은 인력이 존재하므로 사직은
인력관리에 중요한 영향을 미치므로 사직관리 측면에서 대체인력을 개발하
는 관리노력이 필요하다.

3. 비자발적 이직의 관리

(1) 정리해고

해고는 근로자의 의사와는 관계없이 사용자가 그의 일방적인 의사에 의하
여 근로계약 내지 근로관계를 종료하게 하는 법률행위를 말한다. 사용자 측
의 사유, 즉 사용자가 경제 불황 등으로 심각한 경영위기에 직면하여 이를
극복하기 위한 수단으로 불가피하게 근로자의 감원을 하는 경우의 해고를
정리해고라 한다. 이러한 해고는 근로자 개인의 내재적, 자발적 사유에서 비
롯된 것이 아니라 외재적, 경제적·기술적인 구조변화로 인하여 기업의 결
정으로 이루어지며, 개인적 불만 및 사회적 실업의 문제가 발생한다. 따라서
우리나라는 정당한 사유 없는 해고의 금지를 근로기준법에 정하고 있다.

(2) 징계해고

징계해고란 회사 내규에 규정되어 있는 징계사유에 해당되어 더 이상 근로관계를 유지하기 어렵다고 판단되는 근로자를 적법한 절차에 따라 징계하고 퇴사시키는 경우를 말한다.

(3) 통상해고

통상해고란 근로자의 일신상의 이유로 인한 해고이다. 예를 들어 장기간 해외유학, 직무 외의 질병으로 인한 장기간의 요양필요, 장기 무단결근, 근무의욕 및 직무능력 저하 등으로 인한 정상적인 근로제공이 어렵다고 판단되는 경우의 해고를 말한다. 일반적으로 통상해고나 징계해고를 구분하지 않고 있는데, 통상해고의 사유들이 징계사유가 되기 때문이다.

(4) 정년퇴직

정년퇴직이란 각 조직이 정한 연령에 도달하면 근로관계가 만료되는 것을 말한다. 정년제도의 목적은 업무의 능률성 증진, 기업의 신진대사의 촉진, 합리적인 인력운영계획 수립 및 시행, 퇴직에 대한 불만해소, 퇴직의 공정성·적정성의 확보 등이다.

(5) 명예퇴직

명예퇴직이란 회사가 규정한 연령정년에 도달하기 전 개인이 신청하여 퇴사를 원할 때의 퇴직을 말한다. 이때 일반적으로 명예퇴직수당을 지급하므로 안전한 퇴직관리, 유휴인력의 감축 전략으로 활용되기도 한다.

4. 인력감축 전략

(1) 인력감축 의의

  기업이 주도하는 인력감축은 종업원에게 커다란 정신적 또는 경제적 부담을 야기하며, 인력이 필요할 때 적기 공급이 이루어지지 않거나 기술인력 등의 유출로 기업입장에서도 많은 비용을 발생시키는 일이다. 따라서 기업의 인력감축은 기업뿐 아니라 종업원이 부담하게 될 코스트를 최소화시키는 방향으로 이루어져야 한다.

(2) 인력감축 방법

  초과근무시간 단축, 신규채용억제, 조기퇴직제(명예퇴직제), 보상의 동결 및 삭감(자발적 이직 유도), 해고(정리, 징계, 통상해고), 기타 파트타임 근로자에 대한 신규채용억제 또는 삭감, 계열사로의 전직, 직업전환교육 실시 등이 있다.

5. 퇴직자 전직지원제도

(1) 전직지원제도의 개념

  전직지원제도는 아웃플레이스먼트(Out－placement)라고 부르며, 고용주가 해고시킬 때 전문 컨설팅업체와 계약을 하고 전문 컨설팅 회사는 아웃플레이스먼트 서비스를 수행해 준다. 즉 해고된 직원들의 재취업이나 창업을 지원해 주는 것이다. 비용은 전액 기업이 부담하며 기간은 3～6개월 정도로 단순한 취업알선에 그치지 않고 적성검사와 심리상담, 인터뷰 준비, 이력서 준비 등까지 보조해 주고 있다. 예를 들어 미국 등 선진국에서는 사회적 비용을 최소화하면서 구조조정에 따른 고용조정을 원활히 할 수 있는 방법으로 활용하고 있다.

(2) 아웃플레이스먼트의 대두배경

1997년 말 외환위기 이후, 한국의 기업은 다방면에 걸친 변화를 겪고 있다. 비효율적으로 운영되었던 방만한 기업 규모는 한계에 도달했고 구조조정이 불가피하게 되었다. 사회적 합의에 기초한 효율적인 메커니즘이 없었던 상태에서의 구조조정은, 퇴직자 수를 급격히 증가시켰다. 이에 비자발적 퇴직자들을 관리하기 위한 제도가 요구되었고 국내 기업에서는 미국으로부터 도입하여 포항제철 판매 자회사인 포스틸, 한국통신 정도가 아웃플레이스먼트 서비스를 적용했다.

6. 이직에 대한 대책

(1) 자발적 이직의 감소

① 종업원의 불만이나 고민을 해결하기 위해 고충처리기구나 인사상담제도의 활성화
② 인간관계관리 중심의 경영과 직무특성을 바탕으로 한 직무설계
③ 승진적체 해소, 임금개선, 복리후생 등의 인적자원 유지관리
④ 이직의 원인 파악과 그에 대한 대책 강구

(2) 비자발적 이직의 감소

① 근로분배(work sharing): 인원감축 대신 근로시간의 단축
② 직무분배(job sharing): 특정 종업원의 직무를 없애는 대신에 다른 직무에 배치하여 다른 사람의 직무의 양을 나누어 수행하도록 하는 것으로 경제 불황에 따른 인력조정의 방법으로 특히 선진국에서 많이 사

용하고 있다.

③ 보상의 감소: 임금을 줄이는 방법으로 인력감축을 피하도록 한다.

④ 이직기준의 설정: 선임권(seniority), 능력(competence), 연령 등으로 이
   직 기준을 설정하고 정규종업원보다는 임시직 또는 수습 중에 있는
   종업원을 먼저 감원하는 원칙으로 합리적인 방법은 아니다.

1. (　　)(는)은 사용자가 근로의 대가로 근로자에게 지급하는 일체의 금품을 말하고, 근로자의 입장에서 볼 때는 생활의 원천이 되는 소득이며, 사용자의 입장에서 보면 제품원가를 구성하는 노무비가 되는 것이다.
① 임금　　　　　　　　　　　　② 고과
③ 승진　　　　　　　　　　　　④ 이동

답) ①
해설) 근로기준법에는 "임금이란 사용자가 근로의 대가로 근로자에게 임금, 봉급, 기타 어떠한 명칭으로든지 지급하는 일체의 금품을 말한다."라고 정의되어 있다.

2. 기업의 측면에서 볼 때 임금은 제품원가를 구성하는 (　　)(으)로서 노무비에 속한다.
① 투자　　　　　　　　　　　　② 비용
③ 지출　　　　　　　　　　　　④ 수입

답) ②
해설) 기업의 측면에서 볼 때 임금은 제품원가를 구성하는 비용으로 노무비에 해당한다.

3. 임금 (　　)의 관리란, 종업원들에게 제공하는 임금의 크기와 관련된 것이다.
① 수준　　　　　　　　　　　　② 체계
③ 형태　　　　　　　　　　　　④ 구조

답) ①
해설) ① 임금수준의 관리란 종업원들에게 제공되는 임금의 크기와 관련된 것이다.
② 임금수준은 일정한 기간 동안에 모든 종업원에게 지급되는 평균임금을 말한다.

4. (　　　)은(는) 기업 내에서 미리 정해진 임금기준선을 따라 연령, 근속연수, 능력의 신장 등에 의하여 기본급이 증액되어 나가는 것이다.
① 승급　　　　　　　　　　　　　② 승격
③ 베이스업　　　　　　　　　　　④ 승진

답) ①
해설)
① 승급: 미리 정해진 임금기준선을 따라 연령, 근속연수, 능력의 신장 등에 의하여 기본급이 증액되어 나간다.
② 승격: 직능의 질이 향상된 경우 발생한다.
③ 베이스업: 임금곡선 자체의 이동을 말한다.
④ 승진: 직책이 상승하는 것을 말하는 것으로 승격과 관련된다.

5. 임금의 증액으로 승급이 일정한 임금곡선상에서의 상향이동인 데 대하여, (　　　)은(는) 임금곡선 자체를 전체적으로 상향 이동시키는 것이다.
① 승호　　　　　　　　　　　　　② 베이스업
③ 승진　　　　　　　　　　　　　④ 승격

답) ②
해설) 임금 조정방법
① 승급: 동일 직급 내 임금수준의 변화로, 종업원이 담당하고 있는 직무와 직능의 질은 동일한데, 동일 수준의 업무 내에서 기능이나 능력이 향상되어 가기 때문에 발생하는 기본급의 증액을 뜻한다.
② 베이스업: 연령, 근속연수, 직무수행능력이라는 관점에서 동일조건에 있는 자에 대한 임금의 증액으로 승급이 일정한 임금곡선상에서의 상향이동인 데 대하여, 베이스업은 임금곡선 자체를 전체적으로 상향 이동시키는 것이다. 즉 연초에 모든 종업원들에게 적용되는 보수의 상승을 말한다.
③ 승급과 베이스업을 병행하는 방법

6. (　　　)(은)는 임금지급 항목의 구성내용을 지칭하는 임금관리의 영역이다.
① 임금구성　　　　　　　　　　　② 임금형태
③ 임금수준　　　　　　　　　　　④ 임금체계

답) ④

해설) 임금체계는 넓은 의미의 개념으로는 임금의 구성내용을 뜻하고, 좁은 의미로는 기본급의 산정원리를 뜻한다.

7. (   )은(는) 임금이 근속연수를 중심으로 변화하는 것으로, 기본적으로 생활급적 사고원리에 따른 임금체계라 할 수 있다.
① 직능급   ② 직무급
③ 연공급   ④ 능력급

답) ③

해설) 임금체계는 크게 연공급, 직능급, 직무급으로 분류할 수 있으며, 임금이 근속에 따라 상승 변화하는 것으로 생활급적 사고원리를 따르고 있는 것은 연공급이다. 직능급은 직무수행능력에 따라 임금의 사내격차를 만드는 체계이며, 직무급은 직무의 중요성과 곤란도에 따라 각 직무의 상대적 가치를 평가하고 그 결과에 의거하여 임금액을 결정하는 체계이다.

8. (   )은 직무수행능력에 따라서 임금의 사내격차를 만드는 체계로 능력급체계의 대표적인 것이다.
① 직능급   ② 직무급
③ 연공급   ④ 근속급

답) ①

9. (   )은(는) 동일한 직무에 대하여는 동일한 임금을 지급한다는 원칙에 입각한 임금체계이다.
① 연공급   ② 직능급
③ 직무급   ④ 능력급

답) ③

해설) 동일한 직무에 대하여는 동일한 임금을 지급한다는 원칙은 각자가 담당하는 직무의 상대적 가치를 기초로 임금이 결정되는 직무급 체계이다. 따라서 보수의 공정을 기할 수 있다.

10. (   )은 직무의 중요성과 곤란도 등에 따라서 각 직무의 상대적 가치를 평가하고, 그 결과에 의거하여 임금액을 결정하는 체계이다.

① 연공급   ② 직무급
③ 직능급   ④ 성과급

답) ②

11. (　　　)은(는) 직무급제도의 기초가 되는 작업이다.
① 인사고과   ② 직무분석
③ 직무평가   ④ 직무분류

답) ③
해설) 직무급은 직무의 상대적 가치를 기초로 하므로 직무의 가치서열이 확립되어야 하고, 가치서열의 확립을 위하여 직무평가가 이루어져야 한다.

12. (　　　)(이)란 임금의 계산 및 지불방법에 관한 것으로 임금체계와는 별도의 것이다.
① 임금수준   ② 임금체계
③ 임금형태   ④ 임금구조

답) ③
해설) 임금형태란 임금의 구체적인 형태 즉 산정방법을 말한다.

13. (　　　)은(는) 수행한 작업의 양과 질에는 관계없이 단순히 근로시간을 기준으로 해서 임금을 산정·지불하는 방식이다.
① 성과급   ② 능력급
③ 시간급   ④ 연공급

답) ③
해설) 시간급제(time payment, time-ratel plan)는 수행한 작업의 양과 질에는 관계없이 단순히 근로시간을 기준으로 하여 임금을 산정·지불하는 방식이다. 예컨대 일급, 주급, 월급, 연봉 등을 말한다.

14. (　　　)은(는) 노동성과를 측정된 성과에 따라 임금을 산정·지급하는 임금제도이다.
① 시간급   ② 고정급

③ 성과급   ④ 연공급

답) ③

해설) 성과급이란 노동성과를 측정하여 측정된 성과에 따라 임금을 산정·지급하는 임금제도로 종류에는 단순성과급제와 복률성과급제가 있다.

15. 성과급제에서 임금의 (   )와(과) 비례한다.
① 생계비   ② 제품원가
③ 노무비   ④ 성과

답) ④

해설) 성과급제는 노동성과를 측정하여 측정된 성과에 따라 임금을 산정·지급하는 제도로 이 제도에서 임금은 성과와 비례한다.

16. (   )은 다음 중에서 종업원이나 집단이 수행한 작업성과나 능률에 대해 지급되는 임금형태로서 기업의 노동성과를 자극하는 데 목적이 있는 것이다.
① 변동급   ② 직무급
③ 고정급   ④ 연공급

답) ①

해설) 노동성과를 자극하는 자극임금제는 성과급(변동급)제이다.

17. (   )는 개인임금제도에 대립되는 것으로서 집단을 단위로 임금을 산정하여 지급하는 제도이다.
① 집단성과급제   ② 순응임금률제
③ 직무급제   ④ 차별성과급제

답) ①

해설) 개인임금제도에 대립되는 것으로서 집단성과급제가 있는데, 전체적인 조화를 중요시하며 일의 성과가 측정되기 어려운 사무직 등에 유리하다.

18. 집단자극임금제의 단점에 속하는 것은?
① 개인노력과 성과의 연계가 불분명하다.
② 작업배치에 있어 불만을 감소시킬 수 있다.

③ 집단의 협동심을 높인다.
④ 산업구성원의 훈련에 적극적이다.

답) ①

해설) 집단자극제는 일정한 근로자의 집단별로 임금을 산정하여 지급하는 제도
이다. 장점으로는 작업배치에 있어 작업의 난이도에 따른 불만을 감소시키고, 팀
워크가 이루어진다. 반면에 단점으로는 개개인의 노력과 성과가 직접적인 관계
에 있지 않으며, 기준의 설정이 모호한 경우 향상된 성과의 원인을 밝히기 어렵
다는 점이 있다.

19. (   )은(는) 임률과 관련되어 있는 여러 조건이 변화할 때 거기에 순응하여
임금도 자동적으로 조정 변동되도록 하는 제도이다.
① 스캔론 플랜   ② 러커플랜
③ 이윤분배제도   ④ 순응임률제도

답) ④

해설) 순응임률제도는 기존의 제 조건이 변할 때에 거기에 순응하여 임금률도
자동적으로 변동·조정되도록 하는 제도이다.

20. (   )은(는) 기업이익과 관련되어 사전적으로 그 실시가 공표된 종업원의
이익배당참여제도인 것이다.
① 시간급제   ② 집단자극제
③ 이익분배제   ④ 성과급제

답) ③

해설) 이익분배제도는 기업이익과 관련되어 사전적으로 그 실시가 공표된 종업
원의 이익배당참여제도인 것이다.

21. (   )은(는) 기본적 보상 이외에 각 영업기마다 결산이익의 일부를 종업원
에게 부가적으로 지급하는 제도이다.
① 순응임률제   ② 이익분배제
③ 러커플랜   ④ 스캔론 플랜

답) ②

해설) 이익분배제는 기본적 보상 이외에 각 영업기마다 결산이익의 일부를 종업원에게 부가적으로 지급하는 제도를 말한다.

22. (　　　)는 개인성과급 등에서 산출을 자극하고자 시행하는 임금제도이다.
① 순응임률제　　　　　　　　　　② 집단임금제
③ 자극임금제　　　　　　　　　　④ 이익(이율)분배제

답) ③
해설)
① 순응임률제: 물가 등 조건이 변할 때 임금도 자동으로 변경
② 집단임금제: 개인성과급제의 상대적 개념
③ 자극임금제: 개인성과급 등에서 산출을 자극하고자 시행하는 임금제도
④ 이익분배제: 영업이익의 일부를 종업원에게 분배하는 제도

23. (　　　)은(는) 종업원들의 제안을 통한 경영참여의 대가로 개선된 성과를 판매 가치를 기초로 분배해 주는 특수임금제도이다.
① 러커플랜　　　　　　　　　　　② 스캔론 플랜
③ 이익분배제　　　　　　　　　　④ 순응임률제

답) ②
해설) 스캔론 플랜은 위원회의 참여를 포함하여 종업원 참여를 바탕으로 개선된 성과를 판매 가치를 토대로 해서 종업원에게 분배해 주는 특수 임금제도이다. 한편 러커플랜은 노사협력체제에 의해 부가가치의 증대를 달성하고 증가된 생산성 향상분을 부가가치 분배율에 따라 분배하는 특수임금제도이다.

24. (　　　)은(는) 참여를 전제로 성과를 배분하는 스캔론 플랜의 성과측정의 기준이다.
① 시장점유율　　　　　　　　　　② 생산액
③ 투자이익률　　　　　　　　　　④ 부가가치

답) ②
해설) 러커플랜은 부가가치 기준방식이며, 스캔론 플랜은 생산액 기준방식이다.

25. (   )은(는) 종업원의 생활수준 향상을 위하여 시행하는 임금 이외의 간접적인 제 급부를 지칭하는 것이다.
① 급여   ② 수당
③ 복지후생   ④ 근로조건

답) ③
해설) 복지후생이란 종업원의 생활수준 향상을 위하여 시행하는 임금 이외의 간접적인 제 급부를 말한다.

26. 복지후생이 오로지 종업원에게 소득을 형성시켜 주는 (   ) 효과에만 그쳐서는 안 되고, 경영의 성과를 유도하는 창출 효과를 강구하도록 해야 한다.
① 거래적   ② 교환적
③ 이전적   ④ 보전적

답) ③
해설) 종업원의 복지후생을 위한 제반시설 및 제도는 노동력의 재생산을 위한 보조적 수단이지만 동기부여 차원에서도 오늘날의 기업에 있어서 대단히 중요한 의미를 가지고 있다.

27. 금전적 보상 외에 비금전적 보상 즉 (   ) 보상 또한 중요한 의미를 갖고 있다.
① 성과급적   ② 환경적
③ 위생적   ④ 내재적

답) ④
해설) 금전적 보상 외에 비금전적 보상 즉 내재적 보상 또한 중요한 의미를 갖고 있다.

28. (   )은 기대소득이라는 성격을 갖는다.
① 임금   ② 복지후생
③ 성과급   ④ 상여금

답) ②

해설) 임금과 복지후생의 성격

① 임금은 노동의 질, 양, 능률 등에 따라서 차이가 있지만 복지후생비의 급부는 신분기준에 따라서 다르게 운영되고 있다.

② 개별적으로 표시된 금액을 종업원에게 현금으로 지급하는 임금과는 달리 복지후생비는 기본적으로 집단적 보상의 성격을 갖는다.

③ 복지후생비는 필요성의 원칙에 의해서 지급되며, 따라서 복지후생비는 당연히 그 용도가 한정되어 있다.

④ 복지후생비는 기대소득이라는 성격을 갖고 있으며, 임금이 현금으로만 지급되는 것이 원칙으로 되어 있는 반면, 복지후생비는 다양한 형태로 지급된다.

⑤ 임금은 직접 생활수준의 향상을 초래하지만 복지후생비는 종업원의 생활수준을 안정시키는 기능을 갖는다.

29. 임금이 (   )으로만 지급되는 것이 원칙으로 되어 있는 반면, 복지후생비는 다양한 형태로 지급된다.
① 현물　　　　　　　　　　　② 현금
③ 시설　　　　　　　　　　　④ 제도

답) ②

해설) 임금이 현금으로만 지급되는 것이 원칙으로 되어 있는 반면, 복지후생비는 다양한 형태로 지급된다.

30. (   ) 복지후생제도의 개념은 기본적으로 각각의 종업원들이 기업이 제공하는 복지후생을 원하는 대로 설계한다는 것이다. 따라서 종업원 개인의 욕구나 선호를 보다 적절하게 충족시킬 수 있어 만족감의 증대, 결근율과 이직률의 감소 등의 이점을 얻을 수 있다.
① 생산적　　　　　　　　　　② 카페테리아
③ 집단적　　　　　　　　　　④ 전략적

답) ②

해설) 카페테리아식 복지후생제도의 개념은 기본적으로 각각의 종업원들이 기업이 제공하는 복지후생을 원하는 대로 설계한다는 것이다. 따라서 종업원 개인의 욕구나 선호를 보다 적절하게 충족시킬 수 있어 보상의 가치에 대한 인식과 만족감의 증대, 결근율과 이직률의 감소 등의 이점을 얻을 수 있다.

1. (   )은 근로자에게 있어서 경제적인 면에서는 생계를 유지하는 수입의 원천이며, 사회적으로는 근로자의 사회적 신분을 규정하는 동시에 부장, 과장, 계장 등의 직위와 같이 기업을 통한 조직상의 지위와 관계가 깊다.

답) 임금

2. 임금의 계산 및 지불방법에 관한 것으로서 종업원의 작업의욕 향상과 직접적으로 관련되고 있어서 그 적용에 합리성이 요구되는 것은 무엇인가?

답) 임금형태의 관리

3. 임금의 지불능력을 판정하는 주요한 지표 두 가지는?

답) 수익성과 생산성

4. 국가가 낮은 임금의 노동자를 보호하기 위하여 법으로 임금의 최저액을 정하여 노동자의 생활을 보장하는 제도를 무엇이라고 하는가?

답) 최저임금제

5. 최저임금제도가 처음 시행된 국가는 어디인가?

답) 뉴질랜드

6. 연령, 근속연수, 직무수행능력이라는 관점에서 동일조건에 있는 자에 대한 임금의 증액을 무엇이라고 하는가?

답) 베이스업

7. 임금의 구성내용, 즉 사내의 개별임금 간의 격차를 결정하는 기준에 관한 것을 무엇이라고 하는가?

답) 임금체계

8. 임금이 근속을 중심으로 변화하는 것으로 기본적으로 생활급적 사고원리에 따른 임금체계라고 하는 것은 무엇인가?

답) 연공급

9. 직무의 중요성과 곤란도 등에 따라서 각 직무의 상대적 가치를 평가하고, 그 결과에 의거하여 임금액을 결정하는 체계를 무엇이라고 하는가?

답) 직무급

10. 노동성과를 측정하여 측정된 성과에 따라 임금을 산정·지급하는 제도를 무엇이라고 하는가?

답) 성과급제

11. 기본적 보상 이외에 각 영업기마다 결산이익의 일부를 종업원들에게 부가적으로 지급하는 제도를 무엇이라고 하는가?

답) 이익분배제

12. 워크셔어링의 한 형태로, 일정연령이 된 근로자의 임금을 삭감하는 대신 정년까지 고용을 보장하는 제도를 무엇이라고 하는가?

답) 임금피크제도

13. 종업원의 생활수준 향상을 위하여 시행되는 임금 이외의 간접적인 제 급부를 무엇이라고 하는가?

답) 복지후생

14. 연공급과 직무급의 차이를 임금결정 기준에 따라 설명하시오.

답) 연공급은 연령이나 근속연수와 같은 연공적 요소가 임금결정의 기준이고 직무급은 수행하는 직무의 상대적 가치가 임금결정의 기준이다.

15. 임금수준의 결정에 영향을 주는 기본적 요소 3가지를 설명하시오.

답) 기본적으로 임금수준은 생계비, 기업의 지불능력, 사회일반의 임금수준 세 가지 요소를 고려하여 결정하는 것이 일반적이다. 기업의 지불능력을 상한선으로 삼고 종업원의 생계비 수준을 하한선으로 하여 동일지역 기업들이나 산업의 평균임금수준을 고려하여 사회적 균형을 취하여야 한다.

16. 복지후생의 3원칙은 무엇인가?

답) 적정성, 협력성, 합리성

17. __________ 복지후생제도의 개념은 기본적으로 각각의 종업원들이 기업이 제공하는 복지후생을 원하는 대로 설계한다는 것이다. 따라서 종업원 개인의 욕구나 선호를 보다 적절하게 충족시킬 수 있어 만족감의 증대, 결근율과 이직률의 감소 등의 이점을 얻을 수 있다.

답) 카페테리아

18. __________ 은 위원회의 참여를 포함하여 종업원 참여를 바탕으로 개선된 성과를 판매 가치를 기초로 하여 종업원에게 분배해 주는 특수임금제도이다. 한편, __________은 노사협력체제에 의해 부가가치의 증대를 달성하고 증가된 생산성 향상분을 부가가치분배율에 따라 분배하는 특수임금제도이다.

답) 스캔론 플랜(Scanion plan), 러커플랜(Rucker plan)

19. 순응임률제의 종류 중 생계비 순응임률제에 대해 설명하라.

답) 물가가 상승할 때에는 일정한 임금만으로는 생활할 수 없으므로, 생계비에 순응하여 임률을 자동적으로 변동, 조절하는 제도이다.

20. 집단자극제의 단점 2가지를 설명하라.

① 개개인의 노력과 성과가 직접적인 관계는 없다.

② 기준설정이 정확한 시간연구에 의하지 않고 과거의 실적에 의거했을 경우, 향상된 성과가 관리방식의 개선에 의한 것인지 또는 작업자의 향상된 기술이나 노력에 의한 것인지 구별이 용이하지 않다.

제9장

의사소통과 동기부여

제1절 의사소통의 의의

1. 의사소통의 개념

의사소통, 의사전달은 정보의 상호교류 과정으로서 전달자와 피전달자 간의 생각, 의견 등을 교환하는 것을 말한다. 즉 사람의 의사나 감정의 소통 등을 말하는 것으로 흔히 커뮤니케이션(Human Communication)이라고도 한다. 주로 의사소통은 기업이나 회사 활동 등 모든 조직에서 중요하게 취급되어 있으며, 상사와 부하 사이, 동료 간의 의사전달은 조직분위기와 직결되기 때문이다. 일반적으로 직제상의 공식적인 의사소통도 중요하지만 인간관계 형성과 조직분위기에 영향을 크게 미치는 비공식적인 커뮤니케이션도 매우 중요한 위치를 차지한다.

2. 의사소통의 종류

(1) 공식적 의사전달: 공문서, 명령, 지시, 각종 보고 등을 말하며, 기타 공식적 통로와 수단에 의해 전달된다.

① 하향식 의사전달: 명령, 지시, 훈령, 규칙 등

② 상향식 의사전달: 문서보고, 내부결제, 제안제도, 직원의견조사 등

③ 수평적 의사전달: 계층조직에 있어서 동일한 수준에 있는 개인 또는 집단 간에 행해지는 의사소통으로서 회람, 회의 등이다.

④ 대각적 의사전달: 동일한 계층과 상하관계가 없는 타 부서와 구성원 간의 의사전달을 말하며, 특히 계선과 막료 간의 의사전달을 말한다.

(2) 비공식적 의사전달에는 소문과 풍문 등으로 주로 비공식 조직에 의해 조장되며, 때로는 공식적 권위를 파괴하기도 한다.

3. 의사전달의 기능

(1) 조정수단

조직의 목표달성을 위해서는 정보의 교환이 이루어져야 하고, 문제점에 대해 조정이 가능하다. 이를 위해서는 의사전달이 활성화되어야 하는데, 의사전달은 조직 내의 막힌 흐름을 조정해 주는 기능을 한다.

(2) 합리적 의사결정 수단

원활한 의사전달은 의사결정과정에서 내용적·절차적 합리성의 추구가 가능하다.

(3) 구성원의 사기증진

조직 내에서의 원활한 의사전달, 즉 일방이 아닌 쌍방향과 상향식 의사전달이 보장되면 구성원의 사기가 앙양되어 대내 민주성이 증진된다.

(4) 통솔기능

동물과는 구별되게 인간은 언어, 문자와 같은 수단으로 의사전달이 가능하므로 조직을 통솔할 수 있다. 즉 리더십을 통한 조직운영이 가능해진다.

4. 의사전달망

의사전달망이란 전달자로부터 피전달자에게로 메시지가 흐르는 경로의 구조를 말한다. 조직체 내에서의 상호작용을 통하여 구성원들은 자기들의 업무와 규범 그리고 작업조건과 전달자 개인적 특성을 중심으로 가장 적합한 의사전달망의 유형을 형성한다.

(1) 쇠사슬형

의사전달이 공식적인 명령계통에 따라 상하로만 흐르는 구조에서 흔히 발견되는 의사전달유형이 쇠사슬형이다. 직선형 또는 연쇄형이라고도 한다.

(2) 수레바퀴형

구성원 사이에 중심인물이 존재하고, 그를 중심으로 유도되며, 조직구성원들이 한 사람의 관리자에게 보고를 하는 작업집단에서의 의사전달유형이다.

(3) 원형

구성원들 간에 계급과 서열이 명확하지 않은 조직에서의 의사전달 형태이며, 중심인물이 없는 자유방임형 상태에서 나타난다. 즉 팀조직이나 위원회를 구성하는 사람들간의 수평적 상호작용 관계에서의 의사전달망이다.

(4) 전통로형

전통로형은 비공식적 의사전달망이다. 전체경로형 또는 상호연결형이라고도 하며, 구성원들 간에 계급과 서열이 명확하지 않은 조직에서의 의사전달 형태이며, 중심인물이 없는 자유방임형 상태에서 나타난다.

(5) Y형

의사의 흐름과정에서 중심인물은 없지만 그런대로 의사의 흐름을 리드하는 리더가 존재하며, 계선과 참모의 구분이 없는 조직에서 흔히 볼 수 있는 유형이다.

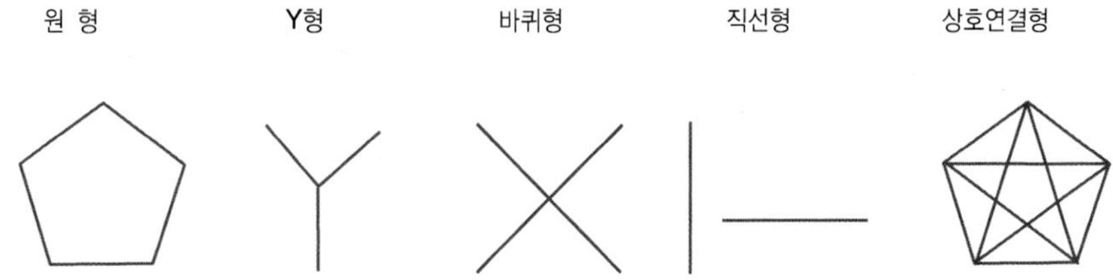

5. 의사전달의 원칙

(1) 일관성: 의사전달의 내용과 목적이 통일적이어야 의사소통이 원활해진다.

(2) 명료성: 전달하려는 내용 등이 상대방의 입장에서 명확해야만 수용할 수 있거나 이해하기 용이하다.

(3) 적시성: 전달내용이 시기적으로 적합해야 한다는 것이다.

(4) 적정성: 정보 및 전달내용이 양적으로 너무 과다하면 수신자가 관리하기가 용이하지 않아 의사소통에 문제가 발생한다.

(5) 분배성: 정보 및 전달내용이 적정하게 상황과 시기에 맞게 분배되어 있어야 한다.

(6) 관심과 수용성의 원칙: 전달자에 대해 수신자가 관심을 가지고 있어야 하며 수용의 여지가 있어야 한다는 원칙이다. 그렇지 않으면 수신자의 거부의지로 의사소통의 장애가 발생한다.

6. 의사전달의 장애요인

① 구성원의 가치관과 준거기준의 차이

② 지위 및 지리적인 격차

③ 적절치 못한 언어와 문자사용

④ 지나치게 많은 양의 정보 등

⑤ 전달자의 은폐, 의식적 비밀유지, 불신과 편견

⑥ 인간관계의 부족과 표현능력의 한계

⑦ 조직의 집권성, 경직성, 할거주의, 의사전달 채널의 한계, 필요 이상의
한 개인에게만 정보가 집중되는 현상 등

제2절 의사소통 제도

1. 제안제도

(1) 개념

조직체의 운영이나 작업의 수행에 필요한 여러 가지 개선안을 일반 종업
원으로 하여금 제안하도록 하고, 그것을 심사하여 우수한 제안에 대해서는
적절한 보상을 하는 제도로 인간관계를 기초로 한 사기앙양의 한 방법이다.

(2) 대두배경

① 인간관계론이 이론적 배경이 되었다.

② 1880년 스코틀랜드의 조선기술자인 W. Denny가 투서를 목적으로 시
작하여 종업원들의 의견을 경영에 반영시킨 것이 계기가 되었다.

③ 우리나라에서는 제안규정이 정부에 제정(1973년)됨으로써 시작되었다.

(3) 제안대상

① 에너지 절약 등 예산과 경비절감의 방안   ② 업무능률 향상 방안

③ 전반적인 관리개선 사항   ④ 고객서비스 개선 사항

⑤ 기타 경영문제 등 그 범위는 매우 넓고 다양하며 창의적인 제안내용

을 대상으로 하고 있다. 제안은 주로 하위직 종업원의 제안에 역점을
두고 운영되고 있다.

(4) 제안제도의 조건

① 자유롭게 제안할 수 있어야 한다.
② 채택된 제안에 대한 충분한 보상체계
③ 제안의 처리 및 심사에 있어서의 신속성과 공정성 유지
④ 제도의 취지에 대한 충분한 커뮤니케이션

(5) 제도적 장단점

① 장점: 사기증진, 업무 개선(능률성 확보)과 예산절약, 종업원의 창의력
   및 직무의욕 고취, 하의상달 촉진, 참여의식·일체감·소속감 도모 등
② 단점: 제안채택은 각종 특혜 및 보상이 주어지므로 경쟁유발로 인한 갈
   등 초래 가능성, 가시적인 예산절감 및 기술적인 면에 집중, 제안심사
   의 공정성과 객관성 시비 발생, 친분관계 및 소속 감독자의 부하제안
   에 대한 영향력 발휘 가능성, 경영자 또는 감독자의 충분한 지지와 지
   식 및 기술이 결여, 완전하고 종합적인 방침 및 계획 부족, 적절하지
   못한 보상으로 제안의 의욕 상실, 제안심사의 결과 통지 및 처리의 부
   당한 지연, 관리자·종업원의 관심이나 주지에 적절한 장려 또는 홍보
   의 불충분, 종업원의 제안 작성에 대한 조력 부족 등을 들 수 있다.

2. 인사상담제도

(1) 인가상담제도의 의의

인사상담제도는 제안제도 등과 마찬가지로 인간관계론에 이론적 배경을
두고 있으며, 의사소통과 연계된다. 즉 종업원들의 인사문제 등 애로사항에

대해 인사권을 가진 자 또는 위임받은 자로부터 전문적인 조언을 받고 문제해결에 도움을 주는 제도이다.

3. 고충처리제도

(1) 고충처리제도의 개념

고충처리제도는 근로자들이 직장생활에서의 애로사항이나 현장에서의 불만사항을 수시로 호소하게 함으로써 이를 근로자 측 대표와 사용자 측 대표로 구성되는 고충처리위원회에 의뢰하고 그들의 협력으로 개인고충을 해결하도록 하기 위한 제도이다. 인사상담제도가 주로 인사상의 애로사항을 건의하는 것이라면 고충처리제도는 개인 애로사항을 주로 건의하게 된다.

(2) 고충처리제도의 목적

① 종업원의 각종 불만과 갈등의 해소 및 사기앙양
② 조직에 대한 안정감 유지 및 조직에 대한 신뢰증진

1. (   )은 과학적 관리법의 결함을 보완하고, 종업원의 사기앙양과 기업에 대한 협력증진에 의하여 경영의 작업능률을 향상시키는 것을 시도하게 되었다.
① 고전적 관리론　　　　　　　　② 과학적 관리론
③ 인간관계론　　　　　　　　　④ 행동과학론

답) ③

해설) 과학적 관리법은 사실상 능률향상에 기여하였음에도 불구하고, 그 방법의 일면성으로 말미암아 산업사회의 저변을 흐르는 기본문제를 충분히 해결하지 못하였고, 오히려 근본적 반성을 하지 않을 수 없게 되었다. 이리하여 경영에 있어서의 인간문제는 새로운 시각에서 중요시되기에 이르렀다. 말하자면 종래의 과학적 관리법의 결함을 보완하고, 종업원의 사기앙양과 기업에 대한 협력증진에 의하여 경영의 작업능률을 향상시키는 것을 시도하게 되었다. 이것이 바로 경영학에 있어서의 인간관계론의 연구인 것이다.

2. 인간은 원리원칙에 의거하여 논리적·합리적으로 행동하는 것이 아니고 (　　　)의 논리에 따라서 비합리적으로 행동하기도 한다는 점이 인간관계론에서 강조된다.
① 시스템　　　　　　　　　　　② 능률
③ 이성　　　　　　　　　　　　④ 감정

답) ④

해설) 인간은 원리원칙에 의거하여 논리적·합리적으로 행동하는 것이 아니고 감정의 논리에 따라 비합리적으로 행동하기도 한다는 점, 감정의 논리에 영향을 주는 것은 공식조직이라는 점, 그리고 감정의 논리와 비공식적 조직이 생산성을 결정하는 중요한 원인이 된다는 점이 인간관계론에서 강조된다.

3. 오늘날 인간관계는 (　　　)을 근거로 관리되고 있다.
① 과업관리　　　　　　　　　　② 인간관계론
③ 고전관리론　　　　　　　　　④ 행동과학론

답) ④

해설) 행동과학의 사조는 기업조직에서 가장 왕성하게 성장하게 된다. 행동과학이 인간행동과 관련된 모든 분야에 적용될 수 있는 관점이지만, 특히 기업조직과 관련된 연구가 많이 이루어진 것이 기업조직에서 가장 필요했다는 점에서 조직에서의 인간행위가 바로 다학문(mltidy - sciplinary)과 다수준(multilevel)을 요구하고 있어 행동과학이 성격과 부합되었기 때문이다.

4. 기업의 인간관계관리에 대한 메이요 중심의 초기 인간관계론은 (   )이론으로 진전을 보게 되었다.

① 과학적 관리　　　　　　　　　　② 관료제
③ 행동과학　　　　　　　　　　　　④ 근대조직

답) ③

해설) 기업의 인간관계관리에 대한 메이요 중심의 초기 인간관계론은 행동과학이론으로 진전을 보게 되었다. 인간은 행동하고 실천하는 존재이므로 심리·감정과 더불어 일을 합리적으로 수행해 가려는 의욕이 없으면 안 된다. 비공식적인 인간관계를 발견하고 그것을 강조하는 것이 고전적 인간관계라면, 공식적인 측면과 비공식적인 측면을 다 같이 포함하여 조직 전체를 인간의 조직활동 내지 집단과정으로서 객관적으로 측정하고 연구하려는 입장이 행동과학적 연구의 특징이다. 행동과학론적 사고에 있어서는 종업원의 적극성, 창조성, 자주성을 강조하였으며, 자기능력의 최대한 발휘를 원하는 자립적 인간상을 가설로 내세우고 있다.

5. (   )적 사고에 있어서는 종업원의 적극성, 창조성, 자주성을 강조하였으며, 자기능력의 최대한 발휘를 원하는 자립적 인간상을 가설로 내세우고 있다.

① 고전적 관리론　　　　　　　　　② 과학적 관리론
③ 인간관계론　　　　　　　　　　　④ 행동과학론

답) ④

해설) 기업의 인간관계관리에 대한 메이요 중심의 초기 인간관계론은 행동과학이론으로 진전을 보게 되었다. 인간은 행동하고 실천하는 존재이므로 심리·감정과 더불어 일을 합리적으로 수행해 가려는 의욕이 없으면 안 된다. 비공식적인 인간관계를 발견하고 그것을 강조하는 것이 고전적 인간관계라면, 공식적인 측면과 비공식적인 측면을 다 같이 포함하여 조직 전체를 인간의 조직활동 내지 집단과정으로서 객관적으로 측정하고 연구하려는 입장이 행동과학적 연구의 특징이다. 행동과학론적 사고에 있어서는 종업원의 적극성, 창조성, 자주성을 강조하였으며, 자기능력의 최대한 발휘를 원하는 자립적 인간상을 가설로 내세우고 있다.

6. (   )은(는) 인간관계를 개선하는 데 사용 가능한 여러 기법의 공통적인 특성과 관계가 깊다.
① 커뮤니케이션　　　　　　　　② 태도조사
③ 품의지도　　　　　　　　　　④ 사기조사

답) ①
해설) 인간관계의 개선을 위한 기법으로서 제안제도, 태도조사, 상담제도 등은 결국 최고경영자로부터 일선 종업원까지 상호 의사소통을 원활히 하기 위한 것이다.

7. (   )은(는) 혼자 힘으로써 해결할 수 없는 어려운 문제를 가지고 있는 종업원에게 상담을 통하여 전문적인 조언을 하고, 문제해결에 도움을 줌으로써 인격성장을 촉진하고 아울러 직장의 사기를 앙양시키는 인간관계관리제도이다.
① 인적자원상담제도　　　　　　② 문호개방정책
③ 사기조사제도　　　　　　　　④ 고충처리제도

답) ①
해설) 혼자 힘으로써 해결할 수 없는 어려운 문제를 가지고 있는 종업원에게 상담을 통하여 전문적인 조언을 하고, 문제해결에 도움을 줌으로써 인격성장을 촉진하고 아울러 직장의 사기를 앙양시킬 필요가 있다. 이 목적을 위하여 채택되고 있는 것이 인적자원상담제도(personnel counselling) 또는 종업원상담제도(employee counselling)이다.

8. (   )은(는) 종업원의 작업의욕을 저해하는 요인과 그들이 불만·불평하는 이유들을 파악해서 대책수립을 하기 위한 기초 자료를 얻기 위한 것으로 태도조사와 통계적 방법으로 이루어진다.
① 제안제도　　　　　　　　　　② 사기조사
③ 고충처리　　　　　　　　　　④ 인적자원상담

답) ②
해설) 종업원이 사기를 앙양시켜 작업의욕을 높이고 경영을 건전하게 발전시키기 위해서는 무엇 때문에 종업원의 사기가 저조하며, 그 기업의 건전성을 저해하는 요인이 무엇인가를 구명할 필요가 있다. 그리고 그 수단으로서 사기조사(morale survey)가 이용된다.

(9장)　주관식 문제

1. (　　)은 "작업능률을 좌우하는 것은 근로조건이나 작업환경과 같은 물리적 조건이라기보다는 종업원의 감정과 태도라는 심리적 요소가 중요시된다."라는 이론이다.
답) 인간관계론

2. (　　)은 인간행동에 관하여 객관적인 방법으로 수집된 경험적 증거에 따라 입증된 일반적 법칙을 확립하며, 인간행동을 과학적으로 설명하고 예측하는 것이라고 정의할 수 있다.
답) 행동과학

3. (　　)적 모델은 과학적 관리론 시대의 인간관이고, (　　)적 모델은 인간관계론 시대의 인간관이며, (　　)적 모델은 행동과학론 시대의 인간관이다.
(　　) 안에 알맞은 말은 각각 무엇인가?
답) 경제인, 사회인, 인적자원

4. 조직체의 운영이나 작업의 수행에 필요한 여러 가지 개선안을 일반 종업원으로 하여금 제안하도록 하고 그것을 심사하여 우수한 제안에 대하여서는 적절한 보상을 하는 제도를 무엇이라고 하는가?
답) 제안제도

5. 자기의 직무에 대하여 불평불만을 가지고 있다든지, 가정적·개인적으로 복잡한 고민에 얽매어 있는 종업원의 경우에 이러한 상황이 직무에 영향을 끼치게 되므로 전문적인 조언을 하고, 문제해결에 도움을 줌으로써 인격성장을 촉진하고 아울러 직장의 사기를 앙양시킬 목적으로 만든 제도는 무엇인가?
답) 인사상담제도

6. 종업원의 근로조건, 단체협약의 실시 등에 있어서의 불평불만을 무엇이라고 하는가?
답) 고충

7. 제1기의 생산성·능률·합리성만을 강조하였던 인사관리나 제2기의 인간성 중시의 인사관리는 결과적으로 조직구성원들의 불만을 심화시키고 생산성은 향상시키지 못하는 결과를 가져왔다. 그러나 이 시기 이후 급격한 발전을 본 __________론은 조직에서의 인간문제를 이해하고 해결하는 데 큰 도움이 되었다.

답) 행동과학

8. 현대적인 인사이념은 민주적인 유형이어야 하며, _____의 Y이론(theory Y)과 리커트의 관리시스템4를 지향하는 것이어야 한다.

답) 맥그리거

9. __________(이)란 임금, 근로시간, 복지, 고용, 기타 대우 등의 근로조건의 결정에 관한 노사 간의 주장의 불일치로 인하여 발생한 분쟁상태를 말한다.

답) 노동쟁의

10. 인간성 강조 시대의 인간관에 대하여 기술하시오.

답) X이론적 인간관: ① 인간은 선천적으로 일을 싫어하며, 가능한 한 일을 하지 않고 지냈으면 한다. ② 기업 내의 목표달성을 위해서는 통제명령·상벌이 필요하다. ③ 종업원은 대체로 평범하며, 자발적으로 책임을 지기보다는 명령받기를 좋아하고 안전제일주의의 사고·행동을 취한다.

11. 스비트와 애버딘이 제시한 현대인의 3가지 자질에 속하지 않는 것을 하나 고르시오.

장기안목사고, 자학자습력, 창조력, 근면·성실성

답) 근면·성실성

제10장
인적자원의 유지관리

제1절 인간관계관리

1. 인간관계관리의 의의

　인간관계관리란 조직 내 구성원 상호 간의 인간관계를 개선시키고 바람직한 인간관계 형성 및 확립을 통해 관리 활동을 추구하는 것을 말한다. 즉 조직활동에서 구성원을 인격적·감정적 존재로 이해하고 관리하는 것이 생산성, 합리성을 추구할 수 있다는 것으로 인적자원관리에 해당한다. 인간은 기계와는 달리 감정을 가지고 있으며, 사회적 관계 속에서 심리상태에 따라 다르게 행동이 나타난다는 것을 조직관리자는 인식하게 되었기 때문에 인간관계관리의 중요성이 강조되었다. 더군다나 오늘날 조직목표 달성에 팀워크가 중요한 역할을 하기 때문에 인간관계관리의 중요성이 부각되고 있다. 조직구성원 상호 간의 협력을 통해 개인의 욕구충족과 조직의 목표를 효과적으로 달성할 수 있도록 동기를 부여할 수 있는 것이 인간관계중심의 관리이다. 종업원을 단순한 생산요소적·물리적·경제적 존재로서 파악하던 기계적 인간관에서 사회적·감정적 존재로 파악하는 새로운 인간관으로 발전하면서 인간관계관리의 중요성이 부각되었다.

2. 인간관계관리 이론

(1) 인간관계론의 대두배경

① 과학적 관리법의 한계: 테일러의 시간연구 동작연구에 의한 작업방식의 과학화, 적성검사에 따른 배치, 작업조직의 능률화, 차별적 성과급제 도입 등 그 당시로서는 능률성과 이윤추구라는 목표달성에 가장 합리적인 관리이론이었다. 그러나 조직의 목표달성을 우선시하고 종업원인 인간에 대한 인식은 기계의 부품으로 인식하는 과학적 관리법은

근로자의 불만, 더 나아가 사회적인 문제로 확산되면서 인간관계론으
로 수정, 보완되었다.

② 인간관계론의 등장: 테일러의 과학적 관리법의 한계를 극복하기 위해
하버드 대학의 메이요 교수는 호손공장 실험에서 근로자의 생산성 증
가의 동기부여 요소는 보수와 같은 물질보다는 직장생활의 만족, 원만
한 인간관계 등 심리적 안정감, 소속감이 매우 중요하다는 결론을 내
렸다. 즉 작업능률에 미치는 근로자의 감정과 태도는 심리적 요소의
산물로 파악하고 공식적 관계에서 모든 것이 관리되는 과학적 관리법
보다는 비공식 집단에서의 근로자들의 감정의 논리를 중시하였다. 또
한 인간관계론은 심리상태에 따라 객관적인 행동으로 나타난다는 것
을 학자들은 착안하고 새로운 학문이 태동하였다.

③ 행동과학론의 출현: 행동과학은 인간관계에 기초를 두고 있는 오늘날
의 인간관계론이라고 할 수 있는데, 인간행동에 관하여 객관적인 방법
으로 수집된 경험적 증거에 따라서 일반적 법칙을 확립하고, 인간행동
을 과학적으로 설명하고 예측하는 학문이다.

(2) 인간 모델의 변화

인간모델 또는 인간유형이라고도 하는데, 인간의 특성을 중심으로 구분하
였다. 즉 과학적 관리법이 유행하던 시대에는 인간에 대한 인식은 모두 정
형적으로 X형으로 보았고, 인간관계론에서는 조금 수정된 Y형으로 인식하
였다.

① 합리적 경제인 모델: 전통적 모형으로 과학적 관리론 시대의 인간관이다.
인간은 피동적이고, 게으르고 일하기 싫어하고 자기중심적인 합리적 행
위만을 추구한다는 X형으로 보았고 스스로 일하기보다는 보수와 같은
물질로서만 움직일 수 있다고 보는 인간관이 바로 경제적 인간관이다.

② 사회인 모델: 합리적 경제인 모델에서 인간관계론이 대두되면서 인간
의 인식은 바뀌었다. 즉 인간은 피동적인 것은 과학적 관리론과 같은
입장이었으나 생산성 증가의 자극요소는 반드시 보수와 같은 물질(경
제성)로서만 가능하다고 보지 않았고 더 중요한 것은 근로자들의 감정
적인 요소라는 것이다. 이때부터 인간성이 중시되는 시대가 열리기 시
작했으며 인간에 대한 관점이 Y형으로 바뀌었다.

③ 인적자원 모델: 인간관계론에 기초한 행동과학이론이 대두되었고 인간
의 유형은 복잡한 인간관, 즉 Z형으로 보았다. Z형의 인간관은 복잡한
심리상태를 가진 존재이므로 경제적 보상(X형), 인간적인 대우(Y형)로
도 관리할 수 없다고 보고 인간의 욕구의 다양성을 연구하면서 관리
전략의 전환을 가져왔다.

3. 행동과학이론: 동기부여이론

(1) Maslow의 욕구 5단계 이론

① 개념
   ㉠ 매슬로우는 인간의 욕구는 다섯 계층으로 우선순위를 이루고 있고,
하위욕구의 만족은 동기부여가 발생하여 다음 상위욕구로 진전된
다는 만족-진행접근법의 입장이다.
   ㉡ 어떤 욕구가 충족되면 그 욕구의 강도는 약해지며, 충족된 욕구는
일단 동기유발의 요인으로서 상실되며, 욕구의 충족은 물론 억제도
동기부여의 원인이 된다고 한다.
   ㉢ 인간은 무엇인가를 필요로 하는 결핍의 존재이므로 충족되지 못한
어떤 욕구들을 충족시키기 위해서 동기가 유발된다. 그리고 일단
충족된 욕구는 더 이상 동기로서의 기능을 갖지 않으며, 충족되지

않은 욕구만이 행동을 일으킨다.

ㄹ 각 단계별 욕구는 완전히(100%) 만족이 되었을 때 상위욕구로 동
  기부여를 유발하는 것이 아니라 어느 정도 만족한 상태에 도달하
  면 다음 단계의 욕구로 이동한다.

② 이론적 배경

ㄱ 인본주의 심리학을 성립시킨 매슬로우는 동기(Motivation)를 이해하
  는 데 유용하다고 판명된 인간의 욕구 위계에 대한 이론을 발전시
  켰다.

ㄴ 매슬로우는 그의 저서인 「동기와 인성(Motivation and Personality)」
  과 「우정신학적 관리(Eupsychian Management)」를 각각 주장함으로
  써 인간의 동기를 이해하는 데 긴요한 인간의 욕구 계층을 주요내
  용으로 하는 이론을 제시하였다.

ㄷ 매슬로우의 이론은 오늘날 조직관리 실무자들에게 널리 이해되어
  왔으며, 1943년 처음 소개된 이후 1950년대 후반까지는 임상심리
  학의 영역에 속해 있었으나, 작업과정에서 동기의 역할을 중요시하
  면서 1960년대 초부터 조직 내 인간행동 연구의 이론적 모형으로
  활용되었다.

③ 욕구 5단계론

ㄱ 생리적 욕구: 최하위층에 있는 가장 제일 먼저 추구하는 욕구로서
  의식주·휴식에 대한 욕구, 성적 욕구 등 기초적인 욕구를 말한다.

ㄴ 안전욕구: 신체적인 위험·위협에 대한 안정추구와 경제적인 측면
  과 질서안정에 대한 욕구를 말한다.

ㄷ 사회적 욕구: 애정욕구로서 조직 내에서의 대인관계, 집단에 대한
  소속감 등의 욕구를 말한다.

ㄹ 존경욕구: 존경에 대한 욕구는 사람이 스스로 자긍심을 가지고 싶
  어 하고, 다른 사람들이 자기를 존중해 주기 바라는 욕구이며, 지
  위·명예·위신·인정 등에 대한 욕구 등을 포함한다.

ㅁ 자아실현 욕구: 자아성취·자기발전·창의성과 관련되는 욕구이다.

④ 욕구단계설이 경영학이나 조직행동론에 갖는 의미

  ㉠ 경영자들로 하여금 인간의 욕구에 대한 체계적인 인식을 최초로
  갖게 해 주었다는 점과

  ㉡ 종업원의 하위욕구를 어느 정도 충족시켜 준 후에도 동기부여 효
  과를 지속적으로 얻기 위해서는 상위욕구를 충족시켜 줄 수 있는
  조직분위기 조성의 중요성을 일깨워 주었다는 점이다.

⑤ 매슬로우 욕구 5단계 이론의 한계

  ㉠ 욕구의 5단계는 계층별로 명확히 구분 및 분리되어 있는 것이 아
  니고 중복되면서 나타날 수 있다.

  ㉡ 욕구는 하위단계의 순서대로 나타나거나 진행되는 것이 아니라 개
  인별 또는 상황별로 다르게 나타나는 상황을 무시하고 있다. 즉,
  사람의 능력, 상황 또는 지적 수준의 차이에 따라 반드시 생리적
  욕구부터 추구할 수는 없을 것이다.

  ㉢ 욕구충족이 동기부여를 가져온다는 것은 맞는 관점이지만 반면에
  욕구불충족의 상황에서 인간은 부만을 충족시키기 위해 새로운 대
  안을 모색하고 개발하는 노력을 할 수도 있다는 점을 간과했다.

  ㉣ 사회 구성원인 인간은 매슬로우가 말하는 욕구 이외에도 사회규범
  이나 제도 등에 의해서 지배받고 행동한다는 것이다.

  ㉤ 각 계층의 욕구가 하나씩 나타나지 않고 동시 또는 복합적으로 나
  타날 수도 있다.

  ㉥ 생리적 욕구와 같은 본능적 욕구는 한 번 완전히 충족된다고 해서
  욕구불만이 다시 나타나지 않는다고 본 점 등이 한계로 지적된다.

(2) Alderfer의 ERG 이론

① 알더퍼는 매스로우의 5단계 욕구를 비판하면서 3단계로 통합하여 재
분류하고, 욕구충족이 좌절되면 퇴행을 한다고 보았다. 그리고 두 가
지 이상의 욕구가 동시에 나타난다고 주장한다.

② 욕구 내용: E(existence, 존재욕구), R(relatedness, 관계욕구), G(growth, 성장욕구)에서 E는 X차원, R과 G는 Y차원의 욕구로 보았다.

(3) D. Mcgregor의 X, Y이론

맥그리거는 인간의 유형을 X와 Y형으로 분류하고 각각의 특성을 설명하고 있다.

① X형: 저차원적 욕구 지향
  ㉠ 특성
    ㉮ 생리적 욕구와 안정욕구를 우선 추구
    ㉯ 인간은 물질적 보상에 집착하는 수준으로서 합리적·경제적·이기적·자기중심적 존재
    ㉰ 피동적·타성적 인간의 특성: 천성적으로 일을 싫어함
    ㉱ 타인에 대한 의존성과 책임회피의 성향
    ㉲ 현재 상태유지, 보수적, 변화에 대한 저항과 부적응 능력
  ㉡ 관리전략
    ㉮ 생리적 욕구 및 안전욕구의 우선 충족
    ㉯ 물질적 보상체계의 마련 및 강화
    ㉰ 조직의 강제적 규범과 엄격한 통제 및 감독체제, 권위적 리더십
    ㉱ 보상과 제재의 조화
    ㉲ 공식조직과 계층제 중심으로 행동범위 제한
② Y형: 고차원적 욕구 지향
  ㉠ 특성
    ㉮ 하위욕구보다 상위욕구를 우선 추구: 사회·심리적 욕구 및 자기실현 욕구
    ㉯ 조직목표와 개인적 목표의 조화 추구
    ㉰ 창조적·진취적·미래지향적
    ㉱ 조직의 목표달성을 중시하고 조직규범을 준수

　　　㉮ 자율성과 자기규제 능력 소유
　ⓛ 관리전략
　　　㉮ 조직 내에서 추구하는 자아실현 욕구 등과 조직의 목표와의 조화·통합으로 유도
　　　㉯ 민주적 리더십으로 관리
　　　㉰ 분권화와 권한위임체제
　　　㉱ 비공식조직의 인정과 활용
③ X형 인간이론과 관리전략의 비판
　㉠ 인간은 상위 욕구충족에 대한 관심이 내재적으로 존재하고 있는데, 이를 경시하고 있다.
　㉡ 인간은 생래적으로 동물과는 달리 성장·발전하려는 욕구가 있는 존재이다.
　㉢ 지나친 인간의 존재가치에 대한 경시는 인간을 더욱 피동적으로 만든다. 관리자는 이러한 수동적 특성을 능동적으로 변화시킬 책임이 있다.
　㉣ 매슬로우의 이론에 대한 비판과 마찬가지로 하위욕구는 일단 충족되면 동기부여가 되지 않고, 상위 욕구가 충족되어야 동기부여가 발현된다는 점을 인식하지 않았으며, 이러한 관리전략으로는 상위 욕구로의 동기부여가 어려워진다.
④ Y형 인간이론과 관리전략의 비판
　㉠ 전체적으로 인간의 유형을 양분화하였다.
　㉡ 인간은 상황에 따라 욕구와 이에 따른 행위가 달라질 수 있으므로 Y형과 X형의 관리전략이 정확히 인간유형에 따라 양분화되기 어려우며, 때로는 Y형의 인간에게도 강력한 통제체제가 더 효과적일 수도 있다(위기 시나 신생조직의 경우).

(4) Z이론

① Lundstedt의 Z이론: 인간모형은 타인의 간섭·감독·통제를 싫어하
   며 구속을 탈피하려는 속성을 가진 복잡한 인간유형으로서 자유방임
   적 관리전략이 필요하다.
② Lawless의 Z이론: 복잡한 인간을 전제로 구체적인 상황에 따라 관리
   방식은 변동되어야 한다고 보고, 상대적·신축적·상황적응적 관리를
   주장하였다.
③ Ouchi의 Z이론: 가족경영방식
   ㉠ 의의: 일본계 미국학자인 오우치는 1970년대 미국에 있는 일본의
      자회사에서 미국의 문화를 바탕으로 한 관리방식보다 일본식 관리
      방식에 약간의 미국식이 더 생산성이 더 높다는 것을 발견해 냈다.
   ㉡ 선호하는 관리방식
      ㉮ 종신고용제   ㉯ 순환근무·장기적 승진제도
      ㉰ 비전문적 경력통로   ㉱ 내적 통제와 개인적 책임 강조
      ㉲ 공동체 인식, 참여와 집단적 의사결정   ㉳ 연공서열 중심관리
④ Schein의 Z이론(복잡인관): 현대적 인간의 유형은 복잡하고 다양한 욕
   구체계와 고도의 변이성을 지닌 존재이므로 상황에 따라 다양한 관리
   전략의 필요성을 주장하였다.
⑤ Bennis의 Z이론: 유기적 조직에서 나타나는 탐구형 인간으로서 재량과
   창의성을 부여해 주어야 하며, 비정형적 프로그램 적용이 효과적인 유
   형이다.

(5) F. Herzberg의 욕구충족요인 이원론

① 의의: 허즈버그는 매스로우의 이론을 수정하면서 인간을 상호 독립된
   두 가지의 상이한 욕구체계로 파악하는 이분법적 동기요인으로 구분
   하였는데, 욕구차원을 불만과 만족으로 구분하고, 두 차원의 요인은
   서로 다르다는 욕구충족요인이원론을 제시하였다.

② 욕구차원

　　㉠ 불만요인(위생요인): 조직의 정책·목표, 규정, 감독, 근무조건 및 기술, 지위, 안전, 보수, 감독자와의 대인관계 등

　　㉡ 만족요인(동기요인): 직무에 대한 성취감, 직무 자체(직무내용), 보람, 타인 인정, 책임의식, 승진(발전 및 성장) 등

③ 특성

　　㉠ 불만요인(위생요인)은 X론적 욕구 수준의 내용이며, 충족되지 않으면 구성원들이 불만족을 느끼지만 충족되더라도 직무수행 동기를 유발시키지 않는다.

　　㉡ 직무조건 및 환경이 개선되면 불만을 축소시켜 사고 등을 방지하게 되며, 불만이 제거되면 지속 유지되는 것이 아니라 근무태도의 단기적 동기부여만 가져올 뿐이다.

　　㉢ 만족요인(동기부여요인)은 Y론적 차원의 욕구수준으로서 만족의 반대는 불만족이 아니라 만족이 아닌 상태로서 동기요인과 위생요인은 상호 독립되어 있는 별개로 인식했다.

　　㉣ 만족요인은 동기유발요인으로서 직무 자체에 관련되며, 근무의욕을 일으키는 요인으로서 근무의욕, 소속감, 성취감 같은 내재적인 조건에 의해 이루어진다.

　　㉤ 인간의 욕구는 불만과 감정에 대하여 별개로 작용한다.

(6) C. Argyris의 미성숙 – 성숙이론

① 의의

　　㉠ 아지리스는 인간유형을 미성숙(X론적 유형)과 성숙한 인간(Y론적 유형)으로 분리하고 관리전략을 달리해야 한다고 보았다.

　　㉡ 맥그리거의 이론적 가설에 입각한 관리방식의 정당성으로 현대 미국의 대다수 사람들이 미성숙한 인간으로 취급당하고 있다고 보고, 이러한 상황을 설명하기 위해 조직의 가치 체계를 관료적 피라미드형

가치체계와 인간중심주의적 민주적 가치체계로 분류 비교하였다.

   ⓒ 관료적 피라미드형 가치체계와 인간중심주의적 민주적 가치체계

     ㉮ 관료적 피라미드형 가치체계에서는 자연스럽고 자유로운 감정의 표현이 허용되지 않기 때문에 구성원 사이의 인간관계는 불신을 낳게 되고 결과적으로 조직의 대인 능력이 저하된다는 것이다. 공식 조직 내에서 중요한 인간관계란 집단목표 달성에 관련된 것이고, 인간관계의 유효성은 행동이 합리적이고 이론적인 경우의 의사소통에서 증대되기보다는, 감정적인 행동에 의해 증대된다는 것이다. 또한 인간관계는 합리적인 행동과 목표달성을 강조하는 적합한 상벌을 세밀하게 규정한 지시와 권한 및 통제에 의해서 가장 효과적으로 영향을 받는다는 것이다.

     ㉯ 인간중심주의적 민주적 가치체계가 형성된 조직에서는 신뢰가 구축되어 구성원 간 대응능력이나 집단 간의 협동 등이 증가하여 조직효과 증진에 기여한다는 것이다.

     ㉰ 아지리스는 산업조직을 통해 조직의 관리방법이 개인의 행동과 성장에 어떤 영향을 미치는가를 연구하였는데, 종업원들 사이에 무관심과 관리노력이 부족함을 발견하였으며, 그 결과 그들은 미성숙한 행동을 하게 된다고 주장하였다. 따라서 조직과 개인의 목표와 조화를 통해 목표달성의 효과성을 증진시키기 위해서는 개인의 퍼스넬리티를 성숙, 실현시킬 수 있는 방향에서 조직구조와 관리 방법이 확립되어야 한다는 것이다.

② 특성

   ㉠ C. Argyris는 인간의 인격과 성격은 미성숙 상태로부터 성숙 상태로 변화하며, 조직의 구성원을 성숙한 인간으로 발전하도록 관리하여야 한다고 보고 있다.

   ㉡ 인격의 성숙상태는 인간의 기본적 욕구로서 모든 개인은 조직 속에서 그러한 상태에 도달하고자 노력하며, 유지하고자 한다는 것이다.

   ㉢ 반면에 그는 전통적인 조직의 구성방법과 운영원리는 구성원의 욕

구실현을 위한 노력과는 상충된 원리로서, 조직과 개인의 괴리현상
을 가져온다는 것이다. 그리고 구성원을 성숙 상태로 발전하도록
하는 것이 아니라 미성숙 상태에 머물도록 구속한다는 것이다.

② 아지리스는 구성원이 미성숙 상태에 머무르지 않도록 직무확대·
참여·구성원 중심적 리더십과 현실을 고려한 리더십이 효과적이
라고 보고 있다.

⑩ 성공의 경험이 축적됨에 따라 생기는 심리적 에너지가 중요하다고
강조하였으며, 개인이 조직을 통해 자아를 실현하는 동시에 조직은
개인을 통해 자아를 실현하는 과정으로 보고, 개인과 조직이 상호
작용하는 것으로 인식하였다.

③ 유형의 특성

㉠ 미성숙 인간(X형): 피동적, 의존적, 단순한 행동, 변덕, 단기적 목표
추구, 자아의식의 결여

㉡ 성숙 인간(Y형): 능동적, 독자적, 다양한 행동, 일관적 행동, 장기적
목표 추구, 평등성 강조, 지위상승 욕구, 강한 자아의식과 자율적
통제능력 구비

④ 아지리스의 악순환 이론

㉠ 아지리스는 조직의 활성화를 위해서는 인간의 에너지를 증진시키
는 것이 가장 중요하다고 주장하였는데, 그러한 영향을 주는 요인
을 조직에 투입되는 에너지로 보고, 물리적·기계적 에너지, 생리
적 에너지, 심리적 에너지로 구분하였다.

㉡ 조직과 개인은 목표추구 과정에서 상호작용을 하는데, 이러한 상호
작용과정을 악순환과정으로 파악하였다.

㉢ 악순환의 과정: 심리적 에너지를 증가시키는 것을 저해하는 조직관
리방식(합리성의 강조, 공식적 기준에 의한 관리, 지시·처벌·통제
중심적 관리)은 개인이 조직에 부담감과 부적응, 좌절감·실패감과
같은 심리적 갈등과 불안을 가져와 조직의 분위기 침체로 이어지고,
이는 또다시 구성원에게 심리적 부담을 주는 악순환을 가져온다.

ㄹ 동태적인 관리체제를 강조하며, 조직목표와 개인목표 간의 딜레마
가 존재하고, 동기부여는 개인의 심리적 성공감에서 나오는 에너지
에 의해 좌우된다.

(7) Likert의 관리체제론

① 체제 Ⅰ(착취적 권위형): 관리자는 부하를 신뢰하지 않으며, 의사결정
과정 등에서 참여를 배제한다.
② 체제 Ⅱ(온정적 권위형): 관리자는 부하에 대하여 배려하는 유형이지
만 하향적 의사전달을 선호한다.
③ 체제 Ⅲ(협의적 민주형): 관리자는 부하에 대한 어느 정도 신뢰를 바
탕으로 의사전달은 쌍방향으로 이루어지고 참여를 권장한다.
④ 체제 Ⅳ(참여적 민주형): 관리자와 부하의 관계는 신뢰를 구축하고 있
는 상향적 의사전달의 폭이 더 넓으며, 참여는 공식화되어 있다.

(8) Hackman & Oldham의 직무특성이론

① 의의: 직무특성이 직무수행자의 성장욕구 수준에 부합될 때 긍정적 동
기가 유발된다. 개인의 성장욕구 수준이 직무특성과 심리상태, 심리상
태와 성과 간의 관계를 결정하는 변수로 작용한다는 것이다. 즉 직무내
용과 자신의 적성 여부와 비교하고 자신의 발전을 예상해 보게 된다.
② 직무의 특성 요소: 기술적 다양성, 정체성, 직무의 중요성 수준, 직무
수행의 자율성, 환류
③ 최고조의 동기부여 발생 조건: 환류와 자율성이 인정되는 가운데 개인
의 성장욕구가 강할 때

(9) Murray의 명시욕구이론

① 의의: 자신이 그 일에 성공하고 싶은 욕구의 강도에 따라 동기부여가

나타난다. 성장과정에서 자연적으로 학습과 경험에서 얻어진 욕구이
며, 그 욕구는 방향(욕구충족의 대상)과 강도(욕구의 중요성)로 구성되
며, 욕구발현은 적당한 환경의 조성이 필요하다.
② 내용: 매스로우의 인간의 행동을 유발하는 욕구연구 면에서는 유사하
나 순차적으로 욕구가 진행되는 것이 아니라 복수의 명시적인 욕구가
동시에 인간의 행동 유발에 영향을 준다고 보았다.

〈심화학습〉 과정중심의 동기부여이론

1. V. Vroom의 기대이론

① 동기유발에 대한 과정이론으로서 내용이론과 같이 만족과 동기부여가
직접 연결되지 않는다고 보았다. 즉, 만족과 동기부여 사이에 개인
적·주관적인 기대치가 다르며, 그 기대치가 충족되었을 때 생산성의
동기유발로 연결된다고 본다.
② 개인의 동기는 수단성, 기대감, 유의성에 의해 결정되며, 개인은 노력
에 대한 성과가 있고, 그 성과에 따라 상여금, 임금인상, 승진과 같은
보상을 조직으로부터 부여받아 만족을 얻게 되어 더 높은 수준의 노
력을 발휘하도록 동기가 유발된다.
　㉠ 기대감(Expectancy): 노력에 따른 성과의 기대를 예상하는 주관적인
기대치를 말한다. 즉 자신이 노력한 일정한 수준의 성과를 달성한
다는 기대이다.
　㉡ 수단성(Instrumentality): 성과가 만족할 만한 수준의 보상을 가져다
줄 것이라고 믿는 정도로서 주관적 확률판단을 말한다.
　㉢ 유의성(Valence): 유인가라고도 하며, 어느 한 개인이 원하는 특정한
보상에 대한 선호의 강도이다. 즉 보상에 대한 주관적 가치판단이다.

③ 근무성과에 미치는 요소로서 직원의 노력과 능력, 기타 환경적 요인 등을 들고 있다. 따라서 자신의 노력만큼 높은 근무성적을 낼 수 있다고 생각할 때, 그 근무성적이 자신의 승진에 주요 요인으로 작용된다고 인식할 때, 승진이 매력적인 것으로 간주하는 경우에 동기부여가 된다.

④ 이론에 대한 평가

　㉠ 긍정적 측면: 동기부여가 일어나는 과정을 설명하였으며, 개인과 조직목표 사이의 관련성을 명확히 하였다. 매우 단순한 접근법을 취한 동기부여의 내용이론과는 달리 동기부여가 발생하는 복잡한 상황을 설명해 줄 수 있다.

　㉡ 부정적 측면: 구성원의 동기유발에 대한 구체적인 제안을 제시하지 못하고 있으며, 개인에 대한 동기유발의 과정만을 취급하고 집단에 대한 동기유발 측면은 다루지 않았다(집단의 동일화나 단결심).

2. Adams의 형평성 이론

① 개념

　㉠ 공정이론이라고도 하며, 타인과 비교하여 공정하게 대우 받았느냐, 불공정하게 대우를 받았느냐의 문제가 동기부여에 영향을 준다는 이론이다.

　㉡ 즉, 직무에 대한 공헌도와 보상을 다른 사람의 그것과 주관적으로 비교·평가하여 그 평가결과에 따라 동기부여의 행동이 나타난다고 본다.

② 주요내용

　㉠ 업무에서 공정하게 대우를 받으려고 하는 욕망이 개인으로 하여금 동기를 유발시킨다고 가정한다.

　㉡ 조직에서 공정한 보상의 중요성을 인식시켜 준다는 점에서 의의가 크다.

　㉢ 불공정성을 해소시키고 형평성을 추구하기 위한 행동에는 투입과 산출에 대한 본인의 지각을 바꾸는 것과 준거인물을 바꾸는 것 등이 있다.

ⓔ 다른 사람과 비교하여 공평한 대우를 받았을 경우에는 만족을 느껴 동기부여가 발현되지 않는다. 반대로 불공정한 대우를 받게 되면 자극을 받아 이를 시정하기 위해 무엇인가를 하려는 동기가 유발되게 된다고 가정하고 있다.

ⓜ 따라서 관리자는 조직의 효과성 증진을 위해 대우의 차이를 통해 구성원들이 동기부여를 갖도록 경쟁심을 유발시키는 전략도 필요하다.

ⓗ 사람들은 그들의 노력에 대한 소득의 비율을 타인과의 그것과 비교·평가를 통해 그 결과에 따라 그들이 공평한 대우를 받고 있는지의 여부에 대하여 신념을 형성한다.

ⓢ 기대이론과 비교해 볼 때, 인간의 심리적·내면적인 인식과 지각과정을 통해서 동기유발이 나타난다는 측면에서는 공통점이 있지만 직무수행 수준의 선택 측면에서 소득과 보상이 최대로 기대되는 직무수행 수준을 선택한다는 것이 기대이론이라면, 개인별 내적 준거기준에 비추어 공평한 직무수행수준을 택한다는 것이 형평이론이다.

제2절 노사관계관리

1. 노사관계관리의 의의

(1) 노사관계의 개념

노사관계란 일반적으로 기업의 경영활동에서 사용자와 근로자 및 노동조합과의 상호관계 즉 노동자와 사용자와의 관계, 노동조합과 기업과의 관계를 말한다. 사회학에서는 산업사회 등장과 더불어 고용주와 피고용자의 지배종속관계나 생산수단의 소유자인 자본가와 노동자의 대립관계를 나타내는 개념 등으로 이해된다. 이때 노사관계관리는 노사관계가 대립보다는 협력의 관계로 유지되도록 하는 것이 노사관계관리이다.

(2) 노사관계관 리의 3주체와 목적

① 노사관계관리의 3주체: 노동조합, 기업, 정부를 말한다.

② 노사관계관리의 기본 목적: 기업의 경영환경은 과거와는 달리 기업경영에 매우 큰 영향을 주고 있기 때문에 노사관계 안정을 통한 산업평화 유지에 있다. 또한 노사관계는 근로자 개인의 삶의 질 향상, 국가사회의 성장과 발전에 영향을 주고 있다. 현대 산업사회에서 큰 사회적 문제로 대두되고 있는 인간 및 노동소외 문제를 해결하는 데 실질적인 도움을 주고 있다. 따라서 원활한 노사관계 정립을 통해 기업의 경쟁력 증진과 국가 경쟁력의 중요한 기반이 되어야 한다.

(3) 노동 3권 및 원칙

① 노동 3권
   ㉠ 단결권: 근로자의 권익보호를 위해 노동조합을 구성하고, 가입할 수 있는 기초적인 권리를 말한다.
   ㉡ 단체 교섭권: 근로자의 권익보호 및 근로조건 개선 등 여러 가지 근로자의 요구조건을 전달하기 위해 사용자와 단체적으로 협의·교섭할 수 있는 권리를 말한다.
   ㉢ 단체 행동권: 단체교섭을 통해 단체의 활동 목적을 이루는 과정에서 사용자와 인식과 의견의 차이로 해결되지 않았을 때, 단체가 태업, 파업 등 물리적 수단으로 실력을 행사할 수 있는 권한을 말한다.
② 노동조합주의 관행의 기본 3원칙
   ㉠ 자유로운 단결의 원칙: 노동조합을 구성하고 노동조합에 근로자가 자유롭게 가입이 허용되어야 한다는 원칙이다.
   ㉡ 자유 대등한 단체 교섭의 원칙: 노동조합은 사용자 측에 대해 종속관계, 지배관계가 아닌 대등한 관계로 교섭이 보장되어야 한다는 원칙이다.

ⓒ 자유로운 쟁의 행위의 원칙: 파업 등으로 가기 전 교섭에서의 우위
를 확보하기 위한 활동으로 쟁의 행위가 사용자 또는 외부의 통제
가 없어야 한다는 원칙이다.
③ 노동조합주의의 부수적 3원칙
㉠ 정부불간섭의 원칙: 노동조합의 결성 및 운영에 있어서 정부의 어
떤 간섭도 배제한다는 원칙이다.
㉡ 정당으로부터의 자유의 원칙: 노조활동에 있어서 정당의 영향력으
로부터 자유로워야 한다는 것이다.
㉢ 사용자로부터의 자유의 원칙: 노조결성 및 활동에 사용자의 권유,
간섭, 통제 등으로부터 자유로워야 한다는 원칙을 말한다.

2. 노사관계의 발전과정

(1) 일반적인 노사관계 발전과정

전제적 노사관계(지배종속관계)→온정적 노사관계(가부장적 리더십)→근대
적 노사관계(복리후생의 사회적 성격 강조)→민주적 노사관계(현대)
① 전제적 노사관계(신분적 지배관계): 노동조건은 사용자의 일방적 의사
로 결정되고 사용자와 근로자의 관계는 명령과 절대복종, 지배종속적
관계로서 인간적인 요소는 무시되었다.
② 온정적 노사관계(사용자 우위관계): 자본주의적 생산과 저임금근로자의
증대로 인한 한계를 극복하기 위해 가부장적 온정주의에 입각하여 복
지후생에 대한 관심이 높아지기 시작한 시대의 노사관계이다.
③ 근대적 노사관계: 합리주의와 법제도에 입각한 노동관리가 시작되고
지금까지의 온정주의적 관리가 잔존하는 상태의 노사관계이다. 그러
나 아직도 사용자가 우위를 점하고 있는 단계이다.
④ 민주적 노사관계(노사대등관계): 자본주의를 기본으로 산업사회에 있어

서 노와 사 간에 지배종속관계를 지양하고 대등한 지위를 당연한 것
으로 보는 산업민주주의의 이념이 형성되었다.

⑤ 경쟁지향적 관계(노사협력관계): 기업 및 국가경쟁력 차원에서 노사 간
협력으로 경제활동을 모색하는 단계로 지금의 상태를 말한다.

(2) 우리나라의 노사관계 발전과정

① 1960~1971년: 산업화 과정 초기에 정부의 묵시하에서의 억압적 노사
관계

② 1970년대: 정부의 중화학공업화를 이룩하는 기반으로 억압적 노사관
계의 심화

③ 1980년대~1987년: 사회적 갈등기의 대립적 노사관계

④ 1987년~1997년: 민주화의 확산으로 인한 노사관계의 새로운 정립과
노조의 영향력 증대

⑤ 1997년~현재: 노사 간의 협력과 대화를 중시하는 합의의 노사관계
정립시기 및 새로운 노사관계 정립 과도기

3. 노사관계의 주요 쟁점

(1) 경제·물질적 요인: 임금조정 및 임금체불 문제, 근로시간 및 근로조
건 등

(2) 사회·신분적 요인: 비정규직 및 임시직에 대한 갈등

(3) 권력·정치적 요인: 사 측의 일방적인 고용조건과 노동 측의 주장의
입지문제

(4) 심리·인간적 요인: 직무스트레스, 노동자의 소외문제, 고용차별문제 등

4. 노사관계 법률

(1) 헌법

근로자는 근로조건의 향상을 위하여 자주적인 단결권·단체교섭권·단체
행동권을 가진다(헌법 제33조 1항).

(2) 근로기준법

이 법은 헌법에 따라 근로조건의 기준을 정함으로써 근로자의 기본적 생
활을 보장, 향상시키며 균형 있는 국민경제의 발전을 꾀하는 것을 목적으로
한다.

(3) 노동조합법

이 법은 헌법에 의거하여 근로자의 자주적인 단결권·단체교섭권과 단체
행동권을 보장하며, 근로자의 근로조건을 유지, 개선하고 근로자의 복지를
증진함으로써 그 경제적·사회적 지위의 향상과 국민경제의 발전에 기여함
을 목적으로 한다.

(4) 노동조합 및 노동관계조정법

이 법은 헌법에 의한 근로자의 단결권·단체교섭권 및 단체행동권을 보
장하여 근로조건의 유지·개선과 근로자의 경제적·사회적 지위의 향상을
도모하고, 노동관계를 공정하게 조정하여 노동쟁의를 예방·해결함으로써
산업평화의 유지와 국민경제의 발전에 이바지함을 목적으로 한다.

(5) 노동쟁의조정법

이 법은 노동관계의 공정한 조정을 도모하고 노동쟁의를 예방 또는 해결

함으로써 산업평화의 유지와 국민경제발전에 기여함을 목적으로 한다. 이 법에서 노동쟁의라 함은 임금, 근로시간, 후생, 해고 기타 대우 등 근로조건에 관한 노동관계 당사자 간의 주장의 불일치로 인한 분쟁상태를 말한다.

(6) 노사협의회법

근로자와 사용자 쌍방이 참여와 협력을 통하여 노사공동의 이익을 증진함으로써 기업의 경쟁력 강화와 근로자의 삶의 질 향상을 도모하기 위하여 제정된 법으로 노사협의회의 설치 및 노동조합과의 관계를 규정하고 있다. 주요 골자는 노사협의회의 근로자위원 위촉은 노동조합이 근로자의 과반수를 대표할 때에 한하여 근로자위원을 위촉하도록 하고 그 외의 경우에는 근로자가 직접 선출하도록 하여 근로자위원의 대표성을 확보하도록 하고 있다. 또한 노사협의회의 협의사항은 성과배분, 고용조정에 관한 사항, 신기계·기술의 도입 또는 작업공정의 개선 등에 관한 사항으로 하여, 의결사항은 근로자의 교육훈련 및 능력개발 기본계획의 수립, 복지시설의 설치와 관리, 사내근로복지기금의 설치 등에 관한 사항이다.

<노사관계의 유형>

유 형	노사관계	적용국가
경쟁적 노사관계형	대립적 단체 교섭형	영국과 미국
친권적 노사관계형	공동 의사결정형, 경영참가형	독일
계급투쟁적 노사관계형	단체교섭 중심형	이탈리아, 프랑스
절대적 노사관계형	절대적 권한 중심, 노동조합=공산당	러시아
가부장적 관계형	화의 노사 관계 중심형, 가족주의, 공동체 원리 및 집단주의 화합원리	일본, 동양권
기업자치관리적 노사관계형	근로자 자치관리제 모형, 종업원 경영 참가 방식	유고, 헝가리, 폴란드

제3절 노동조합

1. 노동조합의 기능

(1) 경제적 기능

노조의 경제적 기능에는 고용조건의 개선, 경영참가 등 여러 가지가 있는데 특히 단체교섭과 쟁의행위가 가장 핵심을 이룬다. 고용조건의 개선은 사용자의 일방적 시혜나 호황 또는 노동력 부족 등에 의해 결정된다. 그러나 노동조합의 존재 또는 노동조합의 적극적 활동에 의해 달라진다.

① 단체교섭: 단체교섭이란 노동조합의 임원이 다수 조합원에 대한 대표성으로 임금인상·시간단축·해고반대 등 고용조건 개선요구를 사용자 또는 단체와 교섭하는 것을 말한다. 법률상 사용자는 특별한 이유 없이 단체교섭을 거부할 수 없으며, 단체교섭이 합의에 이르지 못하고 결렬되면 노사 어느 쪽이나 쟁의행위에 돌입할 수 있다.

② 쟁의행위: 단체교섭은 노조 측에 주어진 노동기본권의 하나일 뿐만 아니라, 원만하게 노사 간에 합의로 이루어진다면 사용자에게도 노사관계 안정을 위해 오히려 유리한 수단이 될 수 있다. 그러나 단체교섭과는 달리 쟁의행위는 노사 어느 쪽에게나 부담과 고통을 수반하게 된다. 쟁의행위에는 주로 파업의 형태로 이루어지며, 파업의 형태는 다양하지만 일반적으로 그 목적은 생산활동을 중단시켜 사용자 측에 경제적 손실을 주는 데 있다. 그러나 파업은 그 행위 자체에 의미를 두는 것이 아니라 단체교섭을 이끌어 내려는 데 초점을 둔 행위이다. 파업은 그 자체가 목적이 되어서는 안 되며, 단체교섭을 유리한 상황에서 진행시키기 위한 노조 측의 비상수단으로 작용하여야 한다. 파업 외에도 노조가 취할 수 있는 쟁의행위에는 사보타주[5]나 보이콧[6] 등이

---

5) 사보타주(Sabotage)라는 말은 중세유럽의 봉건제도에 노동자가 대항하여 나막신(사보)으로 작물이나 기계를 짓밟은 데서 나왔다. 즉 고의적인 사유재산 파괴나 태업 등을 통한 노동자의 생산에 대한 저지활동인

있지만 파업 이전에 행동하는 부차적인 수단이다.

(2) 공제 및 복리증진 기능

공제기능 및 복리증진기능이란 질병, 재해 등 상호공제활동, 휴양소, 오락시설, 퇴직금 등 복지기능을 말한다. 그 역사는 의료보험이나 실업보험 등의 사회보험제도가 실시되기 이전 자유로운 노조활동이 공적으로는 거의 인정받지 못했던 초기에 노동자들이 스스로 공제호조(共濟互助) 단체를 구성하고 조합활동을 시도한 때부터이다. 영국의 '우애조합(friendly society)'이 그 대표적인 실례이다. 노조활동이 인정된 후부터는 사용자 측이 종업원을 위해 실시하는 각종 사내 복지시설 운영은 사실상 산업별 노동조합의 말단 활동으로서 대부분 하부조합(local union)의 책임이 되고 있다.

〈심화학습〉 산업별 노동조합

산업별 노동조합이란 철강·섬유·화학·전기·철도·석탄 등 산업의 근대적 구분을 중심으로, 개별 기업의 경계를 초월하여 구성되는 횡단조직이다. 서양사회의 산업별 조합은 규모가 커짐에 따라 말단조직의 일상적 요구를 만족시킬 수 없게 되었다. 또한 조합으로서의 활동이 완만해지고 고립되면서 조합 내 하부조직의 중요성이 점차 커졌다. 따라서 하부조합들도 단지 전국 횡단조합의 말단기구로만 존재하는 것이 아니라 그 자체가 독립된 자주적 조합으로 활동할 수 있는 실체를 갖추게 되었다. 이에 따라 조합이

쟁의행위를 가리킨다. 우리나라에서는 직장을 이탈하지 않고 불완전 노동으로 사용자를 괴롭히는 태업의 의미로 사용된다.

6) 보이콧이란 용어는 스튜어트 파넬의 지도 아래 소작인들이 영국의 토지관리인 찰스 커닝햄 보이콧을 내쫓는 데 성공한 것에서 유래되었다. 보이콧은 사용자로부터 임금과 노동조건의 개선을 얻어 내기 위한 노동단체의 수단으로 가장 많이 이용된다. 근로자들이 사용자에 대해 여러 가지 방법으로 압력을 가하는 것을 1차적 보이콧이라 하며, 사용자와 거래관계에 있는 제3자에게 사용자와의 거래를 끊을 것을 요구하고 이에 응하지 않을 때에는 상품의 구입이나 근로계약의 체결 등을 중단하겠다고 압력을 가하는 것을 2차적 보이콧이라 한다. 이와 같은 보이콧은 실제로는 파업을 지원하기 위한 부수적인 수단으로 쓰이는 경우가 많으며 주로 미국에서 그 예를 찾을 수 있다.

장악하는 각 기업의 복지공제시설들이 차츰 더 중요한 비중을 차지하게 되었으며 각종 부가급부(fringe benefit)나 유럽의 임금 드리프트(drift) 등이 하부조합에서 노사 간의 주요의제가 되었다.

(3) 정치적 기능

노조의 본래 기능은 조합원의 고용조건 개선을 목적으로 하는 단체활동이지만 그 목적을 달성하기 위해서는 입법활동을 통한 법률의 개정이나 제정, 정부에 대한 요구, 노동자를 지원하는 정당과의 연계 등을 통한다. 즉, 노사 간의 교섭과 분쟁을 조정하고 해결, 노동관계법 개정, 세제, 물가정책 등에 영향을 미칠 수 있다. 이러한 과정에서 노조활동 자체가 정치적 영향력을 갖게 된다. 특히 한국의 경우 정주영 대선 후보시절 노조는 더욱 정치적 색채를 가질 수밖에 없는 것이다. 그러나 이러한 노조의 정치적 행위는 조합의 경제적 기능을 수행하기 위한 수단일 뿐 조합이 정치활동 자체가 목적이 아니다. 물론 한국의 경우 1988년 6월 항쟁 이후 나타난 노조의 정치적 요구는 그동안의 표출욕구의 폭발로 정치화된 것뿐이지 원래의 목적은 아니었다.

(4) 노동조합의 현대적 기능

현대적 기능은 기본기능, 집행기능, 참모기능 세 가지로 볼 수 있는데, 기본기능이란 노동조합을 조직하고, 조직의 유지·확장기능이며, 집행기능이란 조합을 결성한 후 조합의 목적인 조합원의 근로조건 유지·향상을 위해 활동하는 기능이며, 마지막 참모기능이란 조합의 기본기능과 집행기능을 보좌하는 기능을 말한다.

2. 노동조합의 조직형태

(1) 구성원의 자격에 의한 유형

① 직종별 노동조합(Craft Union): 직업별 조합이라고도 하며, 이는 인쇄공, 전기공, 목수, 변호사, 의사, 약사 등 동일한 직종 또는 직업을 가진 근로자들이 자신이 속한 기업을 초월해서 결성한 노동조합을 말한다. 일정 자격을 갖춘 숙련 노동자들을 조합원으로 하며, 이러한 자격을 갖춘 근로자만이 일을 할 수 있게 하였다. 이는 직능의 표준임금과 근로조건을 동일하게 확보, 유지하려는 목적이 있다. 장점으로는 임금 및 근로자의 입장을 통일적, 체계적으로 반영할 수 있고, 취업자 및 미취업자도 조합원으로 가입할 수 있다. 단점으로는 기업 소속감도 미흡하여 조합원과 사용자 간 원활한 관계를 형성하지 못하며, 다른 직업에 대해 배타적, 독점적인 특징이 있다. 이러한 조합의 예는 의사, 변호사, 교사단체와 유사하다. 또한 이 조합은 이익단체로서의 영향력을 행사하고 있다는 것이 특징이다.

② 산업별 노동조합(Industrial Union): 직종이나 계층, 소속기업과는 무관하게 동일산업에 종사하는 모든 근로자를 중심으로 조직된 노동조합이다. 한 산업을 단위로 그 산업 내에 종사하는 다양한 근로자, 숙련 또는 미숙련 근로자들을 하나의 산업단결체로 결성시키기 때문에 강력한 단체 교섭력을 지니게 된다(1산업 1조합주의). 동종 산업 근로자들의 근로조건 및 지위를 동일하게 유지, 통일시킬 수 있다는 장점이 있으며, 그러나 개별 근로자의 직종별, 기업별 특수성으로 근로조건의 확립이 용이하지 못하다.

③ 기업별 조합(Company Union): 기업을 단위로 그 기업에 종사하는 모든 근로자를 가입대상으로 하는 조합이다. 따라서 동일한 회사 내에서 숙련 및 미숙련, 사무직, 생산직을 구별하지 않고 소속개념으로 조합가입이 허용되어 있어 매우 개방적인 것을 특징으로 한다. 다만 임시직, 퇴

직근로자는 가입을 할 수 없다. 이때 노동조합과 사용자가 교섭 당사자가 되는 조합의 형태이다(1기업 1조합주의). 장점은 단일 기업체에 종사하는 근로자들의 근로조건을 동일한 수준으로 정하기 때문에 동일 기업에 속한 근로자 간의 공정성을 도모하고, 사용자와의 긴밀한 관계 속에서 노조의 경영참가 또는 노사협조의 원활화를 기할 수 있다는 점이다. 그러나 어용노조화의 위험성이 있으며, 조합원들의 협조 미흡, 동일 직종 내에서의 기업 간의 근로조건의 차가 발생할 수 있다.

④ 일반 노동조합(General Union): 직종이나 산업, 기업소속에 구애됨이 없이 모든 노동자가 가입할 수 있는 노동조합을 말한다. 즉 근로자라는 조건만으로 노조를 결성할 수 있으며, 이 조합의 특징은 주로 단순노무에 종사하는 미숙련 노동자들이며, 이들의 주된 교섭내용은 안정된 고용의 확보, 법적 노동시간의 준수, 최저 임금보장이 된다.

⑤ 지역별 노동조합(Regional Union): 직종 또는 산업과는 무관하게 그리고 소속 기업을 초월해 일정 지역단위를 중심으로 조직하는 조합이다. 그 예로 청계피복노동조합, 서울 인쇄노동조합, 서울 동부지역금속노조, 부산 택시노조 등을 들 수 있다.

(2) 결합방식에 의한 유형

① 단일조합: 산업별 노동조합에서 많이 볼 수 있는 형태로 중앙 노동조직에 근로자들이 직접 구성원이 되어 있는 것이며, 각 지역 또는 지역별로 지부 또는 분회를 두는 노동조합의 조직형태이다.

② 연합체 조합: 연합체 조합은 단일 조합들이 연합체를 이루어 새로운 조합으로 결성하는 것인데, 그 목적은 강력한 교섭능력을 확보하는 데 있다. 이 조합은 개인가입이 인정되지 않으며, 개별 노동조합별로 구성되고 독자적인 활동을 전개한다. 예로서 각 산업별 노동조합연맹을 구성원으로 갖는 한국노동조합총연맹, 민주노총이 해당된다.

〈보충학습〉 노동조합의 형태 및 조합원 자격

1. 노동조합의 형태

 (1) 산업별 조합: 1산업 1조합(횡단적, 개방적)

 (2) 직업별 조합: 1직업 1조합(횡단적, 완전 폐쇄적)

 (3) 기업별 조합: 1기업 1조합(종단적, 폐쇄적)

 (4) 일반노동조합: 전 산업 1조합(횡단적, 개방적)

2. 노동조합자격의 제한 사항(결격요건)

 (1) 사용자 및 이익대표자

 (2) 조합경비를 사용자로부터 원조

 (3) 공제, 수양, 복지사업 등의 활동목적

 (4) 근로자가 아닌 자의 가입

 (5) 정치활동을 목적

3. 노조의 가입방법

노조의 가입방법 또는 노조원의 확보방법으로는 다음과 같은 제도가 있다.

(1) 오픈숍(open shop)제

오픈숍 제도는 노동조합의 조합원이나 비조합원을 모두 고용할 수 있는 제도로 사용자는 조합원이든 비조합원이든 차별을 두지 않고 채용할 수 있으며, 노동조합에의 가입은 전적으로 노동자 자신의 자유의사에 따른다. 다시 말하면 고용조건에 반드시 노동조합에 가입할 필요가 없는 경우를 말한다. 따라서 이 제도는 고용주가 조합에 가입하는 것을 암묵적으로 제한하면 노동조합의 조직력과 교섭력이 약화될 수 있어 고용주는 이를 악이용할 수도 있다. 우리나라의 경우 노동조합 및 노동관계조정법 제81조 제2항에 근로자가 어느 노동조합에도 가입하지 아니할 것 또는 탈퇴할 것을 고용조건으로 하거나 특정한 노동조합의 조합원이 될 것을 고용조건으로 하는 행위를 부당노동행위[7]로 규정함으로써 오픈숍 제도를 적용하고 있다. 그러나 미국은 1935년 제정된 와그너법으로 오픈숍제를 불법화하고 있다.

(2) 클로즈드숍(closed shop)제

기업의 근로자 또는 종업원의 고용조건이 노동조합 가입 의무로 하거나 또는 조합원이어야 한다. 이러한 제도는 노동조합 가입이 고용조건의 전제가 되는 것으로 오픈숍과는 반대로 노동조합 측에 가장 유리한 제도이다. 따라서 회사의 노동조합 간의 단체협약으로서 종업원의 채용, 해고 등을 노동조합이 주도하므로 노동조합의 가입이 고용조건이 되는 강력한 제도로 조합원 확보에 가장 합리적인 제도이다. 노동조합의 권리와 단결을 도모하는 데 필요하지만 노동조합의 지나친 권력남용과 노조의 세력을 악용하는 부분적 폐단이 나타나기도 하였다. 그러므로 미국에서는 1935년 와그너법에서는 인정되었으나 1947년 태프트-히틀리법에 의해서 불법화되었으며, 건축업에 한하여 1959년에 다시 합법화되었지만 해운업과 인쇄업에서는 현실적으로 인정하고 있는 셈이다.

(3) 유니언숍(union shop)제

유니언숍제는 오픈숍제나 클로즈드숍제의 중간 형태로 고용주가 노동조합의 조합원 이외의 근로자까지도 자유로이 고용할 수 있으나 일단 고용된 후

---

7) 부당노동행위란 사용자가 노동조합 방해 행위로 노동 3권을 침해하는 행위이며, 사용자의 부당노동행위 종류는 불이익대우, 단체교섭의 거부, 보복적 불이익 대우, 황견계약 등이 있다. 여기서 황견계약이란 반조합계약·노조탈퇴 요구·어용노조가입을 고용조건으로 하는 것을 말한다.

에는 일정기간 중에 조합원이 되어야 종업원의 지위를 인정하는 제도이다. 미국의 경우 1947년 태프트－하틀리법에서는 고용 후 일정기간 내의 가입을 30일로 정하고 있고, 대부분이 노조안정을 위하여 유니언숍을 채택하고 있다. 유니언숍제와 클로즈드숍제와의 차이점으로 클로즈드숍은 고용되기 이전부터 조합원이어야 한다는 데 반하여 유니언숍은 비조합원도 고용이 되지만 고용된 후 일정기간 이내에는 조합에 가입할 것을 규정하고 있다. 따라서 조합원 본인이 가입을 거부하거나 조합으로부터 제명처분을 당하면 해고가 된다. 이 제도는 노동조합이 당해 사업장에 종사하고 있는 노동자의 2/3 이상을 대표하는 노조에 허용되고 있다.

(4) 변형적 숍제도

① 에이전시숍(agency shop)제: 대리기관 숍제라고도 하는데, 이 제도는 조합원이 아니더라도 회사에 속해 있는 모든 노동자에게 해당 노동조합이 조합회비를 징수하는 제도이다. 따라서 회비 거출에 강제성을 띠고 있어 노동자들이 비조합원으로서 조합비를 납부하지 않으면서도 회비를 내고 있는 조합원들과 동일한 혜택을 누리려는 것을 방지하고 동시에 노동조합은 조합원수를 늘리게 됨으로써 조합운영의 안정을 가져올 수 있는 방법이다.

② 프레퍼렌셜 숍(preferential shop)제: '우선 숍제도'라고 하며 이는 채용에 있어서 노동조합원에게 우선권을 주는 제도이다. 그러나 비조합원의 고용은 가능하지만 조합원에 대하여는 우선 고용조건을 유리하게 해 주는 제도이다.

③ 메인테넌스 멤버십 숍(maintenance of menbership shop)제: '조합원유지 숍제도'라고 하며 일단 단체협약이 체결되면 기존 조합원은 물론 단체협약이 체결된 이후에 가입한 조합원까지도 협약이 유효한 기간 동안 조합원 자격을 유지시키는 제도이다. 그러므로 노동조합에 가입이 되면 일정기간 동안 조합원으로서 머물러 있어야 한다는 제도이다.

(5) 체크오프시스템

체크오프시스템(check - off system)은 조합비를 조합원의 임금에서 일괄
공제하여 조합비에 인도하는 징수방식을 택하고 있어 조합비를 확보하고 노
조의 안정을 유지하기 위한 제도로서 조합비 일괄공제제도라고 말할 수 있
다. 원칙적으로 조합비는 노동자 개인이 직접 조합에 납부하는 것이지만 그
렇지 못한 경우가 현실이므로 이 제도에서는 조합의 입장에서 조합비 거출
에 시간과 경비의 절약을 도모할 수 있으며, 노동조합의 제도적 지위를 강
화할 수 있다.

제4절 노사협력제도

1. 단체교섭제도

(1) 단체교섭의 개념 및 의의

① 개념: 단체교섭이란 노동조합과 사용자 또는 사용자 단체가 근로자의
   임금, 근로시간, 근로조건 등에 관한 협약의 체결을 위해 대표자를 통
   해 집단적으로 타협을 모색하고 협약을 관리하는 과정이며 이러한 제
   도를 단체교섭제도라 한다. 즉 기업에 노동력을 제공하는 근로자의 단
   체인 노동조합이 단결권, 단체행동권 등 쟁의권을 토대로 노동력을 고
   용하는 입장의 사용자와 근로조건을 일괄하여 결정하는 과정이다.
② 단체교섭제도의 의의: 사용자의 일방적 근로조건, 노사 간 불평등관계
   를 근로자의 단결력을 통해 대등한 관계로 개선하려는 데 단체교섭의
   법적 취지와 사회적 의의가 있다.

(2) 단체교섭의 기능

작업장에 관한 규칙을 제정, 수정하고 관리하는 절차의 기능이 있으며, 임금수준의 결정, 협약기간 중이나 만료 시 또는 재연장 시 제기되는 노사분규를 해결하는 기능이 있다. 또한 근로자의 욕구 불만을 조정하고, 근로조건을 통일적으로 형성하는 기능, 경영을 합리적으로 조정하고 노사 간 공동체 의식을 조성하는 기능을 수행한다.

(3) 단체교섭제도의 유형

① 기업별 교섭형: 노동조합이 특정기업, 사업장단위로 조직되고 이 독립된 노동조합이 단체교섭의 당사자가 되어 당해 기업주와 교섭하는 방식으로 한국과 일본에서 많이 적용되는 방식이다. 노동조합이 기업별 조합으로 편성되어 있으므로 기업 간 격차가 크고 사용자 단체가 형성되지 못한 경우의 방식이다. 이 유형에서는 종업원들이 회사사정에 익숙하여 무리한 요구나 노사분규의 남발 방지에 유리하다는 장점이 있지만 단체교섭의 당사자인 사용자와 종업원의 관계가 종속적 관계라 대등한 입장에서의 교섭이 어려운 단점이 있다.

② 통일 교섭형: 교섭권을 위임받은 연합노조와 사용자 단체 간의 교섭유형으로 전국적, 지역적인 산업별 또는 직업별 노동조합과 이에 대응하는 전국적, 지역적인 사용자 단체와의 교섭방식이다. 이러한 교섭방식을 복수 사용자 교섭이라 하며, 노동조합이 산업별, 직업별로 전국적 또는 지역적인 노동시장을 지배하고 있다. 산업별 노동조합이 사용자 단체와 교섭을 함으로써 개별기업의 교섭부담이 덜 수 있다는 장점이 있다.

③ 대각선 교섭형: 단위 노조 상부단체와 개별기업 사용자 간에 이루어지는 단체교섭 방식이다.

④ 집단 교섭형: 여러 개의 노동조합지부(단위 노조)가 연합전선을 형성하여 여러 개의 기업집단과 집단적으로 교섭하는 유형이다.

(4) 단체교섭에 관한 이론

① 배분적 교섭이론: 사용자와 근로자의 배분적 교섭을 위한 협상이다. 여기서 배분적이란 노사 쌍방의 경제적 이해관계를 충족시키는 교섭 방식으로, 근로자는 사용자로부터 일방적인 양보를 쟁취하려고 하는 과정이 아니라 사용자는 경제적 이득을, 근로자는 임금 및 기타 복지적 혜택을 쟁취한다고 보는 입장이다.

② 통합적 교섭이론: 근로자의 목표와 사용자의 목표는 근본적으로 상치되는 것이 아니라 통합될 수 있는 것을 인식하고, 투쟁과 갈등보다는 상호 교환을 통해 양측 모두 이익을 추구하는 관계라고 보는 견해이다.

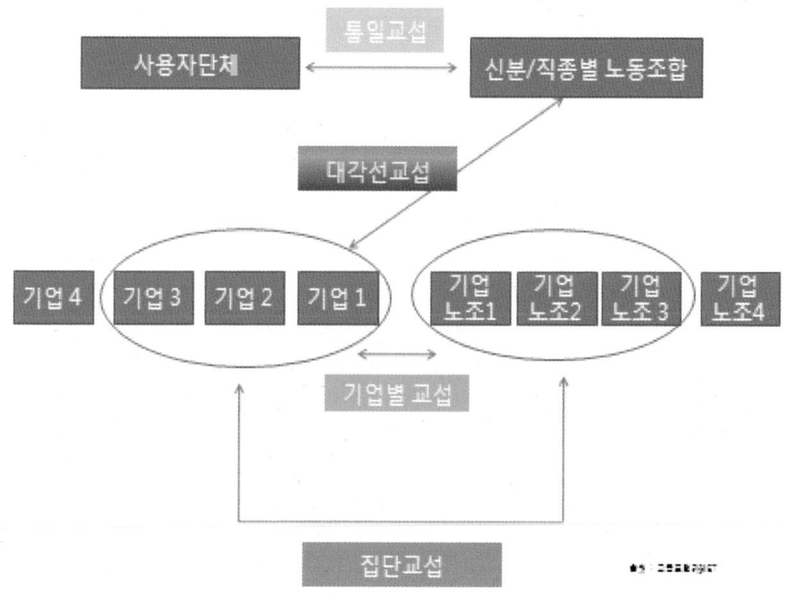

(5) 단체교섭의 기본자세: 상호신뢰의 분위기 조성, 노사일체의 기업관 확립, 합리적 수단을 강구하고 적극적으로 교섭하려는 노력의 자세 등이 필요하다.

(6) 단체 교섭의 절차: 교섭의 준비→교섭의 문제 제기→협상화 단계→교섭
파기 또는 교섭합의→단체협약→단체협약의 실행

2. 단체협약

(1) 단체협약의 개념 및 의의

단체협약이란 노동조합과 경영자 간의 단체교섭을 통한 합의의 결과물이
다. 즉 단체협약은 협약당사자인 노동조합과 사용자가 체결하는 서면상의
계약형식을 띠고 있으나 그 내용은 여러 가지 상이한 요소로 구성되어 있
다. 단체 협약의 내용은 주로 근로조건, 임금 기타 근로자의 대우에 관한 기
준을 정하고 협약당사자 상호 간의 제반 합의문제와 채권·채무를 설정하
는 협약서를 교환한다.

(2) 단체협약의 기능

① 근로조건 개선의 기능: 단체협약을 통해 근로자의 제반 요구사항을 합
의하고 실행시키는 기능을 가지고 있다.
② 평화적 기능: 단체협약은 노사 간 합의에 의한 방식으로 이루어지므로
평화적 기능을 가지고 있다.
③ 합리화 기능: 사용자 측과 근로자 측의 이해관계를 조정해 주므로 합
리적 기능을 가지고 있다고 볼 수 있다.

3. 노동쟁의

(1) 노동쟁의의 개념 및 의의

노동쟁의란 노동조합과 사용자 또는 사용자 단체 간에 임금, 근로시간, 복

지후생, 채용, 해고 등 제반 근로조건에 있어서 노와 사 간 의견의 불일치로 인해 발생한 분쟁상태를 말한다. 노동쟁의의 여러 행위로 과격하게 가기 전에 노사당사자 간 대화를 통한 자주적 해결방식이 가장 바람직하다.

(2) 근로자입장에서의 쟁의 행위

① 파업: 쟁의행위 중 가장 오랜 역사를 지닌 전형적 분규의 방식으로 근로조건의 유지 및 개선 등을 요구하고 관철시키기 위해 조직적인 방법으로 공동으로 사용자 측에게 노무제공을 거부하는 행위이다. 파업은 일반적으로 정당성이 확보된 집단 활동으로 인정되나, 일부 조합원이 파업하는 비조직적 파업은 정당성이 인정되지 않고 있다.

② 태업: 근로자들이 단결해서 고의적으로 작업능률을 저하시키는 것이다. 즉 근로자들이 일을 하는 데 꾀를 부리거나, 꾀병 등의 행위로 생산성을 저하시켜 사용자 측에게 압력을 가하는 단체행동이다. 작업과 정상적인 근로활동은 지속되지만 실제적으로 작업을 하지 않거나 또는 필요 이상의 완만한 작업 활동과 제품생산에 있어서 조잡한 작업을 하는 것 등을 포함한다. 태업은 근로조건 및 취업상태가 지속되며, 쟁의기간 중에 임금을 받을 수 있다. 또한 태업은 동맹파업에 비해 사업장 내에서 정상적인 작업 활동이 외형적으로나마 이루어지기 때문에 사회적인 불안감을 방지할 수 있다. 그리고 태업은 장점이 많기는 하나 이에 대항해 사용자가 직장폐쇄를 행하면 그 실효성은 없다.

③ 사보타지: 태업에 그치지 않고 생산 또는 각종 업무를 방해하는 행위로 의식적으로 생산설비를 파괴하는 등 보다 적극적인 생산활동의 저지를 말한다. 다시 말해서 파업은 사용자의 근로자에 대한 지휘명령의 무력화이지만 사보타지는 사용자의 지휘명령의 범위 내에 있지만 이에 따르지 않는다는 것이다. 또한 태업하는 과정에서 생산시설을 파괴하는 사보타지의 행위는 정당성이 인정되지 않고 있다.

④ 준법투쟁: 근로자들이 주장의 관철을 위하여 각종 법과 규정을 엄격히

이행하거나, 법률에 정한 근로자의 권리를 동시에 집단적으로 행사함으로써 사용자의 업무를 저해하는 행위를 말한다. 즉 법을 지키면서도 생산성 향상을 저해하는 방식의 쟁의행위를 말한다. 그 예로는 집단적으로 연월차를 사용하는 방법과 연장·휴일근로 거부 등이 있다.

⑤ 보이콧: 사용자 및 사용자와의 거래관계에 있는 제3자의 상품의 구입 기타 시설의 이용을 거부 또는 불구매 또는 불이용을 집단적으로 약속하고 실행하는 것으로 이를 1차적 보이콧이라 하며, 불매동맹을 말한다. 또한 2차 보이콧은 사용자 또는 그와 거래관계에 있는 제3자와 근로계약의 체결을 거절하도록 호소하는 투쟁행위이다. 2차적 행위를 부언하면 원재료 공급자와 같이 쟁의와 관련이 없는 제3자, 즉 2차적 사용자에 대해 쟁의 당사자인 당해 사용자와의 거래를 단절하도록 요구하고, 이를 거부하는 경우에는 제2차적 사용자의 상품 또는 원재료까지 불구매한다든가 또는 불이용을 행하는 단체적 실력행사를 말한다. 그러나 후자인 사용자와 거래상 제3자에 대하여 행하는 행위인 2차적 보이콧은 정당성이 없다.

⑥ 생산관리: 근로자들이 단결하여 사용자의 지휘명령을 거부하면서 사업장 또는 공장을 점거함으로써 조합간부의 지휘하에 노무를 제공하는 투쟁행위이다. 즉 쟁의목적을 달성하기 위해 사용자의 노동제공 등의 지시를 거부하고 사용자의 사업장 또는 공장에 대한 일체를 접수해서 노조 임의로 기업경영을 하는 행위이다. 그러나 생산관리의 쟁의행위 중 폭력을 사용하거나 또는 기존의 경영방침을 역행하는 경영행위나 임의적으로 회사자료를 처분하는 등은 정당성이 없다. 생산관리의 쟁의방식은 다음과 같이 두 가지의 유형이 있다. 양자 모두 사용자에게는 받아들일 수 없는 심리적 압박행위이다.

㉠ 소극적 생산관리: 기존의 기업경영방침을 지키면서 사용자를 압박하는 방식이다.

㉡ 적극적 생산관리: 기존의 경영방침을 임의로 변경하면서 운영하는 방식이다.

⑦ 피케팅: 동맹파업을 성공시키기 위한 부수적 쟁의행위로서 파업을 효과적으로 수행하기 위한 쟁의행위이다. 즉 정상적으로 근로를 희망하는 종업원들의 사업장 또는 공장에의 출입을 저지하고 파업동참에 협력할 것을 요구하는 행위이다. 피케팅은 평화적으로 이루어질 때 정당성이 인정되나, 출입을 강제로 막거나 폭행 및 협박을 동원하는 경우에는 정당성이 없다.

⑧ 직장점거: 파업 중 사용자의 저항을 막고 노조의 효과적인 쟁의를 보장받기 위해 사용자의 의사에 반해서 사업장에 체류하는 행위이다. 그러나 직장점거는 부분적이거나 병존적 점거는 인정하나, 전면적이고 배타적 직장점거는 인정되지 않고 있다.

(3) 사용자 입장에서의 쟁의행위(직장폐쇄)

직장폐쇄(lock - out)는 사용자가 근로자를 일시 집단적으로 직장으로부터 축출하고 그 노무의 제공을 거절하여 임금의 지불을 면함으로써 사용자 측의 주장을 관철하는 수단으로 사용자의 유일한 쟁의행위이다. 직장폐쇄의 방법에는 사용자가 근로자 전체를 해고하는 방법과 해고하지 않으면서도 직장폐쇄를 통해 근로자를 사업장에서 배제시킬 수 있는 방법이 있다.

(4) 노동쟁의의 조정: 조정 - 중재 - 긴급조정 - 특별조정위원회 설치를 통한 조정

<참고사항> 경영상 사유에 따른 해고조건
1. 사용자는 경영상의 긴박하고 정당한 해고사유가 있어야 한다.
2. 사용자는 해고를 피하기 위한 노력을 다하여야 하며, 합리적이고 공정한 해고기준에 따라 대상자를 선정하여야 한다.
3. 사용자는 해고를 피하기 위한 방법 및 해고의 기준 등에 관해 당해 사업 또는 노동조합에 해고를 하고자 하는 날의 50일 전에 통보하고 성실하게 협의하여야 한다.
4. 대통령이 정하는 일정규모 이상의 해고일 경우에는 노동부장관에 신고해야 한다.

5. 사용자는 근로자를 해고하고자 할 때 적어도 30일 전에 예고를 하여야 하며, 30
   일 전에 예고를 하지 아니한 때에는 30일분 이상의 통상임금을 지불해야 한다.

4. 경영참가제도

(1) 경영참가제도의 개념 및 의의

① 경영참가제도란 기업경영상의 문제에 대한 결정과 운영에 근로자 및
   노동조합이 참여하여 그들의 의견을 반영하고 경영자와 함께 경영상
   의 권한과 책임을 분담하는 것을 말한다. 이는 경영지배가 아닌 경영
   에 참가하여 의사결정을 하는 데 의의가 있으며, 단체교섭이 아니다.
   이 경영참가제도는 각국마다 상이한 형태와 내용을 띠고 있다. 즉 독
   일은 전통적으로 공동의사 결정방법과 경영조직법 등과 같은 입법의
   방식에 의해서 경영참가를 도입하고 있다. 그 유형으로는 자본참가(종
   업원지주제)와 이익참가(이윤분배제) 및 관리참가 유형이 있다.
② 경영참가는 노사 간의 협조, 사회적 생활수준의 향상, 인간성 존중을
   목적으로 한다.
③ 경영참가의 형태로는 권력지향적 경영참가, 직무지향적 경영참가로 구
   분해 볼 수 있는데, 전자는 근로자의 권력의 확대, 기업의 정책결정에
   참여를 내용으로 하고, 후자는 작업 환경 및 작업수행에 관한 의사결
   정에 참여한다.

(2) 경영참가의 범위

임금, 생산성, 복지 등 근로조건에 관한 사항과 투자, 판매, 공장의 신설
과 폐쇄 등 경영에 관한 사항을 그 대상으로 한다. 우리나라에서는 경영 관
련 사항에 대한 노조의 경영참가는 사용자 측의 강력한 반대로 그 실효를
거두지 못하고 있다. 경영참가의 형태별로는 단체교섭에 의한 참가, 노사협

의회에 의한 참가, 노동자 중역의 감독 역할에 의한 참가를 들 수 있다.

① 단체교섭에 의한 참가: 노사자율교섭이 제도적으로 정착된 국가에서 노사 간의 단체교섭에 의하여 경영참가를 구현하는 방법이다. 그러나 노사 간의 대립을 본질로 하는 단체교섭에서는 불가피하게 갈등과 내부적 마찰을 초래할 수밖에 없기 때문에 서구에서는 70년대 이후 경영참가를 법제화함으로써 마찰의 소지를 없애는 방향으로 전환하고 있다.

② 노사협의회에 의한 방법: 노사협의회란 근로자 측과 사용자 측이 생산성 향상, 교육훈련, 고충처리, 안전보건 등의 사항에 관하여 각각의 대표를 통하여 협의하는 제도이다. 원칙으로는 임금 및 근로조건에 관한 사항은 노사 간에 단체교섭을 통하여 일괄 타결하는 것이 원칙이나, 단체교섭으로 해결할 수 없는 사항은 노사협의회를 통하는 방법이다.

〈보충학습〉 노사협의회

근로자 측과 사용자 측 대표가 노사 간의 이해와 협조를 구하기 위해 설치한 협의기구로 근로조건, 단체협약의 체결 및 실시, 노사분규의 예방, 생산성 향상, 근로자의 고충처리 등에 관한 사항을 협의한다. 1980년 12월 31일 제정, 공포된 '노사협의회법'은 1997년 3월 13일에 '근로자참여 및 협력증진에 관한 법률(법률 제5312호)'로 대체 입법되었다. 제1조에 규정된 노사협의회의 목적은 "근로자와 사용자 쌍방이 참여와 협력을 통하여 노사공동의 이익을 증진함으로써 산업평화를 도모하고 국민경제발전에 이바지한다."는 데 있다. 이 협의회는 30명 이상을 고용하는 근로조건에 대한 결정권이 있는 사업장, 하나의 사업에 지역을 달리하는 상근근로자가 30명 이상 고용된 사업장은 주된 사무소에 노사협의회를 설치하도록 되어 있다.

구성은 노사 각 3~10명 동수로 하되 근로자의 과반수로 조직된 노동조합(약칭 노조)이 조직되어 있는 사업장에서는 노조대표 및 노조가 위촉하는

자가 노동자 측의 위원이 되며, 노조가 조직되어 있지 않은 사업장에서는
근로자의 직접·비밀·무기명 투표에 의하여 근로자위원을 선출한다. 다만,
사업 또는 사업장의 특수성으로 인하여 부득이하다고 인정되는 경우에는 직
업부서별로 근로자 수에 비례하여 근로자위원을 선출할 근로자(이하 위원선
거인)를 선출하고 위원선거인 과반수의 직접·비밀·무기명 투표에 의하여
근로자위원을 선출할 수 있다. 사용자 측 위원은 해당 사업장의 대표자와
그 대표자가 위촉하는 자가 된다. 의장은 위원 중에서 호선하며, 이 경우 근
로자위원과 사용자위원 중 각 1인을 공동의장으로 할 수 있다. 회무(會務)기
록과 사무담당을 위해 노사 쌍방이 각각 간사 1명씩을 둔다. 위원의 임기는
3년으로 연임이 가능하다. 회의는 3개월에 1회 정기적으로 개최하며, 필요
에 따라 임시회의를 소집할 수 있다. 회의의 정족수는 노사 각 측의 출석이
과반수여야 하며, 출석위원 2/3 이상의 찬성으로 의결된다. 정기회의에서는
사용자 측이 경영방침 및 실적에 관한 사항, 분기별 생산계획과 실적, 인력
계획에 관한 사항, 기업의 경제적·재정적 상황을 보고, 설명하며 모든 회
의에서 근로자 측 위원들이 근로자들의 요구사항을 보고, 설명할 수 있다.

③ 노동자 중역, 감독 역할에 의한 참가: 이는 근로자 측에서 감사역을
  중역회의 및 감사회의에 참가하는 제도로 기업의 의사결정에 직접 참
  가한다는 의미에서 가장 고도의 경영참가 형태이다. 독일의 경영조직
  법과 공동결정법에 의한 경영참가가 가장 대표적이며, 우리나라와 같
  이 노사협의의 관행이 정착되어 있지 않거나 노사 간의 신뢰가 확보
  되지 않은 환경에서는 이러한 제도를 도입하는 것이 오히려 노사관계
  를 악화시키는 요인이 될 수 있다.

(3) 경영참가의 분류

① 자본참가: 근로자들이 회사의 주식을 소유함으로써 자본의 출자자로
  기업에 참가하며, 장점으로는 종업원지주제, 노동주제도를 통하여 노

사공유의 구현, 애사심 고취, 경영공동체 형성에 기여한다.

② 이익참가: 생산성 향상에 근로자와 노동조합을 참여시켜 회사 이윤의 일부를 임금 이외의 형태로 근로자에게 배분하는 방식으로 성과배분제라고 하며, 스캔론 플랜이 대표적인 예이다.

③ 관리참가: 근로자 및 노동조합이 경영에 참여, 의사결정권을 갖는 경영방식으로 경영정책과 전략, 인사권 소유, 해고사항 협의 등을 내용으로 한다. 이는 노동조합과 근로자들이 기업성장을 주도하는 책임감과 능력을 전제로 해야 효과가 있다.

(4) 종업원지주제도

종업원지주제도는 종업원 주식구매제도, 근로자주식소유제도 또는 종업원주식분배제도라고 하며, 종업원이 자신이 소속한 회사의 주식을 소유하는 것을 말한다.

① 목적: 종업원으로 하여금 자사의 주식을 갖게 함으로써 경영참가 의식을 높여 기업에의 충성심과 귀속의식을 높이고 노사협조에 의한 능률의 증진, 생산성 향상의욕을 높임은 물론 소위 안정주주를 확보하는 데 있다.

② 종업원지주제도의 중요성: 노사관리적 중요성으로는 종업원지주제도는 국민경제적으로뿐만 아니라 노사관계의 측면에서 협력적 노사관계의 원활화의 수단으로 작용된다. ㉠ 노사협조와 주인의식, ㉡ 종업원의 동기부여, 생산성 향상 및 재산형성, 노후대비 수단, ㉢ 종업원의 이직 방지, 재무관리적 중요성으로서의 종업원지주제도는 ㉠ 자본조달의 수단, ㉡ 주가의 안정, ㉢ 기업의 안정성을 도모한다.

③ 유형

㉠ 임의주식 구입제: 자기자금으로 자사 주식을 취득하는 방식으로 저렴한 가격과 분할납입의 특혜가 있다. 장점은 운영비절감, 매입한도 임의 조정인 데 비해 단점으로는 종업원의 재력의 한계, 출자자

격으로만 인정한다는 점이다.

   ⓒ 저축 장려제: 급료의 일부를 공제 또는 저축을 통하여 자사주에 일정비율을 투자하도록 하는 제도이다. 종업원의 저축량에 비례하여 장려금이나 무상주를 분배한다. 이에 대한 장점으로는 회사와 종업원이 공동 투자하는 제도이며, 참가기간이 장기간이라는 점이다. 그러나 장려금, 무상주배분으로 높은 비용을 초래하는 것을 단점으로 들 수 있다.

   ⓒ 이윤분배제: 회사가 발생한 이익의 일부를 분배하고 그 분배액으로 자사 주식을 취득하게 하는 제도이다. 장점은 자기부담이 불필요하다는 점과 장기간 적립 시 퇴직금의 대체 효과가 있다. 그러나 단점으로는 기업이익을 분배하기에 수익의 안정성, 종업원의 과세문제가 발생된다.

④ 종업원지주제의 문제점

   ㉠ 사용자 측: 주식소유 조합원과 비소유 조합원 간에 갈등이 발생하고 이로 인해 조직운영의 문제점, 생산성 저하를 가져올 수 있다. 또한 종업원의 발언권이 커져 경영권을 침해할 수 있다.

   ㉡ 노동자 측: 주가하락 시 종업원의 수익하락으로 저축을 지속시키기 어려우며, 근로자 재산형성에 역효과가 발생하여 사기저하와 제도의 실효성에 문제를 야기한다. 종업원이 자신의 수익에 대해 회사 경영에 영향을 받게 되어 노동조합이 회유를 받거나 단합에 문제가 생길 수 있다. 또한 고용불안정으로 이어질 수도 있다.

(5) 스캔론 플랜

① 개념: 스캔론 플랜이란 종업원의 참여의식을 높이기 위하여 위원회제도의 활용으로 종업원의 경영참여와 그들의 제안으로 개선된 생산의 판매 가치를 기초로 한 성과배분제이다. 즉 생산성 향상을 위한 노사 간의 공동협의를 도모하여 이로 인해 발생한 수익을 근로자에게 분배

하는 이윤분배제도의 일종에 해당된다. 또 이 제도는 생산성 향상을
노사협조의 결과로 보고 총매출액에 대한 인건비 절약분으로서의 이
윤을 주는 인센티브제(상여금)로 종업원에게 배분하는 제도이다.
② 제도상의 특징
　　㉠ 제안제도: 노사협력의 도구로서 집단중심의 제안제도를 통해 제도
　　　가 운영되는 것을 특징으로 한다. 즉 근로자 개인 중심이 아닌 집
　　　단중심의 위원회를 중심으로 형성한다.
　　㉡ 보너스 제도: 노동성과에 따라 보너스가 지불된다.
③ 장단점: 장점으로는 노동성과에 따른 보너스 지불이라는 명확한 기준
　에 의해 계산되므로 인센티브의 수단으로 활용된다. 단점은 전체 경영
　성과를 개인별로 차이를 두고 공정하게 배분하기 어려우며, 성과배분
　의 기준을 생산의 판매가치 하나에 의존하므로 재료비와 같은 여러
　가지 요인을 반영하지 못한다.

(6) 일반적 이익분배제도의 기대효과

① 생산성 향상: 기업 혹은 부서의 집단적 성과를 노사가 공평한 기준에
　의해 분배하므로 종업원의 조직몰입 등의 동기유발을 일으켜 생산성
　을 향상시킨다.
② 노사관계의 개선: 임금을 둘러싼 대립적인 노사관계를 협력적인 관계
　로 변화시킬 수 있다.
③ 실질소득의 보장: 인플레이션을 막는 효과가 있어 결과적으로 근로자
　의 입장에서 실질소득이 증가 또는 보장될 수 있다.
④ 지나친 경쟁의식 방지: 개인 능력별, 성과에 따른 보상의 차등으로 인
　해 발생되는 지나친 경쟁의식, 갈등, 및 팀워크 저조 문제점을 방지할
　수 있다.
⑤ 장기근속 유도: 종업원 지주제와 같은 이익분배제도는 자사 주식을 소
　유함으로써 이직률을 감소시킬 수 있다.

⑥ 종업원의 이익 증진: 종업원의 재산형성과 노후대비의 수단으로 활용
할 수 있게 된다.

5. 노사공동의사 결정제도

산업민주주의 실현 및 기업의 경영성과 향상을 목적으로 하는 근로자 경
영참가제도로서 기업의 의사결정이 노사공동으로 이루어지는 경영참가방식
을 말하며, 근로자 또는 노동조합의 대표가 경영에 참가하여 의사교환 및
문제의 제기뿐만 아니라 경영에 공동결정을 하는 모든 경영행위를 하는 제
도를 의미한다.

6. 노사협의회

(1) 개념

노사협의회는 일종의 근로자 참여 및 협력증진제도로서 경영자와 근로자
가 대등한 입장에서 노사쌍방의 이해관계가 대립되고 있는 생산, 경영 등의
문제에 대해서 상호 의견을 나누어 상호 간의 이해를 높이고 노 측이 경영
진에 대해 협조하는 제도이다. 법적근거는 '근로자참여 및 협력증진에 관한
법률'에 의거하며 설치대상은 근로조건의 결정권이 있는 상시 30인 이상의
근로자를 사용하는 모든 사업 또는 사업장으로 법에 의하여 설치가 강제된
다. 이 제도는 노동조합이 없는 회사에서도 노사협의 기구로서 유용하다는
것이 특징이다.

(2) 목적

노사가 참여와 협력을 통하여 노사공동의 이익을 증진함으로써 산업 평화 도모, 국민경제발전에 이바지하고 노사관계를 대립적, 배타적 관계에서 협조적, 평화적 관계로 변화시키는 것을 제도의 목적으로 한다.

(3) 노사협의회와 노동조합과의 차이점

① 노동조합: 사용자 측과 단체협약을 채결하여 근로조건 및 처우 개선 등에 관한 사항을 협약하여 적용하는 조직체이다. 단, 노동관련법에 노동조합과 체결한 단체협약은 '회사규정'보다 앞서는 것으로 되어 있다.
② 노사협의회: 노사협의회에서 다루는 범위는 노동조합에서 다루는 근로조건 및 처우 개선, 생산성 향상, 근로자 복지후생문제 등과 같은 모두를 동일하게 모두 협의하고 결정하지만 경영권과 인사권에 관한 부분은 해당되지 않는다. 또한 단체협약과 같이 회사의 최고의결규정을 이끌어 내지는 않고 있다.

1. (　　)은(는) 단체협약의 해석과 적용을 둘러싼 노사 간의 불평·불만을 해결해 주도록 하기 위한 것이다.
① 인적자원상담제도　　　　　② 고충처리제도
③ 사기조사　　　　　　　　　④ 이직면접제도

답) ②

해설) 단체협약을 체결한 후 이 협약을 관리하기 위한 제도로는 고충처리제도와 중재제가 있다.

2. (　　)은(는) 주로 종업원의 근로조건, 단체협약의 실시 등에 있어서의 불평불만을 말한다.
① 사기　　　　　　　　　　　② 제안
③ 태도　　　　　　　　　　　④ 고충

답) ④

해설) 고충은 주로 종업원의 근로조건, 단체협약의 실시 등에 있어서의 불평불만을 말한다.

3. (　　)는 가부장적 리더십에 의해 형성된 노사관계의 단계이다.
① 전제적 노사관계　　　　　② 온정적 노사관계
③ 근대적 노사관계　　　　　④ 민주적 노사관계

답) ②

해설) 온정적 노사관계에서는 자본주의가 발전함에 따라 전제적 노사관계에서는 노동자의 협조를 얻을 수 없고 생산성이 떨어지게 되는 단계에 이르면 사용자도 이에 대응해서 근로자에 대하여 주택, 음료 등 가부장적 온정주의에 입각한 복리후생시설을 마련하게 되었다.

4. (　　) 노사관계 단계에는 소유와 경영이 분리되고 전문경영자가 핵심적 역할

을 하게 되며, 경영자 단체의 조직화가 일반화된다.

① 전제적　　　　　　　　　　　② 완화적
③ 근대적　　　　　　　　　　　④ 민주적

답) ④

해설) 노사관계의 역사적 발달과정

(1) 전제적 노사관계: 자본주의 초기에 일반적 유형이었던 소유자에 의한 경영으로서 전제적 또는 독재적 성격을 띠고 있는 것이 일반적이었다. 이러한 단계에서는 노동조건은 사용자의 일방적 의사로 결정되고, 사용자와 근로자의 관계는 명령과 절대복종, 예속의 관계로서 인간적인 요소는 무시되었다.

(2) 온정적 노사관계: 전제적 노사관계로서는 근로자의 협조를 얻을 수 없게 됨에 따라 가부장적 온정주의에 입각하여 사용자가 근로자에 대하여 주택, 음료 등의 복지후생시설을 마련하게 된다. 이에 따라 근로자는 사용자가 베푸는 은혜에 보답함으로써 노사관계가 순조롭게 유지될 수 있다.

(3) 근대적 노사관계: 기업규모가 확대되고 관리의 합리화, 경영과 자본의 분화현상, 노동에 있어서도 횡단적인 직업별 노동조합이 출현하게 된다. 이러한 자본과 노동의 관계에 있어서는 필연적으로 종래의 자본의 일방적 지배를 어느 정도 제약하기에 이른다. 그러나 아직 노동의 조직력이 자본과 대등한 지위에까지 이르지는 못하므로 자본의 전제를 완화하는 정도에 그친다.

(4) 민주적 노사관계: 소유와 경영이 분리되고 전문경영자가 경영의 핵심적 역할을 하게 되며, 경영자 단체의 조직화가 일반화된다. 노동조합의 조직도 기업별 조직으로부터 산업별 조직으로 변천하게 된다. 이러한 새로운 단계의 노동과 자본의 관계는 근로관계법을 전제로 하게 되며, 근로조건을 결정하는 단체교섭과정에서 노사는 대등한 사회적 지위를 인정받게 된다.

5. (　　　)는 노사관계의 발전단계 중 오늘날의 노사관계의 유형이다.

① 전제적 노사관계　　　　　　　② 온정적 노사관계
③ 근대적 노사관계　　　　　　　④ 민주적 노사관계

답) ④

해설) 노사관계의 발전과정은 공업화의 진전 속에서 이해해야 할 것이다. 순서대로 보면 전제적 노사관계, 온정적 노사관계, 근대적 노사관계 그리고 민주적 노사관계로 발전하였다. 향후 노사관계관리의 방향으로는 자주적 노동조합 형성과 인정, 노조를 적극적으로 경영에 활용해야 하며, 노조 또한 자본주의적 사회질서

안에서 머물러야 할 것이다.

6. (   )는 직종의 여하를 가리지 않고 동일산업에 종사하는 근로자가 조직하는 노동조합이다.

① 직업별 노조　　　　　　　　　② 일반 노조
③ 산업별 노조　　　　　　　　　④ 기업별 노조

답) ③

해설)

(1) 직업별 노동조합: 직종 또는 직업이 동일한 근로자의 노동조합

(2) 산업별 노동조합: 직종의 여하를 가리지 않고 동일산업에 종사하는 근로자가 조직하는 노동조합

(3) 일반 노동조합: 직종이나 산업에 구애됨이 없이 모든 노동자에 의하여 조직되는 단일노동조합

(4) 기업별 노동조합: 동일기업에 종사하는 노동자에 의하여 조직되는 노동조합으로서 개별기업을 존립 기반으로 한다. 이는 우리나라의 현행 노동조합의 주류를 이루고 있다.

(5) 단일조직과 연합체조직

① 단일조직: 근로자가 개인가입의 형식을 취하는 조합

② 연합체조직: 노동조합이 단체로서의 자격을 가지고 구성원이 되는 조직형태

7. (   )는 '1산업 1조합주의'라는 조직원리에 따라 조직된 노조의 유형이다.

① 직업별 노조　　　　　　　　　② 기업별 노조
③ 산업별 노조　　　　　　　　　④ 일반 노조

답) ③

해설) 산업별 노조는 직종 여하를 막론하고 동일산업에 종사하는 근로자가 조직하는 노동조합을 말한다. 산업별 노조의 출현은 사회적 분업과 기계화의 진전에 따라 미숙련공이 대량으로 배출됨에 따라 배타적인 직업별 조직의 형태로는 근로자의 단결 및 이익을 충분히 뒷받침하기 어려운 데에서 비롯된다.

8. (   )은 동일기업에 종사하는 노동자에 의해서 조직되는 노동조합이다.

① 직업별 노동조합　　　　　　　② 산업별 노동조합
③ 일반 노동조합　　　　　　　　④ 기업별 노동조합

답) ④

9. (   )는 '1기업 1조합주의'라는 조직원리에 따른 노조의 유형이다.
① 산업별 노조   ② 직업별 노조
③ 기업별 노조   ④ 일반 노조

답) ③

해설) 기업별 노동조합은 동일기업에 종사하는 노동자에 의하여 조직되는 노동
조합으로서 개별기업을 존립의 기반으로 한다.

10. (   )은 직종이나 산업에 구애됨이 없이 모든 노동자에 의해 조직되는 단일
노동조합이다.
① 산업별 노동조합   ② 일반 노동조합
③ 기업별 노동조합   ④ 단일조직

답) ②

11. (   )는 조합원의 확보방법에 관한 제도이다.
① 체크오프제도   ② 숍 시스템
③ 노조의 부당노동행위제도   ④ 사용자의 부당노동행위제도

답) ②

해설) 숍 시스템은 노동조합의 가입방법에 관한 것이다.

12. (   )은 미국에서 태프트-하틀리법에 의하여 불법화된 숍 시스템이다.
① 유니온숍   ② 오픈숍
③ 클로즈드숍   ④ 길드숍

답) ③

해설) 숍제도 중 노조의 통제력은 클로즈드숍, 유니온숍, 오픈숍 순이다.
클로즈드숍은 조합이 노동공급의 유일한 원천이기 때문에 노동공급을 가장 강력
하게 통제할 수 있다. 미국의 경우 1947년 태프트-하틀리법에 의해 불법화되었
으나 건설업, 해운업 등에서 현실적으로 인정되고 있다.

13. (   )은 노동조합의 안정과 독립을 유지하는 데 가장 강력한 역할을 하는

숍 시스템이다.
① closed shop system　　　　② open shop system
③ union shop system　　　　④ maintenance shop system

답) ①
해설)
① 클로즈드숍(closed shop): 노동조합의 조합원만이 사용자에게 고용될 수 있는 제도로서, 조합원의 자격이 고용의 전제조건이 된다. 따라서 노조에 가장 유리한 제도이다.
② 유니언숍(union shop): 사용자는 비조합원을 일단 채용할 수는 있지만, 채용자는 채용 후 일정기간 내 조합에 가입을 의무화하고 있다.
③ 오픈숍(open shop): 사용자는 조합원이든 비조합원이든 차별 없이 채용할 수 있으며 노동조합의 가입 여부는 전적으로 노동자 자신의 자유로서 현재 우리나라에서 적용되고 있는 노동법상 제도이다.

14. (　　　)은 노동조합의 조합원만이 사용자에게 고용될 수 있는 숍제도이다.
① 유니온숍　　　　　　　　② 오픈숍
③ 우선숍　　　　　　　　　④ 클로즈드숍

답) ④

15. (　　　)은 노조의 안정을 위한 제도로서 급여계산 시에 조합비를 일괄 공제하여 조합에 인도하는 것이다.
① 오픈숍　　　　　　　　　② 클로즈드숍
③ 유니온숍　　　　　　　　④ 체크오프시스템

답) ④
해설) 체크오프시스템은 조합비의 확보를 통해 노조의 안정을 유지하기 위한 제도로 조합원 일괄공제제도를 말한다. 이 제도는 조합원 2/3 이상의 동의가 있으면 시행이 가능하다.

16. 부당노동행위에 대한 규정은 원래 (　　　)를 보호하기 위한 것이다.
① 사용자　　　　　　　　　② 노조
③ 정부　　　　　　　　　　④ 지역사회

답) ②

해설) 부당노동행위제도란 노동3권의 구체적인 보장을 위한 행정적인 구제제도이다. 사용자로부터 현실적으로 노동3권에 대해 침해를 받을 경우 사법적인 절차에 의해 구제를 받으려면 오랜 기간이 소요되므로, 사법적 심사를 조건으로 하는 행정기관에 의한 구제를 요청할 수 있다.

17. (   )는 미국에서 1935년의 와그너법이 사용자의 조합활동에 대한 간섭, 조합지배, 차별대우, 단체교섭거부 등을 부당노동행위로서 금지하는 규정을 둠으로써 확립된 제도이다.

① 노사협의제도   ② 단체교섭제도
③ 부당노동행위제도   ④ 노동쟁의제도

답) ③

해설) 노동조합 및 노동관계조정법이 열거하고 있는 부당노동 행위의 종류는 개별적인 근로자를 대상으로 한 것으로서 불이익대우와 황견계약, 그리고 노동조합을 대상으로 하는 것으로서 단체교섭 거부와 지배·개입 및 자금원조의 네 가지로 대별된다.

18. (   )은(는) 부당노동행위로서 근로자가 노동조합에 가입하지 않을 것, 조합에서 탈퇴할 것, 특정어용조합에 가입할 것 등을 고용조건으로 하는 근로계약이다.

① 불이익대우   ② 황견계약
③ 불이익계약   ④ 부당계약

답) ②

해설) 황견계약은 반조합계약, 장갑계약이라고도 하며, 부당노동행위로는 불이익대우, 황견계약, 단체교섭의 거부, 지배·개입, 자금원조 등이 해당된다.

19. (   )은(는) 기업에 노동력을 제공하는 근로자의 단체인 노동조합이 그의 조직을 토대로 하여 단결권, 단체행동권, 즉 쟁의권을 배경으로 해서, 노동력을 고용하는 입장에 있는 사용자와 노동력의 거래조건 즉 근로조건을 일괄하여 결정하는 과정을 말하는 것이다.

① 단체교섭   ② 노동쟁의
③ 긴급조정   ④ 경영참가

답) ①

해설) 단체교섭(collective bargaining)은 기업에 노동력을 제공하는 근로자의 단체인 노동조합이 단결권, 단체행동권, 즉 쟁의권을 배경으로 하여 노동력을 고용하는 입장에 있는 사용자와 노동력의 거래조건, 즉 임금, 근로시간 및 기타 근로조건을 일괄하여 결정하는 과정을 말한다.

20. (   )은 단체교섭의 결과로 노사 간에 의견의 일치를 보았을 때 작성된 합의문서이다.
① 단체협약   ② 근로계약
③ 임금계약   ④ 취업규칙

답) ①

해설) 단체협약은 단체교섭의 성과물이다.

21. (   )는 임금·노동시간, 해고, 근로조건, 복지후생 등에 관하여 노사 간의 주장의 불일치로 인한 분쟁상태를 말한다.
① 노동운동   ② 노동쟁의
③ 노동분쟁   ④ 노동협약

답) ②

해설) 노동쟁의는 노사분쟁이라고도 하며, 이익분쟁과 권리분쟁의 두 가지가 있다.

22. (   )은 노사 간의 분쟁 중에서 노사 당사자 간에 새로운 권리관계의 창출을 둘러싼 주장의 불일치이다.
① 권리분쟁   ② 이익분쟁
③ 임금분쟁   ④ 노동분쟁

답) ②

해설) 노동쟁의에는 이익분쟁과 권리분쟁이 있는데 이익분쟁은 노사 당사자 간 새로운 권리관계 형성에 따른 이해관계의 불일치를 의미하며, 권리분쟁은 노사 당사자 간 기존의 권리관계의 해석·이행 여부 등을 둘러싼 주장의 불일치를 의미한다.

23. 법률에서는 (   )행위를 '파업, 태업, 직장폐쇄, 기타 노동관계 당사자가 자

기의 주장을 관철하기 위하여 하는 행위와 이에 대항하는 행위로서 업무의 정상
적인 운영을 저해하는 행위'로 규정하고 있다.

① 알선   ② 조정
③ 중재   ④ 쟁의

답) ④

해설) 쟁의행위란 노동관계, 당사자가 자기의 주장을 관철하기 위하여 이에 대항
하는 행위로 정상적인 업무의 수행을 저해하는 것이다. 노동쟁의의 개념과는 다
른 것으로 단체행동권의 행사표출방법이다.

24. 단체교섭을 계속해도 당사자 간에 합의의 여지가 없는 경우 관계당사자 어
느 일방이 당사자에게 서면으로 노동쟁의 발생사실을 통보하고 노동위원회에
( ) 신청을 해야 한다.

① 알선   ② 조정
③ 중재   ④ 구제

답) ②

해설) 쟁의행위 전에 반드시 단체교섭이 이루어져야 하며, 합의가 되지 않을 시
일방의 통보로 노동위원회에 조정을 신청한다.

25. 다음 ( ) 속에 공통으로 적합한 것은?

노사 간의 단체교섭이 결렬되고, 노동위원회의 ( )도 성립되지 않고, ( )기간이 끝났을 경우 쟁의행위에 돌입할 수 있다.

① 알선   ② 조정
③ 중재   ④ 긴급중재

답) ②

해설) 조정 - 쟁의행위 전에 반드시 단체교섭이 이루어져야 하며, 합의가 되지
않을 시 일방의 통보로 노동위원회에 조정을 신청한다. 이때 조정기간 일반사업
은 10일, 공익사업은 15일로서 조정기간 중 쟁의행위를 할 수 없다.

26. ( )은(는) 경영의사결정에 근로자나 근로자 대표를 참여시키는 노사관계
관리제도이다.

① 숍   ② 경영참가제도

③ 단체교섭제도　　　　　　　　　　　④ 이익분배제도

답) ②

해설) 경영참가는 근로자나 근로자 대표가 경영의사결정에 참여하는 것으로 각 국은 상이한 형태나 내용의 경영참가제도를 인정하고 있다.

27. (　　　)은(는) 경영참가제도의 일종으로서 독일이 주로 의존하는 제도에 속하는 것이다.
① 공동의사결정제도　　　　　　　　② 종업원지주제도
③ 노사협의제도　　　　　　　　　　④ 이익분배제도

답) ①

해설) 독일은 전통적으로 입법에 의한 경영참가를 인정하고 있으며, 이러한 입법 중에 대표적인 것이 바로 공동의사결정법과 경영조직법이다.

28. 전통적으로 공동의사결정법과 경영조직법 등과 같은 입법의 방식에 의해서 (　　　)을(를) 도입하고 있다.
① 단체교섭　　　　　　　　　　　　② 노동쟁의
③ 경영참가　　　　　　　　　　　　④ 쟁의행위

답) ③

해설) 단체교섭제도와 경영참가제도를 비교
단체교섭(collective bargaining)은 기업에 노동력을 제공하는 근로자의 단체인 노동조합이 그의 조직을 토대로 하고 단결권, 단체행동권, 즉 쟁의권을 배경으로 하여 노동력을 고용하는 입장에 있는 사용자와 노동력의 거래조건, 즉 임금, 근로시간 및 기타 근로조건을 일괄하여 결정하는 과정을 말한다. 그러나 경영참가란 노사 간의 합리적 관계를 유지하기 위하여 근로자나 근로자 대표가 경영의사결정에 참여하는 것으로 각국은 상이한 형태나 내용의 경영참가제도를 인정하고 있다. 서독은 전통적으로 공동의사결정법과 경영조직법 등과 같은 입법의 방식에 의해서 경영참가를 도입하고 있다.

29. (　　　)은(는) 독일에서 산업평화를 위해 주로 활용하는 노사관계 관리제도이다.
① 단체교섭　　　　　　　　　　　　② 경영참가
③ 이익분배　　　　　　　　　　　　④ 노사협의

답) ②

해설) 독일에서 산업평화를 위한 새로운 노사관계 정립을 위한 제도로 경영참가
제도가 있다. 1919년 바이마르 헌법이 근로자 또는 노동조합의 경영참가를 위한
최초의 입법인 경영합의 회법의 기초를 제공하였으며, 이 법의 기본취지가 반영
된 것이 1915년 석탄 및 철광산업에 있어서의 공동결정법과 1952년 경영조직법
이다.

(10장) 주관식 문제

1. 동일기업에서 종사하는 노동자에 의하여 조직되는 노동조합을 무엇이라고 하
는가?

답) 기업별 노동조합

2. 사용자는 비조합원을 일단 채용할 수는 있지만 채용 후 일정기간 안에 조합
에 가입해야 한다는 것은 숍 시스템 중 무엇에 해당하는가?

답) 유니언숍

3. 조합비의 확보를 통해 노조의 안정을 유지하기 위한 제도로서 조합비일괄공
제제도를 무엇이라고 하는가?

답) 체크오프시스템

4. 임금, 노동시간, 후생, 해고, 근로조건 등에 관하여 노사 간 주장의 불일치로
인한 분쟁상태를 무엇이라고 하는가?

답) 노동쟁의

5. 근로자나 근로자대표가 경영의사결정에 참여하는 것을 무엇이라고 하는가?

답) 경영참가

6. 근로자가 노동조합에 가입하지 않을 것, 조합으로부터 탈퇴할 것, 또는 특정 어용조합에 가입할 것 등을 고용조건으로 하는 근로계약으로 부당노동행위의 일종을 무엇이라고 하는가?

답) 황견계약

7. 특정 기업에 취업하고자 지원하고 채용될 때는 노동조합의 조합원일 필요가 없으나 일단 고용된 경우 일정 기간 내에 노동조합 가입이 의무화되는 반강제적 노동조합 가입제도가 무엇인지 쓰시오.

답) 유니온숍(union shop)

8. 생산성강조 시대는 노동자는 _________으로서 경제적 동기에 의해서만 자극·반응하며, X이론적인 인간관에 입각한 상벌제도가 노동의 유효성을 높인다는 사고가 지배적이었다.

답) 경제인

9. 조합 측의 부당노동행위를 새로이 첨가한 법은?

답) 태프트 – 하틀리법

10. 사용자 측의 쟁의행위에는 _________를 들 수 있다.

답) 직장폐쇄

제11장

인사정보시스템과 인사감사

제1절 인사정보시스템

1. 인사정보시스템의 개념 및 의의와 기능

(1) 개념 및 의의

① 인사정보시스템은 인사관리의 정보화를 통해 기업의 핵심인 인적자원의 역량을 극대화하기 위함이다. 즉 IT기술을 활용해 기업이 필요로 하는 인적자원과 인사관리 및 조직 단위의 특성에 관한 정보의 수집, 저장, 유지, 복구, 활용 및 타당화하기 위한 체계적인 일련의 과정을 지원하는 시스템을 말한다. 상세히 기술하면 과거는 모든 업무가 종이서류에 의존하거나 인사고과, 급여 등 일부만이 컴퓨터에 의해 단순히 자료화되었던 기존의 인사관리를 최신 정보기술을 이용한 전자적 인사관리로 전환하여 인사관리의 효율성을 제고하고 과학적이고 합리적인 인사행정을 실현하기 위한 System을 말한다.

② 오늘날 인사정보관리에 있어서 인사정보시스템(personnel information system)이 차지하는 비중이 급격히 증가하면서 기업뿐만 아니라 모든 조직에서 활용되고 있다. 현대를 정보화 사회라 부르는 것은 지식과 정보능력이 조직의 유효성을 증진시키는 주요한 자원이 되었다.

③ 인사정보시스템이 인사관리 분야의 정보시스템이라 한다면 전략정보시스템은 기업의 전략적 차원에서 경쟁우위를 확보하기 위한 목적으로 사용되는 정보 시스템으로 한 차원 높은 시스템이다. 즉 기업의 궁극적인 목표인 시장점유율 향상, 매출신장, 신상품 개발 및 판매전략 등 경영 전반에 걸쳐 전략수립 및 집행계획에 도움을 주기 위한 정보시스템을 의미하는 것이다.

(2) 기능

① 인사정보시스템의 기능은 조직에서 경영자가 인사관리와 관련된 합리적 의사결정에 정보를 제공하고 지원하고 있다. 예를 들면 언제든지 한 번의 클릭으로 이미 데이터베이스로부터 원하는 인재의 인적사항, 그룹화 등이 가능하다. 그러므로 인사정보시스템에는 노동력의 공급과 수요예측을 위한 정보, 고용평등과 이직 및 지원자의 자격요건에 대한 정보, 훈련 프로그램 비용과 피훈련자의 작업성과 정보, 임금에 관한 정보, 계약협상과 종업원 지원 필요성 등 다양한 정보를 시스템을 통해 판단할 수 있게 된다. 이로 인해 업무처리 비용의 절감으로 관리비의 절감과 시간 절약 등이 가장 큰 이점으로 들 수 있다.
② 현재 기업에서의 활용의 예로 신입 사원 모집과정에서 입사지원서 내용을 입력하고 재직기간 중 수시로 발생하는 사항(각종 교육, 인력 충원, 각종 선발, 인사이동, 급여, 평가 및 승진 등의 정보)을 추가하여 정보로 활용할 수 있다.
③ 외부기관과의 서버 연결이 가능하므로 은행, 관공서, 용역 및 거래회사와 급여 자동이체, 의료보험 업무, 아웃소싱 등의 업무가 가능하다.

2. 인사정보시스템의 필요성

① 조직환경의 변화: 인사관리와 관련된 판단의 불확실성이 증대됨에 따라 이에 대한 대처를 위해 정보기술(IT)을 통한 양질의 정보가 요구된다.
② 조직구조의 확대와 인건비 등 관리비 절감: 기업의 성장발전은 구조적 확대와 업무의 복잡성으로 인해 관리비(인건비)의 증가를 초래했다. 이에 IT를 통한 신속한 업무처리와 동시에 비용절감 효과로 기업의 유효성을 증진시키게 되었다.
③ 합리적인 의사결정: 각종 경영관리에서 합리성은 생산성 향상을 가져

옴에 따라 전략적 의사결정에 정보기술(IT)의 이용이 일반화되었다.
④ 인사관리의 개선: 인적자원관리의 정보화 수준이 다른 관리 분야에 비
해 발전 속도가 미흡하므로 전 관리 분야와의 균형적 발전을 기할 필
요가 있게 되었다.

3. 인사정보시스템의 도입효과

(1) 능률성 확보

인사업무의 간소화와 자동화로 비용과 시간이 절약된다. 종업원에 대한
정보가 최신의 자료로 항상 업데이트가 가능해 기존의 수작업에서보다 훨씬
더 인사담당자들의 업무생산성을 향상시킬 수 있다. 또한 종이문서가 아니
라 전자문서로 업무가 이루어지기 때문에 중간계층의 인력감소 효과가 있으
며 유지비용을 크게 감소시킬 수 있다.

(2) 인사담당 관리자의 역할 변화

인사정보시스템을 통해 다양한 정보가 제공되므로 관리자의 역할은 과거
단순 보고와 지시형태의 관리 및 통제에서 관리자가 정보 및 자료를 통해
직접 판단이 가능해지며, 의사결정이 합리적으로 이루어지도록 한다.

〈심화학습〉 경영정보시스템

1. 경영정보시스템의 개념

관리자들에게 정보를 제공하며, 조직 내의 운용과 경영 및 관리자의 의사

결정기능을 지원하는 종합적인 인간 - 기계시스템(man - machine system)으로 정의된다. 경영정보시스템은 컴퓨터의 하드웨어, 소프트웨어, 수작업 절차, 분석 및 계획모형, 통제와 의사결정 및 데이터베이스, 모델, 정보통신 등을 활용함으로써 그 기능을 수행한다.

2. 경영정보시스템의 발전 과정

(1) TPS(Transaction Processing System)

초기의 컴퓨터 기술하에서의 정보시스템은 주로 경리나 청구서 작성과 같은 몇몇 단순하고 반복적인 활동에 관한 자료를 처리하는 데만 이용되었다. 따라서 처음에는 그것을 활용하는 데 필요한 전문 기술의 부족으로 EDPS부에 위치해 있었고, 자료처리가 보다 신속하고 용이해지면서 다른 활동의 자료나 정보를 관리하는 업무까지도 컴퓨터를 이용하기에 이르렀다. 이러한 새로운 업무를 수행하기 위해 TPS부서는 경영자들에게 표준화된 보고서를 제공할 필요성으로 MIS가 등장하게 되었다.

(2) MIS(Management Information System)

TPS의 성장으로 경영자는 정보시스템을 보다 합리적으로 계획하도록 요구하게 되었고, 이러한 추세는 컴퓨터 기반의 정보시스템(CBIS) 또는 새로운 MIS개념을 등장시키는 결과를 가져왔다. 다시 말해서 TPS가 단순히 다량의 표준화된 자료를 단순 처리하는 그 이상으로 기능을 갖게 되면서 보다 높은 단계로의 발전이 이루어졌는데, 그것이 곧 MIS이다.

(3) DSS(Decision Support System)

오늘날 컴퓨터 하드웨어와 소프트웨어가 고도로 발달함에 따라 TPS와

MIS전문가와 경영자들까지도 'on-line' 또는 'real-time'을 적용할 수 있게 되었다. 즉 경영자에 의해 만들어진 자료베이스를 통해 필요한 정보를 그때 그때 조작, 사용함으로써 기존의 TPS나 MIS부서로부터의 보고를 기다리지 않고 사용할 수 있는 정보시스템을 DSS시스템이라고 부른다.

이는 처음에는 항공기의 예약업무와 같은 분야에 활용되었으나 지금은 은행, 증권회사, 호텔, 제조회사의 각 활동에도 광범위하게 적용되고 있다.

(4) ES(Expert System)

전문가시스템(ES)이란 문제를 진단하고, 해결하기 위한 전략을 제시하며, 제안한 추천의 타당성을 제시함은 물론 사례와 같은 경험이나 상황을 학습까지 시키는 등 인공지능(AI)의 수준의 시스템을 말한다.

제2절 인사감사

1. 인사감사의 개념 및 의의

① 인사감사(HR Audit)란 일정 기간의 기업의 인사활동을 평가하는 것으로서 인사관리과정에서 인사통제의 주요한 수단으로 작용하며 평가기준을 마련해 준다.
② 인사활동을 조직적으로 조사, 분석하고 그 객관적 자료를 통하여 인사관리가 제대로 되고 있는가의 여부를 평가하는 과정이다. 또한 향후 인사관리의 정책방향을 제시하는 활동이다.

2. 인사감사의 필요성 및 목적

인사감사는 노사관리 정책 등에서 발생하는 오류를 시정하고 경영환경에 적응할 수 있는 새로운 노동력 관리 내지는 인사관리 시행에 필요한 자료 또는 정보를 제공함으로써 인사관리 등의 정책에 환류를 목적으로 한다. 급변하는 경제, 사회 등 기업환경의 변화 속에서 인적자원관리의 중요성이 날로 확대되고 있는 시점에서 효율적인 인적자원관리를 위해 그 중요성이 높아지고 있다.

(1) 오류시정 효과

인적자원관리와 노사관계 관리상 범하기 쉬운 오류를 개선하고 시정하기 위함이다. 즉 인적자원관리는 인간을 대상으로 하며 인간이 행하는 관리이므로 감정적인 요소 등의 주관적인 요소가 가미되거나 인사관리의 획일성과 몰인간적 측면을 개선하기 위함이다.

(2) 최고 경영자층의 독단 해소

인사감사를 통해 정실이나 독단적인 인사관리 및 인사정책의 경직화를 개선시키고 합리적 대안을 마련할 수 있다.

(3) 성과 평가와 환류

인사관리정책의 효과 측정의 한계를 극복하고 비용편익분석 등을 통해 향후 인적자원관리정책의 문제점을 보완하고 개선안을 마련하게 해 준다.

(4) 합리적인 인사정책의 수립

인사감사는 과거 또는 현재의 감사뿐만 아니라 자기반성을 통해 문제점을 분석하여 개선점을 발견하고 장래의 합리적인 인사정책의 수립, 시행하기 위함이다. 특히 종업원들의 근태율, 이동률, 사기수준 등 조직의 문제점을 발굴하여 인사정책에 반영시켜야 한다.

(5) 비용 – 편익 분석

인사감사를 통해 인사정책에 투여되는 투입비용과 산출인 편익(수익)을 평가함으로써 실제 인사정책의 타당성을 평가하고, 이에 대한 정보자료를 제공할 수 있다.

(6) 기타 최고경영자가 결정한 인사 및 노무정책이 얼마나 잘 수행되고 있는지 파악하고, 각 부문에서의 종업원들의 역할이 무엇인지를 명확히 정의하고 인식시키기 위함이다.

3. 인사감사의 종류

(1) 감사주체에 따른 분류

① 내부감사: 내부감사는 감사대상 조직의 인사담당자가 실시하는 것으로서 감사자는 감사대상의 자료나 정보수집이 용이하여 실태파악은 용이하나, 감사의 공정성과 객관성 확보가 어려우며, 기업으로부터의 독립성이 미흡하여 잘못된 관행이나 제도, 절차 등에 대해서 비판하고 개선하기가 쉽지 않다.

② 외부감사: 외부감사는 기업외부의 인사전문가가 일정 기간 방문하여 실시하는 것으로서 외부감사인은 독립성, 공정성을 확보할 수 있다. 또한 전문가의 새로운 감사기법 등을 도입시킬 수 있으며, 타 기업과의 감사결과의 비교를 통해 객관적인 감사가 가능하다는 장점이 있다.

그러나 내부감사와는 반대로 감사대상 담당자들의 비협조 등으로 정확한 정보를 얻기 어려운 점과 이들 정보자료의 해석·판단에도 기업내부의 사정을 잘 모르기 때문에 시간과 비용이 많이 들 수 있다.

〈보충설명〉 합동감사

합동감사는 기업내부의 경영층 또는 인사전문가와 외부의 전문가가 합동으로 실시하는 감사로서 내부 및 외부감사의 결점을 보완할 수 있는 장점이 있다. 그러나 감사기법 및 인식 등의 차이가 발생하거나 감사결과의 오류 발생 시 상호책임의 회피가 발생할 수 있다.

(2) 감사대상에 따른 분류

① A감사: A감사는 인사정책의 경영 면을 대상으로 하여 실시되는 감사이다. 이 감사는 경영의 전체적 입장에 서서 전반적 인사관련정책에 관한 사실을 조사하고 인사관리의 방침과 구체적 시행과의 관계, 시행정책의 기능과 운용 등에 관하여 정기적으로 비판하고 인사관리에 존재하는 개선점을 찾는 것을 목적으로 한다.

② B감사: B감사는 인사정책의 경제 면을 대상으로 실시되는 인사예산감사이다. 이 감사는 인사관리정책에 따른 소요경비를 파악하고 이에 따른 예산할당의 적부를 검토하고 합리적인 예산의 재분배를 목적으로 한다.

③ C감사: C감사는 인사정책의 실제효과를 대상으로 실시되는 감사이다. 이 감사는 인사관리의 실제효과를 평가하여 새로운 정책을 수립하는 데 유용한 자료를 제공하는 것을 목적으로 한다.

(3) 감사범위에 따른 분류

① 거시감사: 전사적, 전체적, 전반적 평가
② 미시감사: 사업소별, 부문별 세부적인 평가
③ 질적 감사: 사기분석, 동기유발 등
④ 양적 검사: 결근율 이직률 생산성 등의 평가분석
⑤ 내용중심 정태적 분석 감사: 고용관계, 노사관계 및 인간관계 부문 등
⑥ 프로세스 중심의 동태적 분석 감사: 인사계획, 인사실천 및 인사통제
   부문 등

4. 인사감사 실시의 유의점

(1) 최고경영자의 적극적인 지원

인사감사를 실시함에 있어서 기업의 반성을 적극적으로 유도하고 실천적인 감사가 이루어지기 위해서는 최고경영자의 적극적인 지원과 지지가 요구된다.

(2) 특정 개인에 대한 책임추궁 배제

전통적인 인사감사는 감사결과에 따른 특정 개인에 대한 징계 등 책임을 묻는 것으로 귀결되지만 인사정책은 기업의 전통과 관행 및 역대 경영관리자의 철학이 반영되고 노력에 의해 구축된 것이므로 결과가 원하는 방향으로 나오지 않았거나 하는 문제와 특정 개인에게 책임을 전가시켜서는 아니될 것이다.

(3) 감사결과의 경영정책에 대한 반영

인사감사의 결과가 구체적으로 경영정책에 반영되도록 환류제도가 구축되

어야 한다.

5. 역량 강화를 위한 인사감사
　(출처: LG경제연구원)

　인사 부문의 문제는 겉으로 쉽게 드러나지 않는다. 따라서 주기적인 진단을 통한 사전 예방이 중요하다. HR의 문제점을 조기 진단하고 개선의 기회를 찾는 인사감사(HR Audit)에 대해 알아본다. Workforce의 연구에 의하면 HR 부서가 생각하고 있는 성과 수준과 HR 부서의 고객이라고 할 수 있는 일선 부서에서 생각하는 성과 수준 간에는 큰 차이가 있다고 한다. 국내 HR 실무자들의 이야기를 들어 봐도 CEO를 비롯한 경영진들이 인적자원의 중요성을 인식하면서 HR에 더 많은 것을 요구하고 있지만, 그 기대 수준을 맞추기가 쉽지 않다고 고충을 토로하곤 한다. 전략적 HR이라는 명제를 이야기하면서 HR 부서의 위상이 더 높아진 것은 사실이지만, 아직도 가야 할 길이 멀다는 것을 새삼 느낄 수 있게 해 준다. HR이 진정한 비즈니스 파트너로 자리 잡기 위해서는 현 HR 수준을 제대로 파악하고 부족한 부분을 끊임없이 개선하려는 노력이 필요하다 하겠다.

　물론 지금도 HR은 이런 노력을 기울이고 있다. 그러나 재무나 회계와 같은 부문에 비해 다소 미흡한 면이 없지 않은 것이 사실이다. 법적으로 의무화되어 있기 때문이기도 하지만, 대부분의 회사는 재무나 회계 전반에 대해 주기적으로 진단을 실시하고 외부 전문 기관의 감사를 받아 연간 사업 보고서(Annual Report)라는 문서를 통해 이해관계자들에게 공개한다. 이에 비해 HR 부문은 주요 이슈 중심으로 당해 사업 계획을 세우고 이에 대해서 달성도 정도만을 평가하고 있을 뿐이다. 즉, 빈틈이 많이 있는 것이다. 그렇기 때문에 보다 더 체계적인 방법으로 접근할 필요가 있다. 이럴 때 도움이 될 수 있는 방법론이 바로 인사감사(HR Audit)다.

　사실 인사감사는 말 그대로 인사와 사람에 관련된 모든 영역을 대상으로

할 수 있다. 채용이나 선발, 교육 훈련, 노경 관계, 조직 내 커뮤니케이션 문화, 종업원 건강 증진 프로그램, 성과 평가와 보상 등 그 영역은 매우 넓다. 즉, 인사감사란 HR 기능과 관련된 정책, 절차, 시스템 등을 주기적으로 점검하는 활동으로 비리 적발과 같은 사후적 대응보다는 HR의 강점과 약점이나 잠재적인 문제 요인을 도출하여 사전 예방 및 개선 활동의 출발점을 찾는 데 그 본래 목적이 있다. 다음은 인사감사의 활용과 효용에 관한 내용이다.

(1) 문제의 조기 발견과 예방

인사감사를 통해 얻을 수 있는 혜택 중 하나는 건강 검진을 통해 질병을 조기에 발견하고 치료할 수 있는 것처럼 사소한 문제들이 회사가 흔들릴 정도의 큰 문제로 번지기 전에 한발 앞서서 발견하고 개선할 수 있도록 도와준다는 것이다.

미국의 탐 피츠제럴드라는 컨설턴트는 별 이상이 없어 보이던 기업이 한순간 몰락하는 것을 건강한 사람이 갑작스럽게 심장마비로 사망하는 것에 비유했다. 심장마비라는 것은 한순간에 다가오는 것이기 때문에 전혀 예상할 수 없는 것처럼 생각될 수도 있지만, 사실 그런 경우는 순간적으로 엄청난 스트레스를 받는 경우 외에는 흔치 않다고 한다. 대부분의 경우는 이미 오래전부터 심장에 부정적인 영향을 미치는 과도한 콜레스테롤의 섭취나 흡연, 과음 등의 나쁜 습관이 있었다는 것이다. 심장마비를 막기 위해서는 나쁜 습관을 버리고 식이요법과 운동을 병행해야 한다. 그러나 이것만으로는 충분하지 않다. 이미 조금씩 약해진 심장은 언제 발작을 일으킬지 모르기 때문이다. 그래서 주기적인 건강 검진이 필요하다.

이와 마찬가지로 한순간에 쓰러진 것 같은 기업들도 돌이켜 보면 원활한 경영 활동을 방해하는 관료주의, 구성원 간의 불신과 같은 나쁜 습관들이 있었고, 구성원들의 사기는 떨어질 대로 떨어져 있는 등의 징후들도 있었다는 것이다. 그렇지만 이를 잘 알지 못하고 방치해 두다가 한순간 터져 버리면서 기업이 심장마비에 걸리는 것이라고 한다.

HR과 관련된 이슈들, 특히 조직 문화나 구성원들의 사기와 같은 사안들은 문제가 있더라도 잘 드러나지 않기 때문에 심각한 상황에 이를 때까지 문제가 있다는 것을 인식하지 못하는 경우도 많다. 그러나 문제가 불거진 다음에 대처하려 하면 쉽게 해결되지 않는 것이 HR과 관련된 문제들의 속성이다. 그렇기 때문에 회계 감사와 마찬가지로 주기적인 진단과 감사를 통해 문제를 조기에 발견하고 대처하려는 노력이 필요하다.

(2) 법적 분쟁 등 불필요한 낭비 제거

2000년 11월 중순, Coca Cola사가 인종 차별 관련 소송으로 인해 결국 1억 9,200만 달러라는 엄청난 과징금을 지불하게 되었다는 기사가 실렸다. 이 소송은 동사의 전 현직 흑인 직원들이 업무 평가, 보상, 승진 등에 있어서 백인에 비해 불이익을 받았다면서 1999년에 제기한 것이었다. 소송이 진행되는 동안 Coca Cola사는 이를 무마하고자 많은 노력을 했다. 소수 민족과 여성에게 더 많은 사업 기회를 제공하겠다는 계획을 발표하기도 했고, HR 담당 임원으로 커리서 러싱이라는 흑인 여성을 임명하기도 했다. 그러나 이런 노력에도 불구하고 결국 소송에서 이길 수는 없었던 것이다. 당시 최악의 경영난을 겪고 있었던 동사로서는 큰 타격이 아닐 수 없었다. 소송이 마무리된 날, 동사의 더글러스 데프트 회장은 "오늘 우리는 회사 창사 이래 가장 고통스러운 문제를 매듭지었다."고 말했다고 한다.

Coca Cola사는 이런 문제를 사전에 피할 수는 없었을까? 아니다. 만약 동사가 자사의 인사 관행이 관련 법규를 준수하고 있는지에 대해 주기적으로 감사 활동을 펴고 있었다면 이런 문제는 발생하지 않았을 것이다. 동사는 소 잃고 외양간 고치는 격으로 판결 직후에야 7명으로 구성된 인종 차별적 행위에 대한 특별 감시 기구를 설치하기로 했다.

미국의 경우 이런 법적 소송의 증가가 매우 중요한 HR 리스크로 등장하고 있다. 1990년대 후반부터 고용평등위원회(EEOC: Equal Employment Opportunity Commission)에 의해 수천 건의 소송이 발생했다. 기업들이 패소한 경우가 대부분이었고, 막대한 보상이 이루어졌다. 대표적으로 Chevron Texaco사가 1997년 경영진의 인종 차별적 발언으로 인해 1억 7,600만 달러라는 거액을 배상하기도 했다. 이에 대응하기 위해 내부 준법 감사(Compliance Audit)를 실시하는 기업들이 늘어나고 있다. 준법 감사의 대상은 고용 조건의 평등과 같은 문제부터 초과 근무 수당 지급과 같은 사소한 부분까지 포함하고 있다.

국내에서는 아직 이런 일이 일어나는 경우는 많지 않기 때문에 다소 생경하게 느껴질 수도 있다. 그러나 남의 나라 일이라고 흥미로운 일화처럼 넘길 수 있는 상황은 아니다. 국내에서도 여성 인력의 사회 진출이 늘어나면서 양성 평등과 같은 영역에 대한 관심이 높아져 가고 있다. 대표적인 것이 남녀고용평등법으로 이를 어길 경우에는 500만 원 이하의 벌금을 내도록 되어 있고, 2004년부터는 노동부가 남녀 차별적 고용 관행과 기업문화에 대해 모니터링을 실시하고 있는 상황이다. 또한 외국인을 고용하는 회사나 글로벌 기반에서 사업을 하고 있는 회사는 이미 고용 관련 법률의 소송에 휘말리기도 하고 있는 상황이기도 하다.

(3) HR의 실행력 향상

HR의 업무는 그 특성상 연간 활동의 대부분이 이미 정해져 있고, 그 내용은 작년이나 올해, 그리고 내년에도 거의 유사한 편이다. 그러다 보니 자칫 매너리즘에 빠져 버리기도 하고, 눈앞에 닥친 일들을 처리하는 데 급급해하다 보니 새롭게 시작한 과제에는 많은 주의를 기울이지 않기도 한다. 이럴 때 HR 활동의 실행력을 높일 수 있는 방법이 바로 주기적인 인사감사를 통해 HR 과제의 실행 정도를 관리하는 것이다. 인사감사는 흔히 이야기하는 계획(Plan) - 실행(Do) - 반성(See)의 사이클 중 반성에 해당되는 활동이기 때문이다.

자연주의 화장품으로 잘 알려진 The Bodyshop사의 경우를 보자. 동사는 연간 사업 보고서와는 별개로 야생동물보호와 같은 환경 문제부터 인권보호까지 다양한 내용을 담고 있는 Value Report라는 것을 만들고 있다. 이

Value Report 중 중요한 부분을 차지하고 있는 것이 바로 인사감사의 내용이다. 동사는 1995년 학습과 육성, 경력 개발, 인적 다양성 및 고용 평등, 사내 커뮤니케이션, 직장 만족도, 보상 등 HR 전반에 걸쳐 사내 설문 조사와 인터뷰를 통한 인사감사를 실시하고, 그 결과를 바탕으로 개선 활동을 전개했다. 그리고 2년 뒤에는 이 개선 활동들이 얼마나 진척되었고 어떠한 성과를 얻었는지를 Value Report에 담았다. 스위스의 SIS Financial Services Group의 경우도 매년 내부 고객 만족도를 조사하는 인사감사를 통해 HR 서비스의 질을 높이려는 노력을 기울이고 있다.

(4) 조직의 경쟁력 증진

인사감사의 궁극적인 목적은 제반 HR 활동의 질을 높여서 조직 경쟁력의 근간이 되는 인적자원 역량을 제고하는 데 있다. 이런 측면에서 최근 주목을 받고 있는 것이 인적자원 회계(Human Resource Accounting)이다. 인적자원에 대한 이해와 관리를 용이하게 하기 위해 인적자원의 가치와 이와 관련된 비용을 재무적인 수치로 표현하고자 하는 것이다.

스웨덴의 금융 회사인 Skandia사는 인적자원 회계 분야의 선도자격인 기업으로 1994년부터 Navigator라는 지적 자산에 대한 보고서를 연 2회 작성하고 있다. 이 지적자산보고서는 약 15~22쪽에 달하는 분량으로 재무 자본, 고객 자본, 인적 자본, 프로세스 자본으로 구성되어 있다. 인적 자본 영역에는 리더십 평가, 구성원 사기 평가, 평균 이직률, 연간 평균 교육 훈련 기간, 종업원 1인당 평균 교육 훈련비용 등의 지표가 들어 있다.

스웨덴 통신회사인 Telia Sonera사 역시 인적자원 회계를 이용하는 기업 중 하나다. 동사는 통신 관련 규제가 철폐되어 경쟁이 치열해진 경쟁을 뚫고 생존하기 위해서는 인적자원 개발이 가장 중요하다는 인식을 갖게 되었다. 이에 따라 리더들이 인적자원에 대한 정보를 제대로 파악할 수 있는 수단으로 인적자원 회계를 도입했다. 동사는 내부 커뮤니케이션, 요구되는 인적자원 수준, 해고나 전환 배치, 보상과 작업 환경 등의 11개 지표를 관리하고 있다.

6. 성공적인 인사감사 포인트

(출처: LG경제연구원)

런던 비즈니스 스쿨의 마이클 파워 교수는 인사감사 활동은 종종 애초의 목적과는 상관없이 '감사를 위한 감사'가 되어 버리면 오히려 조직에 부정적인 영향만 미칠 수도 있다고 지적하고 있다. 이를 예방하기 위해 주의해야 할 점에 대해서 알아보자.

(1) 사업과의 연관성

인사감사는 인적자원관리의 효율성을 높이는 것이 주목적이지만 인적자원관리는 사업의 목적 달성을 위한 전략이다. 그렇다면 인사감사 또한 사업수행과 연계되어 이루어져야 한다.

(2) 비용 대 효과 고려

인사감사에는 감사자의 인건비나 시간과 같은 직접 비용뿐만 아니라, 감사를 받게 되는 피감사자나 조직이 감사를 준비하는 과정에서도 비용이 발생하게 된다. 그런데, 목적이 불분명한 인사감사는 지나치게 많은 영역을 살펴보려 하게 되어 얻은 것보다 잃는 것이 더 많은 상황을 만들기도 한다. 인사감사를 처음 도입하는 회사라면 한두 영역을 먼저 시범적으로 해 보면서 확대해 나가는 것도 좋은 방법이 될 수 있다. 일례로 의약품 회사인 Bristol Myers사는 2001년에는 구성원들의 이직 원인에 대한 진단을 실시하고, 차년도인 2002년에는 우수 인재 유지를 위한 Scorecard를 마련하는 등 단계적인 접근으로 효과를 거두었다.

(3) 감사수행자 결정

인사감사는 그 수행 주체에 따라서 외부 감사와 내부 감사로 구분되는데 각각의 장단점이 뚜렷하다. 자사의 상황에 따라서 어떤 형태의 감사를 선택할 것인지도 중요하다. 외부 감사는 말 그대로 컨설턴트와 같은 외부 전문가를 활용하는 방법이다. 외부 감사는 감사 활동의 전문성이 필요한 경우에 주로 활용된다.

내부 감사는 외부 감사에 비해 비용도 저렴하고 내부의 중요한 기밀 사항이 유지될 수 있다는 장점이 있다. 내부 감사는 HR 활동이 지역적으로나 조직적으로 분권화되어 이루어지고 있을 때 효과적이다. 반대로 HR 활동이 중앙 집중식으로 일어나고 있는 회사의 경우에는 내부 감사보다는 외부 전문가를 이용한 감사가 효과적이다. 자신이 하고 있는 일을 자신이 감사한다는 것 자체가 쉽지 않기 때문이다. 또한 같은 분야의 일을 하는 사람들끼리는 친분 관계가 있기 마련이기 때문에 엄격한 감사가 이루어지지 않을 수 있다는 단점도 있다.

(4) 환류를 통한 개선 활동 수행

인사감사가 단순히 잘못을 지적하는 감사 보고서를 작성하는 데 그치거나, 책임 추궁에만 열을 올리고 개선활동으로 이어지지 않는다면 차라리 하지 않은 것만 못하다. HR 부분의 문제는 한 개인에 의한 것이라기보다는 대개 오랜 시간 동안 HR 정책이나 조직 문화 등에 의해 발생한 것이 많다. 개인에 대한 책임 추궁은 오히려 구성원들을 소극적으로 만들고, 감사에 대한 부정적인 인식만을 갖게 만들 뿐이다. 잘못에 대한 지적보다는 감사 결과 발견된 문제를 어떻게 해결할 수 있는지에 더 많은 무게 중심을 실을 때 HR의 발전이 가능하고, 진정한 비즈니스 파트너로 인정받는 HR이 될 수 있을 것이다.

1. 다음 (　　) 속에 공통적으로 들어가는 말은?

> (　　)란 인적자원관리의 평가와 개선에 유용한 정보를 말하며, 이런 정보가 그 용도와 관련하여 상호 관계적으로 구성되어 있을 때 이를 우리는 (　　)시스템이라 한다.

① 인적자원정보　　　　　　　　② 재무정보
③ 회계정보　　　　　　　　　　④ 마케팅정보

답) ①

해설) 인적자원정보시스템은 인적자원관리의 평가와 개선에 유용한 정보가 그 용도와 관련하여 상호 연관되어 있는 것을 말한다.

2. (　　)은 오늘날 신속하고 정확한 인적자원관리 의사결정을 지원하기 위해 가장 절실히 요구되는 것이다.

① 인적자원감사시스템　　　　　② 인사고과시스템
③ 인적자원정보시스템　　　　　④ 직무분석시스템

답) ③

해설) 효과적인 인적자원을 통제하기 위해서는 정확하고 신속한 인적자원정보의 활용이 불가결하며, 인적자원정보시스템 구축이 필요하다.

3. 효과적인 인사통제를 실시하기 위해서는 정확하고 신속한 인적자원(　　)의 활용이 불가결하다.

① 유지　　　　　　　　　　　　② 개발
③ 확보　　　　　　　　　　　　④ 정보

답) ④

4. 인적자원정보시스템은 환경과 상호작용하는 개방시스템이며, 이 시스템들은 둘 혹은 그 이상의 요소들, 구성요인, 혹은 (　　)시스템으로 구성되어 있다.

① 수평　　　　　　　　　　　　② 상위

③ 수직   ④ 하위

답) ④

해설) 인적자원시스템은 환경과 상호 작용하는 개방시스템이며, 여러 하위시스템
들로 구성되어 있으며, 하위시스템들 간에 상호의존성이 존재하며, 하위시스템들
간의 상호작용을 통해서 스스로를 규제하고 있다.

5. (   )은(는) 상호의존적인 요소들의 조직적인 집단이다.
① 평가   ② 과정
③ 기능   ④ 시스템

답) ④

해설) 시스템은 상호의존적인 요소들의 체계인데, 이미 계획된 목표들을 이룩하
려는 목적으로 이러한 요소들의 규제된 상호작용에 의해 서로 연결/통합되어 있
는 집단을 말한다.

6. 인적자원정보시스템의 특성은 (   )와(과) 상호 작용하는 개방시스템이다.
① 직무   ② 구조
③ 조직   ④ 환경

답) ④

해설) 시스템은 상호의존적인 요소들의 조직적인 집단인데, 이미 계획된 목표들
을 달성하려는 목적으로 이러한 요소들의 규제된 상호작용에 의해 서로 연결·
통합되어 있는 체계를 말한다.

7. (   )은(는) 인적자원관리 활동이 그 의도하는 목적에 비추어 적합한가를 평
가하는 것이다.
① 인사고과   ② 인적자원평가
③ 인적자원감사   ④ 인적자원결과

답) ③

8. (   )은(는) 계획, 실행, 통제로 구성되는 인적자원관리 과정에서 인적자원통
제의 주요한 수단이고, 인적자원관리 활동이 의도하는 목적에 비추어 어떻게 평
가되고 있는가의 여부를 평가하는 것이다.

① 인적자원감사   ② 인적자원보고
③ 인적자원이동   ④ 인적자원상담

답) ①
해설) 인적자원감사의 개념과 중요성
① 인적자원감사는 인적자원관리 활동이 원래 목적에 따라 수행되었는지를 평가하는 것이다. 따라서 인적자원감사는 인적자원관리 제도와 활동 그리고 성과에 관한 사실적 자료를 체계적으로 수집/평가하여 인적자원관리의 강점과 문제점을 발굴, 평가하고 필요하면 개선방안을 제시하는 것이다.
② 인적자원감사는 인적자원관리 과정에서 인적자원통제의 주요한 수단이 되며, 조직 전체 수준에 있어서의 유효성을 증진시키기 위해서는 실제 인적자원관행에 대한 강력하고 집중화된 인적자원감사가 필수적으로 요구된다.

9. (   )는 인적자원감사의 유형 중 인적자원관리의 효과에 대한 감사이다.
① A감사   ② B감사
③ C감사   ④ D감사

답) ③
해설) 인적자원감사란 인적자원통제를 위한 평가기준을 마련하고, 이에 따라 객관적이고 사실적인 자료를 수집하여 인적자원관리가 제대로 되고 있는가의 여부를 평가하는 것을 말한다. 인적자원감사의 역할에는 정기적 감사, 조직건강의 특정, 성과표준검토, 정책수행, 비용편익분석 등이 있다. 인적자원감사의 종류 중 A감사는 인적자원정책의 경영(내용) 면을 대상으로 하며, B감사는 경제(비용) 면을 대상으로 하며, C감사는 인적자원관련 제 정책의 실제효과를 대상으로 하여 이를 측정하고 검토, 인적자원정책의 재해석, 종합 판단을 통해 새로운 개선된 정책을 수립하는 데 유용한 자료를 제공하는 것을 목적으로 하는 감사이다.

10. (   )는 인적자원관리의 내용에 대한 감사를 지칭하는 것이다.
① A감사   ② B감사
③ C감사   ④ D감사

답) ①
해설) A감사는 인적자원정책의 경영(내용) 면을 대상으로 하는 것이다.

11. (   )는 인적자원관리의 비용에 대한 감사를 지칭하는 것이다.
① A감사   ② B감사
③ C감사   ④ D감사

답) ②
해설) B감사는 경제(비용) 면을 대상으로 하는 것이다.

11장 　주관식 문제

1. 인사관계에 관한 문서자료나 통계 및 의견조사서와 같은 기본 자료를 토대로
인간문제의 이해와 평가를 위해서 직접적으로 활용될 수 있는 시스템을 무엇이
라고 하는가?

답) 인적자원정보시스템

2. 인적자원정보자료에서 (   )는 생산성 유인프로그램과 생산성 유지프로그램
으로 나누어진다.
답) 과정자료

3. 인적자원관리 활동이 그 의도하는 목적에 비추어 적합한가를 평가하는 것을
무엇이라고 하는가?

답) 인적자원감사

4. 3중 감사방식을 개발한 학자는 누구인가?

답) 요더

5. (   )는 기업내부의 경영수뇌부가 경영 내의 인적자원감사를 실시하고 통괄
하는 경우이다.

답) 내부감사

6. 인적자원정책의 경제 면을 대상으로 실시하는 예산감사는 무엇인가?

답) B감사

7. A감사는 인적자원정책의 (   ) 면을 대상으로 실시되는 감사이다.

답) 경영

8. 인적자원감사의 유형 중 인적자원관리의 효과에 대한 감사는 무엇인가?

답) C감사

9. ___________(이)란 인간성 회복의 관점에서 직무의 재설계, 조직 내의 성장, 발전기회의 제공, 직장생활과 사생활의 조화 등을 통해 직장을 보람 있는 일터로 느끼도록 하는 제반 인사프로그램을 뜻한다.

답) PIS

10. ___________인력예측은 먼저 조직단위 전체의 인력예측을 하여 총원을 정하고 나서 이를 다시 인력의 종류로 분할하는 절차를 밟는다.

답) 거시적

11. 인적자원정보시스템의 개념과 중요성을 설명하라.

답) 인적자원정보란 인적자원관리의 평가와 개선에 유용한 정보를 말하며, 이런 정보가 그 용도와 관련하여 상호 관계적으로 구성되어 있을 때 이를 우리는 인적자원정보시스템이라 한다. 효과적인 인적자원통제를 실시하기 위해서는 정확하고 신속한 인사정보의 활용이 불가결하다.

(11장) 객관식 문제

1. 문화적 특성에 대해서는 이미 잘 알려져 있는 (   ) 교수가 언급한 권력거리, 개인주의, 불확실성 회피 등에 따라 인적자원관리의 특성도 변화된다는 것을 의미하고 있다.

① 사이몬　　　　　　　　　　② 홉스테드
③ 미첼　　　　　　　　　　　④ 바너드

답) ②

해설) 국가별 인적자원관리의 다양성은 문화적 요소와 경제시스템 그리고 노사관계제도에 따라 다르게 나타난다. 홉스테드 교수는 권력거리, 개인주의, 불확실성, 회피 등을 피력했는데, 이는 문화적 특성에 따라 인적자원관리의 변화함을 나타낸 것이다.

2. 유럽 국가들은 (   )이나 codetermination 등의 공식조직을 통해 노동조합의 활동을 중요시하고 각종 노사 간 의사결정에 참여하는 것을 선호하는 특성을 갖고 있다.

① TPM　　　　　　　　　　② TQM
③ work council　　　　　　　④ MBWA

답) ③

해설) 국가별로 노사관계제도는 매우 다양한데 미국의 노사관계는 대부분 비공식적 관계를 유지하며 종업원들의 주요 관심사가 고용주와의 협상을 통한 임금과 복지혜택 수혜인 반면, 유럽 국가들은 work council 이나 codetermination 등의 공식조직을 통해 노동조합의 활동을 중요시하고 각종 의사결정에 노사가 함께하는 것을 선호하고 있다.

3. 긍정적이고 (   )적이며 심리적으로 안정된 직원은 그렇지 않은 직원보다 해외근무를 더 잘 수행해 나간다.

① 소극   ② 보수
③ 내향   ④ 외향

답) ④

해설) 해외직원 임명 시 효과적인 임무수행의 실패원인 중 하나는 임명 직원의 개인적 성향에 기인한다. 긍정적이고 외향적이며, 심리적으로 안정된 직원이 부정적이고, 내성적인 직원보다 해외근무의 성과가 높다.

4. 적합한 해외관리자 선발의 기준으로는 (   ), 대인관계능력, 적응성과 유연성, 외부문화 개방성, 가족상황 등이 중요한 판단요소가 된다.
① 폐쇄성   ② 직무지식
③ 친구관계   ④ 경직성

답) ②

해설) 성공적인 해외관리자 선발을 위한 다섯 가지 요소로 직무지식과 동기부여 정도, 대인관계능력, 적응성과 유연성, 외부문화 개방성 정도, 가족상황 등이다.

5. (   )은(는) 다국적 상황을 중심으로 국제 관리자가 효율적으로 이용할 수 있는 5가지 글로벌 전략의 옵션들을 구분해 보았다.
① Weber   ② Adler
③ Fayol   ④ Taylor

답) ②
해설) Adler의 국제 관리자의 다섯 가지 글로벌 전략
(1) 문화적 지배: 본국문화를 중심으로 한 업무수행
(2) 문화적 수용: 문화적 지배와는 반대되는 개념
(3) 문화적 타협: 문화적 지배와 문화적 수용의 결합
(4) 문화적 회피: 문화적 차이점이 없는 것처럼 행동
(5) 문화적 시너지: 각각의 문화에 의해 수반되는 문제에 대한 새로운 해결책의
    개발

1. 홉스테드 교수는 권력거리, 개인주의, 불확실성의 회피 등에 따라 인적자원관리의 특성도 변화된다고 하였는데 이것은 (   )의 다양성으로 해석할 수 있다.

답) 문화적 특성

2. 한 나라의 제도나 조직의 힘없는 구성원들의 권력의 불평등한 분포를 기대하고 수용하는 정도를 무엇이라고 하는가?

답) 권력거리

3. 해외근무 직원의 파견지별 생활비용 등의 차이를 보존해 주는 방법의 하나로 많은 기업들이 사용하고 있는 제도는 무엇인가?

답) Balance sheet

4. 생활이 극히 어려운 지역파견자 및 전쟁 등 위험지역에 근무하는 경우 해당 직원에게 지급하는 수당을 무엇이라고 하는가?

답) 특수지 및 위험지역 근무수당

5. 직원 및 직원가족의 해외지역 이동에 따른 비용을 일시에 보상하는 제도는 무엇인가?

답) 이전수당

6. (   )는 글로벌 관점에서 전 세계적인 기업환경을 이해하여야 하며, 수많은 국가의 문화, 언어, 기호, 사고방식 등에 대해 반응하고 배워야 한다.

답) 글로벌 매니저

7. (   )이고 (   )이며 심리적으로 안정된 직원은 그렇지 않은 직원보다 해외 근무를 더 잘 수행해 나간다. (   ) 안에 들어갈 말은 각각 무엇인가?

답) 긍정적, 외향적

8. 유럽국가의 노동조합형태로 근로자의 권익을 대변하고 경영진과의 갈등을 중재하는 근로자위원회 조직은 무엇인가?

답) work council

9. (   )옵션은 본국문화에 기초한 방식으로 수행되는 연속체로 인적자원실무와 관련해 정확한 인적자원기술과 본국에서 이용되고 있는 기준의 적용을 수반한다.

답) 문화적 지배

10. (   )옵션은 마치 문화적 차이점이 없는 것처럼 행동하는 것을 의미한다.

답) 문화적 회피

서상원 ───

■약 력

고려대 행정학 박사
전) 국방개혁위원회 위원
현) 한경대 물류연구센터 연구팀장
현) 한경대, 백석대, 강남대 등 강사
현) e-유통전략연구소장

■주요 저서 및 논문

『조직관리론』, 『오아시스행정학』, 『인사행정론』, 『정책론』, 『유통마케팅론』
「공공서비스 공급방식의 전략적 결정사례 분석」
「선진국 행정개혁의 성과평가와 함의」 등

초판인쇄 | 2009년 10월 9일
초판발행 | 2009년 10월 9일

지은이 | 서상원
펴낸이 | 채종준
펴낸곳 | 한국학술정보㈜
주 소 | 경기도 파주시 교하읍 문발리 파주출판문화정보산업단지 513-5
전 화 | 031) 908-3181(대표)
팩 스 | 031) 908-3189
홈페이지 | http://www.kstudy.com
E-mail | 출판사업부 publish@kstudy.com
등 록 | 제일산-115호(2000. 6. 19)

ISBN   978-89-268-0403-2 13320 (Paper Book)
       978-89-268-0404-9 18320 (e-Book)

이담 books 는 한국학술정보(주)의 지식실용서 브랜드입니다.